五代在碑志

山口智哉
李宗翰
刘祥光
陈韵如
柳立言 编著

五代
武人之文

广西师范大学出版社
GUANGXI NORMAL UNIVERSITY PRESS

·桂林·

五代武人之文
WUDAI WUREN ZHI WEN

图书在版编目（CIP）数据

五代武人之文 / 柳立言等编著. --桂林：广西师范
大学出版社，2021.8
（五代在碑志）
ISBN 978-7-5598-4012-7

Ⅰ．①五… Ⅱ．①柳… Ⅲ．①武术家－人物志－中
国－五代十国时期－文集 Ⅳ．①K825.47-53

中国版本图书馆 CIP 数据核字（2021）第 141173 号

广西师范大学出版社出版发行
（广西桂林市五里店路 9 号　邮政编码：541004）
网址：http://www.bbtpress.com
出版人：黄轩庄
全国新华书店经销
湖南省众鑫印务有限公司印刷
（长沙县榔梨镇保家村　邮政编码：410000）
开本：710 mm ×1 010 mm　1/16
印张：30　插页：3　字数：320 千
2021 年 8 月第 1 版　　2021 年 8 月第 1 次印刷
定价：118.00 元

在所有为杀戮赋予美德意涵的手法中，没有比纯粹的、毫无杂质的文化更好的或更令人兴奋的方法。模仿着贵族雇主的举止，雇佣军指挥官极力使自己具备正义与文明教养的气质，方法则是建制完善的宫廷，因其艺术文化印证了他们极度渴求之尊崇地位。

——［美］亚历山大·李《文艺复兴并不美：那个蒙娜丽莎只好微笑的荒淫与名画年代》第二部分《文艺复兴赞助者的世界》

编 著 者 简 介

山口智哉

大阪市立大学大学院文学研究科博士，现任台北大学历史系助理教授。

代表作

《宋代における紹興新昌縣社會の變容と地域史の紡がれかた——「石家風水」傳承を手がかりとして》，伊原弘、市来津由彦、須江隆（編）《中國宋代の地域像——比較史からみた專制國家と地域》（东京：岩田书院，2013年），111-142页。

《宋代先賢祠考》，《大阪市立大學東洋史論叢》（大阪：大阪市立大学东洋史研究室）第15号（2006年），89-111页。

《宋代鄉飲酒禮考——儀禮空間としてみた人的結合の〈場〉——》，《史学研究》（广岛：广岛史学研究会）241（2003年），66-96页。

李宗翰

美国哈佛大学东亚语言与文明系博士，现任台湾师范大学历史系副教授。

代表作

"Here We Are as Literati: The Chang Family and the Compilation of the 1258 *Ganshui Gazetteer*," *Journal of Song-Yuan Studies*, No.48（2019）。

《马端临之封建论与郡县国家观》，《新史学》，22.4（2011），5-53页。

"Making Moral Decisions: *The Outline and Details of the Comprehensive Mirror for Aid in Government*," *Journal of Sung-Yuan Studies*, No. 39（2009），pp.43-84.

刘祥光

美国哥伦比亚大学东亚系博士，现任台湾政治大学历史系
教授。

代表作

《宋元徽州教官》，李达嘉主编《近代史释论：多元探索与
思考》（台北：东华书局，2017年），47-87页。

《宋代日常生活中的卜算与鬼怪》，台北：政大出版社，
2013年。

《宋代的时文刊本与考试文化》，《台大文史哲学报》45
（2010）。

陈韵如

英国牛津大学东方研究系博士，现任"中研院"史语所助研
究员。

代表作

"The Quest for Efficiency: Knowledge Management in Medical
Formularies," *Harvard Journal of Asiatic Studies*, 80.2（2021）。

《宋代士大夫参与地方医书刊印之新探》，《"中央研究院"
历史语言研究所集刊》，92.3（2021）。

柳立言

美国普林斯顿大学东亚系博士，"中研院"史语所研究员
（退休）。

代表作

《人鬼之间：宋代的巫术审判》，上海：中西书局，2020年。

《宋代的宗教、身分与司法》，北京：中华书局，2012年。

《宋代的家庭和法律》，上海：上海古籍出版社，2008年。

前　言

　　与南方诸国相比，北方的五代（梁、唐、晋、汉、周）一直被学人认定是乱世，而主要的乱源是武人。无可否认，这是真相，但只是部分而非全部的真相。要发掘更多甚至更重要的真相，理应利用墓志碑铭，一则因为它们是许多国史传记的前身，二则它们对墓主家人、仕历和婚姻的记载，远多于正史。不难发现，不少在朝廷或在地方上足以致乱或致治的武人，凭着武功起家之后，他们的家人和后代都兼学文武，有些学习文事，有些学习武功，有些兼习两者。他们也兼仕文武，有些是文官，有些是武官，有些先后兼任。有时他们也兼治文武，有些在文事有治绩，有些在军事，有些兼得鱼与熊掌。当然，他们也文武通婚，与文人气味相投和利益一致。两个问题油然而生：其一，武人在五代和宋初的历史角色和地位，是否必须重估？甚至连宋代在历史分期如"唐宋变革"的角色也要重估。其二，利用墓志碑铭作为论据，应如何克服"隐恶扬善""以虚为实"或"这些不过是墓志题中应有之义"的疑虑？

　　对五代武人，三位专门研究军政的老、中、青学人的观点如下：

　　王赓武（Wang Gungwu）的名著 *The Structure of Power in North China during the Five Dynasties* 及其中文版《五代时期北方中国的权力结构》至

少经过一次修订和两次重刊（1963、2007、2014、2015），[1] 但对武人的评价不变。王氏没有否认五代道德混淆、无法无天和紊乱脱序，但认为这些描述无助于了解当时的社会和政治发展，而"新的探索应摆脱儒家的先入为主（Confucian preconceptions），……那是苛严和缺乏同情心的"。[2] 于是，王氏只探讨军权，主要是天子亲军的重建和争雄，但至少留下五个尚待探讨的疑问：

一、五代武人真的不能符合儒家的价值标准吗？他们被大量选入真宗朝编撰的《册府元龟》受到赞扬，[3] 那些编撰者不正是儒臣吗？他们难道没有采用儒家规范作为选录的标准吗？

二、五代武人不乏允文允武堪称"儒将"的人，他们为何不能符合儒家标准？

三、一般武人，即使出身绿林也要遵守帮规，他们成为朝廷命官之后，是否仍要遵守一定的行为准则或"武士之道"（以下有时简称"武德"）？如是，与传统的武德有何异同？如《左传》"武有七德"列举用武所要符合的七种条件——禁暴、戢兵、保大、定功、安民、和众、丰财——是否仍为五代用武者（当然包括武人）所遵从？例如西蜀的多位节度使，"或以他职留成都，委僚佐知留务（治理地方镇所），专事聚敛，政事不治，民无所诉"，蜀主乃以东川为武德军，"取武有七德以为军

编者注：脚注中若出现相同的参考文献，只在首次出现时标明详细版本信息，再次出现时，省略出版地、出版社与出版年；常见的史料，作者亦省略，比如《宋史》《旧五代史新辑会证》等。补充说明性质的脚注中若出现参考文献，为了使说明文字语句连贯，采用括注的形式注明出版地、出版社、出版年。

[1] Wang, Gungwu, *The Structure of Power in North China during the Five Dynasties*, Kuala Lumpur：University of Malaya Press, 1963；修订本是 Wang, Gungwu, *Divided China：Preparing for Reunification*, 883-947, New Jersey：World Scientific Pub., c2007. 中文版是王赓武著，胡耀飞、尹承译：《五代时期北方中国的权力结构》，上海：中西书局，2014 初版、2015 年二版。

[2] 译文主要根据 Wang, Gungwu, *The Structure of Power in North China during the Five Dynasties*（1963），2—3 页；参考王赓武《五代时期北方中国的权力结构》（2015 年），2 页。

[3] 张庭瑞：《从宋初武庙配享看五代高层武官的实际表现》，台北：台湾师范大学历史研究所硕士论文，2021 年。

号"，作为武人鉴戒；[1] 宋仁宗朝的知谏院张方平也说："武有七德，安民为本"，以安民为七德之首。[2] 事实上七德不但见于宋代的诏令、奏议，还见于基层读物《小学绀珠》。[3] 此外，宋太祖以杀降为"不武"之甚，把白起逐出位于武学的武成王庙，[4] 这个出自武人之口的武德，难道不符合儒家标准？

四、研究权力是否应兼顾军与民？拜制度所赐，如诸司使副既可到军队任职，亦可到地方担任刺史至节度使，大量武人乃成为地方首长，集合管军与治民（含财和刑等）两权于一身。所以，探讨权力结构，不能只看武人的武功而不顾他们的民事。

五、新史学应否兼顾高层与基层？我们一方面应探讨新的权力结构"在政治上"（如中央与藩镇的关系）有没有减少还是增加了无法无天和紊乱失序的情况，另一方面也应同情百姓，追究新的权力结构"在社会上"有无改善庶民的生活。

一言以蔽之，只要探讨武人是谁和他们的吏治，便能检讨"儒士之道"与"武士之道"有何交集了。

黄宽重《中国历史上武人地位的转变》(1990) 可能代表直至今日的主流看法。他说五代"军人干政，兵变迭生，武人不仅成为政局递嬗的主导力量，更是政权转移、政治败坏的重要因素"。[5] 类似意见也常见于教科书，如高明士和甘怀真等人编著的《隋唐五代史》(2006 增订本)，认为五代政局的特质之一是"暴虐残杀成性"，其"政治风气的败坏，

[1] 司马光等撰，标点资治通鉴小组点校：《资治通鉴》，北京：中华书局，1956 年，卷282，9220 页。

[2] 李焘撰，上海师范大学古籍整理研究所、华东师范大学古籍研究所点校：《续资治通鉴长编》，北京：中华书局，1979—1995 年，卷 133，3167 页；又见卷 456，10920 页。

[3] 王应麟：《小学绀珠》，北京：中华书局，1985 年，卷 8，300 页。

[4] 徐松：《宋会要辑稿》礼 16，台北：新文丰出版公司，1976 年，影印北平图书馆 1936年缩影本，5 页。

[5] 黄宽重：《中国历史上武人地位的转变》，黄宽重：《南宋军政与文献探索》，台北：新文丰出版公司，1990 年，391 页。

实为中国史罕见。……殆因五代政权主要建立在军事将领之手，而这批武夫悍将的横行暴虐，较诸唐末大混乱不遑多让，遂使黄河流域之民众，疾苦日甚。以致白骨蔽地，荆棘弥望，百姓有如生活在水深火热之困境中，其惨况实难以想象与形容"。[1]《剑桥中国史》第五册上篇（2009）第一章《五代》有点旧酒新瓶，[2] 读者不如直接阅读陶懋炳《五代史略》(1985)、王仲荦《隋唐五代史》下册（1990）和郑学檬《五代十国史研究》(1991)，后两书居然不在剑桥书目之中；[3] 较新的著作亦无多大进境。[4]

方震华（Fang Cheng-hua）认为文治与武功难以并存，而武人难行文治。他的 "The Price of Orthodoxy: Issues of Legitimacy in the Later Liang and Later Tang"（《正统王朝的代价——后梁与后唐的政权合理化问题》，2005）与王赓武的意见稍有不同，以为后梁为了寻求正统，政治领袖愈来愈拥抱儒家的价值系统（increasingly embracing the Confucian value system），"也间接造成这些武人统治者的文儒化"，结果却是灾难连连，如"后梁末帝重视文治，却缺乏统兵的能力，终为李存勖所灭"。本来以武取胜的"李存勖在灭梁后暂停军事扩张，致力模仿唐代皇帝的形象，……执掌大权的郭崇韬则努力重建由世族领导的文人政府，而这两点都成为其政权快速灭亡的原因"，[5] 这岂不是以文误国？在专书 Power Structures and Cultural Identities in Imperial China: Civil and Military Power

---

[1] 何永成：《五代十国史事》，高明士、邱添生、何永成、甘怀真编著《隋唐五代史》，台北：里仁书局，2006 年增订本，343—373 页，引文见 366—367 页。

[2] Twitchett, Denis & Paul J. Smith, eds., *The Cambridge History of China*, Vol. 5 Part One: *The Five Dynasties and Sung China and Its Precursors*, 907-1279 AD. Cambridge; New York: Cambridge University Press, 2009.

[3] 陶懋炳：《五代史略》，北京：人民出版社，1985 年；王仲荦：《隋唐五代史》（下册），上海：上海人民出版社，1990 年；郑学檬：《五代十国史研究》，上海：上海人民出版社，1991 年。

[4] 柳立言：《五代治乱皆武人》，《"中研院"历史语言研究所集刊》89.2（2018），339—402 页，尤其注 6 之文献回顾。

[5] Fang Cheng-hua（方震华），"The Price of Orthodoxy: Issues of Legitimacy in the Later Liang and Later Tang"，《台大历史学报》35（2005），55—84 页，引文见 81、84 页。

from Late Tang to Early Song Dynasties（A. D. 875–1063）（2009），方氏以三页的篇幅讨论武人形象的改变，如与文士交流和学文，一些子孙亦允文允武，但总的来说，武人"缺乏一个道德传统，足以抗衡行之已久的儒学（Confucianism），……武人风格不能产生一个价值系统，能够将军事行动法理化/正统化"，又认为"武臣的统治对庶民带来严重的苦痛，进一步破坏武人的道德形象"，[1] 似乎又重复了王赓武的说法。无论如何，"重视文治"的后梁末帝在位约十一年（913—923），于五代最长，远过仅四年（923—926）的后唐庄宗李存勖和后来任何一位君主，不管他们是重文还是重武，那又如何能够推论，谓重文是王朝短祚的原因呢？在位次长的是约八年的后唐明宗（926—933，欧阳修误以为最长），被《旧五代史》称许为"力行于王化，政皆中道，时亦小康，近代已来，亦可宗也"，[2] 毫无疑问是因为他能兼重文治和武功（见本册《沙陀王朝武人刺史卖剑买牛》），故也实在推论不出文治是短祚之因和文武不能兼治兼得。

今人可能被古人误导，或不加细想，把他们的"论点"误作"论据"，或对武人过于严苛，例如要求他们十项全能，只要有一二项失足，便全盘否定。我们先看古人对五代武人的论点或观点，以下列三个最为重要，然后逐一检视。

针对武人之贪残害民，宋太祖说："五代方镇残虐，民受其祸，朕令选儒臣干事者百余，分治大藩，纵皆贪浊，亦未及武臣一人也"；[3]《宋史·文苑传》说："艺祖革命，首用文吏而夺武臣之权，宋之尚文，端本

---

[1] Cheng-Hua Fang（方震华），*Power Structure and Cultural Identities in Imperial China：Civil and Military Power from Late Tang to Early Song Dynasties*，（Deutschland：VDM Verlag Dr. Müller，2009），pp. 78–81.

[2] 陈尚君：《旧五代史新辑会证》，上海：复旦大学出版社，2005 年，卷 44，1486 页。欧阳修撰，徐无党注，华东师范大学等点校：《新五代史》，北京：中华书局，1974 年，卷 6，66 页。

[3] 李焘撰，上海师范大学古籍整理研究所、华东师范大学古籍研究所点校：《续资治通鉴长编》，北京：中华书局，1979—1995 年，卷 13，293 页。

乎此"。[1] 两说都被学人视为宋代重文轻武的由来，最主要的原因就是武人不能文治。

针对武人不遵法制，《宋史·刑法志》说："时天下甫定，刑典弛废，吏不明习律令，牧守又多武人，率意用法。"[2]

针对武人鲜能识书或吏治，太祖"谓侍臣曰：'朕欲武臣尽读书以通治道，何如？'左右不知所对"。[3]

如所说属实，那五代的武德既难以符合儒家的要求，也不构成自成一格的价值系统。在统治阶级里，即使是中高层的武臣，也普遍没有文识，欠缺道德，不守法制，鲜能吏治，祸国殃民。他们是"致乱"之源，根本谈不到"致治"，故宋太祖要把他们的治权移交文臣。既然如此，学人甚少探讨武人之治，更不会追究他们是否治乱相若，甚至治多于乱了。

然而，这些观点大可商榷。首先看它们的性质：就史学三论来说，它们仅是"论点"，不是"论据"，用它们来"推论"五代武人不能文治，就好像我们推论秦桧是奸臣，证据是古人说他是奸臣，那当然是流于人云亦云的。我们最好列举事实（fact）或事件（event）作为直接论据，再引用古人和今人较有凭据的论点作为辅佐证据。不管出自古代名人或现代大师，欠缺凭据的观点和论点，最好不要用作直接证据，更不能用作最重要的证据（本册《不远鬼神文武皆然》）。

论点又分"专论"和"泛论"（generalization 或概括性评论），前者针对个案，后者针对众案。以偏概全或以小见大时，必须留意个案的"代表性"；以全概偏或以大见小时，也必须留意其"涵盖度"。且看一个批评五代吏治的泛论：魏泰（活跃于神宗至徽宗）自谓其《东轩笔录》乃"姑录其实以示子孙而已，异时有补史氏之阙，或讥以见闻之殊

[1] 脱脱等撰，中华书局点校：《宋史》，北京：中华书局，1977年，卷439，12997页。
[2] 《宋史》卷199，4968页。
[3] 《宋史》卷1，11页。

者，吾皆无憾"，亦即魏氏所记有时与众不同，但均是实录。今人亦认为，"总的来说，在宋人笔记之中，它还是史料价值较高的一种"，应大致可信。魏泰说："五代任官，不权轻重，凡曹、掾、簿、尉，有龌龊无能，以至昏耄不任驱策者，始注为县令，故天下之邑，率皆不治。甚者诛求刻剥，猥迹万状，至今优诨之言，多以长官为笑。"一直到了"范文正公仲淹，乞令天下选人，用三员保任，方得为县令，当时推行其言，自是县令得人，民政稍稍举矣"。[1] 不知这些为数众多，且最接近人民的基层官吏，是文人还是武人居多？难道文人不是致乱之源？假如到了范仲淹之世，才"民政稍稍举"，那五代末年与北宋初期恐怕是五十步笑百步。这种泛论，应相信哪些部分？无论是学生或老师，都应分清哪些是论点，哪些是论据，不要把缺乏论据的论点当作论据，以讹传讹。

其次看这些观点的提供者，最重要的当然是宋太祖，以过来人说过来事，又是皇帝，谁敢不信。其实不尽然，太祖的布衣交兼儿女亲家王审琦家族就不是他所说的"方镇残虐，民受其祸"和少读书不通治道。审琦为节帅，以不事聚敛和尊重旧制赢得《宋史》的赞美，说他"政成下蔡，……卓乎可称"。[2] 王氏以武功起家之后，子弟文武兼习、兼仕和通婚，有些更能兼治，于民事和军事均有治绩，其姻家刘氏家族也是如此（本册《不远鬼神文武皆然》）。这种文武兼资用（capitalization）的情况，早见于五代初年。梁太祖朱温甫即位便公开表扬"文武材"，鼎鼎大名的武将牛存节家族，及其同样鼎鼎有名以治理河南建立不世功业的姻家张全义家族，还有中层的萧氏家族，莫不文武兼学、兼仕、兼治和通婚（本册《六代婚宦书与剑》）。到了五代末年，后周两位皇帝尤其重视吏治，在诏撰的两个《屏盗碑》里，表扬两位武人文武兼资，是与皇帝"共理"天下的"良二千石"（本册《武人在地之光》及《一所悬命》）。事实上宋太宗亦勤习诗词、书法和法律，追求允文允武和出将

---

[1] 魏泰撰，李裕民点校：《东轩笔录》，北京：中华书局，1983 年，卷 3，32 页。
[2] 《宋史》卷 250，8829 页。

入相的传统武德。太祖既是过来人，岂会不知，他只说同行的坏话（部分真相）不说好话（其他真相），当然有政治目的，我们不要中了这位武人的心计。

事实上，针对太祖因武臣残虐而将其治权移交文臣的说法，经过一段时间之后，朝臣提出更多的解释或真相。如贾昌朝在仁宗庆历二年（1042）上奏说："太祖初有天下，鉴唐末五代方镇武臣土兵（native 土著，不是士兵）牙校之盛，尽收其权，当时以为万世之利。及太宗所命将帅，率多攀附旧臣亲姻贵胄。"及西夏反，宋人屡战屡败，"此削方镇兵权过甚之弊也。……此用亲旧恩幸之弊也"；随即指出，"太祖监［鉴］方镇过盛，虽腴削武臣之权，然边将一时赏罚及用财集事，则皆听其自专，有功则必赏，有败则必诛，此所谓驭将之道也"。[1] 由此可知两点：其一，太祖要夺去武人治权的另一重要原因，是削弱有着强烈地缘（即土）和亲缘关系，而且"过盛"的武人势力，务使方镇无力挑战中央，简单说就是"削藩"，关键应是"权力"多于"治乱"。其二，削权之后，太祖和太宗仍然重用为数不少的旧将，并把军中的刑赏和地方的部分财富"听其自专"，而且一任十多年，成为所谓祖宗驭将之法，如"结之以恩，丰之以财；小其名而重其权，少其兵而久其任"。[2] 在此，太祖和太宗最重要的考虑，在如何驭之，而非轻之或抑之，故在"小其名"和"少其兵"之后，便可"重其权"（充分授权）和"久其任"了（本册《一所悬命》）。

最后，看这些论点的内容是否完全符合事实。就道德来说，儒家之最高要求应是忠义，而欧阳修《新五代史》说："予于五代得'全节'之士三，'死事'之臣十有五，而怪士之被服儒者以学古自名，而享人之禄、任人之国者多矣，然使忠义之节，独出于武夫战卒，岂于儒者果无

---

［1］《续资治通鉴长编》卷138，3317页。

［2］王赏、王偁：《东都事略》卷29，赵铁寒主编《宋史资料萃编》第一辑，台北：文海出版社，1967年，6—8页。

其人哉。"[1] 总计十八人之中，只有李遀和孙晟是文人，武、文比例是
16∶2，武人大胜文人。我们可以不同意欧公的界定，但他至少拿出数据
来（参本册《数目字会说话》）。

更值得注意的是武成王庙的配享。能够入祀者足以作为武臣之典范，
即使不能自成一个价值系统，也相当符合儒臣的要求了。太祖即位后三
年（963），看到白起在七十二贤之列，以其"杀已降，不武之甚"，涂
抹其像，并下诏由三位文臣检讨入祀之资格，结果一共退去二十三人，
补入二十三人，其中三人是五代武将。重订之后，就国祚与人数之比例
来看，第一高的是魏晋南北朝，第二高竟是五代，第三隋唐，第四汉代，
第五春秋战国。无论是质和量，五代堪充典范的武人不差于其他
朝代。[2]

就法律来说，杜文玉《五代十国制度》(2006) 第十章《立法成就与
司法制度的变化》劈头就说："对于五代时期刑法变化的研究，还存在不
少错误的观点，甚至将这些观点写入高校教材之中，影响颇大。"在立法
上，他认为"五代时期的法律不过是唐后期的继续，是沿袭而来的，并
未发生重大变化，因而要说倒退变重，无论如何也算不到五代时期"。[3]
在司法上，他也承认"军事执法机构仍是武人掌管，使得整个五代时期
执法官员素质比较低下的情况难以改变"，[4] 似乎有所倒退。有趣的是，
连宏在《五代法律制度考》(2007) 所举的司法例子竟是好坏参半。被百
姓叫好的，如后唐庄宗、出卖燕云十六州的石敬瑭和后晋安重荣等，都
是武人；被叫坏的却有文人，如后汉宰相苏逢吉要将贼人和四邻同保

---

[1] 《新五代史》卷54，611 页；又见卷43，355 页；卷55，633 页。
[2] 魏晋南北朝14.19、五代17.66、隋唐19.25—18.16、汉代22.67、春秋战国49.9，比
值越小，代表该朝代入祀人数的比例越多。到了仁宗庆历年间，违反祖宗之制，恢复 963 年以
前的配享。参见张庭瑀《从宋初武庙配享看五代高层武官的实际表现》。
[3] 杜文玉：《五代十国制度》，北京：人民出版社，2006 年，506、532 页。
[4] 杜文玉：《五代十国制度》，520 页。

"全族"处斩等。[1] 可见在五代法治好的一面，武人实有份；在差的一面，文人也有份（本册《才兼文武是否墓志应有之义》）。其实，从法律文化的角度言，五代庶民对"非典"司法的感受，跟士大夫，尤其是后世的士大夫，有时并不一样，喊好或多于叫坏。[2] 此外，武人若经济有成，受益的是大众，司法失败，受害的毕竟是小众（第一册《冤家聚头文武合》）。无论如何，武人在单一项目失手，不足以抹杀其他项目的贡献。

就吏治来说，纵使五代乏善可陈，也没有多少官逼民反的事例。最严重的一次是后梁末期（920）的毋乙和董乙起事，很快就被敉平，跟唐代王黄之乱、宋代方腊之乱和明代李自成之乱不能相提并论，或见五代武人治郡不比唐宋明的文人差太多，至少没有招致国破家亡。

吏治之优劣也反映在经济之发展，杜文玉《五代十国经济史》（2011）的结论说："五代十国时期虽然北方的经济状况不如南方那样繁荣，但是早在后梁统治时期有些地区就已经使经济有所恢复，比如（三位武人）张全义治理下的洛阳地区、韩建的华州、成汭的荆南等。此外，后唐明宗统治时期，史学界公认是北方的小康时期。尤其后周建立以来，采取了各种措施，大力恢复经济，发展生产，已经使北方的社会经济发展水平远远地超过唐代末期。"[3] 可见在武人主政之下，五代的吏治自始至终都有可观之处，否则何来复元、小康与超越？

这些真相有没有反映在墓志里？章红梅的发现让我们既喜又惊。她花了长达九年的时间完成《五代石刻校注》（2017），共收五代拓片 224 件和十国 121 件，在数量上远远超过她完全没有提到的周阿根《五代墓志汇考》（2012）约 103 件。让我们高兴的是，她再次发现五代有黑暗的

---

[1] 连宏：《五代法律制度考》，见任爽编《五代典制考》，北京：中华书局，2007 年，69—77 页。

[2] 柳立言：《五代治乱皆武人》。

[3] 杜文玉：《五代十国经济史》，北京：学苑出版社，2011 年，316 页。

一面，反映墓志没有一味隐恶。章氏自谓墓志可补史之阙略和正史传记之讹谬，在她笔下，五代是"血腥分裂的时期"，"也是中国历史上最黑暗、最凋败的时期之一。……中原地区，武人专政，……轻视文治，崇尚武功，……与北方重武轻文相较，南方君臣多能礼待文士儒生，积极提倡文教"。让我们吃惊的是，章氏校注了约345件墓志碑铭之后，竟然完全没有看到或提到五代光明的一面，她还是以"血腥""凋败"和"重武轻文"作为五代的特点。其实，她所说的南方诸国，创业君王无一不是武人，可见武人及其后代亦未尝不能"礼待文士儒生，积极提倡文教"。章氏在无意之中也替北方提出一个重文的证据，说修史之时，"为了弥补图籍的不足，北方各小朝廷扩大搜罗范围，南方诸国割据势力所辖典籍也在采集之中"。[1] 如是，还能说北方漠视文化吗？个人相信，只要凭着常识和心平气静地阅读五代224件以墓志为主的拓片，是很难推论五代是"最黑暗、最凋败的时期之一"或"轻视文治，崇尚武功"的。不说别的，那些墓志的作者全是文人，其文笔之精彩与学养之高深，毫不输于唐志和宋志的作者，难道他们不是出自五代的教育和文化环境吗？由此可知，成见和误解绝对影响研究者的判断和视野。

本册的特点是完全利用武人的墓志和碑铭，不是去否定学人已发现的部分真相，而是发掘更多的真相，从四方面增加我们对武人的了解。第一，文人如何书写武人。正史传记的重要史源就是墓志碑铭，后者的一个特点是隐恶扬善和虚实相间，故我们首先分析墓志的笔法，并提出若干研究的方法，或可避免误解误读。第二，武人之文事（或作文治、吏治、民事等，随重点而用）。武功与文事并非鱼与熊掌不可兼得，不少武人出身布衣，对民间疾苦的感受和关怀往往超过书斋里的文人，他们成为地方首长后，往往与文士合作，建设地方。他们是否对"致治"有一定的贡献，而不是只有宋太祖所说的"致乱"？第三，武人之品德和信仰。与文人相较，有时大同小异，双方不乏交流的平台和媒介，如经

---

[1] 章红梅：《五代石刻校注》，南京：凤凰出版社，2017年，1—7页。

营佛事和与文化僧交游。有时更是武胜于文，如欧阳修认为武人至少在死节和死事的表现上超越文人。他们是否能够符合儒家的严苛标准？第四，武人之后代和转型。安史之乱产生一批新的武人，如河朔三镇；王黄起事和后梁、后唐统一北方，又产生一批新人；五代约五十三年亦足以产生新一代的武人。武二代或三代有何重要特征？假如文武兼习、兼仕和通婚是普遍情况，是新兴势力成为既得利益者之后，为了维护其统治阶级和阶层的地位而采用的普遍手段，那么宋代的"重文轻武"应如何理解？

目　录

第一编

文人如何书写武人：文字与实相

任何文本的建构，往往都是多重历史力量共同参与运作的结果。研究者应对这些隐藏于文本背后的力量有清楚的意识，才能寻找适当方法避开这些力量的干扰，以更趋近历史的实相；另一方面，这些影响历史书写的力量就是历史的一部分，其本身往往就是值得探讨的课题，对这些力量认识愈深，也就愈能加深我们对当时历史的认识。历史研究首重史料证据，而在中国史研究中，流传于世的史料主要都是文人所撰写，五代武人之墓志亦不例外。在墓志中透过文人之手所描绘的武人，与历史上的武人实相是否有所差异？这是本节试图探讨的主要问题。以墓志为例，此一问题至少可分成两个层次讨论：其一，在墓志隐恶扬善、虚实相间之传统与墓志格套的限制下，是否会对文人笔下的武人形象造成影响？其二，文人所怀抱之价值观，是否会影响他们对武人的认知以及所撰写的墓志内容？以此为基础，才能进一步回答研究者应如何善用墓志史料进行五代史研究。至于具体的操作方式，简而言之，就是先对墓志进行深入的文本分析（数馒头法、历史六问、五鬼搬运法），再利用几种可信度较高的主要五代史料（《册府元龟》《旧五代史》《新五代史》《资治通鉴》），与墓志进行交叉比对分析，并配合学界的现有研究成果，以求对墓志内容的可信度有更精确的掌握，辨析出墓志书写中的精微处，从而深化我们对墓志书写笔法的认识。由于现存五代史料数量有限，要全面而深入地认识五代武人并非易事。若研究者能善加运用墓志史料，避虚取实，当可更扎实地增进我们对五代的认识。

六问孤证

（赵凤）

林明、邱敬、张庭瑀、萧妤函

后周武官单州刺史赵凤墓志铭并序

一、基本资料

1. 性质	墓志
2. 题名	新题：后周武官单州刺史赵凤墓志铭并序 首题：大周故金紫光禄大夫检校司徒使持节单州诸军事单州刺史兼御史大夫上柱国天水郡开国侯食邑一千户赵公墓志铭并序
3. 时间	死亡、下葬或立石时间 死亡：后周广顺三年（953）十二月五日 下葬：后周显德二年（955）二月四日
4. 地点	死亡、下葬或立石地点 死亡：旅馆 下葬：洛京河南县（河南洛阳）梓泽乡宣武村
5. 人物	
墓主	赵凤（913—953）
求文者	赵凤之弟、后周武官前单州衙内指挥使赵璘
撰者	后周文官前摄齐州防御巡官乡贡进士刘德润
6. 关键词	社会流动、文武交流、业绩、品德、家庭或家族、墓志笔法与史学方法

（责任者：张庭瑀）

二、释文

大周故金紫光禄大夫检校司徒使持节单州诸军事单州刺史兼御史大夫上柱国天水郡开国侯食邑一千户赵公墓志铭并序
前摄齐州防御巡官乡贡进士刘德润撰

夫山之高有其崩，海之深有其竭，木之荣有其朽，草之盛有其衰。是知贤愚贵贱，在死生之数，可不悲哉！

（以上是序，透露未得善终，40字。）

公讳凤，字国祥，冀州枣强人也。其先黄帝□〔苗〕裔，因封于赵，遂为氏焉。自后，胜则履珠表其贵，衰则畏日显其名，遁则为忠臣，歧则为高士。条分叶散，源远流□〔长〕，□□鲜惠，怀黄佩紫，览国史，考家谍，不可胜纪也。

（以上是籍贯与得姓，79字。）

曾祖讳贞，皇不仕；夫人王氏。
祖讳素，皇不仕；夫人锺氏。
考讳彦章，皇银青光禄大夫检校工部尚书冀州别驾兼御史大夫上柱国赠太子右赞善大夫；妣崔氏，赠博陵郡太君。

（以上是曾祖以降三代，67字。）

公即长子也，学九天之法，读百王之书。幼为神童，长为猛士，虎头犀额，燕颔虬髭。染翰则崩云，挥戈则却日，拔剑则斩蛟煞虎，弯弓则落雁号猿，文武相兼，古今莫比。初童子及第，再修三传业，仲尼之经、丘明之传，莫不研精覃思，索隐钩沉。诣贡闱，数上不捷，于是乎鄙燕雀之群，有鸿鹄之志焉，能折节别望，称心学班超之掷笔也。

（以上是起家，曾习举业，先文后武，126 字。）

有晋辟统之年，去事镇州节度使安铁胡。公早蕴沉机，未蒙录用，无以申其志，无以立其功，遂潜奔投北朝皇帝。

（以上不讳言从后晋投奔契丹，43 字。）

起家银青光禄大夫检校尚书右仆射兼御史大夫上柱国，充幽州关南巡检都指挥使，量其材，当其任。因警巡有功，转招收都指挥使，则有索铁伸钩之士，搏虎拽牛之□，诱掖多方，自远咸至，遂致国之多兵也。又加金紫光禄大夫检校司徒，余如故。改充右羽林都指挥使，既遣管军，将谋大用。属有晋负义，法驾南巡，为东都部署使。至南朝，因除授宿州团练使，食邑三百户。远驱熊轼，初授鱼符，能整肃于三军，善抚绥于百姓。

（以上在契丹建功立业，并参与灭晋，以武功为主，只有一句提到治民，164 字。）

便值戎王归国，汉帝临朝，虽遇覃恩，例为伪命。非次除授河阳节度行军司马、加食邑至五百户。月限已满，得替还京，又授右龙武军将军，加食邑至七百户。方居显列，俄钟外艰，思欲报之恩，□尽哀之礼。相次又丁内艰，虽居苫块之仪，可胜金革之事。夺情除授，起复云麾将军，余如故。转右千牛卫大将军，加天水县开国男。

（以上转投后汉，虽兼仕文武，仍以武为主，并提到父母之丧，124 字。）

值汉室渐微，周朝重霸，四方多事，一人挂怀。奉宣差充宋、亳、宿、单、颍五州□□〔巡检〕使，旋加天水县开国侯，食邑一千户。所为崔蒲聚盗，黎献为灾，致五郡之无虞，得万家之乐业。能名已播，爰抽赴阙，除授单州刺史。早明政术，惟务清通，或峻法深文，或劝善惩恶，其俗也劲，其民也顽，急之则例抱□□，□〔缓〕之则自□□败。

（以上于后周时兼仕文武，强调其吏治，120 字。）

（以上一生功业合计 577 字。）

既当重位，岂惬高怀，寻得替入见，因□□不乐 [药]，于广顺三年十二月五日终于旅馆，享年四十有一。呜呼哀哉！碎陆机之珠，折嵇康之玉，不返逝川之水，难停过隙之驹，信有之矣。

尝遗言曰："死以速朽为妙。受啥之后，切须火焚。"至时，红焰高，黑烟盛，感有野鹅旋于上，悲鸣不已，一投火而毙，一洒血而飞。路人见之，无不殒泪。嗟乎！何有比异也。

（以上是死亡，遗言火化，并有异象，130 字。）

公娶夫人乐安孙氏，早值用兵之时，因有隔阔，别娶夫人彭城郡君刘氏，皆簪裾令族，钟鼎名家，能训子以断机，常敬夫之举案，池方鱼比，镜忽鸾孤。

有弟二人：

仲□〔曰〕□，员寮直弟 [第] 三番行首；

季曰璘，银青光禄大夫检校太子宾客兼监察御史武骑尉、前单州衙内指挥使，可谓逐日名驹，倚天利刃，秉文兼武，履孝资忠，则知佩金龟，戴蝉冕有日矣。

有男五人：

长曰咸雍、次曰咸明，并是左番殿直；

次曰小字二十五，次曰霸孙，幼曰侄喜哥；

并早解亲师，兼能择友，明射御书数，守宣慈惠和，若继家风，全凭令胤。

有女四人：长曰荣姐，次曰兴姐，次曰迎新小娘子，幼曰侄女罗姐。

（以上是妻、弟、子女，及两位侄子女，有官者全是武官，但强调秉文兼武，218 字。）

房弟翼、元从孔目官康翔，自随旌旆，累换槐檀，感出生入死之恩，誓粉骨捐躯之报，玄穹可鉴，丹恳难申。越明年，改广顺为显德元年，至二年岁次乙卯二月庚子朔四日癸卯，与衙内同部署扶护灵榇，卜吉地，葬于洛京河南县梓泽乡宣武村，礼也。

（以上是葬，主要负责人是房弟、旧属和季弟，95 字。）

嘻！云惨遥山，风悲古木，仙客之玄鹤来吊，故人之白马临丧。于是爱弟璘，生事之以礼，死葬之以礼，有始有卒，念兹在兹。德润器乏青云，才非白地，偶承见托，俾述斯文。虽则时然后言，敢以直书其事，乃为铭曰：

公为人兮英雄，治编民兮清通。

怀不愤兮人佞，思欲立兮军功。

天柱折兮云雾空翳，梁木坏兮燕雀何依。

路人睹兮掩泣，野鸟鸣兮不飞。悲夫！

卜宅兆兮卦已吉，叹佳城兮魂北归。哀哉！

（以上是铭，兼及治民与军功，又提到人佞和异象，150 字。）

庄主郭再荣。东老口庙宣武皇帝，南万安龙门山泰山府君庙，北伊洛滙涧孝文皇帝，西金水河随楼焦谷村。

（以上是庄主与墓地位置，42 字。）

（责任者：施天宇、张庭瑀、萧妤函）

（指导者：山口智哉、李宗翰、刘祥光）

三、个案研究

赵凤少习文史，曾经应举，后来投笔从戎，堪称儒将。他凭武功位至地方首长，兼仕文武，在《旧五代史》留下本传，并非等闲之辈，但至少在两件密切相关的事情上，与墓志所记判若两人。一是吏治。墓志大力称赞，比如说他"善抚绥于百姓""早明政术，惟务清通"和"治编民兮清通"等，但本传大肆批评，《册府元龟》亦将之列名"总录部"的"残虐"，及"牧守部"的"失政""枉滥""谴让"和"贪黩"。二是死亡。墓志说病逝，本传谓赐死，传闻是帝王猜疑，使人诬告其吏治不佳而诛之。我们应如何分别是非？

（一）赵凤之功过与公私

　　后周太祖郭威广顺三年（953）十一月，四十一岁正值壮年的单州刺史赵凤（913—953）入觐，在皇城门外被州民十余人拦截，有凡人亦有僧人，指控他为政"不道"。皇帝将赵凤拘押在御史台，经过一个月的调查，发现共有十六件罪行，分属"残虐百姓"和"非理科率"。皇帝赐令自尽，敕命说：[1]

　　　　赵凤骤承委寄，合禀宪章。临民不力于抚绥，率性但闻于凶暴。沿淮巡寇，当年之残忍难名；近郡颁条，在任之贪虐尤甚。夺部民之妻女，率州户之资财，招纳贼徒，骚扰生聚。尔不奉法，国有常刑。其赵凤宜削夺在身官爵。赐自尽。

　　除了现职单州，还追及广顺初年担任宋、亳、宿三州巡检使的罪行，均流于"残忍"和"凶暴"。

　　令人吃惊的是，赵氏有文人背景，在墓志记述赵凤一生功业约577字之中，读书应试等事占了126字，是次长的篇幅，毫无疑问是一大重点。虽然曾祖和祖父不仕，但父亲已成功进入统治阶级，以冀州人担任冀州别驾，令人联想到地方豪强，不过别驾属于文职，也许家中兼习文武。果然，赵凤从小便能读书，中童子试后，再修《春秋》三传，于

―――――――――――
[1]　王钦若等撰，周勋初等校订：《册府元龟》卷699，南京：凤凰出版社，2006年，8079—8080页。

"仲尼之经、丘明之传，莫不研精覃思，索隐钩沉"，同时又修习武艺，以善射闻名，的确是"文武相兼"。数次科考不中，乃全力向武功发展，但效忠的对象竟是契丹，连自己的家乡冀州也一再侵凌。

后晋借契丹之力建国（936），割让燕云十六州，番汉关系日渐紧张，也产生了"移忠"的问题。屡次下第之后，二十多岁的赵凤落草为寇，"凶豪多力，以杀人暴掠为事"，残虐已甚，而官府莫可奈何。[1] 镇州节度使安重荣不愿向契丹称臣，也怀有野心，乃招纳叛亡，扩充兵力。赵凤应募，以他的才兼文武，不难革面自新，获得重用，最后却成为逃兵，投靠契丹的节度使及南京（幽州）留守赵延寿。本传和墓志各给一个理由：根据本传，赵凤再次犯法，当处死罪，乃破械越狱，变为通缉犯，这应是他遁入辽境的主要原因。[2] 延寿也是原籍冀州，本为后唐的节度使和枢密使，可谓臭味相投。根据墓志，赵凤"未蒙（安重荣）录用，无以申其志，无以立其功，遂潜奔投北朝皇帝"。即使不论民族大义，也是个人利益超越敌我意识，不顾同胞之死活。后晋天福六年（941），安重荣反叛被杀，函首契丹。

移忠契丹之后，赵凤飞黄腾达，墓志用了约164字，占一生功业约577字的最多篇幅，实难掩得意，也毫不隐讳。他"起家银青光禄大夫检校尚书右仆射兼御史大夫上柱国，充幽州关南巡检都指挥使，……因警巡有功，转招收都指挥使"，招收到大量的汉人充当契丹的马前卒。他继续凭着"桀黠"向上流动，[3] 成为右羽林都指挥使。墓志说"既遣管军，将谋大用"，《旧五代史》本传则说"贝、冀之民，日罹其患"，[4] 冀州正是他的原籍。他已三十多岁，应急于立功，管不了同乡性命。

更大的机运随即到来，在赵延寿等汉人的前导下，契丹灭晋（947），

---

[1] 《旧五代史新辑会证》卷129，3963—3964 页；《册府元龟》卷 941，10902 页；《宋史》卷 272，9309 页。

[2] 《旧五代史新辑会证》卷129，3963—3964 页。

[3] 《旧五代史新辑会证》卷129，3965 页。

[4] 《旧五代史新辑会证》卷129，3964 页。

随军的赵凤先后受命为东都部署使和宿州防御使，首次尝到担任地方大吏的滋味，时年三十五岁。墓志说他"能整肃于三军，善抚绥于百姓"，事实上为时甚短。契丹随即北返，他移忠于后汉，调到孟州出任河阳节度行军司马，属于文职。任满入京，任环卫将军，此职可虚可实，而墓志不记有何作为，似乎虚多于实。其间母亲和父亲先后去世，墓志没有表扬他的孝行，反说"虽居苫块之仪，可胜金革之事"，应是守丧百日之后，便回到环卫，但依旧没有差派实务。的确，无论是墓志、《旧五代史》或《册府元龟》，从此都看不到他跃马沙场有所谓"金革之事"。不过，武人不须去职以守三年之丧，应是五代以至宋代的普遍情况，未能责以不孝。墓志大书夺情起复，占了后汉事迹124字的64字，也是不以为讳。我们不能以文人或今人的标准量度五代武人。

由汉入周，赵凤有一件可以称道之事，不但载于《旧五代史》，也收入《资治通鉴》，理应可信，却不见于墓志，令人不解，或引发其死因之疑云（见附表一）。后汉隐帝诛杀顾命大臣，枢密使郭威领兵在外，逃过一劫，但阖家惨遭屠戮。郭威杀回京城，依照五代旧习，允许官兵夺市作为奖赏。赵凤据守居所巷口，射杀入扰军兵，大义凛然地说："郭侍中举兵欲诛君侧之恶，以安国家耳，而鼠辈敢尔，乃贼也，岂侍中意邪。"[1] 又拒受邻里致谢的金帛。《旧五代史》前后用了"凶豪""暴掠""桀黠""丑迹""刚忿不仁""不道"来形容他，唯独这次称赞他"胆勇"，维持了正史本传善恶俱陈的史学传统。《五代史补》有一传言，名为"高祖以谶杀赵童子"，谓郭威听闻此事，想到"赵氏合当为天子"的谶言，乃阴谋杀害，炮制了上文的御史狱。[2] 姑无论谶言之有无，传言本身并不合理，一则赵凤的言语和行为并非十分杰出，距天子之格局尚远；二则郭威如有戒心，便无理由让赵凤离开眼底，派到地方担任实职，并让他晋升为一州首长（见下）；三则其事清楚记在《旧五代史》本传，

---

[1] 《资治通鉴》卷289，9439页。
[2] 见引于《旧五代史新辑会证》卷129，3965页。

应无隐讳可言。

无论如何，赵凤成为后周的宋、亳、宿三州巡检使，年方三十八岁，可谓得志。跟幽州关南巡检都指挥使一样，他主要负责地方的防卫和治安。该处"萑蒲聚盗，黎献为灾"，正好让他大显身手，但亦毁誉参半。一方面，他曾为草寇，知道官兵最难掌握盗贼行踪，乃将盗贼头目诱至麾下，尽情款待，及探得隐伏之处，便一网成擒，于是"众以为能"，赢得干吏之名声。[1] 另一方面，"平民因捕盗而破家者多矣"；当时他的得力助手是宋蛮刀和孙矩，二人"始随凤为暴，至是委以心腹"，很可能是当年"杀人暴掠"的伙伴，现在用来捉贼。暴行之一，如据后来所为，大抵是夸大甚至诬陷百姓通贼，非纳赂无以脱身（见下）。由于赵凤善事贵人，对路过的要员，应不分文武，都奉上厚礼，"故得延誉而掩其丑迹。太祖闻其干事，用为单州刺史"，开始他的吏治。[2]

似是响应赐死敕令的指控，墓志说赵凤作为一州之牧，"早明政术，惟务清通，或峻法深文，或劝善惩恶，其俗也劲，其民也顽，急之则例抱□□，缓之则自□□败"，读来颇觉怨怼，如"深文峻法""风俗强劲""顽民遍地""急则招怨""缓则致败"等，都似替赵凤脱罪或减罪。又说赵凤遗言火化，"红焰高，黑烟盛，感有野鹅旋于上，悲鸣不已，一投火而毙，一洒血而飞。路人见之，无不殒泪。嗟乎！何有比异也"，并在铭文重复，说"路人睹兮掩泣，野鸟鸣兮不飞。悲夫！"读来也确异常情。《旧五代史》说他"既刚忿不仁，得位（单州刺史）逾炽，刑狱之间，尤为不道"，[3] 各种犯行，被《册府元龟》统称为"枉滥"，[4] 可分两大类（详见附表二）：

一、枉法虐民。有姓名者共三案。其一，"尝断杀贼丁鸢而纳其室"，

---

［1］《旧五代史新辑会证》卷129，3964页。
［2］《旧五代史新辑会证》卷129，3964页；《册府元龟》卷698，8067页，三州"刺史"似误，应从墓志作巡检。
［3］《旧五代史新辑会证》卷129，3964页。
［4］《册府元龟》卷699，8075页。

大抵是指丁贼不应被杀而赵凤专断杀之，也不怕其妻伺机报仇，亦属一种胆勇。其二，民女赵哥已跟李诲订婚，赵凤硬要收纳。赵母杨氏拒绝，赵凤强给缣三匹作为聘财，掳女入门。杨氏号泣告诉，赵凤将杨氏、李诲及媒人崔氏全部决杖十五。两个多月后，杨氏又号告于州门，赵凤令赵哥出门见母，俱鞭臀十七，并将赵哥配为州妓。其三，赵凤妻兄刘迁纳冯女为妾，被冯母讼诉。赵凤把三人唤来，杖罚妻兄与冯母，因冯女有娠，鞭背十七，逐至外镇。似乎是妻兄与冯女有染在先，因孕纳之，但为妾不为妻，招来冯母之讼。无论如何，鞭刑在前，远逐在后，殊欠人道。

二、非法敛财。分小、中、大三种程度。较小宗的个别案件，如僧人智佺偷去师父智源十八贯钱，已经认罪，却又诬告师父与尼姑通奸。官府械系智源六十余日，逼令伏罪，最后鞭脊十七，资财尽数没官。较大宗和普遍的，如上所述，官府一面捉贼，一面指控部民通匪，刑求"拷捶，令伏与贼通，纳赂方免"。更大宗和影响更广泛的，是借口进奉天子南郊大礼，聚敛部民财货，不但贪黩，而且利入于己而怨归于君上，罪大难赦。他大、中、小利一律通吃，实在"贪虐尤甚"。

在这些案件里，最引人注意的不是赵凤而是受害者一方。两位母亲敢于一次以至两次地违抗或控告刺史本人或其姻属，最后包括僧人等十余人，把怨情从单州带到开封上诉。这种俗劲民顽，勇于采取法律行动以争取公平公正公义的风气，究竟是如何形成的，很值得研究。赵凤之被刑，或可反映后周之大力整饬纲纪，北宋延之，大抵于真宗时彻底走出五代之阴影。

尽管赵凤对百姓残虐，但对家庭似乎甚为照顾，可从三方面探讨：兴家、家人关系、传家。

毫无疑问，赵家因赵凤而大盛。赵凤之父虽已出仕，但无能力让上代获得追赠，而本人和妻子都因赵凤而获追赠。如赵凤继续向上流动，或能泽及祖父和曾祖父两代。难以探究的是妻室的贡献。墓志对赵凤母亲的事功只字不提，对两位妻子仅言"簪裾令族，钟鼎名家，能训子以断机，常敬夫之举案"，那么她们是否出自令族和名家，让赵家蒙利？母亲崔氏赠博陵郡太君，现任妻子刘氏封彭城郡君，她们的地望似乎是为了封赠而冠上，不是真正的博陵崔氏和彭城刘氏。前妻孙氏也似乎是因为赵凤发迹，妻随夫贵，乃冠以地望，不是真正的乐安孙氏。由是言之，墓志之地望至少有三种来源：名副其实、妻随夫贵、封赠所需。

赵凤与家人的关系有着密切的一面。其一，墓志记下"早值用兵之时，因有隔阔"，已不在身边的前妻，似乎反映赵凤的念旧。其二，三弟被称为"爱弟"，且由他而非寡嫂主持赵凤的葬礼。他的名衔是"银青光禄大夫检校太子宾客兼监察御史武骑尉，前单州衙内指挥使"，比二弟的"员寮直第三番行首"实在煊赫太多，似乎反映赵凤把三弟带在身边，如单州，并不断向中央奏请晋升，而二弟因在别处（可能是中央）任职，没有得到上司同样的青睐。如赵凤与三弟同住一处，便构成旁系的两代同居家庭。其三，在多数情况下，墓志只记有功名的叔伯兄弟甥侄等旁系亲属和姻属，现在却记下两位幼年的侄男和侄女；对他们的期待，也跟亲生子女别无两样，似乎反映赵凤对他们的关爱。其四，墓志说房弟翼"自随旌旆，累换槐檀，感出生入死之恩，誓粉骨捐躯之报"。后两句是说，即使赵凤是因罪赐死，房弟也甘冒大不韪，愿意跟季弟"衙内同部署扶护灵榇"；前两句是解释原委，是因为赵凤对房弟照顾有加，可能是叔伯的儿子。同样值得一提的，是一起护送棺木归葬的元从孔目官康翔和受三弟所托撰写墓志的前摄齐州防御巡官乡贡进士刘德润，也许关系匪浅，才一起甘冒大不韪。郝若贝-韩明士理论（Hartwellian-Hymesian models）强调多重人际关系，在某些场合不无道理，但不能一概而论。

赵凤早死，二弟职位不高，且远水不能救近火，三弟暂无实职，诸子侄亦无实职，而诸女并幼，赵凤之家何以自保？四子之中，两子似因荫得授左番殿直，墓志说他们"并早解亲师，兼能择友，明射御书数，守宣慈惠和，若继家风"，也说二弟和三弟"秉文兼武，履孝资忠"。所以，恩荫之官僚特权、教育之并习文武和孝忠之基本品德等，构成武人传家的重要条件，亦即家风。当然，风水也重要，如何分析墓垄之四至，有待高明。

（二）孤证与史学六问

赵凤之历史既具争议，其真相，纵使是部分而非全部之真相，应如何发掘和求证？如何知道作为论据的史实（fact）和史事（event）是否可信？

一般来说，考证有外部求证和内部求证两种。外证主要用比较法，对照不同史料的记述，考其异同，分其真伪。此法最大的陷阱，是各种史料看似不同，包括作者不同（如一人或多人）、性质不同（如墓志、正史和笔记）、权威性不同（如官修和私修）等，但它们的史源大同小异，虽经过作者的增减以至误植，说到底就是孤证。遇到这种情况，只有诉诸内证，考察每一史料的内容有无前后矛盾、逻辑不通、东缺西漏，或反之能够自在圆满，言之成理。以下自外证而内证，借着检讨赵凤之恶事，浅谈史学之方法。

比较有先后或大小，我们先看有无，再看详略。墓志有隐恶之特色，但赵凤之恶事并未因此隐没，将墓志、《旧五代史》及《册府元龟》加以对比，异同大致如下：

比较项目		墓志	《旧五代史》《册府元龟》
一、赵凤之出身	1.1 落草为寇	无	有
	1.2 曾犯死罪及越狱	无	有
二、发迹与移忠	2.1 投靠契丹	有	有
	2.2 返回南朝	有	有
三、武功	3.1 边境巡卫	"警巡有功"	"贝、冀之民，日罹其患"
四、吏治	4.1 捕盗	"得万家之乐业，能名已播"	"无不擒捕，众以为能，然平民因捕盗而破家者多矣"
	4.2 枉法虐民	无	有
	4.3 非法敛财	无	有

比较项目		墓志	《旧五代史》《册府元龟》
五、死亡	5.1 死因	"得替入见，因□□不药，……终于旅馆"	为人所讼，赐死

依次，有四点可供讨论：

第一，从不隐之处可知，今日所谓恶事，昔日未必是恶。如赵凤之移忠外族和三朝之间，墓志记之不讳（2.1、2.2），有时且贬抑中原王朝，如谓"有晋负义，法驾南巡"和"戎王归国，汉帝临朝，虽遇覃恩，例为伪命"等。其他墓志，如《周令武墓志》也公然说："公五转兵权，六提郡印，事累朝而险夷备历，挺一心而终始不渝。"（见本册《沙陀王朝武人刺史卖剑买牛》）《杨敬千及其妻李氏合葬墓志铭》也说"公继事数朝，连绵五郡，始终不变，中外无私"等等，[1] 都不讳言墓主一再移忠，可进一步讨论五代宋初之南北关系与忠义观念。

第二，史料之间的歧异，有时不是所记之事有异，而是记事之角度不同。如赵凤移忠契丹之后巡防边境和招徕汉兵（3.1），墓志站在契丹的角度来写自是"有功"，《旧五代史》站在后晋的角度自是"日罹其患"，内容实无冲突。

第三，史料之间的歧异，有时是"部分"真相与"全部"真相之差异，彼此并无冲突。如捕盗（4.1），墓志只说出正面这部分的真相，《旧五代史》同时说出正面和负面，两者至少在"能名已播"和"众以为能"是一致的。

第四，最大的歧异在记与不记，至少四处，如包括死因则达五处。墓志所隐之恶，固因《旧五代史》和《册府元龟》而得以浮现，但两书所记是否确实可信？如上所述，必须率先厘清两书的史源关系，看看是不是孤证，这就需要比较它们的细节了。

---

[1] 周阿根：《五代墓志汇考》，合肥：黄山书社，2012 年，344、434 页。

众所周知，流传至今的《旧五代史》，每多出自《册府元龟》，但两者之文字、记事和篇幅时有不同，仍须先加比较。根据附表一，有两种情况：

首先，一看就知是孤证的共有两处，即最右栏之空白者：一为晋初入伍之后，因犯死罪而逃亡，目前只见于旧史本传，因记事太过简单，难以判断真伪，无法讨论。二为后周广顺初年厚赂史臣以颂其能，太祖相信而授以单州刺史，也是只见于旧史本传。我们相信史臣不会无故厚诬太祖皇帝误信人言，故判断为真，下文不再讨论。

其次，乍看并非孤证，因同时见于旧史本传和《册府元龟》，但事实上是孤证，共有四处，全在后周时期：一是赵凤"夺人之妻女"，旧史本传只此一句，《册府元龟》大抵承之（见下表），并提供丁鸾妻和赵哥两案。二是冤滥勒索，旧史本传只有一句，谓"平民因捕盗而破家者多矣"，《册府元龟》承之，并提供张弘滋案，同时又有滥刑之冯氏案和非法取财之僧智源案。三是率敛民财，旧史本传与《册府元龟》"牧守·贪黩"相同，只是《册府元龟》"牧守·谴让"浓缩为"率州户之资财"；四是赵凤入京之时"为人所讼"，旧史本传只有此一句，《册府元龟》无有，但指出讼者是谁等。大致来说，旧史本传有如墓志之高度浓缩，而《册府元龟》则提供实例。再看关键词句，两书之关系更为明显：

	《旧五代史》	《册府元龟》
文献关键词句	既刚忿不仁，得位逾炽，刑狱之间，尤为不道	凤既刚忿不仁，得位逾炽，刑狱之间，犹为不道
	平民因捕盗而破家者多矣	平民因捕盗而破家者多矣
	夺人之妻女	夺部民之妻女
	以进奉南郊为名，率敛部民财货	"牧守·贪黩"：赵凤为单州刺史，以进奉南郊为民[名]，率敛部民财货。"牧守·谴让"：率州户之资财

所以，两书不是承袭就是史源大致相同，即使《册府元龟》提供实例，

亦可能是从宋代而非现代的《旧五代史》抄来，只能视为孤证。

　　既已尽全文检索和比较不同史料之能事，仍无法确定旧史本传和《册府元龟》可以完全相信，只好针对事件或故事进行求证：一是针对故事之载体，即两部史书之可信性；二是针对故事本身之可信性。

　　针对《旧五代史》和《册府元龟》之可信性，一方面用"以全盖偏"之方法，指出除去特殊情况，两史基本可信。另一方面用"排除"之方法，排除故意造假（非无意之失真如疏于考证）之可能。源自政治学之史学六问，正可作为切入点：

　　（一）Who（撰者）。《旧五代史》和《册府元龟》的编纂者不乏博学之士，如《册府元龟》除王钦若和杨亿两位主编之外，还有两位直秘阁、两位龙图阁待制、四位直史馆、三位直集贤院等一二十名学者共同参与，[1] 有一定的严谨性。

　　（二）Whom（读者）。以君王和士大夫为主，皆难以欺骗之人，如触怒君王，更易受罚。即使是官撰的神道碑，如有偏颇不合体制，也要改写。[2]

　　（三）When（编纂时间）。《旧五代史》与《册府元龟》分别撰于宋太祖开宝六至七年（973—974）和真宗景德二年（1005）至大中祥符六年（1013），皆为承平之世，大有利于修史。

　　（四）Where（编纂地点）。二书均是官修，可利用中央史馆大量而且最为齐备之藏书，比对各种史料，对历史人物进行较全面和平衡的

---

[1]　郭武雄：《五代史料探源》，台北：台湾商务印书馆，1996 年第二版，77 页。又见郭伯恭《宋四大书考》(台北：台湾商务印书，1967 年)、颜中其《〈册府元龟〉编修者介绍》(刘乃和编《册府元龟新探》，郑州：中州书画社，1983 年)。

[2]　兹举一例，后唐明宗天成四年（929）八月，太子太傅李琪奉命撰故青州节度使霍彦威神道碑。"初琪仕梁至平章事，而私怀感遇之意。旧之工镂版者奉敕撰碑，皆始叙君上奖功之道、承诏撰述之旨，每于立意，皆称臣。彦威仕梁，位至方面，及兹叙其扬历，必须指名几任是伪，几任是朝命。琪不欲指斥伪梁，所撰碑文自初不称臣。中书覆奏云：'李琪所撰霍彦威神道碑文，既不分真伪，是混功名，望令改撰。'从之"。《册府元龟》卷 553，6332 页。

书写。[1]

（五）Why（编纂目的）。《旧五代史》为延续修史传统，以求总结前代历史经验，《册府元龟》为提供君臣治理国家之鉴戒；如是造假，恐适得其反。[2]

（六）How（编纂过程）。此处之分析重点在造假之动机与制约。首先，史官有无造假之需要？有传言谓赵凤是被周太祖故意冤杀，如是，史官或有需要伪造赵凤之恶行以掩饰太祖之过失，但如上文所述，传言并不可信。其次，《旧五代史》与《册府元龟》由多人共同编纂，彼此互相制约，可降低造假的可能性。此点也见于五代实录之编纂，如后汉时贾纬任史馆修撰判管事，与王仲、窦俨等修纂前代三朝实录。贾纬与后晋桑维翰有隙，大书"维翰身没之后，有白金八千挺"；纬之友人翰林学士徐台符以"十目所睹，不可厚诬"，警告他不得"褒贬任情"；纬"不得已，改为白金数十挺"。[3] 由此可知，制约可达三重之多：史官之间、史官与其他官员之间、史官与众目之间，故实录、国史等官方史书之可信性皆较高。

（七）What（史书之性质）。二史既为官书，有两个特点可言。就史学传统来说，正史本传一向善恶俱陈，而《册府元龟》劝人取善避恶，故二书著录赵凤之恶行似属平常之举，不必无端怀疑，何况二书也著录赵凤善行，并非一味偏颇。就史料来源而言，二史多采五代实录，《册府元龟》更是仅取正史、实录，不取杂史稗官。陈尚君指出，《册府元龟》《旧五代史》《五代会要》《新五代史》和《资治通鉴》"诸书于五代史实的记录，在大端方面来说，共同点远多于差异处，……诸书五代史事趋同性的合适解释，是五代史料基本都是同源于五代实录而致"。[4]

---

[1]　《旧五代史新辑会证》"前言"，20 页。

[2]　郭武雄：《五代史料探源》，77 页。

[3]　《册府元龟》卷 562，6449 页。

[4]　《旧五代史新辑会证》"前言"，52、65 页。

五代之实录，郭武雄与陈尚君都认为，因"五代之武人政权似甚少干涉史撰工作，史官多能放手而为，故《五代实录》之修皆属相当顺利，事后亦未曾因实录内容而发生类似唐、宋之争执"。[1] 所用史料既经一番考证与筛选，自有一定的可信性。

当然，以史书之可信性推论个别故事之可信性，其危险也明显可见，即以泛论代替个案，一如学人往往用五代武人不能吏治的泛论来质疑武人能够吏治的个案，坚持前者是多数，后者是少数甚至特例，其实泛论的论据相当可疑，因为现存的所有个案根本不足以支持武人不能吏治这个泛论。

所以，我们还是要针对故事本身进行内部分析以建立其可信性。可供判断真伪之要素多样，其中以故事之数量与内容较为重要。就数量言，伪造案件之数量愈多，露出破绽之机会就愈大。要置赵凤于死地，只需一二可以致命之案件便可，岂会自找麻烦，炮制十六件之多？

就内容而言，案件之细节愈多，露出马脚之机会也愈大。赐死诏书公诸于世，明确指出三大罪状："夺部民之妻女，率州户之资财，招纳贼徒。"简直是主动向怀疑者提供三大查证之方向。我们发现，绝大部分案件均明列当事人姓名及受害情节（详附表二），如张弘滋案，谓"单州民张翰、张珪、姚海等，诉男张弘滋等被赵凤巡捕时，拷捶令伏与贼通，纳赂方免"；僧智源案更明列被骗取之财物数目（十八贯）及禁闭之日期（六十多天）。[2] 又如民女赵哥案，明列作为聘财的数目（三缣）、媒人（崔氏）、上诉之地点（州门）和间隔之时日（两月余），及被鞭打之身体部位（臀）与次数（十七）等，几乎能够完全回答史学六问之逼供（又见本册《不远鬼神文武皆然》），可将这些细节列表如下以见其连贯与真实：

---

［1］　郭武雄：《五代史料探原》，52 页；《旧五代史新辑会证》"前言"，7 页。
［2］　《册府元龟》卷 699，8075 页。

事项	《册府元龟》所述[1]
京控日期	广顺三年十一月
原告	单州民张氏等十余人，乘刺史赵凤入朝，"捉凤马于皇城门"
被告	单州刺史赵凤
调查人等	1. "敕遣通事舍人刘言、控鹤官二人，监凤下御史台收系" 2. "御史台奏凤在任日，残虐百姓（及）非理科率十六事"
情节	1. "民家女赵哥者，许嫁李海，未成婚，凤逼纳之；母杨（氏）辞以女许嫁，不可" 2. "凤叱之，与三缣，携之入第" 3. "杨号泣告诉，凤怒，召李海及行媒崔氏并杨氏三人，俱决杖五十" 4. "经两月余，杨氏又号于州门。凤出赵哥见杨，子母俱鞭臀十七，仍配赵哥为州妓"
可作物证者	三缣、两次诉状或官府案状、鞭伤等
可作人证者	行媒崔氏（亦受害人）、官府受状、备案或存案的人、行杖（折杖，可能缓刑甚至罚金）或用鞭的人、州妓管理者等
宣判日期	广顺三年十二月
罪名	"夺部民之妻女"
罪罚	与其他十五案并计，赐令自尽
执行日期	广顺三年十二月五日

如是不实，这些细节岂非反过来成了作伪的最好证据？何况，如是造假，最好虚构人物以免留下可供追查之线索，岂有如冯氏案之当事人，竟是赵凤之妻兄。当史料出现平民之姓名和事件之细节，或可推论其性质应属平民的申诉、供词或官府的调查；如是，御史台官员之间亦会互相约制造假，例如在岳飞的诏狱里，司法官员之异议便透露岳飞之冤枉。[2]

总之，各案分而观之，即使赵凤没有犯上十六案而只犯一案，只要该案具备一定的细节和合情合理，纵使别无旁证，还是可以相信的。研

---

　　[1] 《册府元龟》卷699，8075、8079—8080页。
　　[2] 邓广铭：《岳飞传》，北京：人民出版社，1983年，363—364页。王曾瑜：《尽忠报国：岳飞新传》，石家庄：河北人民出版社，2001年，356—357、360页。

究者不要害怕栽在天衣无缝的假案里。各案合而观之，可归纳为三大类型：好色、枉法滥刑和非法敛财，反映赵凤之行为有一定的惯性或一致性，也颇符合五代武人犯事之普遍情况。所以，研究者只要妥善地将史料分门别类，看来是一件一件孤立的案件，也就可以互为众证了。

结论

五代多战乱，凭武功较易发迹。有些熟读儒家经典，甚至有能力屡次应考科举的文人投笔从戎，凭军功从被统治进入统治阶级，或在统治阶级里层层上升，产生社会流动。他们的子孙凭恩荫进入武官系统，产生武官世家。有些世家以兼习文武作为家风，子弟可称儒将。

儒将在品德和事功上的表现有时毁誉参半。品德可分公与私，公德如忠与公：他们不但在中原诸王朝之间一再移忠，也会从中原移忠于外族政权如契丹，以残害昔日同胞来换取一己之功业。他们进入统治阶级后，有时潜移默化，懂得以贿赂来隐蔽恶行和夸扬善政，借此升迁，有违公正，与文官无异。私德如孝与悌：五代和宋代的大部分武人均无须去职以守三年之丧，无足深责；他们对旁系亲属有时相当照顾，符合儒家的家庭伦理和郝若贝－韩明士的发现。

事功可分文与武：武功每有可观，如捕捉盗贼抵抗乱兵；文事则容易在法律和财务上失足，招来"残虐百姓"和"非理科率"之讥。无论如何，有谓五代武人致乱，其实有些武人具有文人背景，才兼文武。

墓志隐恶扬善，所隐之恶可粗分两种：一是所谓普世价值，即古今中外大都视之为恶事，如非法敛财和滥权害民；二是随时代而改变之价值，如今日认为不忠之事，昔日直书不讳，当然亦有昔非今是的，如妇女改嫁。隐恶的确有碍于历史真相之重建，但有时可从其他史料找到重要的补充，让大恶无所遁形。诸罪俱发罚其重者，大恶既明，一些被隐去的小恶也许就不必穷尽史料，非要找出来不可，否则恐遭不知轻重之讥。

前贤常谓孤证不立，其实应视情况而定。一种是记事过于简单，实在无从判断。一种是虽然简单，但提到关键事物，如皇帝知人不明，也许就不是捏造。一种是颇具细节，足以响应史学六问之逼供，如司法案件之重要环节与证据俱全，也许就值得相信了。一种是孤证之间可以透过分门别类，归纳出一定之行为模式，乃可互相补充成为众证。无论如何，要作为新史学人，不要人云亦云，必须多用逻辑、多作分类、多算篇幅和多造表格。

（执笔者：林明、邱敬、张庭瑀、萧妤函）

（指导者：山口智哉、李宗翰、刘祥光）

附表一：墓志与其他史料比较

时间	官名	事件	墓志	《旧五代史》	《册府元龟》及其他
幼年至成年	父：以冀州人为州别驾（文官）母：赠博陵郡太君	出身	1.兼习文武 2.童子及第 3.诣贡闱，数上不捷，投笔从戎 4.无	1.不见 2.幼读书，举童子 3.不见 4.既长，遇乱，凶豪多力，以杀人暴掠为事，吏不能禁	2、4.《册府元龟》：幼读书，举童子，既长，遇乱，凶豪多力，以杀人暴掠为事，吏不能禁。 4.《宋史·荆罕儒传》：少无赖，与赵凤、张挈为群盗。
晋初（936—941），约24岁起	未蒙录用	投镇州节帅安重荣	无以申其志，无以立其功	凤应募入伍，既而犯法当死，即破械逾狱，遁而获免	
契丹会同六年至十年（943—947），约31—35岁	幽州关南巡检都指挥使（武官）、招收都指挥使（武）、右羽林都指挥使（武）、东都（汴）部署使（武）、宿州团练使（本传作防御使；武）	投奔契丹，历仕幽州、临潢府等地，并参与灭晋	1.招收使：遂致国之多兵 2.宿州团练使：能整肃于三军，善抚绥于百姓	1.幽州节度使赵延寿为契丹乡导，岁侵深、冀，凤往依焉。契丹主闻其桀黠，署为羽林军使、累迁都指挥使等职。 2.常令将兵在边，贝、冀之民，日罹其患。	1.《宋史·荆罕儒传》：晋天福中，相率诣范阳，委质燕王赵延寿，得掌亲兵。

时间	官名	事件	墓志	《旧五代史》	《册府元龟》及其他
后汉（947—950），约35—38岁	河阳（孟州）节度行军司马（文）、右龙武军将军（武）、右千牛卫大将军（武）	隐帝逼反郭威	1. 丁父母忧 2. 无	1. 丁父忧 2. 郭威入汴，无不剽之室，唯凤里间，兵不敢犯，人皆服其胆勇	2.《资治通鉴》：右千牛卫大将军枣强赵凤曰："郭侍中举兵，欲诛君侧之恶以安国家耳；而鼠辈敢尔，乃贼也，岂侍中意邪！"掠者至，辄射杀之，里中皆赖以全。 2.《五代史补》：大致同上，并谓里人致金帛于门下，用为报答，已堆集如丘陵焉，（赵）童子见而笑曰："吾岂求利者耶！"于是尽归其主。
后周广顺元年至三年（951—953），约39—41岁	任宋、亳、宿、单、颍州巡检使（本传作宋、亳、宿；武）	1. 收盗贼	1. 崔蒲聚盗，黎献为灾；致五郡之无虞，得万家之乐业	1. 凤出于伏莽，知盗性，多擒捕，众以为能，然平民因捕盗而破家者多矣	《册府元龟》： 1. 招纳贼徒，骚扰生聚。部下纲纪号宋蛮刀、孙矩者，始随凤为暴，至是委以心腹，平民因捕盗而破家者多矣。
		2. 贿赂史臣	2. 无	2. 凤倾财厚奉史臣，故得延誉而掩其丑迹	
	单州刺史（文）	1. 施政	1. 早明政术，惟务清通 2. 其俗也劲，其民也顽；或峻法深文，或劝善惩恶	1. 太祖闻其干事，用为单州刺史 2. 既刚忿不仁，得位逾炽；刑狱之间，尤为不道	《册府元龟》： 1. 同左 2. 同左
		2. 夺人妻女	无	尝夺人之妻女 1. 不见 2. 不见	《册府元龟》：夺部民之妻女 1. 贼丁鸾妻案 2. 民女赵哥案
		3. 冤滥勒索等	无	1. 不见 2. 不见 3. 平民因捕盗而破家者多矣	《册府元龟》： 1. 冯氏案 2. 僧智源案 3. 张弘滋案：平民因捕盗而破家者多矣
		4. 非法敛财	无	以进奉南郊为名，率敛部民财货	《册府元龟》：以进奉南郊为民［名］，率敛部民财货；率州户之资财。

时间	官名	事件	墓志	《旧五代史》	《册府元龟》及其他
广顺三年（953）十二月，约41岁	单州刺史（文）	1. 为人所讼 2. 死亡	1. 无 2. 因□□不药，终于旅馆	1. 为人所讼 2. 诏削夺凤在身官爵，寻令赐死	《册府元龟》： 1. 有单州民张、僧智源等十余人，捉凤马于皇城门，讼凤在郡不道；下凤御史台收系。 2. 赵凤宜削夺在身官爵，赐自尽。 《五代史补》：高祖闻（赵凤）而异之，阴谓世宗曰："吾闻人间谶云：'赵氏合当为天子。'"……使人诬告，收付御史府，劾而诛之。

附表二：赵凤枉法一览

案件	被害者	经过	审判与结果
1.强纳民女兼滥刑			
1.1 赋丁鸾妻案	丁鸾夫妻	不详	断杀丁鸾而纳其妻
1.2 赵哥案	民女赵哥、母杨氏、未婚夫李海、媒人崔氏	1.赵哥许嫁李海，未成婚，赵凤逼纳之。母杨氏谓女已许嫁，不可。凤强与三缣为聘财，携之入第 2.杨氏两次号泣抗议，第二次在州门	1.杨氏第一次抗议:李海、行媒崔氏、杨氏三人,均决杖五十 2.杨氏第二次抗议:杨氏:鞭臀十七;赵哥:鞭臀十七,配为州妓
2.滥刑			
冯氏案	冯氏女及其母	赵凤妻兄刘迁强纳州冯女为妾,冯母诣州讼诉	1.刘迁:杖之 2.冯女:原杖之,因有娠,鞭背十七,解送外镇
3.滥杀			
贼丁鸾妻案	丁鸾	不详	断杀丁鸾而纳其妻

案件	被害者	经过	审判与结果
4.非法取财			
4.1 借诬告案取财			
僧智源被弟子诬告案	僧人智源	僧智源控告弟子智俭窃钱十八贯,智俭伏罪之后,反诬智源与尼奸	智源:械系六十余日,伏奸,鞭脊十七,尽没资财
4.2 主动诬陷,勒索取财			
张弘滋案	张翰之子张弘滋等人	张翰等人控诉,谓儿子张弘滋等人被赵凤巡捕后,拷捶刑求,令伏状与贼通	张弘滋等人:纳赂方免

参考资料:

一、墓志碑文

1. 刘德润:《大周故金紫光禄大夫检校司徒使持节单州诸军事单州刺史兼御史大夫上柱国天水郡开国侯食邑一千户赵公墓志铭并序》,吴钢主编《全唐文补遗》第一辑(西安:三秦出版社,1994 年),453—454 页。

2. 刘德润:《后周武官单州刺史赵凤墓志铭并序》,傅斯年图书馆藏拓片(12849)。

3. 刘德润撰,周阿根点校:《赵凤墓志》,周阿根《五代墓志汇考》(合肥:黄山书社,2012 年),546—549 页。

4. 刘德润撰,章红梅点校:《赵凤墓志》,章红梅《五代石刻校注》(南京:凤凰出版社,2017 年),605—608 页。

5. 刘德润撰,陈尚君点校:《大周故金紫光禄大夫检校司徒使持节单州诸军事单州刺史兼御史大夫上柱国天水郡开国侯食邑一千户赵公墓志铭并序》,陈尚君《全唐文补编》(北京:中华书局,2005 年)卷 106,1342—1344 页。

6. 刘德润撰,陈尚君点校:《大周故金紫光禄大夫检校司徒使持节单州诸军事单州刺史兼御史大夫上柱国天水郡开国侯食邑一千户赵公墓志铭并序》，陈尚君《旧五代史新辑会证》（上海：复旦大学出版社，2005年），3963—3968页。

二、其他资料

7. 王曾瑜:《尽忠报国：岳飞新传》,石家庄：河北人民出版社，2001年。

8. 王钦若等撰，周勋初等校订:《册府元龟》,南京：凤凰出版社，2006年。

9. 司马光等撰，标点资治通鉴小组点校:《资治通鉴》,北京：中华书局，1956年。

10. 周阿根:《五代墓志汇考》,合肥：黄山书社，2012年。

11. 脱脱等撰，中华书局点校:《宋史》,北京：中华书局，1977年。

12. 郭伯恭:《宋四大书考》,台北：台湾商务印书馆，1967年。

13. 郭武雄:《五代史料探源》,台北：台湾商务印书馆，1996年第二版。

14. 陈尚君:《旧五代史新辑会证》,上海：复旦大学出版社，2005年。

15. 邓广铭:《岳飞传》,北京：人民出版社，1983年。

16. 颜中其:《〈册府元龟〉编修者介绍》,刘乃和编《册府元龟新探》（郑州：中州书画社，1983年），29—48页。

编者注：本书篇末参考资料中若出现相同的参考文献，只在第一次出现时标明详细版本信息，再次出现时，省略出版地、出版社与出版年。析出文献的出处，采用括注的形式注明出版地、出版社、出版年。

数目字会说话

（李存进）

柳立言

后唐武官北面行营都招讨使李存进墓志铭并序

一、基本资料

1. 性质	墓志
2. 题名	新题：后唐武官北面行营都招讨使李存进墓志铭并序 首题：□□□□〔振〕武节度麟胜朔等州观察处置营田押蕃落等使单于安北都护行营蕃汉马步□□□□□□军□□……□□并序
3. 时间	死亡、下葬或立石时间 死亡：〔后唐〕天祐十九年/后梁龙德二年（922）四月 下葬：后唐同光二年（924）十一月八日
4. 地点	死亡、下葬或立石地点 死亡：镇州（河北石家庄） 下葬：太原县（山西太原）□〔大〕夏乡郑村东原
5. 人物	
墓主	李存进（855—922，原名孙重进）
撰者	幕僚：后唐文官前幽州节度判官吕梦奇
书丹者	后唐文官太原□□□〔府祗曹〕参军梁邕
篆额者	后唐文官太原□□□〔府祗曹〕参军梁邕

1. 性质	墓志
6. 关键词	社会流动、文武交流、业绩、品德、墓志笔法与史学方法

（责任者：林思吟、张庭瑀）

二、释文

□□□□〔振〕武节度麟胜朔等州观察处置营田押蕃落等使单于安北都护行营蕃汉马步□□□□□军□□……□□并序

前幽州节度判官朝散大夫检校尚□〔书〕□□〔吏部〕□□兼御史□□□□〔中丞柱国〕赐紫金鱼袋吕梦奇□〔撰〕

□□……□□〔节度〕□□□太原□□□〔府祗曹〕参军试太子校书梁邕书并篆□

原夫古先哲□〔王〕，必有良辅，时清则论至道以经邦，和阴阳而均造化，柱石王室，使不颠不危；世□□□□〔乱则运沉机〕而□□□，□尘而扫通秽，藩屏□□……□□〔皇家，俾可远〕可大。故有书□□〔汗简〕，勒金石，皆纪其功德，及于社稷生灵者也。

（以上是序，81字。）

公讳存进，字光嗣，本姓孙氏，乐安人也。武子之后，历世守职边上，因以家焉。

曾祖岩，振武节度□□□□□〔都押〕衙银青光禄大夫检校右散骑□〔常〕侍兼□□□□〔御史大夫〕。

祖□〔某〕，金紫光禄大夫守胜州刺史检校刑部尚书兼御史大夫上柱国。

皇□〔考〕佺，振武节度押衙左教练使银青光禄大夫检校左散骑常侍兼御史大夫上柱国。

（以上是家乡与曾祖父三代，不记妻子，121字。）

公业绍箕裘，力便□〔弓〕马，入□□〔蛟桥〕而振誉，探虎穴以知名，气□□□〔直如弦〕，心坚比□〔铁〕。

献祖文皇龙潜朔野，豹隐云中，常以麋虏为心，平戎是务。以公早精剑术，素熟兵机，肘腋之间，□□〔爪牙〕为任。□□□□□□〔时或手持双戟〕，腰属两鞬，□□〔营开〕而□□〔紫塞〕风清，战罢而□□□□。

（以上是归晋，以武功为主，94字。）

太祖武皇帝嗣承丕构，致力中原，属以天□〔步〕多艰，王室如毁，枕戈求敌，奋剑遄征，平大寇而□〔复〕九□〔重〕，戮叛臣而清□□〔三辅〕。

以公生□〔知〕武略，早□〔立〕战功，委以□□〔钤辖〕，颇著□□〔绩〕，□□□□。□〔寻〕补节度押衙左厢衙队威雄第一□〔院〕副兵马使，奏授银青光禄大夫检校太子宾客兼监察御史上柱国。

大顺元年，迁殿中侍御史。

景福二年五月，□□〔太祖〕武皇帝以公性禀淳和，言□□〔无矫〕饰，□〔勇〕能排难，忠不□□〔病国〕，锡以姓名，同之骨肉，荣连戚属，光生将门，永依盘石之安，终赖维城之固。寻补充右厢义儿第一院军使，除授银青光禄大夫检校国子祭酒兼御史大夫。

乾宁二年十月，除授检校左散骑常侍。

□〔光〕化二年二月，□授右厢行营马步□□〔都虞〕候。

三年正月，兼授雁门已〔以〕北都知兵马使永安军使兼守御都指挥使。

五月，权知汾州军州事兼守御都指挥使。

四年四月，转充□〔右〕厢□□〔衙队〕都知□〔兵〕马使。公以□立□〔战〕勋，继承□〔天〕泽，勤王□〔在〕念，□〔报〕主□〔为〕

心，夙夜在公，风雨如晦。

至天复元年四月，除授金紫光禄大夫检校刑部尚书兼御史大夫上柱国。

二年三月，除授检校兵部尚书。十月，加授检校尚书左□〔仆〕射。

□□〔三年〕八月，转左厢衙队□〔都〕知兵□〔马〕使兼左厢行营马步都虞候。

□□〔天祐〕三年□□〔月〕，奉命权知石州军州事。时以慈、隰未归，西南为患，委之□〔守〕郡，志在安边。公乃和以养兵，□〔仁〕而抚俗，轻其徭役，劝以耕农，茕嫠者由是遂生，逋窜者以之复业，□〔远〕来近悦，老安少怀，□□〔五谷〕有年，一方无事，百姓以为□□□〔召父复〕出，□□〔杜母〕再生。

（以上是在晋王李克用麾下的功业，得为义儿，仍以武功为主，兼谈吏治，490字。）

洎今昭文睿武光孝皇帝初承顾命之年，以公旧臣元老，委以腹心，送往事居，慎终如始。寻以家仇未雪，国患已□〔深〕，四方□〔每〕协于经营，中土尚稽于平□〔定〕，知公材堪出将，相□〔有〕封侯，必□□〔当多〕难之秋，□〔能〕立尽忠之节。

五年正月，制授检校司空，使持节石州诸军事守石州刺史。

七年十月，转充右厢步军都指挥使。

八年十二月，转授权行营蕃汉马步□□〔都虞〕候。寻以伪梁大举凶锋，□〔僭〕据深□□□〔冀、镇、定〕，告□□〔倒悬〕之急，并、汾兴仗顺之□〔师〕。主上以公久□〔战〕多谋，□〔雄〕名制敌，俾之扈从，同救阽危，十万凶徒，一阵席卷。

九年正月，奉命再知汾州军州事。四月，制加光禄大夫检校司徒。十二月，授西南面行营招讨都指挥使。

十一年三月，收下慈州，秋毫不犯，百姓复业，三农以时。寻制授□〔慈〕州刺史，民歌其化，如离石焉。十二月，奉命权知沁州军州事。

(十二年) 五月，正授诸道行营蕃汉马步使。时以魏人久厌伪庭，咸思真主，烽烟相□〔属〕，□□〔星使〕交驰，迎我□□〔銮舆〕，以救涂炭。泊主上驻跸在邺，以编部未肃，都人乍安，□□〔每怀〕亲征，常令预备，将委权略，罕得其人。以公夙著廉勤，素有威望，九月，补天雄军都部署巡检使，行营蕃汉马步使仍旧。公禀命益恭，守法弥□〔谨〕，严以理下，俭以□□〔约身〕，犯者必诛，恶者自息，强豪贵势，闻之凛然。

伪将刘□〔鄩〕在莘县，日□〔与〕主上对垒经年。(十三年) 时公在都城，每协严备，有日私谓人曰："此贼固险不战，必有多谋。"俾于南门多排弓弩以待之。其□〔夜〕，果有刘鄩贼党，□攻都城之□□〔南门〕，弓弩齐发，死伤者甚众。遂令单骑潜报主上于东寨，于是□〔王〕师尽出，及旦，两军相遇于中途，五万凶□，剿戮将尽，唯刘鄩遁而获免。夫破大阵，主上之神功也，守□〔都〕城，公之长算也。

十四□〔年〕正月，转左厢步军都□〔指〕挥使。二月，奉命权蕃汉□〔马〕步副总□〔管〕。圣上初收阳留镇，以为将取中原，先通古渡，防边固围，非公不□〔可〕。寻留□〔公〕在□〔镇〕守御。公以岸阔舟迟，城孤兵少，强敌在近，奔冲是虞，乃浚彼壕隍，增其□〔楼〕□。力役未罢，果有大寇攻城，内备既坚，群盗寻退。

十五年冬，□〔随〕驾至胡柳陂，大破汴寇回。

十六年三月，制授单于安北都护御史大夫，充振武节度麟胜朔等州观察处置营田押蕃汉等使。时驾在德胜寨上，以大□□〔寇未〕平，黄河是阻，貔貅往复，舟楫为劳，一出义师，数日方济。公乃埋大木于两岸，贯轻舟于中河，建作浮桥，以过锐旅，力排巨浪，势截洪流，扼彼咽喉，壮我襟带。遂使六军万马，朝出暮还，动若疾雷，履如平地。

十七年二月，主上赏公之功，就加特进检校太保，仍赐御衣鞍马、金银器物、绫罗锦彩等。三月，授天雄军马步都指挥使，行营蕃汉马步使仍旧。

十九年正月，主上以契丹犯境，銮驾亲征，以公计出万全，□〔谋〕深九拒，留公河□，以御奸凶。果伪将段凝领兵攻打德胜寨，公乃夜警晨严，出斗内备，三军戮力，万人一心。洎主上凯还，寇孽夜遁。二月，以公之功，加特进检校太傅陇西郡开国男食邑三百户。

当年，镇州有不令之臣张文礼，弑其主□〔而〕□〔据〕其位，潜通梁苑，密构契丹，背我圣恩，恣彼凶德。主上以北门犹梗，中国未宁，愤为患于腹心，志先平其巢穴，王师继发，庙算频施，□〔杀〕戮□□〔虽多〕，攻取未下。以公闻风□□〔料敌〕，□〔嗅〕土知兵，寻付睿谋，俾就攻讨。四月，授北□□〔面行〕营都招讨使。公奉辞伐罪，固敌是求，乃仗钺而行，凿□〔门〕而出，戈矛雪莹，甲骑云飞。发□地之威□〔声〕，劲逾漳水；□□□□〔布连天之〕杀气，直□□川。增其严营，对彼孤垒，料于□〔旬〕日，必下□□〔危城〕。无何，伏鸡搏狸，乳犬噬虎，我师未列，彼阵先成，公乃独领亲军，迎锋力战，王师大捷，唯公乘胜深入，为流矢所中，身终于阵，享年六十八。

（以上是梁晋逐鹿时之功绩，仍以武功为主，兼谈吏治，约1160字。其中以最后一段战死最长，几217字，亦是全志最长。）

於戏！功已垂□〔成〕，命不相待。陈安既往，长□壮士之名；卞壶不回，永尽忠臣之节。扶倾柱折，济险舟沉，天子闻之辍朝，百姓闻之罢市。夫生受国恩，殁于王事，大丈夫之终也。同光二年冬十月，赠太尉。以十一月八日葬于太原县□〔大〕夏乡郑村东原，礼也。

（以上是葬，95字。）

夫人彭城刘氏，闻诗立德，约礼成规；
夫人渤海金氏，素禀全仪，生知懿范；柔顺同符乎坤道，贤和兴出于家风。

有子七人，长曰汉韶，河东节度押衙都牢城使兼右厢五院指挥使，金紫光禄大夫检校兵部尚书兼御史大夫上柱国。久读兵书，颇精师律，谦恭接下，廉谨立身，战胜而口不言功，任重而心益为惧，仁孝既闻于乡里，忠勤复表于旂常，蕴兹全才，以固都邑。

次曰汉威，河东节度押衙安国军马步军副指挥使兼□〔都〕牢城使，银青光禄大夫检校工部尚书兼御史大夫上柱国。□〔玉〕堂□〔横〕术，金柜传符，亟扬破敌之功，深得将兵之妙。

次曰汉殷，前振武节度押衙沿河五镇都知兵马使，银青光禄大夫检校左散骑常侍兼御史大夫。素蕴直诚，早抱雄节，□〔饰〕身以文武之道，□〔交〕人以忠信之心。

次曰汉郇，河东节度随使兵马使，银青光禄大夫检校左散骑常侍兼御史大夫。孝敬因心，忠直成性，交游不杂，言行相符。

次曰汉筠，前振武节度单于安北都护府司马。器度纵横，识略孤远，耽书味道，处约持谦，乐胜□□〔廊庙〕，先人后己。

次曰禄儿，率多□□〔颖悟〕，似有神通，适当怀橘之年，自立成人之智。

次曰欢儿，神彩疏通，骨气清秀，对日之年未始，摩天之势已高。

可谓荀氏八龙，贾生三虎，并生于德门者也。

（以上是家庭，诸子之中，汉筠好文，418 字。）

梦奇旧忝故总管令公幕下十五余年，常在征行，与公同处营寨，熟公之知眷，见公之事□，诸子弟不以虚薄，请染柔毫，敢竭荒芜，实叙铭勒。庶比夫燕然立碣，岘首丰碑，复旌上将之勋，再堕行人之泪。其铭曰：

五岳降灵，四渎腾精。雄才英杰，为时而生。舟以济险，柱以扶倾。手拨祸乱，力致升平。其一。

婉画频施，嘉谟屡协。德懋九歌，宠深三接。续派天潢，连芳玉叶。出则奉辞，入必献德。其二。

量深□□〔谋远〕，才高□〔气〕孤。张皇义勇，倜傥雄图。臂上繁弱，腰间辘轳。声驰绝塞，势慑群胡。其三。

经以斯文，纬以我武。柔亦不茹，刚亦不□〔吐〕。名高差疟，力大如虎。铁石一心，鱼水三主。其四。

离石作牧，西南之戍。威以风行，惠以云布。直者必举，枉□〔者〕必□〔措〕。□〔俗〕□□天，人歌五裤。其五。

化行四郡，恩被百姓。吏守公□〔平〕，狱无冤横。冰壶之莹，水镜之净。善人为邦，室家相庆。其六。

得魏为大，守之为难。经巡务重，制断事繁。威而不猛，严而不□〔残〕。奸邪气慑，豪右心寒。其七。

□〔阳〕留初下，渡口是防。□〔百〕楼备险，九拒□〔谋〕长。城高如金，壕浚如汤。摧敌制寇，拓土开疆。其八。

天子恩深，将军战苦。仗节拥麾，分茅列土。作镇单于，以扼穷虏。昼锦而行，不独前古。其九。

九曲连天，隔彼寇党。白浪崩腾，洪流溔瀁。造舟□□〔为梁〕，□〔谁〕□□〔河〕广。谋而后行，利有攸往。其十。

□〔赵〕有不□〔庭〕，□□□〔干国之〕纪。作孽一方，构□〔祸〕千里。烟尘未灭，□□□□〔婴敌之矢〕。力战酬恩，殁□〔而〕后已。其十一。

桓桓上将，弼我元后。冯坐大树，周居细柳。忠不负名，勇不期寿。天长地久，勋庸不朽。其十二。

（以上是撰志原委与铭，490 字。）

□□□石作副都□□□□□□

（责任者：张庭瑀）

（指导者：山口智哉、李宗翰、刘祥光）

三、个案研究

墓志撰者吕梦奇应是北宋名相吕夷简的曾祖，发迹于后唐，见知于墓主武人李存进（855—922，原名孙重进），担任其幕僚超过十五年（约907—922），一方面可根据第一手之观察撰文，增加墓志的可信性，另一方面也要公平正直，才能减少曲笔。

在924年树立墓碑稍前，梦奇担任后唐的幽州节度判官，于926—929年先后担任右、左谏议大夫和御史中丞，旋因借用罪臣之马而贬官，不久便于932年以前北京副留守出任户部或兵部侍郎，在后晋时（936—946）曾山居于上谷大宁，可能没再出仕，似不靠官差糊口。他最后的官职，《旧五代史·（后唐）明宗本纪》作前北京副留守和户部侍郎，吕夷简的神道碑作唐兵部侍郎、北京副留守，曾巩《隆平集》吕夷简传作后唐工部侍郎，而《宋史》吕夷简传作户部侍郎。[1]

能够连续担任判官、谏官和御史长官，可能因为梦奇公正和敢言。他的贬官，大抵也因为不愿落井下石，趁机除去朝廷的眼中钉。当时，降唐的后梁大将毛璋动多不法，被怀疑有异志，诏送御史狱，因罪证不足而获释，但随即被义子的馆客赵廷祚告发有各种阴私，再次下狱，"鞠之无状。（御史）中丞吕梦奇议曰：'璋前经推劾，已蒙昭雪，而延祚以责赂之故，复加织罗。'乃稍宥璋"。梦奇反被控告曾受毛璋贿赂，乃移司重审。"狱吏希旨，锻炼其事，璋具伏：许赂延祚而未与，尝以马借梦奇而无受赂"，[2] 结果璋因"宿恶"被流放和赐死，梦奇责授太子右赞善大夫，仍属谏职，不久又被重用。以这样的耿直不阿，所撰墓志应有一定的可信度。他也说："梦奇旧忝故总管令公幕下十五余年，常在征行，

---

[1]《旧五代史新辑会证》卷36，1044页；卷39，1191页；卷40，1248页；卷43，1388页；卷89，2749页；张方平：《乐全集》卷36，文渊阁四库全书本，587页；《宋史》卷265，9145页；曾巩：《隆平集校证》卷5，北京：中华书局，2012年，172页。

[2]《旧五代史新辑会证》卷73，2219页；《新五代史》卷26，287页。

与公同处营寨，熟公之知眷，见公之事□，诸子弟不以虚薄，请染柔毫。"强调自己亲身经历了墓主最重要的仕宦，希望取信于人。作为志文的提纲挈领，铭文共十二节，论述墓主的起家、事功之武功与民政、死亡，最后总评。以下从武功说起，比较各种史料，以见墓志的笔法。

（一）李存进之武功

李存进以武功起家和立业，占了墓志最多的版面。首述存进归晋，约94字，全然不见官职，其功绩是否重要，可谓尽在不言之中，应是墓志的一种笔法。

继述存进在晋王李克用麾下的功业，从出任铃辖至权知石州军州事，凡十四事约490字，分两种情况：第一，仅以官职显示其功劳而甚少描述，共十二事。第二，既有官职又有较长的描述，共两事两类：（1）因淳实勇忠被收为义子，约88字；（2）石州任上着意民事，约93字。毫无疑问，以着墨之多寡显示事件之重要程度，是另一种笔法，跟我们写论文并无差异。

接着一大段最为重要，是存进在义兄李存勖（后唐庄宗）辖下的功业，既荣登振武节度使，也战殁沙场，前后十四年（908—922），吕梦奇全程参与，也许正是写得较为详细的原因。共记十八事约1160字，仍分两种情况：

其一，仅以官职显示其功劳而悭于描述者凡十一事（天祐五年正月，七年十月，九年正月、四月、十二月，十一年三月、十二月，十四年正月，十五年冬，十七年二月、三月）；

其二，既有官职又不吝描述者凡七事，可分五类：

类别及事件	字数（约）
1. 扈从皇帝出征一次，即天祐八年十二月前后的柏乡之役	54（居七）
2. 治理地方得宜一次，即十二年得天雄，九月为都部署巡检使	124（居三）

类别及事件	字数（约）
3. 防御（含工事）三次： 　十三年于天雄军击退梁将刘鄩所部 　十四年二月于杨留镇击退梁兵 　十九年正月及二月于德胜寨击退梁将段凝等	134（居次） 77（居六） 92（居四） 合计303
4. 制造战备一次，即十六年三月建作浮桥以过锐旅	88（居五）
5. 为主帅出征一次，即十九年讨伐镇州战殁	217（居首）
合计	786

如此一分类一算账，存进在武功上之成就大为明朗——依次是防御（合计约303字）、帅师（217字）、战备（88字）。由于防御与战备性质相同，理应合计，凡四次共391字，占全段1160字的33.70%或五类786字的49.74%，而率军征伐一次217字，仅占18.70%或27.60%，即使加上从征54字，亦只占23.36%或34.47%。换言之，存进是防守之功大于帅师之功。墓志这个信息是否公允？又有无言过其实？求证时可采用两个方法：一是类别，二是内容。

甲、类别。《册府元龟》按类别收录人物，存进作为将帅，共被收入八类，文字与墓志大不相同（见下节），可见《册府元龟》别有所本，如众所周知的五代实录，不见得受墓志影响。比较之下，两者却有惊人的雷同：

收入《册府元龟》"将帅部"之八个类别[1]	墓志
1. 佐命 事李克用：从讨王行瑜、同破王珙、御契丹、破氏叔琮于洞涡。 事李存勖：柏乡之胜、慈州之胜（均同）	事李克用：只有御契丹，余无，但有收为义儿等。 事李存勖，同。
2. 立功：十九年伐镇州张文礼	同

---

[1]《册府元龟》，依次为：1. 卷347，4106—1页；2. 卷117，4273-1、2页；3. 卷387，4592-2页；4. 卷400，4764-1页；5. 卷400，4822-2页；6. 卷400，4877-1页；7. 卷418，4988-1页，又见于卷65，728-2页"帝王部·发号令"；8. 卷425，5064-2、5065-1页。

收入《册府元龟》"将帅部"之八个类别	墓志
3. 褒异：洞涡之胜、八年柏乡之胜、十一年慈州之胜、十四至十五年杨留镇及胡柳陂之胜、十六年造浮桥（同5）、十九年固守德胜寨等（同4）	无洞涡，余同
4. 固守：十九年固守德胜寨等事	同，又有十三年及十四年击退梁人
5. 识略：十六年造浮桥	同
6. 壁垒：十九年伐镇州张文礼造木栅	同，但仅云"增其严营"
7. 严整：十二年始治天雄军	同
8. 死事：十九年伐镇州张文礼	同

　　首先，就类别的数量来说，《册府元龟》将帅部共有一百零六个类别，李存进进入八类，其中的事件大都与墓志相同，可见墓志的事件亦足以进入八类或以上，反映存进有多方面的才能或成就。

　　其次，就类别的性质来说，将帅部第一至六十八类属称赞，第六十九至一百零六共三十七类属批评如强愎、无功、奔忙、忌害、败衄、无谋等；存进八类全属称赞，堪称高度的肯定，亦知墓志并无溢美。

　　再次，就类别之取样来说，共有六事分属一类以上：

事件	出现之类别	墓志
讨伐镇州	立功、壁垒、死事	约217字（居首）
洞涡之胜	佐命、褒异	无
柏乡之胜	佐命、褒异	54字（居七）
慈州之胜	佐命、褒异	16字，但重点在民政
造浮桥	褒异、识略	88字（居五）
固守德胜寨	褒异、固守	92字（居四）

若出现之次数可以反映事件之重要程度，那六事之中，《册府元龟》与墓志所见略同的共四事，不同的主要是洞涡和慈州之胜，墓志不认为十分重要，那当然不能说墓志溢美了。除此之外，墓志与《册府元龟》对

三事的重视程度有些出入：

事件	墓志	《册府元龟》
治理天雄	124字（居三）	只在"严整"类出现一次
击退刘鄩所部	134字（居次）	不见
于杨留镇击退梁兵	77字（居六）	不见

那么，是否墓志的认定有问题？这就要从内容来分析了。

乙、内容。只将墓志跟《旧五代史》和《新五代史》的"李存进传"比较，依其所记事件之篇幅多寡，列表如下：

事件	《旧五代史》	《新五代史》	墓志
天祐十二年守天雄（只有治理）	居三	居三	居三
十三年于天雄击退刘鄩所部	无	无	居次
十四年守杨留	无	无	居六
十六年造浮桥	居首	居次	居五
十九年守德胜寨	居四	无	居四
十九年镇州战殁	居次	居首	居首

所以，就何事较为重要来说，三种史料同时选择了守天雄、造浮桥、死镇州；墓志和《旧五代史》又选了守德胜；墓志独有的只有击退刘鄩所部和守杨留。换言之，三者有高度之共识，决非墓志自吹自擂。

就事件之内容来说，治理天雄和战死镇州两事见下文，余见下表。众所周知，《旧五代史》和《册府元龟》的史源每多重叠，经比对之后，的确是大同小异，故下表引用《册府元龟》代替《旧五代史》，或更接近宋本。先看可以对比之造浮桥及守德胜两事：

墓志	《旧五代史》/《册府元龟》	《新五代史》
（天祐十六年）大寇未平，黄河是阻，貔貅往复，舟楫为劳，一出义师，数日方济。公乃埋大木于两岸，贯轻舟于中河，建作浮桥，以过锐旅，力排巨浪，势截横流，扼彼咽喉，壮我襟带。遂使六军万马，朝出暮还，动若疾雷，履如平地。	"将帅部·识略"：梁军据上流，夹河而军，建浮梁以济兵。王师日以船渡，缓急难进。存进率意欲为浮梁。将吏曰："浮梁虽（需）竹筈大编，河朔无之，难以卒成。"存进曰："吾成算在心，必有所立。"乃织苇为筈，维大舰数十艘，岸立巨木，筑土为山，以筈萦之。初，军人以为戏，不逾月，桥成，制度条直，风波凌渐不能坏，众皆服其勤智。[1] "将帅部·褒异"：庄宗举酒曰："存进，吾之杜预也。"赐宝马、御衣。[2]	是时，晋军德胜，为南北寨，每以舟兵来往，颇以为劳，而河北无竹石，存进乃以苇苫维大舰为浮梁。庄宗大喜，解衣以赐之。
十九年正月，主上以契丹犯境，銮驾亲征，以公计出万全，谋深九拒，留公河□，以御奸凶。果伪将段凝领兵攻打德胜寨，公乃夜警晨严，出斗内备，三军戮力，万人一心。洎主上凯还，寇孽夜遁。二月，以公之功，加特进检校太傅……	"将帅部·固守"：汴将王瓒率众逼北城，为地穴火车，百道进攻。存进随机拒应，或经日不得食。汴军遂退。[3] "将帅部·褒异"：汴将王瓒率众攻北城。存进机拒应之。汴军退，加检校太傅[4]	无

一读可知，文字既不相同，内容之详略也大异其趣，两《五代史》之细节均为墓志所无，故绝对不是参考墓志而成，不会受其影响而重视此两事。就十六年建浮桥来说，墓志甚为保守，如不记存进与将吏之对话，也不记庄宗誉为杜预和解衣相赠。十九年守德胜，墓志既无"随机拒应，经日不得食"，又加上"洎主上凯还"，仿佛梁军因此而退，均较旧史谦抑。

---

[1]《册府元龟》卷405，4822-2页。
[2]《册府元龟》卷387，4592-2页。
[3]《册府元龟》卷400，4764-1页。
[4]《册府元龟》卷387，4592-2页。

再看墓志独有之击退刘鄩所部和固守阳留镇。后者说："寻留公在镇（阳留镇）守御。公以岸阔舟迟，城孤兵少，强敌在近，奔冲是虞，乃浚彼壕隍，增其楼□。力役未罢，果有大寇攻城，内备既坚，群盗寻退。"此事难觅于其他史料，之所以记下，大抵是强调存进善于防御。前者则清楚记于《资治通鉴》，比对如下：

墓志	《资治通鉴》[1]
伪将刘鄩在莘县，日□〔与〕主上对垒经年。（十三年）时公在都城，每协严备，有日私谓人曰："此贼固险不战，必有多谋。"俾于南门多排弓弩以待之。	（梁末）帝屡趣刘鄩战，鄩闭壁不出。晋王乃留副总管李存审守（莘）营，自劳军于贝州，声言归晋阳。鄩闻之，奏请袭魏州。帝报曰："今扫境内以属将军，社稷存亡，系兹一举，将军勉之！"
其夜，果有刘鄩贼党，□攻都城之南门，弓弩齐发，死伤者甚众。	令澶州刺史杨延直引兵万人会于魏州。延直夜半至城南，城中选壮士五百潜出击之，延直不为备，溃乱而走。
遂令单骑潜报主上于东寨，于是王师尽出，及旦，两军相遇于中途，五万凶□，剿戮将尽，惟刘鄩遁而获免。	诘旦，鄩自莘县悉众至城东，与延直余众合。李存审引（莘）营中兵蹑其后，（后唐明宗）李嗣源以（魏）城中兵出战，晋王亦自贝州至……合战良久，梁兵大败，鄩自变量十骑突围走。梁步卒凡七万，晋兵环而击之，败卒登木，木为之折，追至河上，杀溺殆尽。鄩收散卒自黎阳渡河，保滑州。

一读便知，《资治通鉴》另有所本，甚至不曾看过墓志，不知存进之角色。在造浮桥一事，墓志不记存进与部下之对话，这次却清楚记下，可能是吕梦奇亲耳听到，或相信确有其事，乃写下以增加志文之可信性。存进之功，应在击败杨延直之夜袭，梦奇以刘鄩之党称之，或因不知其名，或因刘鄩之大名且为主帅。存进没有参与围剿刘鄩之大胜，梦奇也非常诚实地说："夫破大阵，主上之神功也，守都城，公之长算也。"恰如其分地强调存进之功在于守城。所以大书特书，应是因为是次大胜之

---

　　[1]　《资治通鉴》卷269，8799—8801页。

重要。刘鄩大败，另一梁将王檀率师三万突袭晋阳又亡什二三，末帝"方视朝，遽退而言曰：'吾事去矣。'"[1] 后梁军力由盛转衰。919 年胡柳陂之役，梁晋两败俱伤，"梁兵自相腾藉，弃甲山积，死亡者几三万人……两军所丧士卒各三之二，皆不能振"，[2] 墓志轻描淡写说："随驾至胡柳陂，大破汴寇回。"存进之角色尽在不言中，无半点夸大。

（二）李存进之治民

如让数目字说话，便不难发现，从被李克用收为义子和出任右厢义儿第一院军使（893），到权知石州军州事（906），前后十四年，李存进已五十二岁，志文用字最多的，不是军功而是民事或吏治：

> 天祐三年（906）□月，奉命权知石州军州事。时以慈、隰未归，西南为患，委之守郡，志在安边。公乃和以养兵，仁而抚俗，轻其徭役，劝以耕农，茕嫠者由是遂生，逋窜者以之复业，远来近悦，老安少怀，五谷有年，一方无事，百姓以为召父（召信臣）复出，杜母（杜诗）再生。

旋于五年正月以节度使守石州刺史，七年（910）十月前离任，在石州约四年七个月。此时吕梦奇已成为存进幕僚（约 907—922），可从头到尾目睹存进的民政。

从离开石州至死亡凡十三年（910—922），又记民事两处：

> （天祐）十一年（914）三月，收下慈州，秋毫不犯，百姓复业，三农以时。寻制授慈州刺史，民歌其化，如离石焉。十二月，奉命权知沁州军州事。

---

[1]《册府元龟》卷400，4764-2 页。
[2]《资治通鉴》卷270，8840—8841 页。

（十二年）九月，补天雄军都部署巡检使，行营蕃汉马步使仍旧。公禀命益恭，守法弥谨，严以理下，俭以约身，犯者必诛，恶者自息，强豪贵势，闻之凛然。

直到十四年正月转任，前后约三年。铭文亦提及民事三处，合共五地：

离石作牧，西南之戍。威以风行，惠以云布。直者必举，枉者必措。俗□□天，人歌五裤。其五。

化行四郡（石、汾、慈、沁），恩被百姓。吏守公平，狱无冤横。冰壶之莹，水镜之净。善人为邦，室家相庆。其六。

得魏（魏博、天雄、邺都）为大，守之为难。经巡务重，制断事繁。威而不猛，严而不残。奸邪气慑，豪右心寒。其七。

如按照铭文，将汾州前后约两年（900—901约一年，912年约一年）也算入，存进治民约九年半，是吕梦奇有意表扬的善事，可一考墓志的虚与实。

现存史料如《册府元龟》《旧五代史》《新五代史》和《资治通鉴》等，几乎全部集中在天雄任上，而且大同小异。《册府元龟》"将帅部·严整"指出他要对付两种人物，一是骄兵悍将，二是强豪贵势：

时邺初归我，人情离贰，银枪、效节诸军，强桀难制，讹言窃议，摇扇群情。存进沉厚果断，犯令者，枭首于市，强右豪夺暴掠人、物者，必磔裂曝尸于路。邺人视之，无不惕息，由是军、民靡然从化。[1]

---

[1] 《册府元龟》卷117，4988-1页，又见《旧五代史新辑会证》卷53，1735页；《新五代史》卷36，394页；《资治通鉴》卷269，8790页。

此说与墓志所谓"犯者必诛，恶者自息，强豪贵势，闻之凛然"若合符节，只是志文高度概括，略去细节，不妨就"军""民"稍作补充。

要在五代乱世求治，必须严防军队扰乱百姓。墓志说存进秋毫不犯，即指他能控制军队，最主要的手段是"一切以法"。[1]《册府元龟》说他"为大将，性严，重立法，士卒畏惮"；[2]《旧五代史》甚至说："存进行军出师，虽无奇迹，然能以法绳其骄放。"[3]"性严"的人格特点让他成就两事：一是执法如山。如《册府元龟》说他"质性勤恪，当官无避，为军城使，法令必行，人皆畏惮"；[4]《旧五代史》说他"沉厚果断，犯令者枭首尸于市，诸军无不惕息，靡然向风"。[5]二是自律甚谨。墓志说他"凤著廉勤……守法弥谨，严以理下，俭以约身"，大抵不假。

治骄兵以峻法，治劣民亦然。墓志一方面说他"性禀淳和，言无矫饰""和以养兵，仁而抚俗"，另一方面说他"犯者必诛……强豪贵势，闻之凛然"；前者应是针对守法之人，后者是非法之人。治理天雄时，李存勖已先下令，"自今有朋党流言及暴掠百姓者，杀无赦"，于是"有讹言摇众及强取人一钱已上者，存进皆枭首磔尸于市"；[6]那些强取人钱者，应属暴掠百姓之人，《册府元龟》就说"强右豪夺暴掠人、物者，必磔裂曝尸于路"，又"一钱强怙，必处极法，繇是奸豪屏息，靡然向风"，[7]故极法应是针对奸豪等人，不是一般百姓。

除弊与兴利是两码子事，后者尤难。存进武人，但至少可以借助两种人推行民政：一是幕僚，如吕梦奇等文人，让他们积极投入墓志提及的徭役、劝农、司法和地方重建等；二是家人，让他们参与或提供意见。

---

[1]《新五代史》卷36，394页。
[2]《册府元龟》卷425，5064-2页；李存进本名孙重进。
[3]《旧五代史新辑会证》卷53，1737页。
[4]《册府元龟》卷65，722-1页。
[5]《旧五代史新辑会证》卷53，1735页。
[6]《资治通鉴》卷269，8790页。
[7]《册府元龟》卷65，722-1页。

墓志没有半句提到存进知书，大抵文化水平不高，但以其俸禄之厚，绝对可以为下代提供最优秀之教育。将其五位成年儿子的重要信息悉数分门别类，有些地方耐人寻味：

排行	主要职务	才华/才能	品德
1. 汉韶	河东节度押衙都牢城使兼右厢五院指挥使	久读兵书，颇精师律；战胜	谦恭接下，廉谨立身，战胜而口不言功，任重而心益为惧，仁孝既闻于乡里，忠勤复表于旗常，蕴兹全才，以固都邑
2. 汉威	河东节度押衙安国军马步军副指挥使兼都牢城使	玉堂横术，金柜传符，丞扬破敌之功，深得将兵之妙	
3. 汉殷	前振武节度押衙沿河五镇都知兵马使		素蕴直诚，早抱雄节，饰身以文武之道，交人以忠信之心
4. 汉郇	河东节度随使兵马使		孝敬因心，忠直成性，交游不杂，言行相符
5. 汉筠	前振武节度单于安北都护府司马	器度纵横，识略孤远耽书味道，乐胜廊庙	处约持谦，先人后己

其一，从职务来看，长子至四子均属武职，五子为司马则属文职。

其二，从才能来看，长子和次子以武为主，已建军功，既能读兵书讲战术，也应有一定的文识；三子以都知兵马使而懂文武之道，大抵允文允武；四子未见；五子耽书味道、乐胜廊庙，绝对能文。

其三，从品德来看，只有二子未见，不过他"玉堂横术……丞扬破敌之功"，与长子汉韶之"战胜而口不言功"相较，高低自明，似含墓志笔法。看来吕梦奇颇重品德，对汉韶品德的描述甚至多于才能，称之为"全才"，应是因为才能与品德俱佳。

考诸其他史料，或可一窥上表墓志留白之意味，及稍补诸子之民事及品德。根据本人墓志，长子汉韶从925年开始一再出任地方首长，如

927 年为蔡州刺史,"临民布惠,土丰襦裤,境绝凶荒,千里无虞,一郡大理",[1] 惜无实例。根据《旧五代史》本传,三子汉殷(避宋太祖父赵弘殷讳作汉英)"少事戎伍,稍至都将",那个"稍"字可能让吕梦奇难以记下其才能,后在去世(951)前一年担任后汉的绛州刺史,[2] 也曾负责治民。根据本人墓志,五子汉筠"少为文士,经史子集,无不毕览,思若泉涌,笔无停缀";后周世宗时从磁州刺史转任巩县监军,皇帝安慰他说:"卿牧民有余,管军屈才。"[3] 可见有能力治民(见本册《代北武二代为良二千石》)。

品德(含礼制)方面,汉韶丧母,"虽诏加起复,而终被缞麻",守足三年凡二十七月之丧(从 929 年夏四月至 931 年秋天),是当时的武人甚至宋初的文人都不易做到的。[4] 闵帝继位(934),加特进,汉韶以进字犯父讳,辞让,改授检校左仆射。[5] 未几,潞王李从珂不服,起兵凤翔,汉韶"方竭孝忠,欲匡运祚,而岐帅肆无君之志,坚篡立之心",乃起兵抵抗。失败之后,举城投蜀,蜀主孟知祥(933 年称帝)原为唐臣和故旧。不久,后唐灭亡(936)。[6] 应如何评价汉韶之忠,有待智者,清人《十国春秋》谓其"后唐忠荩之臣"。[7]

总之,武人李存进之第二代已同时从事文职与武职,也大都兼学文武,其品德教育亦与文人无异。他们,尤其是三子与五子作为振武节度押衙和司马,都有机会帮助父亲处理民政,今日谓之"团队"。

---

[1]《旧五代史新辑会证》卷 53,1745 页。汉韶墓志谓"公即唐云州别驾讳□之曾孙,岚州使君司徒讳昉之孙,后唐振武军节度使赠太尉讳存进之长子",而存进墓志谓"祖某,金紫光禄大夫守胜州刺史检校刑部尚书兼御史大夫柱国。皇考佺,振武节度都押衙左教练使银青光禄大夫检校左散骑常侍兼御史大夫上柱国",无论官名与人文都不同,待考。

[2]《旧五代史新辑会证》卷 129,3961 页。

[3] 曾枣庄、刘琳:《全宋文》卷 58,上海:上海辞书出版社,2006 年,371—373 页。

[4]《旧五代史新辑会证》卷 53,1745 页"墓志"。宋初文人也夺情起复,但似乎不如武者司空见惯,例子见《张曙墓志》,《全宋文》卷 134,86 页;《石继远墓志铭》,《全宋文》卷 167,298 页。

[5]《旧五代史新辑会证》卷 53,1744 页。

[6]《旧五代史新辑会证》卷 53,1743、1476 页。

[7] 吴任臣:《十国春秋》卷 54,791 页。

（三）李存进之死

李存进死于讨伐镇州张文礼之役，占了墓志最多的篇幅，共217字，重点是"王师继发，庙算频施，杀戮虽多，攻取未下"，乃派存进为主帅。存进"增其严营，对彼孤垒，料于旬日，必下危城。无何，伏鸡搏狸，乳犬噬虎，我师未列，彼阵先成，公乃独领亲军，迎锋力战，王师大捷，唯公乘胜深入，为流矢所中，身终于阵"。有五点清楚可见：（1）镇兵颇强，晋军屡攻不下；（2）存进做好了防备工事；（3）存进对攻克"孤垒"和"危城"充满信心，甚至有些轻敌；（4）最沉重的一句是"我师未列，彼阵先成"，即敌军取得先机，我方落于下风；（5）存进独自率领少数军兵迎击，取得胜利，但亦捐躯。以此对照其他史料，可圈可点：

第一，在存进之前，晋人已连折三位大将："晋讨张文礼于镇州，久不克，而史建瑭、阎宝、李嗣昭相次战殁，乃以存进代嗣昭为招讨使。"[1]

第二，对存进"增其严营"，《册府元龟》"将帅部·壁垒"说："进营东垣渡，夹滹沱为垒，沙土散恶，垣壁难成。存进斩伐林树，版筑旬日而就，贼不能寇。"[2]《旧五代史》甚至说："营垒守战之备，特推精力，议者称之。"[3] 也许正因如此，令存进过于自信，认为敌军不敢攻营。

第三，对存进轻敌予以直接批评的，如《册府元龟》说敌军"乘我刍牧无备，奄至东垣渡……存进惶骇"；[4]《旧五代史·庄宗本纪》说

---

[1]《新五代史》卷36，394页。

[2]《册府元龟》卷410，4877-1页，录入《旧五代史新辑会证》卷53，1737页。《新五代史》卷36，394页李存进本传则无"贼不能寇"。

[3]《旧五代史新辑会证》卷53，1737页。

[4]《册府元龟》卷117，4273-1、2页。

敌军"奄至东垣渡,急攻我之垒门……(我军)不觉其出,李存进惶骇";[1]《资治通鉴》说敌军"乘李存进无备,将兵七千人奄至东垣渡……存进狼狈引十余人斗于桥上";[2] 间接提及的,如《新五代史》说"晋军晨出刍牧,文礼子处球以兵千余逼存进栅"。[3] 相较之下,志文"我师未列,彼阵先成"介乎直接与间接之间,讳中带实。

第四和第五,对存进反击、身亡和晋军得胜,现存史料已难以重建全部实况。《册府元龟》"将帅部·立功"和《旧五代史·庄宗本纪》的说法大致相同,前者说敌军"乘我刍牧无备,奄至东垣渡。我骑军已临贼城,不觉其出。贼既上桥,攻我营门。存进惶骇,引十余人斗于桥上。贼退,我骑军已邀贼后,前后夹击之,贼退无路,围之数重,步兵七千,殆无生还者"。[4] 大意是说,晋军的骑兵已出发攻打镇州城,而镇州奇兵突袭晋军大本营,存进仓促率兵十余人迎战于东垣渡桥。敌军退却,存进率营军追赶,骑兵亦回头夹攻,大杀敌兵,存进亦战死。《册府元龟》将此事置于"立功",似乎认为存进功大于过。此等说法与墓志吻合,但不无可疑。首先,敌军突然出现时,存进若在军营之中,何以只能找到十余名军士?其次,既然找到的兵力与敌军众寡悬殊,何不关闭营门固守,反冒大险出营迎击,让营军失去主帅指挥调度?这不禁让人怀疑,事发之时,存进与随从可能身在营外。再次,以十余人在桥上杀退七千之众,未免太神奇。"我"字出现四次,可见此段史料出自晋人之手,或有隐情。

尽管疑点重重,或许受史料所限,欧阳修和司马光等大史学家虽不必为李存进讳,但几乎尽采上说,如《新五代史》李存进本传说"晋军晨出刍牧,文礼子处球以兵千余逼存进栅,存进出战桥上,杀处球兵殆

---

[1]《旧五代史新辑会证》卷29,798页。

[2]《资治通鉴》卷271,8876—8877页。

[3]《新五代史》卷36,394页。

[4]《册府元龟》卷360,4273-1、2页;《旧五代史新辑会证》卷29,798页。

尽，而存进亦殁于阵"；庄宗本纪说"存进败镇人于东垣，存进战死"；[1]《资治通鉴》说镇州兵"乘李存进无备，将兵七千人奄至东垣渡。时晋之骑兵亦向镇州城，两不相遇。镇兵及存进营门，存进狼狈引十余人斗于桥上，镇兵退，晋骑兵断其后，夹击之，镇兵殆尽，存进亦战没"。[2]不过，《册府元龟》"将帅部·死事"的记载有点不同，可能透露了部分真相。它说敌军"乘其无备，奄至垒门。存进闻之，得部下数人出斗，驱贼于桥下，俄而贼大至，后军不继，血战而死"；[3]重点在"后军不继"，亦即后援没有及时赶到，以致存进和部下数人被杀，死在桥上或桥下，根本没有参与后来才发生的前后夹击和得胜。

综合上述史料，重建的故事必须能够解释五个要点：1. 敌军突然出现。2. 存进独自率领十数亲军战斗，不见其他将领和队伍。3. 战斗最先发生在营门之前的桥梁，晋方只有存进等人。4. 战斗后来变成前后夹击：前面应是从晋营出来的军队，表示营中有不少官兵，引起的疑问是存进为何只率领十数人出营？后面应是从镇州回来的骑兵。5. 存进死于箭伤。

个人认为，敌军突然出现时，存进和十数随从可能正在营外巡视，在奔回军营途中，与赶上的少数敌军在桥上格斗，使之稍却，但在营军出援之前，便被敌军乱箭射死或重伤，此时营军出击，敌军退却，被营军和骑兵夹攻，损失大量步兵，晋军算是获胜，并将功劳归给死去的存进。如是说来，墓志所云存进迎战和晋军得捷等，只是部分而非全部的真相，不过所略去者亦属无害于人。

存进死后，李存审继任主帅，随即攻克镇州，至是晋人尽收河朔三镇（913年下幽燕、915年收魏博、922年平镇定），晋王李存勖亦于明年（923）四月建唐和十月灭梁。吕梦奇一度成为存审新任幽州节度使

---

[1]《新五代史》卷36，394页；卷12，44页。

[2]《资治通鉴》卷271，8876—8877页。

[3]《册府元龟》卷425，5064-2—5065-1页。

的幕僚，但在树立墓碑时（924）已经离职。

结论

不分古今与中外，凡属纪念性的文字便多隐恶扬善，这是人之常情，墓志岂能例外，但不能一竹篙打尽一船人，更不能捕风捉影，以无为有，而应就个案分析，且让墓志自行说话，避免代言失误。

墓主李存进之"恶"，在于轻敌以致战殁，墓志明言"我师未列，彼阵先成"，堪称讳中带实。对存进死前之战绩，与其他史料如新旧《五代史》本传、《册府元龟》"将帅部·立功"和《资治通鉴》等相较，墓志亦无夸大。

存进之"善"，应分武功与民政。作为武人，墓志以事件出现之次数与描述之字数，直接或间接指出，存进之善在于守备防御而非帅师征伐。与其他史料对照，墓志并无夸张，反更为含蓄和谦抑。作为牧民官，墓志以高度概括的文字，指出存进洁身自爱，既能除弊也能兴利。这些文字并非虚语，其他史料较为具体，指出存进以严刑峻法，镇压骄兵悍将和地方豪右，保护百姓免受侵渔，这不就是五代致治的难处吗？从墓志对儿子们的描述，可知存进的下一代已兼资和兼职文武，可以帮助父亲推行文治，当然还靠文士幕僚，如追随存进超过十五年和公正直言的墓志撰者吕梦奇。

《旧五代史》撰者不一定读过墓志，但能看到的史料肯定远多于梦奇，他们评论说："存进行军出师，虽无奇迹，然能以法绳其骄放。营垒守战之备，特推精力，议者称之。"[1] 与墓志所传达的重点完全一致，充分反映墓志并无隐了多少恶和扬了多少善。

（执笔者：柳立言）

---

[1] 《旧五代史新辑会证》卷 53，1737 页。

参考资料：

一、墓志碑文

1. 吕梦奇：《李存进碑》，《山右石刻丛编》，国家图书馆善本金石组编《隋唐五代石刻文献全编》（北京：北京图书馆出版社，2003 年），739—744 页。

2. 吕梦奇：《□□□□〔振〕武节度麟胜朔等州观察处置营田押蕃落等使单于安北都护行营蕃汉马步□□□□□□军□□……□□并序》，傅斯年图书馆藏拓片（08202-1、08202-2、08202-3、08202-4）。

3. 吕梦奇：《后唐招讨使李存进墓碑》，董诰等编《全唐文》（北京：中华书局，1983 年）卷 840，8834—8838 页。

4. 吕梦奇撰，陈尚君点校：《李存进》，陈尚君《旧五代史新辑会证》，1733—1746 页。

5. 吕梦奇撰，章红梅点校：《李存进碑》，章红梅《五代石刻校注》，144—149 页。

二、其他资料

6. 王钦若等撰，周勋初等校订：《册府元龟》。

7. 司马光等撰，标点资治通鉴小组点校：《资治通鉴》。

8. 吴任臣撰，徐敏霞、周莹点校：《十国春秋》，北京：中华书局，1983 年。

9. 张方平：《乐平集》，文渊阁四库全书本。

10. 陈尚君：《旧五代史新辑会证》。

11. 脱脱等撰，中华书局点校：《宋史》。

12. 曾枣庄、刘琳主编：《全宋文》，上海：上海辞书出版社，2006 年。

13. 曾巩撰，王瑞来校证：《隆平集校证》，北京：中华书局，2012 年。

14. 欧阳修撰，徐无党注，华东师范大学等点校：《新五代史》。

尽在不言中

（韩通、宋太祖、董氏）

李宗翰、柳立言、张庭瑀

后周武官侍卫亲军马步军副都指挥使韩通墓志铭

一、基本资料

1. 性质	墓志
2. 题名	新题：后周武官侍卫亲军马步军副都指挥使韩通墓志铭 首题：故检校太尉同中书门下平章事使持节郓济等州观察处置等使兼侍卫亲军马步军副都指挥使仍加食邑伍佰户食实封贰伯〔佰〕户赠中书令韩公墓志
3. 时间	死亡、下葬、志文撰写或立石时间 死亡：北宋建隆元年（960） 寄葬：北宋建隆元年（960）二月二日
4. 地点	死亡、下葬或立石地点 寄葬：河南县（河南洛阳）平洛乡杜泽村
5. 人物	
墓主	韩通（908—960）
合葬或祔葬	妻（陇西郡夫人董氏、卫国夫人蒋氏）
撰者	幕客（北宋文人前乡贡进士陈保衡）
6. 关键词	社会流动、文武交流、业绩、品德、妇女角色、家庭或家族、墓志笔法与史学方法

（责任者：施天宇、张庭瑀）

二、释文

故检校太尉同中书门下平章事使持节郓济等州观察处置等使兼侍卫亲军马步军副都指挥使仍加食邑伍佰户食实封贰伯［佰］户赠中书令韩公墓志

　　崇兰之馥，信有败于商飙；瑞玉之华，忽无荐于清庙。靡不有此，曷致厥终？

（以上是序，28 字，置于撰者之前。）

前乡贡进士陈保衡撰。

　　我相公讳通，字仲达，太原人也。享年五十三，时耶？命耶？岁在涒滩，月戒太簇，卜葬事于洛水之北、平洛乡杜泽村，以陇西董氏、卫国蒋氏二夫人祔之，礼也。

（以上是死亡与葬，59 字。）

　　考祥谀德，宜属辞人。仆乃不才，遽承哀托，况预下宾，岂遑退让？敢取鲁史之文，直述往行，庶传美于终古。

（以上是撰志原委与撰者自述，40 字。）

　　惟韩氏之姓，华宗茂族，其来盛焉。若九曲洪河、千寻建木，不言知远大矣。
曾祖讳莹，授太子太保；曾祖母京兆郡第五氏，封汧国夫人。
祖授左骁卫将军赠太傅；祖母清河郡太君张氏，封卫国夫人。
父讳章，授左龙武军大将军赠太子太师；母谯郡太夫人李氏，封陈国太夫人。

（以上是得姓与曾祖父母三代，105字。）

嘻！山岳之厚，植贞操之材，长必为梁栋；贤哲之裔，产奇特之子，起必为公相。公即太师长子也，幼不好弄，则天付龙驹；长乃有谋，则神传英略。汉高祖起义河东，于军件〔伍〕之中见公，谓左右曰："此子有渊角之表。"遂授公银青光禄大夫检校太子宾客兼侍御史充飞骑尉。

天福七祀，转检校国子祭酒兼御史中承〔丞〕骁骑尉，余如故。剑埋丰部，难掩光芒；璞在荆山，终逢圣鉴。

八年，超授检校尚书右仆射仍改赐忠贞佐圣功臣，余如故。云方捧日，渐窥舒卷之容；济乃截溟，别展澄清之志。

乾祐初，少帝嗣位，授检校尚书右仆射。

二年，转检校尚书左仆射使持节雷州刺史兼御史大夫。应分选之命，酬征伐之劳，竭勇志以策勋，荡袄巢而绝迹。

（以上是后汉仕历与事迹，242字。）

大周广顺元年，太祖自邺中起，以公混金璞玉，难拘瓦砾之间，附凤攀龙，已极烟霄之上，转金紫光禄大夫超授检校太保使持节睦州诸军事睦州刺史充本州防御使兼御史大夫封南阳县开国男食邑三百户仍改赐输忠翊戴功臣，余如故。孟冬，□〔授〕检校太保使持节永州诸军事永州刺史充本州防御使兼御史大夫。知豹略之精微，军功众许；奋鹰杨〔扬〕之志气，忠节自持。

三年，进封南阳郡开国侯加食邑七百户。仲夏，复授检校太保兼御史大夫充保义军节度观察留后，功臣如故。

显德元年，授检校太保陕州大都督府长史兼御史大夫充保义军节度使陕虢等州观察处置等使仍加食邑三百户，功臣、散官如故。为明君之心腹，作圣代之爪牙。地接洛师，犹观雄盛；津当陕服，须藉龙韬。仲秋，授检校太傅使持节曹州诸军事曹州刺史兼御史大夫充彰信军节度使曹单等州观察处置等使进封开国公加食邑五百户仍改赐推诚奉义翊戴功臣，散官如故。

三年，公授特进检校太尉持节许州诸军事行许□〔州〕刺史兼御史大夫充忠武军节度使许蔡等州观察处置等使仍加食邑七百户，功臣如故。

五年，授检校太尉使持节宋州诸军事行宋州刺史兼御史大夫充归德军节度使宋亳等州观察处置等使侍卫亲军马步军都虞候，功臣、勋、封如故。倾摧八阵，戒严六师。璧假酬勋，未为多得；商墟受命，所较几何。

六年，授检校太尉同中书门下平章事行宋州节度使，散官、勋、封如故。斧钺坛场，分阃显将军之贵；盐梅鼎鼐，持衡见承〔丞〕相之尊。仲秋，授检校太尉同中书门下平章事使持节郓济等州观察处置等使兼侍卫亲军马步军副都指挥使仍加食邑伍佰户食实封贰伯〔佰〕户，功臣如故。

（以上是后周仕历与事迹，578 字。）

数地之英风凛物，临民之利刃投虚。封土廓清，奸邪屏迹。五方异俗，更无晨饮之羊；千里同风，旋止夜吠之犬。虽叠承鸿渥，未释总戎，严肃禁旅，抚察京都。

（以上综述仕历与事迹，59 字。）

值今皇帝天命有属，人心所归。雪刃前交，莫辩良善；云师才定，已溺干戈。亦犹火炎昆岗，玉石俱毁。圣上哀诊〔轸〕忠赤，追念移时，乃命天人，用营葬事，兼赠中书令。

（以上是死亡，61 字。）

长子钧，二十二终，尚食副使。

大小娘子，适彭城刘福祚，充西头供奉官。

二小娘，年十三。

保安，年十一终，充节院使。

三哥，九岁终。

三小娘子，五岁。

四小娘子，四岁。

七哥，三岁，授东头供奉官。

守谅、侄男守琬，充东班弟［第］二班都知。[1]

（以上是家庭，84 字。）

呜呼哀哉！公之德不可得而备言，公之行不可得而备录，虽有大位，而不永遐龄。逝水惊波，窥长川而不返；白驹流影，过空隙而无回。刻石他山，聊伸识墓；披文异日，庶备变陵。铭曰：

星辰之精，河岳之英。出为间杰，来扶圣明。

器宇恢伟，武略纵横。有典有则，唯忠唯贞。

力负乾坤，手擎日月。龙韬一受，狼烟四灭。

佐邦栋梁，瑞时英哲。后拥旌旗，前持斧钺。

无名无功，君子之穷。有爵有位，君子之贵。

令善令德，余之纪兮。直笔直言，幸无愧兮。

建隆元年庚申岁正月辛丑朔，二月二日壬申寄葬于河南县平洛乡杜泽村，记耳。

（以上是铭，197 字。）

（责任者：林明、施天宇、张庭瑀、萧妤函）

（指导者：李宗翰）

---

[1] 《宋史》卷 196，4889 页。

三、个案研究

墓主韩通（908—960）因反抗宋太祖而被杀，新、旧《五代史》都不敢立传，[1] 而墓志自谓直笔直言，究竟直在何处，又直得如何？

墓主是后周侍卫亲军马步军副都指挥使，在陈桥兵变时留守京都，不愿臣服黄袍加身的赵匡胤，被宋太祖部下所杀，几遭灭门之祸。墓志撰于墓主死后约一月，正值易朔嫌讳之时，撰者前乡贡进士陈保衡乃墓主昔日幕客，应如何落笔，才能不负故主，并自保前程？

墓志开首便说，"敢取鲁史之文，直述往行，庶传美于终古"，文末再说"令善令德，余之纪兮。直笔直言，幸无愧兮"。元代修《宋史》，替三位被惨杀的后周大臣合撰"周三臣"传，序言也说："韩通与宋太祖比肩事周，而死于宋未受禅之顷，然不传于宋，则忠义之志何所托而存乎？李筠、李重进旧史书叛，叛与否未易言也，洛邑所谓顽民，非殷之忠臣乎？孔子定书，不改其旧称焉。"[2] 两者重点高度雷同，合而观之，可知墓志难写之处有四：其一，墓主之功业，如写得重，便愈显与太祖比肩。其二，墓主之忠义，如写得高，便愈显太祖不忠。其三，墓主之被杀，如写得惨，便愈显太祖不仁。其四，墓主与太祖之关系，如写得亲，便愈显太祖不义。

（一）墓主之功业

墓志大致沿用当日格套，开首是序言（28 字），点出墓主之见弃，其次是死亡与下葬（59 字），感叹墓主之不得时，无疑替墓志定调，引起读者的连串追问。接着叙述得姓和上三代（105 字），然后是墓主个人

---

[1]　顾宏义：《〈新五代史〉未为韩通立传原因试探》，《史学史研究》，2009 年第 3 期，39—42 页。

[2]　《宋史》卷 484，13967 页。

事迹，占墓志最多的篇幅（879字）。

墓主40岁崛起，积功于行伍，47岁建节，52岁成为使相，位极人臣，且掌握枪杆子，写来应是轰轰烈烈，但志文宛如流水记账，逐一胪列历年官职，少有具体事实供人凭吊。然而，夹在官职之间的案语可圈可点，可粗分两种情况。一是看似泛辞而实有其事，例如：

墓志	《宋史》韩通本传[1]
（后汉乾祐年间）应分选之命，酬征伐之劳，竭勇志以策勋，荡袄巢而绝迹。	乾祐初，周祖为枢密使，统兵伐河中（949年李守贞叛乱），知通谨厚，命之自随。先登，身被六创，以功迁本军都虞候。
（后周显德年间）倾摧八阵，戒严六师。……虽叠承鸿渥，未释总戎，严肃禁旅，抚察京都。	相关事迹见本篇末附件一及下表之历次留守

二是评价墓主，有些可找到对应之事，有些则不易，例如：

墓志	《宋史》韩通本传
汉高祖起义河东，于军仵之中见公，谓左右曰："此子有渊角之表。"	不见，只有"晋开运末，汉祖建义于太原，置通帐下"。
（后周广顺年间）军功众许、忠节自持。	本传不见一个忠字，但"忠义"二字见于"周三臣"传之序言（见上）。
（后周显德初年）为明君之心腹，作圣代之爪牙。 （后周显德末年）璧假酬勋，未为多得；商墟受命，所较几何。	（后汉乾祐二年）周祖镇大名，奏通为天雄军马步军都校，委以心腹，及入汴，通甚有力焉。 周祖亲征兖州，以通为在京右厢都巡检。 世宗征淮南，命通为京城都巡检。 世宗幸淮上，留通为在京内外都巡检、权点检侍卫司。 世宗幸寿春，为京城内外都巡检。
敷地之英风凛物，临民之利刃投虚。封土廓清，奸邪屏迹。五方异俗，更无晨饮之羊；千里同风，旋止夜吠之犬。	全不见韩通之地方吏治，之前则有"时大兵之后，遗骸布野，通悉收瘗为万人冢"。

---

　　[1]　《宋史》卷484，13968—13970页。

由此可知，流水账的作用有二：第一，以官职本身之位高权重，反映墓主功业之丰伟。第二，以官职获得之客观事实，支持主观评价。最重要的如上表所示：1. 后汉时，墓主得到君王本人的称赞和提拔；2. 后周太祖时，墓主已"忠节自持"；3. 后周世宗时，墓主已攀升至使相，也成为君王授命之心腹（《宋史》则将"心腹"提早到太祖之时）。至是，史实加上评价，墓主之功业已充分呈现在读者眼前：成为使相已是不易，成为君王心腹更是难上加难，堪称一代重臣。

那么，为何铭文说墓主"无名无功"？这可能是曲笔，间接称赞墓主不愿仕宋，是一位有原则有道义的固穷君子，当然包括忠义。

（二）墓主之忠义

墓志撰者共用"忠""贞"和"义"凡五次。第一次谓墓主生就"贞操之材"，只能说是泛词。第二次说"汉高祖起义河东，于军阵之中见公"，个中之"义"不能归入墓主。第三次谓后周太祖时，墓主"忠节自持"，是第一次看到忠，如上文所示，算有依据。有趣的是墓主的官衔之一也从后汉的"忠贞佐圣功臣"转变为后周的"输忠翊戴功臣"。第四次说宋太祖"哀轸忠赤，追念移时，乃命天人，用营葬事，兼赠中书令"，赤忠的对象当然是后周。第五次是铭文的"唯忠唯贞"，属盖棺论定。

毫无疑问，最重要的是第四次，一方面假宋太祖的行为——官葬和追赠——直接肯定墓主的忠，另一方面也减少了太祖的不忠，把篡周推给黄袍加身的被动。那么，太祖是否真的说过墓主"忠赤"？答案在《宋史》韩通传的诏书里：

> 易姓受命，王者所以应期；临难不苟，人臣所以全节。故周天平军节度、检校太尉、同中书门下平章事、侍卫亲军马步军副指挥使韩通，振迹戎伍，委质前朝，彰灼茂功，践更勇爵。凤定交于霸

府，遂接武于和门，艰险共尝，情好尤笃。朕以三灵眷佑，百姓乐推，言念元勋，将加殊宠，苍黄遇害，良用恻然。可赠中书令，以礼收葬。遣高品梁令珍护丧事。[1]

几可肯定，墓志"哀轸忠赤，追念移时，乃命天人（宦官梁令珍），用营葬事，兼赠中书令"数句，是对着诏令进行高度概括，无一语无来历，这当然十分安全，但似乎也冒了一点险。假如《宋史》所记诏令是录文而非节文或润饰之文，那么"忠赤"二字是从"临难不苟，人臣所以全节"而来，把典故的间接变为直接，化暗为明。无论如何，以官葬和追赠的客观事实来肯定墓主的忠，可谓直言直笔；把诏令没有直接说出来的"忠赤"毫无转圜地写在墓志，可谓勇敢的大手笔，是司马光《资治通鉴》和李焘《续资治通鉴长编》都不敢做的。[2] 墓主泉下有知，应自谓识人。

（三）墓主之死

事涉敏感，墓志之描述理宜小心。我们再次比较诏令与墓志以见后者之笔法：

诏令	墓志
1. 朕以三灵眷佑，百姓乐推，	1. 值今皇帝天命有属，人心所归。
2. 言念元勋，将加殊宠，	无
3. 苍黄遇害，良用恻然。	3. 雪刃前交，莫辨良善；云师才定，已溺干戈。亦犹火炎昆岗，玉石俱毁。

首先，墓志省略了2，可知对诏令所云不以为然。其次，墓志详于3，可知强调墓主死于非命，而且不明不白。用白话来说，便是白刀子进，红

---

[1] 《宋史》卷484，13970页；未见其他出处。
[2] 如李焘仅说"赠韩通中书令，以礼葬之，嘉其临难不苟也"，连诏书的后句"人臣所以全节"都省去，见《续资治通鉴长编》卷1，6页；司马更无言。

刀子出，不辨好人坏人，也百词莫辩。才平息外患，便陷身内战。好像昆仑山上的烈火，贤愚老幼同归于尽。历史学人可以批评所记简略，[1]但应能读出墓主死得惨烈。

接着，最骇人的是墓志脱离常见格套，详列墓主家人年龄，以便揭露遇难者的年纪，让读者知道玉石俱焚之惨绝人寰：

> 长子钧，二十二终，尚食副使。大小娘子，适彭城刘福祚，充西头供奉官。二小娘，年十三。保安，年十一终，充节院使。三哥，九岁终。三小娘子，五岁。四小娘子，四岁。七哥，三岁，授东头供奉官。守谅、侄男守琉，充东班第二班都知。

似乎有意杀男不杀女，次子和三子被杀时才十一岁和九岁，墓主差一点绝后。《宋史·太祖本纪》说，陈桥兵变时，太祖告诫诸将，"大臣皆我比肩，不得侵凌；朝廷府库、士庶之家，不得侵掠。用令有重赏，违即孥戮汝。……副都指挥使韩通谋御之，王彦升遽杀通于其第"。[2]太祖没有孥戮彦升，但可能为了弥补滥杀墓主家人，予以追赠和礼葬。

（四）墓主与太祖的关系

《宋史·韩通传》的诏令说韩和赵"夙定交于霸府，遂接武于和门，艰险共尝，情好尤笃"，不无动人，大抵是表明墓主之死非太祖本意。墓志将此四句浓缩为"追念移时"四字，完全没有描述两人情谊，或为隐讳其难以言喻的政治关系。对此，可比较墓主与太祖的仕途发展和检视他们在周宋易代之际的权力争竞，并推论墓主不愿臣服之原因。

墓主发迹较早，但太祖后发先至，似乎有所超越。两人简要仕历如下：

---

[1] 惠冬：《韩通死事考》，《商丘师范学院学报》，2012年第7期，102—105页。

[2] 《宋史》卷1，4页。

时间	韩通	赵匡胤
后汉高祖		
天福十二年（947）	1. 年纪：40 岁 2. 重要职位： 2.1 衙队副指挥使 2.2 奉国指挥使 3. 功绩：从讨杜重威	尚未出仕
后汉隐帝		
乾祐初年（949）	1. 年纪：42 岁 2. 重要职位：功迁本军都虞候 3. 功绩：随周祖伐河中李守贞。先登，身被六创	1. 年纪：23 岁 2. 重要职位：应募居帐下 3. 功绩：参与征李守贞之役
乾祐二年（950）	1. 年纪：43 岁 2. 重要职位：天雄军马步军都校 3. 功绩：周祖镇大名，委以心腹，及入汴，通甚有力焉	1. 年纪：24 岁 2. 重要职位： 3. 功绩：
后周太祖		
广顺元年（951）	1. 年纪：44 岁 2. 重要职位：京右厢都巡检 3. 功绩：浚汴口，部筑河阴城、创营壁	1. 年纪：25 岁 2. 重要职位： 2.1 补东西班行首 2.2 滑州副指挥 3. 功绩：
广顺二年（952）	1. 年纪：45 岁 2. 重要职位： 3. 功绩：	1. 年纪：26 岁 2. 重要职位：世宗尹京，转开封府马直军使 3. 功绩：
广顺三年（953）	1. 年纪：46 岁 2. 重要职位：保义军观察留后、节度使 3. 功绩：	

时间	韩通	赵匡胤
后周世宗		
显德元年（954）	1. 年纪：47 岁 2. 重要职位： 2.1 太原北面行营部署 2.2 曹单等州观察处置等使 3. 功绩：攻北汉，为地道攻其城	1. 年纪：28 岁 2. 重要职位：侍卫亲军将领 3. 功绩：高平之役，周军危殆，赵匡胤随世宗冲入汉军帅师，大胜，擢升殿前都虞候
显德二年（955）	1. 年纪：48 岁 2. 重要职位： 2.1 曹单等州观察处置等使 2.2 西南面行营马步军都虞候 2.3 侍卫马步军都虞候 3. 功绩： 3.1 浚葫芦河、城博野、安平等，退契丹 3.2 拔凤州	1. 年纪：29 岁 2. 重要职位：殿前都虞候，领严州刺史。世宗委其选择精锐，组成殿前诸班 3. 功绩：
显德三年（956）	1. 年纪：49 岁 2. 重要职位： 2.1 京城都巡检 2.2 京内外都巡检、权点检侍卫司 2.3 侍卫马步军都虞候 3. 功绩：筑新都城，通总领其役，才半岁而就	1. 年纪：30 岁 2. 重要职位： 2.1 殿前都指挥使 2.2 定国军节度使 3. 功绩：从征淮南，首败万众于涡口；功震六合，败齐景达于六合东，斩首万余级
显德四年（957）	1. 年纪：50 岁 2. 重要职位：京城内外都巡检 3. 功绩：	1. 年纪：31 岁 2. 重要职位： 2.1 义成军节度 2.2 殿前都指挥使 3. 功绩：从征寿春，拔连珠砦，遂下寿州；从征濠、泗，为前锋，攻泗州、拔楚州等，平淮南

时间	韩通	赵匡胤
显德五年 (958)	1. 年纪：51 岁 2. 重要职位：归德军节度使 3. 功绩：	1. 年纪：32 岁 2. 重要职位：忠武军节度使 3. 功绩：
显德六年 (959)	1. 年纪：52 岁 2. 重要职位： 2.1 陆路都部署 2.2 侍卫亲军马步军副都指挥 3. 功绩：北伐契丹，初克益津关，以为霸州，役滨、棣民数千城之，命通董其役	1. 年纪：33 岁 2. 重要职位： 2.1 水路都部署 2.2 殿前都点检 3. 功绩：及莫州，先至瓦桥关，降其守将姚内斌，战却数千骑，关南平

由上表可知，墓主与太祖的仕历可分两个阶段：第一，两人追随郭威时，墓主地位高于太祖。在后汉时期，墓主与太祖同属枢密使郭威帐下，墓主受郭威赏识，"命之自随"，且"委以心腹"，[1] 后迁天雄军马步军都校等职；而太祖仅"应募居于帐下"，[2] 尚无重要经历。至后周时期，已为君王的郭威命墓主担任要职，如其亲征兖州，命墓主为京右厢都巡检以监都城；而太祖时任补东西班行首，仅是军队领班。

第二，两人均事世宗，皆受重用，而太祖后来居上。墓主与太祖为伐北汉、后蜀、南唐、契丹之主力，多凭军功晋升。如显德元、二年，墓主伐后蜀攻下凤州，功授侍卫马步军都虞候；太祖征北汉，驰马冲锋，大败汉兵，功拜殿前都虞候。显德三、四年，太祖跟随世宗三征南唐，屡立战功，拜殿前都指挥使。显德六年，世宗北伐契丹，取得三关后，命墓主为侍卫亲军马步军副都指挥使，而太祖为殿前都点检，前者为一军之副，后者则为元帅。无论如何，世宗去世前，二人分居禁军侍卫亲军司和殿前司两大部队，互相掣肘，但旋即失衡。

恭帝即位，墓主与太祖之权力斗争随之而起，可分三阶段：

---

[1]《宋史》卷 484，13968 页。

[2]《宋史》卷 1，2 页。

阶段一，二人均为顾命大臣，但墓主渐揽军政，取得优势。世宗遗命文武大臣辅佐恭帝：宰臣范质、王溥"并参知枢密院事"；枢密使魏仁浦"为中书侍郎、平章事、集贤殿大学士，依前充枢密使"；宣徽南院使吴延祚"为枢密使，行左骁卫上将军"；墓主"为侍卫亲军副都指挥使，加检校太尉、同平章事"；太祖则"为殿前都点检，加检校太傅，依前忠武军节度使"。[1] 恭帝登基不久，权力便有变动。军权方面，侍卫亲军马步都指挥使李重进出镇淮南，墓主得以掌控在京侍卫亲军司。军政方面，可能因为墓主辈分较高，且为使相（节度使同平章事），"军政多决于通"。[2]

阶段二，墓主及其子韩钧皆有防赵之心，后者甚至打算先下手为强，轻则夺赵之权，重则要其性命。韩钧有智略，"见太祖有人望，常劝通早为之所"，但墓主"性刚而寡谋"，没有采纳。[3] 对两人之紧张关系，王夫之说得很好："藉通跃马而起，闭关而守，禁兵内附，都人协心，宋祖且为曹爽，而通为司马懿，喧呼万岁者，崇朝瓦解，于是众望丕属，幼君托命，魁柄在握，物莫与争。"[4] 点出墓主即无篡位之心，也会挟天子以令诸侯，容不下赵匡胤。有谓太祖建国后"幸开宝寺，见通及其子画像于壁，遽命去之"，[5] 或可推论太祖可能得知墓主父子有除己之阴谋，因而决定先发制人。[6]

阶段三，太祖再次后发先至，发动陈桥兵变。太祖借由北伐之机，带走韩通管辖的部分军队，即侍卫马军都指挥使高怀德，以及步军都指挥使张令铎等军，而令其属下殿前都指挥使石守信、殿前都虞候王审琦

---

[1] 《旧五代史新辑会证》卷119，3735—3736页。

[2] 《续资治通鉴长编》卷1，6页。

[3] 《宋史》，卷484，13970页。一作韩微，见顾宏义《细说宋太祖》（上海：上海人民出版社，2005年），121页。

[4] 王夫之：《宋论》卷1，北京：中华书局，1964年，3—4页。

[5] 《宋史》卷484，13970页。

[6] 有谓太祖集团早就心怀不轨，见顾宏义《细说宋太祖》，120—121页。

等，与韩通留守京城。[1] 陈桥兵变后，墓主即使打算抵抗，亦可能没有足够的兵力了。

宋代建立之初，替韩通盖棺定论是一大难题。墓志撰者陈保衡对着太祖褒扬韩通的诏令，勇敢地将"人臣所以全节"明确认定为墓主对周室之"忠赤"，而《宋史》"周三臣"传之序言亦说"洛邑所谓顽民，非殷之忠臣乎？"经由上述讨论，墓主顽强不愿降宋之原因可能有三：忠于周室、不愿臣事作为军中后辈之赵匡胤、你死我活的权力斗争。

墓主为后周重臣，不愿臣服于宋太祖，从其墓志可见描绘前代忠臣的笔法；而墓主第一位夫人董氏（913—955）早逝，死于后周显德二年（955），时值墓主事业高峰，尚未经历周宋之际国破家亡的变局，故墓志撰者可直书其事，不须以曲笔为董氏讳。然撰者仍多以虚笔称颂董氏，此盖反映董氏生平实无太多事迹可述。而其墓志正可反映另一种格套，即妇女无太多具体事迹时，撰者如何称美之。

董氏享年四十三岁，成长于梁、唐、晋、汉、周。其家庭背景不详，可能说明家世不甚显赫。董氏嫁于墓主后便相夫、持家、教子，并随着夫婿仕宦步步高升，于显德二年（955），墓主充任彰信军节度使（曹、单等州观察处置等使）时，"方疏命妇之封，是表勋臣之贵"，受封陇西郡夫人，却于当年骤逝。董氏墓志之撰者，是墓主任彰信军节度使时的幕僚王玭，自言"谬齿文儒，既奉命抽毫，乃直书其事"。由于董氏生平并无太多具体事迹可述，王玭应如何"直书"长官妻子之形象，方不负嘱托？他采取的策略，是以妇女一生的四种角色（人子、人妻、人媳、人母）作为基本架构，分别以当时之理想典型来称颂董氏，但重点显然在后三者。

王玭于铭文赞扬董氏"贤一女子，配大丈夫"，其何以"贤"，可从董氏成长的四阶段来看：

---

[1] 柳立言：《陈桥兵变与父尧子舜》，60—67页；顾宏义：《细说宋太祖》，123—124页。

其一，董氏作为人子，自幼秉承家教，故能虔习妇道，谨守妇德，已为后三种角色做好充分准备。王玭于墓志之序便言其"未簪笄珥，虔遵圣善之规，载咏鹊巢，独擅肃雍之敬，良由胎教，不坠姆仪"，铭文亦称其"家传懿范"。墓志起首就直接以董氏嫁入韩家后的表现为铺陈重点，而未交代董氏之家庭背景，此与其他五代妇女墓志多述及其家庭背景不同（参见篇末附件二）。透过此一笔法，撰者似乎技巧性地避谈董氏先世及其父母等相关问题，可能反映其出身寒微。

其二，董氏作为人妻，品性和顺而贞专，行为遵守妇道。她也可能曾亲自为韩通选妾，并为韩通姊妹安排婚姻，故墓志称其"举善进贤，拟樊姬之无妒；地寒寿促，符锺琰之深知"。墓志也以不少笔墨称述夫妻之伉俪情深，如称其"感明君必敬之文，契君子好求之趣"。乃至董氏逝世时，墓主伤悼不已，叹曰："吾履锋恒守于三边，长闻敛枕；跃马将行于千里，谁为牵衣。"值得注意的是，董氏过世时，墓主正率军在外，而不能主持其丧葬，撰者亦不忘借此称颂韩通因公忘私的品德。由董氏墓志衬托墓主之为人，这也是本墓志之笔法之一。

其三，董氏作为人媳，不但善尽妻道，也能孝奉公婆而和睦族人，故墓志称其"能修榛栗，善待舅姑"，又称其"采蘩奉职，睦族含仁"。此外，董氏还能待妾有恩，以礼持家，故墓志称其"恩流娣媵，礼来筋骸"。综而论之，董氏在韩家中能善尽为妻之责，并以身作则，维持韩家之礼法纲常，故墓志称其"正人伦之大纲，叶公侯之齐体，主烝尝而冈倦，历寒暑以弥勤"。

其四，董氏身为人母，亦尽心教子，其付出反映在子女的成就与品性上。如长子有冰清之德与识人之明，怀周孔之道而有出将入相之才，其时已任彰信军节度使衙内都指挥使；次子虽年纪尚幼而无所表现，但亦为"清秀"之姿；二女年纪似乎更幼，但仍可由其哀痛之情见其孝心。而子女四人对于董氏之逝，均"弥坚尽孝，恸怨闵凶"，由其子女之孝思，亦可反衬其董氏身为人母之称职。

从上述可知，王玭以人子、人妻、人媳、人母之理想品行称美董氏，此可反映妇女墓志的格套，以及时人对女性角色之期许。其中对为人子之角色描写分量最少，或反映时人对妇女的角色，更看重后三者。此墓志较特殊之处，在于没有详述董氏先世与家庭背景，可能是因为其家世本不显赫，也因此无法讨论其与原生家庭的关系。

墓主墓志及其妻董氏墓志之撰者，面对各自的难题，皆言自身秉笔直书，而其如何直书，才能不负所托？墓主墓志的撰者陈保衡，身处易朔嫌讳之际，为故主亦是前朝忠臣撰写墓志，其借由详列官职展现墓主功业，透过尽数家人死亡年龄反映墓主家破人亡，并化暗为明，将诏令之语直书为"忠赤"肯定墓主节操，虽颇为冒险，但保衡终不负故主。墓主妻董氏墓志撰者王玭，乃墓主的幕僚，要为出身不高，且无具体事迹可记的长官妻子撰写墓志，其采取的策略是避谈董氏家庭背景，并以妇女一生四种角色（人子、人妻、人媳、人母）的理想典型称颂董氏。而其对为人子的角色描写分量最少，或反映时人对妇女的角色，更看重后三者。

（执笔者：张庭瑀）

（指导者：李宗翰、柳立言）

附件一：韩通历代官职与事功

1. 后汉之官职与事功

时间	官职	墓志所记事功	《宋史》所记事功
汉高祖起义河东（947），40岁	1. 授公银青光禄大夫检校太子宾客兼侍御史充飞骑尉 2. 军校、衙队副指挥使	汉高祖起义河东，于军伍之中见公，谓左右曰："此子有渊角之表。"	晋开运末，汉祖建义于太原，置通帐下。寻从汉祖至东京，累迁为军校。
天福七祀（天福十二年，947），40岁	1. 转检校国子祭酒兼御史中丞骁骑尉，余如故 2. 奉国指挥使	剑埋丰部，难掩光芒；璞在荆山，终逢圣鉴。	汉祖典卫兵，以通为衙队副指挥使，从讨杜重威。
天福八年（天福十三年，948），41岁	1. 超授检校尚书右仆射仍改赐忠贞佐圣功臣，余如故 2. 奉国指挥使	云方捧日，渐窥舒卷之容；济乃截溟，别展澄清之志。	
乾祐初年（949），42岁	1. 授检校尚书右仆射 2. 本军都虞候	应分选之命，酬征伐之劳，竭勇志以策勋，荡袄巢而绝迹。	乾祐初，周祖为枢密使，统兵伐河中（949年李守贞叛乱），知通谨厚，命之自随，先登，身被六创，以功迁本军都虞候。
乾祐二年（950），43岁	1. 转检校尚书左仆射使持节雷州刺史兼御史大夫 2. 天雄军马步军都校、奉国左第六军都校		周祖镇大名，奏通为天雄军马步军都校，委以心腹，及入汴，通甚有力焉。授奉国左第六军都校，领雷州刺史。

2. 后周的官职与事功

时间	官职	墓志所记事功	《宋史》所记事功
大周广顺元年（951），44岁	1. 转金紫光禄大夫超授检校太保使持节睦州诸军事睦州刺史充本州防御使兼御史大夫封南阳县开国男食邑三百户仍改赐输忠翊戴功臣，余如故 2. 为虎捷右厢都校，迁左厢，充孟州巡检，继领永、睦二州防御使	以公混金璞玉，难拘瓦砾之间，附凤攀龙，已极烟霄之上。	周祖亲征兖州（北宋京东西路），以通为在京右厢都巡检。时河溢，灌河阴城，命通率广锐卒千二百浚汴口，又部筑河阴城，创营壁。
大周广顺元年孟冬（951），44岁	1. 授检校太保使持节永州诸军事永州刺史充本州防御使兼御史大夫 2. 继领永、睦二州防御使	知豹略之精微，军功众许；奋鹰扬之志气，忠节自持。	
大周广顺三年仲夏，（953），46岁	1. 复授检校太保兼御史大夫充保义军节度观察留后，功臣如故 2. 保义军节度观察留后		

时间	官职	墓志所记事功	《宋史》所记事功
太祖显德元年 世宗显德元年（954），47岁	1. 授检校太保陕州大都督府长史兼御史大夫充保义军节度使陕虢等州观察处置等使仍加食邑三百户，功臣、散官如故 2. a. 周祖亲郊，正授（保义军）节度 b. 太原北面行营部署	为明君之心腹，作圣代之爪牙。地接洛师，犹观雄盛；津当陕服，须借龙韬。	州刘崇南侵，命通副河中王彦超出晋州道击之，败于高平。以通为太原北面行营部署，为地道攻其城。俄班师，移镇曹州，检校太保。
显德元年仲秋（954），47岁	1. 授检校太傅使持节曹州诸军事曹州刺史兼御史大夫充彰信军节度使曹单等州观察处置等使进封开国公加食邑五百户仍改赐推诚奉义翊戴功臣，散官如故 2. 移镇曹州，检校太保		

时间	官职	墓志所记事功	《宋史》所记事功
显德二年 (955)，48岁	1.（彰信军节度使） 2. 西南面行营马步军都虞候、侍卫马步军都虞候		1. 以深、冀之间有胡芦河，东西横亘数百里，堤堨非峻，不能扼契丹奔突，显德二年，命通与王彦超浚治之，功未就，契丹至，通出兵迎击退之，遂城李晏口为静安军，四旬而完。又城束鹿及鼓城，并葺祁州。时大兵之后，遗骸布野，通悉收瘗为万人冢。又城博野、安平，往来深、定间，夜宿古寺，昼披荆棘。在安平领百余骑督役，会契丹骑数百奄至，通率麾下与战，日暮大风雨，契丹解去，擒十余骑。又城百八桥镇及武强县，皆旬日毕。 2. 归朝，会攻秦、凤，以通为西南面行营马步军都虞候，入大散关，围凤州，分兵城固镇，以断蜀饷道。未几，拔凤州，以功授侍卫马步军都虞候。

时间	官职	墓志所记事功	《宋史》所记事功
显德三年（956），49岁	1. 公授特进检校太尉持节许州诸军事行许州刺史兼御史大夫充忠武军节度使许蔡等州观察处置等使仍加食邑七百户，功臣如故 2. a. 京城都巡检；京内外都巡检、权点检侍卫司 b. 忠武军节度、检校太傅，又改侍卫马步军都虞候		1. 世宗征淮南，命通为京城都巡检。世宗以都城狭小，役畿甸民筑新城，又广旧城街道，命左龙武统军薛可信、右卫上将军史佺、右监门卫上将军盖万、右羽林将军康彦环分督四面，通总领其役。功未就，世宗幸淮上，留通为在京内外都巡检、权点检侍卫司。是役也，期以三年，才半岁而就。三年，追叙秦、凤功，改领忠武军节度、检校太傅，又改侍卫马步军都虞候。 2. 世宗幸寿春，为京城内外都巡检。
显德五年（958），51岁	1. 授检校太尉使持节宋州诸军事行宋州刺史兼御史大夫充归德军节度使宋亳等州观察处置等使侍卫亲军马步军都虞候，功臣、勋、封如故 2. 淮南平，为归德军节度	倾摧八阵，戒严六师。壁假酬勋，未为多得；商墟受命，所较几何。	淮南平，为归德军节度

时间	官职	墓志所记事功	《宋史》所记事功
显德六年 (959)，52岁	授检校太尉同中书门下平章事行宋州节度使，散官、勋、封如故	斧钺坛场，分闾显将军之贵；盐梅鼎鼐，持衡见丞相之尊。	1. 六年春，诏通河北按行河堤，因发徐、宿、宋、单等州民浚汴渠数百里。 2. 世宗将北征，命通与高怀德、张铎先赴沧州，赐袭衣、金带、鞍马、器帛。即领兵入契丹境乾宁军之南。俄为陆路都部署，殿前都虞候石守信副焉。又命通巡北边，自浮阳至淤口浦坏坊三十六，遂通瀛、莫。初克益津关，以为霸州，役滨、棣民数千城之，命通董其役。
显德六年仲秋 (959)，52岁	授检校太尉同中书门下平章事使持节郓济等州观察处置等使兼侍卫亲军马步军副都指挥使仍加食邑伍佰户食实封贰佰户，功臣如故		1. 师还，以为检校太尉、同平章事，充侍卫亲军马步军副都指挥。 2. 恭帝即位，移领郓州。
显德七年 (960)，53岁（韩通亡）	侍卫亲军马步军副都指挥使	值今皇帝天命有属，人心所归。雪刃前交，莫辩良善；云师才定，已溺干戈。亦犹火炎昆岗，玉石俱毁。	太祖奉诏北征，至陈桥为诸军推戴，通在殿阁，闻有变，惶遽而归。军校王彦升遇通于路，策马逐之，通驰入其第，未及阖门，为彦升所害，妻子皆死。

附件二：五代女性墓志格套

1. 五代女性墓志格套

五代各时期，不同阶级的女性墓志，大致具有一定的格套，主要包含家庭背景（得姓、先世等）、妇女品行、与其相关男性之功业（父亲、夫婿、儿子等），以及死亡与丧葬等，如下表：

格套	后唐			后晋					后周	
	张氏	曹氏	高氏	关氏	张氏	崔氏	李氏	元氏	朱氏	董氏
1. 家庭背景	×	√	√	√	√	√	√	×	√	×
2. 妇女品行	√	√	√	√	√	√	√	√	√	√
3. 相关男性之功业	√	√	√	√	√	×	√	√	√	√
4. 死亡与丧葬	√	√	√	√	√	√	√	√	√	√

由上表可知，自后唐至后周九篇女性墓志（董氏除外）中，仅有两篇没有记载其家庭背景。其中一篇，后周武官石金俊之妻元氏墓志，明确指出其家于唐末遭遇祸乱，因而"族谱世系，与家俱丧"；另一篇后唐武官王言之妻张氏墓志，笔法则与董氏墓志相近，皆略去先世等，直接论其已具良好家教，并导入妇女本身或其夫婿的表现。由此，或可见董氏墓志有别于一般格套，而撰者乃用特定笔法省略不谈董氏的家庭背景。

2. 上述参考之五代女性墓志

时期	墓主	备注
后唐	后唐武官右龙武统军王言之妻清河郡君张氏墓志并序	未列及先世
	后唐文官吴君之妻曹氏墓志铭并序	
	后唐文官苏州别驾张涤之妻后唐渤海县太君高氏墓志盖	

时期	墓主	备注
后晋	后晋武官前镇国军节度使王君之妻陇西郡夫人关氏墓志铭并序	
	后晋文官王玗之妻后汉清河郡太君张氏墓志	
	后晋平民权氏之妻崔氏墓志铭并序	
	后晋平民张季宣之妻李氏墓志并序	张之祖是齐王张全义,父是张业。本为统治阶级
后周	后周武官北京飞胜五军都指挥使石金俊之妻河南郡太夫人元氏合葬墓志铭并序	1. 值唐季离乱,家没于兵革 2. 族谱世系,与家俱丧
	后晋武官凤翔节度使李从曮之妻楚国夫人朱氏墓志铭并序	
	后周武官彰信军节度使韩通之妻陇西郡夫人董氏墓志铭并序	亦未列及先世

参考资料

一、墓志碑文

1. 陈保衡:《大宋故内酒坊使银青光禄大夫检校吏部尚书兼御史大夫上柱国权知扬州军府事张府君墓志铭并序》,傅斯年图书馆藏拓片(04248)。

2. 陈保衡:《故检校太尉同中书门下平章事使持节郓济等州观察处置等使兼持卫亲军马步军副指挥使仍加食邑五百户食实封二百户赠中书令韩公墓志》,曾枣庄主编《宋代传状碑志集成》(成都:四川大学出版社,2012 年)卷 188,2857—2858 页。

3. 陈保衡撰,黄繁光注释:《宋故检校太尉同中书门下平章事使持节郓济等州观察置等使兼侍卫亲军马步军副都挥部仍加食邑五百户食实封二百户赠中书令韩公墓志》，宋代史料研读会报告，2000.03.17。

4. 陈保衡撰，罗国威校点：《故检校太尉同中书门下平章事使持节郓济等州观察处置等使兼侍卫亲军马步军副都指挥使仍加食邑五佰户食实封贰佰户赠中书令韩公墓志》，曾枣庄、刘琳主编《全宋文》(上海：上海辞书出版社，2006 年) 卷 41，47 页。

5. 王玼：《彰信军节度使曹单等州观察处置等使韩通故陇西郡夫人董氏墓志铭并序》，傅斯年图书馆藏拓片 (17616)。

二、其他资料

6. 王夫之撰，舒士彦标点：《宋论》，北京：中华书局，1964 年。

7. 李焘撰，上海师范大学古籍整理研究所、华东师范大学古籍研究所点校：《续资治通鉴长编》。

8. 柳立言：《陈桥兵变与父尧子舜》，《历史月刊》，1994 年，60—67 页。

9. 陈尚君：《旧五代史新辑会证》。

10. 脱脱等撰，中华书局点校：《宋史》。

11. 惠冬：《韩通死事考》，《商丘师范学院学报》，2012 年第 7 期，102—105 页。

12. 顾宏义：《细说宋太祖》，上海：上海人民出版社，2005 年。

13. 顾宏义：《〈新五代史〉未为韩通立传原因试探》，《史学史研究》，2009 年第 3 期，39—42 页。

才兼文武是否墓志应有之义

（张秉、史弘肇）

林思吟、聂雯

北宋武官内酒坊使权知扬州军府事张秉及其妻琅琊县君王氏合葬墓志铭并序

一、基本资料

1. 性质	墓志
2. 题名	新题：北宋武官内酒坊使权知扬州军府事张秉及其妻琅琊县君王氏合葬墓志铭并序 首题：大宋故内酒坊使银青光禄大夫检校吏部尚书兼御史大夫上柱国权知扬州□〔军〕府事张府君墓志铭□□〔并序〕
3. 时间	死亡、下葬或立石时间 死亡：北宋开宝五年（972）四月六日 初葬：北宋开宝六年（973）三月 改葬：北宋太平兴国三年（978）七月廿六日
4. 地点	死亡、下葬或立石地点 死亡：汴州（河南）私第 初葬：汴州浚仪县（河南开封）新里乡 改葬或立石：洛阳（河南洛阳）邙山

续表

5. **人物**	
墓主	张秉（913—972）
合葬或祔葬者：	妻：北宋琅琊县君王氏（？—965） 次子：北宋武官军器库副使张昭易（949—978）
撰者	北宋文人乡贡进士宋玄庆
书丹者	（长子）北宋武官右班殿直张昭允（949前—1008）
6. **关键词**	社会流动、文武交流、墓志笔法与史学方法

（责任者：萧妤函）

二、释文

大宋故内酒坊使银青光禄大夫检校吏部尚书兼御史大夫上柱国权知扬州□〔军〕府事张府君墓志铭□□〔并序〕

粤若将称臧、马，唯彰抚剑之名；守曰龚、黄，但播化民之□。未有位居列校，职处内庭，负文武□〔之〕兼才，得政理之要道。入则侍禁闱而亲旒冕，弼九五之尊；出则代牧守而镇藩宣，布六条之政。宽猛必闻于相济，疲瘵由是以皆苏。视民而有若蒲卢，□〔听〕讼而自□蔽芾，即府君其人也。

（以上是序，比拟墓主成就，能文能武，106字。）

七迁茂族，四姓名家。在汉则良为万乘之师，受编书于济北；居晋则华处三公之任，识剑气于酆城。一门多贵盛无双，奕业乃英雄间出。

（以上是张姓历史名人，52字。）

府君本澶州卫南人也。

大王父讳礼，不仕。玉唯披褐，匪登和氏之场；珠自媚川，不照魏王之乘。烈考讳裕，秋霜厉志，膂力过人，奋身初自于戎行，立事遂登于勇爵，没赠左清道率府率。夫人阮氏，赠陈留县太君；继夫人王氏，赠太原县太君；皆母以子贵，即府君之庆及于高堂也。

（以上是父祖两代，不及三代，且有母而无祖母，106字。）

府君即率府率之长子也，讳秉，字执义。

五行钟秀，九畹齐芳，睹英威则鹗在秋天，顾节操则筠生巉谷。

侍卫亲军使史公之绾兵柄也，公初投班笔，始事辕门。处赵胜之囊中，未知毛遂；在项梁之戏下，岂识淮阴！

周高祖之即位也，知公夙怀义勇，未遂奋飞，俾入侍于春宫，冀渐登于贵仕。

世宗之纂大宝也，起家为东头供奉官。班居近侍，地处深严，忠贞但厉于赤心，慎密肯言于温树。

属并寇未殄，世宗亲征，公负矢石之勤劳，有军旅之勋效，遂转充虎捷指挥使。屯戍非一，果毅有余，因擢授内弓箭库副使。未逾旬浃，授弓箭库使，寻迁为军器库使。

洎梁王禅位，皇宋龙飞，汶水澶渊，继充巡检；襄阳岘首，次委监临。积功效以尤多，致酬赏而不一。其间一授闲厩使，次授尚食使，又转迁内酒坊使。

属王师西讨，蜀郡初平，命公领马步兵士，自乾渠至利州七百余里，往来安抚，昼夜警巡，封圻悉遂于底宁，士庶略无于搔动，兼降下二十余寨。其所管部内，则层峦叠翠，阁栈排空，往往有大石当路，负怪状奇形之异，扼穷岩峭壁之巅，飞黄嚼勒以难前，大章［太章］蹀足而中辍。公于是燃大炬以爇之，建瓴水以波之。割然坼裂，尽如霆霹之声；俄尔荡平，非劳畚锸之用。因改漫天岭为朝天岭，盖易险阻而为通路也。寻授权知利州军州事。大军之后，余寇始平，下车既赐于慰安，阖境旋闻于悦服。枯荑未秀，则偃之以君子之风；惠政已敷，乃著之于舆人之诵。政成，再迁权知扬州军府事。隋朝旧国，江左雄藩，苟非当代名人，孰委皇家利柄？公莅事之日，匪懈为怀，于是起榷货务千余间，以备商贾之贸；修桥道十余所，以通舟车之便；凿陈公塘，开怀子河，以益漕运之利。盖公家之务，知无不为，致四民仰冬日之和，万户有春台之乐。

（以上是事迹，582字，从各分段之篇幅多寡可知各事迹之轻重。）

越二年，群情方洽，巨疹俄钟，因乞告以寻医，遂有诏而归阙。
以开宝五年四月六日终于汴之私第，享年六十。
呜呼！寒暑相推，暗运盈虚之数；贤愚共尽，谁逃朽没之期？越明年春，
建辰之月，葬于浚仪县新里乡之古原。

（以上是死亡与初葬，83字。）

夫人琅琊县君王氏，先府君七年而亡，合祔于此，礼也。
有子二人：
长曰昭允，文林郎、试秘书省校书郎；
次曰昭易，摄郓州别驾。
并谢家玉树，王氏瑶林，既承积庆之门，终有大来之望。
而后长男迁授右班殿直，次男以我皇纂位，攀附鳞翼，累授军器库副使。
无何，于皇朝太平兴国三祀秋七月二十六日，次男军器库副使不幸短命，
三十云亡。俄降天恩，署官锡葬，因是改卜于洛之邙山，从吉地也。

（以上是家室与改葬，长子、次子均由文转武职，151字。）

是宜纪诸盛美，志彼贞珉，冀陵谷之虽迁，且功名而不朽。铭曰：
五岳四渎，三才二仪；聚彼精粹，实产英奇。
作皇王之羽翼，俾家国以俱肥。入则侍从禁闱，出则安辑黎庶。
两郡□□□〔咸留于惠〕爱，四民共歌□□□〔于春暮〕；生

有德化，殁存□□〔政声〕。

虽复蔓□□□□□〔草萦骨，深谷〕为陵，彼令闻兮不朽，实千
载以知名。

（以上是葬及铭，107 字。）

〔乡贡进士宋玄庆撰，昭允书。〕

（责任者：林思吟、施天宇、陈品伶、萧妤函）

（指导者：柳立言）

三、个案研究

墓主张秉（913—972）一家横越唐末五代至北宋初期，由祖父之不
仕，中经两位母亲获封县太君，以至本人和次子得到太宗谕旨赐葬，前
后变化甚大，正可看到五代武人向上流动的各种条件——似乎既凭武功，
也靠吏治；同时亦可探讨墓志之写作方法，追究其对允文允武的称赞是
否仅属题中应有之义，不能当真。

祖父"不仕"，似乎有意仕进，但"玉唯披褐，匪登和氏之场；珠
自媚川，不照魏王之乘"，没有被看上；祖母和曾祖父母不见踪影，反映
家中既无笔传也无口述的历史，或属社会基层。父亲张裕"膂力过人，
奋身初自于戎行"，明显懂得武艺，厕身行伍，不过既没有提到兵法谋略
（比较本册《沙陀王朝武人刺史卖剑买牛》），也没有提到半个实职
（what），或在何时（when）、何地（where）、何人麾下（whom）任职，
应属不入流的武员，没有资格获得恩荫。两位妻子的赠官都来自儿子，
墓志坦言"母以子贵"而不是妻以夫贵；甚至可以大胆推断，张裕的
"殁赠左清道率府率"也来自儿子。《旧五代史》《新五代史》和《资治
通鉴》都提到一位同名同姓的张裕，于后梁时（when）曾在太原
（where）晋王李存勖麾下（whom）担任都虞候（what），与都兵马使和

都押衙合称"三都",是藩镇最重要的三个武职。[1] 因公或因私,他曾扳倒一位"恃才挟势,睚眦必报,纳贿骄侈"的文人判官。[2] 两位张裕是否同一个人,相信读者可利用墓志的特点,如有无大力扬善,来自行判断,未尝不可看到墓志诚实不夸的一面。

　　两代无闻之后,张家因张秉开始往上流动,从 42 至 60 岁十八年间屡任要职,"家国俱肥",在京畿置有私宅和墓地,并得以迁葬洛阳,达到贵、盛、富的标杆,所借为何?入眼便是墓志序言,一般都简述得姓由来和历史名人等,但本序总结墓主最得意的功业,首先说武功与吏治有如鱼与熊掌,东汉之中兴名将臧宫和马武"唯彰"武功,西汉之著名循吏龚遂与黄霸"但播"吏治,而张秉两者俱得,"负文武之兼才,得政理之要道",然后指出武功是"入则侍禁闱而亲疏冕,弼九五之尊",担任皇帝身边的武臣,吏治是"出则代牧守而镇藩宣,布六条之政",出任作为地方首长的知州。奇怪的是,接着全说吏治,谓"宽猛必闻于相济,疲瘵由是以皆苏。视民而有若蒲卢,听讼而自□蔽芾,即府君其人也"。论字数,竟是民事多于武功。再看作为盖棺论定的铭文,对张秉的主要评论,是他"作皇王之羽翼,俾家国以俱肥;入则侍从禁闱,出则安辑黎庶。两郡咸留于惠爱,四民共歌于春暮;生有德化,殁存政声"。也是同时提到军功和民事,亦跟序言一样。如不算首两句,民事凡 28 字,远多于武事 6 字,尤其最后一句"殁存政声",应指张秉以两郡的吏治留名人世之间。

　　以武人起家而以吏治留名,是怎么一回事?为理清这一点,唯有将墓志的重要内容分门别类,制造表格,然后对着它思考,而焦点则是文

----

　　[1]　严耕望:《唐代方镇使府僚佐考》,收入严耕望《唐史研究丛稿》,香港:新亚研究所,1969 年,177—236 页。
　　[2]　《资治通鉴》(卷 269,8791 页):"晋王多出征讨,天雄军府事皆委判官司空颋决之。颋恃才挟势,睚眦必报,纳贿骄侈。颋有从子在河南,颋密使人召之,都虞候张裕执其使者以白王,王责颋曰:'自吾得魏博,庶事悉以委公,公何得见欺如是,独不可先相示邪?'挥令归第;是日,族诛于军门。"见《旧五代史新辑会证》卷 71,2173—2174 页。亦有谓张裕本人多不法,《新五代史》(卷 54,623—624 页):"都虞候张裕多过失,颋屡以法绳之。颋有侄在梁,遣家奴召之,裕擒其家奴,以谓通书于梁。庄宗族杀之。"

武关系，不及其他，以免离题：

表一：张秉（913—972）仕宦一览

时间及地点	职位及表现	赏或罚	总字数
后汉隐帝（949—951），河南开封	约36—39岁，在"侍卫亲军使史公"麾下，职位及表现均不详	"未知毛遂，……岂识淮阴"	41
后周太祖（951—954），开封	约39—42岁，"入侍于春宫"，职位及表现均不详		29
后周世宗（954—960），开封	约42岁，"起家"为东头供奉官，"班居近侍，地处深严"，忠贞、慎密		37
954年高平之战，山西	约42岁，随世宗亲征北汉，"负矢石之勤劳，有军旅之勋效"	遂转充虎捷指挥使	63
屯戍多地	虎捷指挥使，"屯戍非一，果毅有余"	擢授内弓箭库副使	
开封	内弓箭库副使、弓箭库使、军器库使。		
北宋太祖（960—976），山东、河南、湖北	约48岁，先于汶水澶泉继充巡检，后于襄阳岘首担任监军	"积功效以尤多，致酬赏而不一"	56
开封	闲厩使、尚食使、内酒坊使		
965年，四川	约53岁，后蜀平而后乱，领军入利州一带安抚。"士庶略无于搔动"；"降下二十余寨"；裂石建栈道，"改漫天岭为朝天岭，盖易险阻而为通路"		157
陕西、四川	权知利州军州事。"大军之后，余寇始平，……偃之以君子之风"		55
江苏	约58—60岁，迁权知扬州军府事。起榷货务、修桥道，凿陈公塘开怀子河以利漕运		105
972年，开封	60岁去世		

张秉没有得到父荫，靠自力晋身军旅。当时"侍卫亲军使史公之绾兵柄也，公初授班笔，始事辕门"。同时符合史姓、侍卫亲军都指挥使、掌管兵权和介乎后唐末年至后汉末年这四个条件的大臣，只有后汉隐帝时的史弘肇，如《旧五代史》说："乾祐末（949—951），宰相杨邠、侍卫亲军使史弘肇执权。"[1] 更凑巧但只能作为边缘证据的，是以"史公"检索《旧五代史》和《新五代史》，唯有史弘肇。[2] 所以，张秉应是进入禁军，且可能在弘肇帐下执役，一如毛遂和韩信。假如"初授班笔"不是泛论而是专有所指，张秉可能由文转武（参本册《六问孤证》）。无论如何，他没有得到垂青，看不到一官半职，而年届四十，已不年轻。

然而，史弘肇的事迹可能影响张秉日后为官之道，尤其是不能不面对的军民和文武关系，更要谨慎处理。第一，弘肇以治军严厉著称，他"严毅寡言，部辖军众，有过无舍，兵士所至，秋毫不犯"，[3] 被《册府元龟》重复收入"将帅部"的"褒异"和"严整"；[4] 另一方面，当他随同高祖征伐杜重威之乱时（947），前后三月，"弘肇擐甲在野，昼巡宵警，与士卒均其甘苦，无所间然。时人推其威而有爱，乃近代之良将也"。[5] 由此可知，武人可借不同的方法赢得部下爱戴，并非一定要靠掠夺民财以肥军。

第二，在司法上，当京师一度处于戒严状态时，弘肇曾以军法治民，引起许多冤枉和不安。隐帝即位（948）不过一两月，河中、永兴和凤翔三镇起事，谣言四起，人心不稳。弘肇"都辖禁军，警卫都邑，专行刑杀，略无顾避"，结果"无赖之辈，望风匿迹，路有遗弃，人不敢

---

[1] 《旧五代史新辑会证》卷107，3248页。
[2] 《旧五代史新辑会证》卷108，3266页；卷131，4006页。《新五代史》卷30，329页。
[3] 《旧五代史新辑会证》卷107，3230页。
[4] 《册府元龟》卷387，4370页；卷418，4754页。
[5] 《册府元龟》卷431，4887页。

取",算是好的一面;"然而不问罪之轻重,理之所在,但云有犯,便处极刑,枉滥之家,莫敢上诉",[1] 严重违反罪与罚之比例原则,是很不好的一面。《旧五代史》"史臣曰"对弘肇的评论只有一事,就是"淫刑",[2]《册府元龟》置之于"将帅部"之"残酷"。[3]

弘肇的文武部属有何反应?至少有两种:一是乘机为奸,如"巡司军吏,因缘为奸,嫁祸胁人,不可胜纪。……有醉民抵忤一军士,则诬以讹言弃市"。军司孔目吏解晖"性狡而酷,凡有推劾,随意锻炼",以致一位富商自诬弃市,"妻女为弘肇帐下健卒分取之,其家财籍没"。[4]二是离心离德,如"弘肇总禁兵兼京城巡检,多残杀军民,左右惧,稍稍引去",[5] 但似难责以不忠(比较可退而不退,本册《沙陀王朝武人刺史卖剑买牛》)。更多的应是所谓保持中立,奉命行事。值得注意的是军士与文吏同流合污,两者都是五代紊乱之源。

张秉的取舍难以考究,但对平民和贵家同样人人自危的氛围,应有一定的感受。前者如"太白昼见,民有仰观者,为坊正所拘,立断其腰领";后者如"故相李崧为部曲诬告,族戮于市,取其幼女为婢,……(是故)旧勋故将失势之后,为厮养辈之所胁制者,往往有之"。[6] 相信不管是文臣还是武将,都希望这些乱象不要重演。

第三,也许最为重要,是文武冲突,让政敌有机可乘。隐帝即位,枢密使"杨邠、周祖(郭威)共掌机密,史弘肇握兵柄,与(太后幼弟)武德使李邺(业)等中外争权",[7] 可简称为外府与宫内之争。在

---

[1]《旧五代史新辑会证》卷 107,3231—3233 页。

[2]《旧五代史新辑会证》卷 107,3252 页。

[3]《册府元龟》卷 448,5051 页。

[4]《旧五代史新辑会证》卷 107,3231—3233 页。

[5]《宋史》卷 257,8952 页。

[6]《旧五代史新辑会证》卷 107,3232 页。

[7]《宋史》卷 262,9061 页。

外府掌握大权的，主要是高祖指派的四位顾命大臣，加上管财的三司使王章。[1] 顾命四臣二武二文，平分秋色，并未看到重武轻文。二武是弘肇和枢密使郭威（后周太祖），两人相当友善；二文是枢密使杨邠和宰相苏逢吉。杨邠以吏起身，也"长于吏事"，能"缮甲兵，实帑廪，俾国用不阙，边鄙粗宁，亦其功也"。[2] 逢吉以文学起家，"朝廷百司庶务，逢吉以为己任，参决处置，并出胸臆，虽有当有否，而事无留滞"，[3] 也是长于吏事。王章亦以吏起身，擅于钱谷。[4] 三人都属擅长实务的"文吏型"文人，事实上郭威也"喜笔札，及从军旅，多阅簿书，军志戎政，深穷紧肯"，并以"长于书计"见知于后晋高祖，于麾下掌管军籍，与众多将臣建立了良好的关系。[5]

五人本能合作。后晋灭亡，"契丹犯阙之后，国家新造，物力未充，（王）章与周太祖、史弘肇、杨邠等尽心王室，知无不为"，诸如"罢不急之务，惜无用之费，收聚财赋，专事西征，军旅所资，供馈无乏"。河中、永兴和凤翔三镇乱后，"赐与之外，国有余积"，[6] 多少解决了五代军兵因赏赐不足而反叛的问题。合作的原因，主要是彼此需要互补。乾祐二年（949），苏逢吉认为郭威出镇邺都应解除枢密之任，因为"以内

---

[1] 顾命大臣的人数有不同记载：

人数	出处（均《旧五代史新辑会证》）
苏逢吉、杨邠、史弘肇、郭威	《周书·太祖》，卷110，3316、3327页
苏逢吉、杨邠、史弘肇、郭威	《汉书·史弘肇》，卷107，3230页
苏逢吉、杨邠、史弘肇	《汉书·杨邠》，卷107，3238页
王章、杨邠、史弘肇、郭威	《汉书·隐帝》，卷103，3185页

苏逢吉不见于隐帝被杀后的太后诏书，大抵是因为行为可议（见正文），乃代之以王章，凑合四人之数。

[2]《旧五代史新辑会证》卷107，3239页。
[3]《旧五代史新辑会证》卷108，3264页。
[4]《旧五代史新辑会证》卷107，3241页。
[5]《旧五代史新辑会证》卷110，3313、3314页。
[6]《旧五代史新辑会证》卷107，3241页。

制外则顺，以外制内（则不便）"，而弘肇认为应兼，因为"所冀诸军禀畏"。[1] 弘肇虽然得胜，仍忿忿不平，在次日的酒会上厉声说："安朝廷，定祸乱，直须长枪大剑，至如毛锥子，焉足用哉。"王章反驳说："虽有长枪大剑，若无毛锥子，赡军财赋，自何而集？"[2] 充分揭示文吏与武将之互相依存。这次争议不能单纯视为文武相轻，因为郭威一旦解任，枢密院就可能被杨邠独据，影响权力的分配。

虽说文武有别，他们不无共同之处。例如喜以严刑峻法作为手段，达到不同的目的。如上所述，弘肇是为了维安。逢吉"深文好杀"，高祖曾命他静狱以祈福，他却尽杀禁囚；"及执朝政，尤爱刑戮"，下令为贼盗者处以族诛，四邻保人亦应以同罪族诛，大抵除了"杀人不忌"的残酷天性外，[3] 也为了消除众多的盗贼和反对滥赦。王章"急于财赋，峻于刑法，民有犯盐、矾、酒曲之令，虽丝毫滴沥，尽处极刑"，[4] 明显是为了税收。

又例如他们都不喜欢某些类型如"文礼型"的文人。王章"与杨邠不喜儒士"，发给郡官的月俸，往往是"不堪资军"的次货，又动辄高估其价，减少发放之数。他"常轻视文臣"，讥讽他们"此等若与一把算子，未知颠倒，何益于事"。[5] 杨邠也曾说："为国家者，但得帑藏丰盈，甲兵强盛，至于文章礼乐，并是虚事，何足介意也。"[6] 苏逢吉虽是以文才入仕，但"失礼违度"，又"不拘名教，继母死不行服，妻死未周（一年），其子并授官秩"，[7] 看来也不会喜欢礼乐之士。弘肇"不喜宾客，尝言'文人难耐，轻我辈，谓我辈为卒，可恨，可

---

［1］《旧五代史新辑会证》卷 108，3265 页。
［2］《旧五代史新辑会证》卷 107，3234 页。
［3］《旧五代史新辑会证》卷 108，3264、3283 页。
［4］《旧五代史新辑会证》卷 107，3242 页。
［5］《旧五代史新辑会证》卷 107，3242、3243 页。
［6］《旧五代史新辑会证》卷 107，3239 页。
［7］《旧五代史新辑会证》卷 108，3265 页。

恨'"。[1] 不过必须注意,他虽然不喜欢轻视武夫的文人,但并不反对子弟学文。《旧五代史》说他的儿子德珫"粗读书,亲儒者",[2]《资治通鉴》更说他"颇读书"。[3] 他读些什么,只有一例可言。五代虽然尚武,但北方各朝均重科举。[4] 乾祐二年(949),一位举子于贡院门外呼噪,苏逢吉下令送侍卫司痛笞刺面。德珫知道后,提醒父亲说:"书生无礼,有府县、御史台,非军务治也。公卿如此,盖欲彰大人之过也。"[5] 弘肇深以为然,立即解械释放。看来德珫懂得法律和制度,明白此事之法律性质和权责归属,而弘肇能够分辨是非与轻重。同时也看到文人会设计武人,目的是丑化对方,或使其去位以便自己巩固权力,这自会引发政争。

冲突的引爆点竟是杯酒之间。乾祐三年(950)五月,王章于家中设下酒席款待杨邠、逢吉和弘肇等人。酒酣,以手令为戏,但弘肇素不闲习,反映武人要打入文人的社交圈进行文武交流,的确需要学习一些文艺。坐在旁边的阎姓官员一再提示,逢吉戏说:"近坐有姓阎人,何忧罚爵?"不料引起弘肇的误会,以为逢吉讽刺他的妻子阎氏是酒妓出身,要饱以老拳。逢吉上马逃走,弘肇索剑追去,杨邠怕有意外,亦策马赶上,亲自将弘肇送回家里。[6] 三位文武重臣及其随从在大街上放马追奔,自传闻一时,连娼妻都成为话本要角。[7]

此事竟成为最后一根稻草,"自是将相不协,如水火矣",且不肯接受隐帝的调停。[8] 可怕的是,苏逢吉有意排挤,并借刀杀人。他知道李

———————————

[1]《旧五代史新辑会证》卷 107,3232 页。

[2]《旧五代史新辑会证》卷 107,3232、3234、3236 页。

[3]《资治通鉴》卷 288,9408 页。

[4] 金滢坤:《中晚唐五代科举与社会变迁》,北京:人民出版社,2009 年。

[5]《旧五代史新辑会证》卷 107,3236—3237 页;《资治通鉴》卷 288,9408 页。

[6]《旧五代史新辑会证》卷 107,3235 页;《资治通鉴》卷 289,9424 页。

[7] 李芸:《史弘肇故事的文本演变与文化分析》,《天中学刊》31.4(2016),23—27 页。

[8]《旧五代史新辑会证》卷 107,3235 页;《资治通鉴》卷 289,9424 页。

业等人与弘肇和杨邠交恶,"每见业等,即微以言激怒之"。[1] 约七个月后,隐帝与李业等人发动政变夺权,诛杀杨邠、王章、弘肇及郭威一家。郭威因出镇在外,逃过一劫,苏逢吉则得以兼知枢密使,故正史说他是政变之"同谋",[2] 小说也以奸诈称之,[3] 可充分看到五代文人心毒手狠的一面。

一夕之间,四名位极人臣的文武官员被满门抄斩,还有被牵连的多位大臣。最重要的死亡名单之中,杨邠有一子是右卫将军,王章有一侄是右领卫将军,可见家族之中兼仕文武。[4] 张秉对上司的下场有何感受,难以考究,也许深自戒惧。一年之中,先在街上忿争追逐,如今皆死人手。文武相争的结果,竟是两败俱伤。

郭威杀回京城,隐帝为部下所弑,苏逢吉亦自尽,后被枭首于市廛。[5] 未几,郭威被部下黄袍加身,成为后周太祖,追封弘肇为郑王,官为立碑,且善待他的下属。[6] 张秉随队到储君宫中驻守,职位不详,前后三年,占了上表最少的篇幅,似无大功可言。

世宗继位,励精图治,兼顾武功与吏治,与太祖同被誉为五代最能改革的皇帝。[7] 四十二岁的张秉"起家"为东头供奉官。这是第一份见诸墓志的官职,是基层使职,属于三班,其下有殿直和承旨两级,或属从龙得来的优遇。因史料所限,难以重建五代的官制,若参以宋代,则三班之上有东班约二十使、西班约二十使和横班约六使,合称"诸司",

[1] 《旧五代史新辑会证》卷 108,3266 页。李业与杨邠和史弘肇不和,见同书卷 107,3240 页;《资治通鉴》卷 289,9430 页。

[2] 《旧五代史新辑会证》卷 103,3188 页。

[3] 李芸:《史弘肇故事的文本演变与文化分析》。

[4] 《旧五代史新辑会证》卷 103,3178 页。

[5] 《旧五代史新辑会证》卷 103,3184、3188 页。

[6] 《旧五代史新辑会证》卷 107,3236 页;《宋史》卷 257,8952 页。

[7] 陶懋炳:《五代史略》,北京:人民出版社,1985 年,294—349 页。

泛称"内使"或"内职"（专指诸司使、副），是皇帝之近侍。[1] 供奉的主要工作是在禁中侍候皇帝，非常需要忠心，有时或会耳闻秘事，便需要守口如瓶，故谓"班居近侍，地处深严，忠贞但厉于赤心，慎密肯言于温树"，表扬他的称职。值得注意的是，整份墓志甚少提到节操，直接可见的只有"义勇""忠贞""慎密""果毅"，铭文几乎不提。

世宗亲征北汉，张秉有幸随军。高平一役，先败后胜，世宗怒斩六十多位不称职的将领，可见战况之凶险。张秉转充虎捷指挥使，是太祖整顿禁军时所置，属侍卫亲军之步军，[2] 可见张秉应有一定的武艺和功劳，但亦离开皇帝，转至各地屯戍。对此期间的功绩，墓志只有"果毅有余"四个字，但从"擢授"内弓箭库副使来看，应有不少功劳，因为不但从军职调回内职，而且位列东班大约第八位，不久便授第七位之弓箭库使和第五位之军器库使，差四级便可外任刺史等地方首长。除非例外，以世宗之严格，不会滥授官爵。在六年之间扶摇直上，四十八岁的张秉可谓得意，志文约 63 字，位居第三。另一位在高平之役立下大功的供奉官是潘美，是赵匡胤的心腹，后来与张秉和太宗联姻。[3]

赵匡胤黄袍加身成为宋太祖，张秉外调为地方巡检和监军，其中澶泉一地还接近他的原籍澶州。在 48 至 53 岁约五年之间，"一授闲厩使，次授尚食使，又转迁内酒坊使"，究竟是升是降？闲厩使在东班约第四位，尚食使约第三位，自然是升，但据学人研究，内酒坊使是第十八位，[4] 一下子降了十五级。此职不但出现在志文，也出在墓志首题，是张秉最高的使职，应非误植。它让张秉有资格权充约三品的郡守（知州），加上相应的文散官银青光禄大夫也是从三品，故内酒坊使应介于东

［1］ 赵雨乐：《唐宋变革期军政制度史研究（一）——三班官制之演变》，台北：文史哲出版社，1993 年，80—81、83、84、88—89 页；赵雨乐：《唐宋变革期之军政制度——官僚机构与第级之构成》，台北：文史哲出版社，1994 年，172、175 页。

［2］《资治通鉴》卷 290，9466、9565 页。

［3］《宋史》卷 285，8990 页。

［4］ 赵雨乐：《唐宋变革期军政制度史研究（一）——三班官制之演变》，84 页。用全文检索，闲厩使、副使在《旧五代史》出现尚多，不赘。

班首位之皇城使与第三位尚食使之间，差一两级才能外放郡守，故只能权充。无论如何，张秉凭军功达到一生最高的品阶，此后再没有上升。

太祖有一句评论武人的名言，或适用于张秉。开国之后三年（962），太祖"谓侍臣曰：'朕欲武臣尽读书以通治道，何如？'左右不知所对"。[1] 由于缺乏文本脉络，学人多解读为太祖批评武人不知书，乃不懂吏治和忠贞等品德，[2] 但似乎亦可以读作马上得天下的后一句：武人多读书便可治天下，是对允文允武的期待，而张秉雀屏中选，被派到西蜀善后，随即转入吏治之途。

乾德三年（965），宋人只花了六十多天便平复四川，却因安顿无方，已投降的蜀军和百姓纷纷起事。此时派去平乱的将领，必须懂得安抚人心，绝不能火上浇油。张秉以内酒坊使"领马步兵士"，主要的工作应是军务，但接着所述两事，却是半军半民，合计157字，竟占了单一职任的最多篇幅，应是非常得意的事功。第一事的重点说得很清楚是安抚：从乾渠至利州七百余里之间，"往来安抚"，结果对人民能够"士庶略无于搔动"，于军事能够"兼降下二十余寨"，看似不战而屈人。第二事的重点应是加强四川的联外交通：志文先以49字描写蜀道之难，然后以53字赞美张秉以热胀冷缩之原理粉碎大石，"非劳畚锸之用"，然后修筑栈道（有谓至今犹存），化险阻为通道，方便蜀民"朝天"。如此智、勇、忠三全，加上以百姓为念，埋下文治之伏笔。

接着的差遣便是留在当地，权知利州，成为所谓高层文官。如上所

---

[1] 《宋史》卷1，11页。《续资治通鉴长编》（卷3，62页）："上谓近臣曰：'今之武臣欲尽令读书，贵知为治之道。'近臣皆莫对。"注云："史臣李沆等曰：'昔光武中兴，不责功臣以吏事，及天下已定，数引公卿郎将讲论经义，夜分乃罢。盖创业致治，自有次第。今太祖欲令武臣读书，可谓有意于治矣。近臣不能引以为对，识者非之。'"治道即吏事或吏治的例子，见《旧五代史新辑会证》（卷98，1301—1302页）："自梁、唐已来，藩侯郡牧，多以勋授，不明治道，例为左右群小惑乱，卖官鬻狱，割剥蒸民，率有贪猥之名，其实贿赂半归于下"；《新五代史》卷51，583页；《册府元龟》卷820，9547页。

[2] 邓小南：《道向的确立——兼谈宋初"欲武臣读书"与"用读书人"》，朱瑞熙、王曾瑜、蔡东洲主编《宋史研究论文集》11，成都：巴蜀书社，2006年，61—91页。

述，这是超授，原因应是安抚士庶确有功效，这对新征服之地非常重要。志文清楚指出利州是"军州"，军事性质较浓，较适合武人出任，但无一字提及武功，只大谈吏治，约有55字，最醒目的应是"君子之风"，是孔子称许的治道，可惜并无实例。

下一任是权知扬州，也属新征服之地，是后周世宗从南唐取得（957），性质也是军，不过由"州"变为"府"，且是"隋朝旧国，江左雄藩"，也算一种升级。张秉至少任职两年，于年近六十时因病请辞，返京不久便去世。重要的事功约有105字，是次多的篇幅，开口便说"苟非当代名人，孰委皇家利柄"，毫不讳言以"财利"为重，共有三类：一是商务，"起榷货务千余间，以备商贾之贸"；二是水陆交通，"修桥道十余所，以通舟车之便"，既可方便百姓，也可畅通物流；三是漕运，"凿陈公塘，开怀子河，以益漕运之利"，两事都相当具体有证，屡见于后世史书。[1] 不过，跟知利州一样，无一字提及武功如捕盗之类。事实上，将利州和扬州的治绩，比对序言提到的西魏苏绰六条，张秉在先治心、敦教化、尽地利、擢贤良、恤狱讼和均赋役之中，只做到尽地利一项，可见志文专谈财利，并不一定是题中应有之义，而是选择性的重点。

令人好奇的是张秉从何学得吏治？父亲从军人起身，地位始终不高，假如张秉真的是投笔从戎，那表示基层军人家庭也会投资文事，或有志于吏治。可以肯定的是，跟史弘肇一样，张秉让儿子习文。长子昭允一方面在沙场建立战功，另一方面"喜笔札，习射，晓音律"，[2] 替父亲的墓志书丹，铁画银钩，足以在一流的博物馆展示，同时呈现武家父子两代之武功、吏治和文墨，可谓一举三得。昭允和弟弟昭易（949—978）都以父荫取得入仕的资格，本来都是文官，哥哥曾试秘书省校书郎，弟弟曾摄理一州通判，似乎张秉有意让儿子都走文官之路，只因哥哥娶了

---

[1] 对陈公塘和怀子河较为详细的记载大都始自宋代，后世屡有修复，用电子全文检索便可，不赘。

[2] 《宋史》卷279，9474—9475 页。

大将潘美之女，又与皇室发生姻属关系，才先后转任武官。一家之中，父子文武俱仕，可以想见其家庭教育是兼习文武，其交游圈也应包括儒生和武人，有助于文武交流，而张秉可在其中结识文士以至聘用为幕员，也能借重幕下原有的文吏帮助吏治。墓志撰者宋玄庆就可能是张秉喜欢或有意提拔的一位文人，因为以张家之身份地位，加上是皇帝下令改葬（978），实不难找到名公巨卿执笔，何至于找区区一位乡贡进士？开宝六年（973）的进士名单中也有一位宋玄庆，不知是否同一人。[1]

结论

张秉起自军功，终于刺史，既兼仕文武，也被墓志赞扬能够兼治文武，引起的疑问有二：一是允文允武和忠孝节义等"善"事是否墓志题中应有之义，不能当真？二是假如武人真是能文，那应如何理解五代的"重武轻文"？

（一）题中应有之义

墓志称赞武人能文，乍看是"允文允武"的陈腔滥调，但若在篇幅上和内容上都呈现文胜于武，就很难说是理想当然（idealized）或格套（stereotyped）了。先看文章布局。张秉墓志跟今天的论文一样，在序言和结论交代重点，而两处的篇幅都是文多于武，尤其是铭文，民事凡28字，远多于武事6字。就全篇统计，说武约226字，谈文约160字；半军半民约157字，其中102字是民事；合计之后，两者平分秋色，很难说能文只是附庸并不重要。

再看内容。首先，并非凡事都言允文允武，例如在利州和扬州任上，仅有文而无武，连捕盗都不见。其次，单言允文时，有两种情况：一是

---

[1] 龚贤明、祖慧编撰，傅璇琮主编：《宋登科记考》，南京：江苏教育出版社，2009年，9页。

泛泛而论，如在利州任上，我们可以大胆推论张秉并无重要功绩；二是选择性地突出重点，如在扬州任上，墓志不讳言其注重"利柄"，如发展商业、交通和漕运，不及其他。再次，有实例作为支撑，如在蜀时修筑栈道加强联外交通，其碎石过程被详细记下，扬州谋利之踪迹亦遗留后世。最后，张秉让二子荫补文官，更非题中应有之义所能解释。

读墓志不能只看有的，应兼看没有的，有两种情况：一是隐恶所以不提，二是虽有提到，但非十项全能。一如允文之只记财利，没有苏绰之六条兼具，允武亦只记张秉随君作战，几无独立战功，也无提到善于兵法谋略，可见墓志并无夸大扬善。再如品德，所提到的"义勇"、"忠贞"、"慎密"、"勤劳"和"果毅"等，均是针对职守而发，没有推及大义名分等似乎与张秉当时身份不大相称之事，铭文几乎不提。全篇更无"孝"字，显非题中应有之义。

类似诚实或言应有据的作风其实随处可见，如罕言家世，不记曾祖父母和祖母，不记父亲之职位与事功，坦言"母以子贵"而非妻凭夫贵，亦不记张秉初仕之职位与事功等，均反映撰志者相当审慎，或因资料有限而不妄书美化，或因诸人当时人微位轻而不提，读者只能心领神会其尽在不言之中。无论如何，读墓志必须掌握重点，不要误中副车，更不要把虚实相混。

（二）文武关系

有谓五代重武轻文，但张秉从上司身上，可能看到文武合则两利而致治，相争则两败而生乱。如史弘肇起自田家，被征召入伍，凭军功位至使相，堪作武人模范，却因文武不和，在政争中身死族灭。

武人要打入文人圈子固然不容易，从本人不谙酒令到妻子出身卑贱，都是大小不等的障碍，但亦有若干因素可促使武人修文或文武合作。较为客观或外在的因素有六：有时是时势需要，如新征服之地和以军事为重的州县等，最好由能文之武人治理，兼行威与恩。有时是帝王同时重视文治和武功，或期待武人读书以通治道。有时是为了有利仕进，如兼习文武可以多元发展，故文人家族亦有成员出任武职，当有利交流。治理之际，有时是实务经验与书本知识相通，如起自田间的武人亦能爱护百姓，严禁军士扰民，不下于来自书斋的文人。有时是理念相同，如乱极思治，文武皆然，非独文人才有。又如双方都喜以严刑峻法达到不同的目的，也会引起不安，非独武人使然。有时是利害相依，如文人靠武人作战保护身家性命，而武人靠文人筹措军费。即使是作恶，文武有时亦无两样，如争权夺利之时，文人苏逢吉心毒手狠，看着政敌被满门抄斩，哪分文武。又如军士与文吏同流合污，两者都是五代紊乱之源。

较为主观或个人的因素有五。第一，张秉之军事天赋似乎平平，难立大功。第二，军旅生涯毕竟危险，如高平之役，亲身经历战况之危急和多名将领因不尽命而就戮。第三，家庭本属基层，较知民间疾苦，而吏治可直接加惠于人。第四，张秉"初投班笔，始事辕门"，似乎本来就有习文，可以从事吏治。第五，张秉约37岁生下第二子昭易，此后再无新子，除了生育率和死亡率的因素，少子也许跟军旅生涯有关。

要言之，五代并未一概轻文，如后汉隐帝时的四位顾命大臣就是二文二武，高层武人和文人同受重视和掌握权力。惟需注意，受重视的文人多是"文吏型"而非"文礼型"，后者有时同时受到武人和文吏型文人的轻视。所以，学人讨论重文轻武或重武轻文时，要明确指出轻些什么，重些什么，不要模糊。

（执笔者：林思吟、聂雯）

（指导者：柳立言）

参考资料：

一、墓志碑文

1. 宋玄庆：《大宋故内酒坊使银青光禄大夫检校吏部尚书兼御史大夫上柱

国权知扬州军府事张府君墓志铭并序》，曾枣庄编《宋代传状碑志集成》卷189，2876—2877页。

2. 宋玄庆：《大宋故内酒坊使银青光禄大夫检校吏部尚书兼御史大夫上柱国权知扬州军府事张府君墓志铭并序》，傅斯年图书馆藏拓片（16855-1、16855-2）。

3. 宋玄庆撰，刁忠民点校：《大宋故内酒坊使银青光禄大夫检校吏部尚书兼御史大夫上柱国权知扬州军府事张府君墓志铭并序》，曾枣庄、刘琳编《全宋文》卷61，435—437页。

4. 宋玄庆撰，孟淑慧注释：《大宋故内酒坊使银青光禄大夫检校吏部尚书兼御史大夫上柱国权知扬州军府事张府君墓志铭并序》，宋代史料研读会报告，2001.5.12。

二、其他资料

5. 王钦若等撰，周勋初等校订：《册府元龟》。

6. 司马光等撰，标点资治通鉴小组点校：《资治通鉴》。

7. 李芸：《史弘肇故事的文本演变与文化分析》，《天中学刊》31.4（2016），23—27页。

8. 李焘撰，上海师范大学古籍整理研究所、华东师范大学古籍研究所点校：《续资治通鉴长编》。

9. 金滢坤：《中晚唐五代科举与社会变迁》，北京：人民出版社，2009年。

10. 陈尚君：《旧五代史新辑会证》。

11. 脱脱等撰，中华书局点校：《宋史》。

12. 陶懋炳：《五代史略》，北京：人民出版社，1985年。

13. 赵雨乐：《唐宋变革期之军政制度——官僚机构与第级之编成》，台北：文史哲出版社，1994年。

14. 赵雨乐：《唐宋变革期军政制度史研究（一）——三班官制之演变》，台北：文史哲出版社，1993年。

15. 欧阳修撰，徐无党注，华东师范大学等点校:《新五代史》。

16. 邓小南:《道向的确立——兼谈宋初"欲武臣读书"与"用读书人"》，朱瑞熙、王曾瑜、蔡东洲主编《宋史研究论文集》11（成都：巴蜀书社，2006 年），61—91 页。

17. 严耕望:《唐代方镇使府僚佐考》，收入严耕望《唐史研究丛稿》(香港：新亚研究所，1969 年），177—236 页。

18. 龚延明、祖慧编撰，傅璇琮主编:《宋登科记考》，南京：江苏教育出版社，2009 年。

第二编

武人之文事与武功

学界多认为五代是战乱频繁、民不聊生的时代，其中致乱的主要根源，就是武夫悍将横行。这群武人残虐无文，道德败坏，不仅掌握军权，往往也临民治事，导致五代的黑暗。然而这类偏向一般性的印象式描述，是否真的是五代武人的实相？我们认为，论点应建立于论据之上，要评断五代武人的是非功过，自应从他们的具体事迹入手；且任何人物的一生，通常都有多面向的表现，即便在其中一个面向失手，未必表示此人在其他面向必然都会失败。五代武人自亦如此，因此我们需要观察武人在各种面向的具体表现，才能对他们在历史上的综合表现有比较客观的认识，做出较公允的历史评价。我们从墓志出发，将其中有关武人事迹表现的各种信息分门别类，观察武人在各种不同领域的实际表现，其中除本为武人主要舞台的军事表现外，也包括武人之文事，同时进一步具体分析他们在文武二事中的表现类别，武事如攻、守、后勤，文事如财政、司法、吏治、民事，观察他们究竟在何事得手，又在何事失手。应当留意，研究者不应预设武人必然不懂文事，因为文事武功二者没有理由不能并存。

　　除了武人的事迹，也应对其品德与信仰进行相同的检视。因此我们同样对他们这两方面的相关表现分门别类，检视哪些类别的品德与信仰行为在武人身上较为普遍，以及武人的表现与文人是否有明显差异。由于墓志的撰者均为文人，难免会将文人价值观套用在武人身上，然亦可由此观察，在文人的眼中，武人的品德表现是否符合儒家之标准。

吏治与武功：鱼与熊掌？

四世武官以刀笔久任

（锺公）

柳立言

后梁武官前节度押衙兼充后博使并主马务锺某墓志铭

一、基本资料

1. **性质**	墓志
2. **题名**	新题：后梁武官前节度押衙兼充后博使并主马务锺某墓志铭 首题：大梁故会稽郡锺公墓志铭□□〔盖〕
3. **时间**	死亡、下葬或立石时间 死亡：后梁开平五年（911） 下葬：后梁开平五年（911）四月十九日
4. **地点**	死亡、下葬或立石地点 死亡：偃师县（河南洛阳）洛□乡□□□□□庄 下葬：（河南洛阳）东北邙山之下
5. **人物**	
墓主	锺□（843—911）
撰者	不详
6. **关键词**	社会流动、家庭或家族、墓志笔法与史学方法

（责任者：张庭瑀）

二、释文

大梁故会稽郡锺公墓志铭□□〔盖〕

　　夫锺公者，越国滁州人也，名□。
祖讳□，守本州都押衙。
父讳□，亦守本州都押衙；咸通六载，年□十，奄至苍卒，终于本郡金
华里，葬于北李山。
（以上是原籍、父祖两代及先坟，54 字。）

　　当亡之日，公年廿有三，后因大国丧乱，遂抛故邑，亦逐军于他地，
亦效力于干戈。
初投梁主之日，仰沐□留，特补节度押衙兼充后博使，主务一十三年。
至龙纪元年，质旧务同前，□令□□□□，并主马务，加银青光禄大夫
检校国子祭酒□〔兼〕御史大夫上柱国。
至□□□，□□□登其重课，未尝敢□□□之心；
　　后以□〔丁〕忧□□□，□□王□□心之恩。
（以上是迁徙及任职，似乎丁忧是一转折，133 字。）

　　□望延其遐算，欲报重恩；
何□□□□□，□□□甚。
请名医而无愈，岂神祇之不佑；
虽服五色之□，其□□〔验〕不十全。
枕夕□□〔系经〕服□，忽谢于风烛。
当□之□□□辛未□□月□□〔生〕明，享年六十有九，终于偃师县洛
□乡□□□□□庄。至四月十九日，葬于□东北邙山之下。县□洛阳，

□名□部。

（以上是死亡与丧葬，112字。）

　　公有弟一人，名景玄，先公而殁；有妹一人，适□氏。

公□□□高氏之女，生育四子：

女子□人，适程氏。

长男知□，□今□□□东北安茔之东南地□□□。

次曰知进，□□之日□□□〔土〕主□兵马使。公逝之后，□□□□□□。

次曰知仁，公□□□□□□

（以上是弟妹、妻及子女婿，96字。）

　　□□历其出身□□，□其入□之门，略叙志铭，而为□□：

　　□□□□，□泉□氏。惟公□□，有□时佐，□□主人，年为所□□……□□事君，长存忠孝，体□□□，大夜忽□□……□□，德令后嗣，子孙知□□……□□。

（以上是撰志由来及铭文，难算字数。）

　　□〔孙〕男四人：□□……□□；孙女一人，名小哥，□□……□□

（以上是孙辈，难算字数。）

太原□□……□□

（以上似为撰者自识。）

（责任者：张庭珮）

（指导者：山口智哉、李宗翰、陈韵如、刘祥光）

三、个案研究

墓志首题"大梁故会稽郡锺公墓志铭□盖",有两点可以注意:一是越州会稽乃墓主锺氏(843—911)祖籍和先坟所在,但墓主最后死于和葬于河南洛阳,没有归葬。二是不见一官半职,宛若平民,其实墓主一家四代均为武官,在唐末五代的乱世之中,一度流离失所,经由墓主复兴,次子继承,得以维持统治阶级中层至中下层的地位。所引起的议题,自是社会流动与武人家庭的一些特色。

墓志撰者不详,似乎是太原籍人,从"□□(某某)历其出身□□,□其入□之门,略叙志铭"来看,似乎是墓主旧识,相关信息又多涉客观史实不含价值判断,或当可信。

墓主祖父和父亲先后担任家乡滁州(安徽滁州)的都押衙,看来属于衙兵系统的父子相承,是职业军人。都押衙位于都兵马使和都虞候之间,合称"三都",是藩镇或州长官属下最重要的军职。兵马使之主要职责在治兵及作战,押衙在亲从及禁卫,虞候在整饬军纪及刺探奸宄:一司外,一卫内,一督察,实为一府军政之所寄,多由心腹出任。[1] 锺家可能在出任之前已是旧有的地方有力人士,或在出任之后成为新兴者。

无论新旧,地方势力因战争而此起彼落。墓主在父亲去世时(865)已二十三岁,未见官职,可能不高。王黄起事(874兴—880长安称帝—884亡),唐朝大乱,滁州陷落,墓主、母亲和弟妹拜别先茔,离开了家族根据地。作为长子和主要继承人,墓主如何再兴?

主要凭着两个条件。首先是军人家庭的背景,墓主"亦逐军于他地,亦效力于干戈",得到建功立业的机会。其次是刀笔之才,主要是能够理财。墓主一生较重要的官职有二:第一份是"初投梁主之日,仰沐□留,特补节度押衙兼充后博使,主务一十三年,至龙纪元年"。从唐昭宗龙纪

---

[1] 严耕望:《唐代方镇使府僚佐考》。

元年即889年反推十三年是877年，那位"梁主"朱温当时是黄巢的手下大将，故墓主其实是先行投靠叛军，担任博易之类的财务工作。朱温于882年降唐成为节度使，让墓主得授节度押衙，仍然负责博易等事，前后合计十三年之久，应是基于墓主的实际表现。第二份官职是从龙纪元年开始，"质旧务同前，□令□□□□，并主马务。……至□□□，□□□登其重课"，一直到丁母忧或于911年去世为止，如是后者，前后约二十三年，仍是以博易为主，加上马政，其职责不详，可能包括收购马匹等。其间墓主表现不俗，如达到重课的额度等，虽然在实职上没有上升至父祖都押衙的层级，始终是中至中下层武官，但其散官达至从三品的银青光禄大夫，勋官达至顶端视同正二品的上柱国，也足以光宗耀祖了。如从877年起算，锺氏主要靠刀笔吏才，懂得商帐和理财，任官可能长达三十多年。他的次子位至兵马使，如以武功为主，则一家之中，兼习吏事与武功，这也许就是锺家能够经历大唐、大齐、后梁三朝之乱世，由离散转徙得以东山再起的重要原因。

铭文提到"长存忠孝"，忠的对象恐怕只能算朱温政权，并随它的移忠而移忠，例如一度称臣于大齐和大唐，后来背而叛之，自建后梁。墓主跟成千上万的中下层文臣一样，没有选择退仕以明志。孝应包括"后以丁忧□□□，□□王□□心之恩"和"□望延其遐算，欲报重恩"，可能有解官持服（反映在墓志首题之没有官职），符合儒家之伦理和礼制，不输于文人。

慎终追远亦应是文武的共同价值观。锺氏原籍越国滁州（安徽滁州），至少上两代在此任官和下葬，其坟地堪称祖茔。锺氏二十三岁举家迁徙，日后之居官地不详，但似于洛阳定居。母亲去世，葬地不详，或有意归葬而锺氏无以回报。不久之后，可能因丧母过于悲痛而病倒，药石无灵，锺氏于洛阳"偃师县洛□乡□□□□□庄"去世，葬于"东北邙山之下。县□洛阳，□名□部"，可谓居于斯葬于斯。锺氏享年六十九，上距离家约三十四年（约877—911），与居乡岁月相匹（843—约

877），实可视洛阳为第二故乡；含本人一共三代，大抵子孙两代已不识滁州为何地了，而墓志首题仍作"会稽郡锺公"，似有归根之意。

家族要维持统治阶级的地位，除了上述之才能外，往往靠恩荫和资财，而锺家似遇危机。墓主没有替父母和妻子等人赢得封赠（附表），三子之中二子似无官职，或反映墓主恩荫能力之不足。锺家似有资财，一是为官多年，似无间断；二是墓主死后能够迅速安葬，似乎生前已有余力经营墓地。然而，资产常因人口和分家而无以为继。锺家人口众多，墓主一代共兄妹三人，本人一女三子共四人，孙辈五人，合共十二人，尚未计入子侄辈的配偶，可说食指浩繁。根据法律，父母任何一方在世，子女不得主动提出别籍异财；当锺母在世时，锺家大抵仍是同居共财。母亲去世后，墓主兄弟两房可以割籍分财，墓主又去世，诸子亦得分家，可能发生的情况是一家数分。墓主一房分为三家：长子一家，因长子先逝，葬在墓主坟地东南，其家庭可能主要由寡妻和子女构成；如无子，可能要立继。次子一家，次子是兵马使，地位最高。三子一家，三子似无官职。墓主之弟一房，弟已去世，如无后，可能要立继，如有诸子，可能分家如墓主的情况。一个中层武官之家如是数分，某些成员难免向下流动。铭文说"子孙知……"，也许是提醒子孙三十多年前的家族流离史，希望他们团结一致吧，这也应是文人与武人的共同价值观。

全志似不言郡望，有别于同一层级的国礦（见本册《数世聚居兼仕文武》）。锺姓之传统郡望主要是颍川（河南）和竟陵（湖北），并非滁州（安徽）。妹婿和女婿只有姓氏而无地望；唯一有可能的是锺氏之妻，"公□□□高氏之女"可读作公娶某地或某官高氏之女，惜阙文难辨。除次子有官职外，两婿不记出身和官职，未知是否平民或文人；长子和三子似无官职；墓主之父母和妻子并无封赠。综合来看，锺氏目前诚属一般中下层官员之婚姻及任官情况。

志文合乎格套而不无奇异之处，除了墓志首题不记官位和称呼当今皇上为"梁主"之外，只记上两代，没有曾祖，墓主亦有名无字。女性记妻、妹、女而不记祖母及母亲，记孙女而不记媳妇，也全然不见妇女的内事与外事。此外，孙男和孙女的数目和名字出现在铭文之后，亦属少见。

要之，墓主父祖两代均属大唐王朝的高中层地方武官，墓主一代因战乱颠沛流离，凭着武人的家庭背景和刀笔吏才，再次兴家，以押衙之武职而兼任财务，前后可能长达三十多年。墓主去世时，次子是兵马使，职在治兵及作战，反映一家之中，兼习吏事与武功，武人家庭并非如想象中的只武不文。

五代武人之道德常遭诟病，但应如何评估始为公允？墓主前后移忠四次，历事三朝：先世仕唐，本人却加入黄巢叛军，目睹或耳闻他进入长安大杀李唐宗室。墓主始终尽忠于朱温政权，其间应知他反叛大齐，称臣于唐，最后篡唐建梁，但好官我自为之。不过，同一阶层之文官，能洁身退仕者又有几人？今日认为政务官或应随政权之转移而进退，而事务官应保持中立，或可以此评论五代官员。

尽忠不易，实践家庭伦理则不难。墓主孝母，为之解官持服，又闻说在守丧期间，因悲伤过度，药石罔效，去世时还系着麻带子。墓主又慎终追远，他重建家园，去世时已离家至少三十四年，有子有孙，又葬于洛阳，堪作始迁之祖，但仍以故乡作为墓志首题。对传统家族主义之服膺，武人与文人何异？

（执笔者：柳立言）

（指导者：李宗翰）

附表：锤氏大事记

人物	封赠或地望等	官职等	工作性质	葬地
曾祖、母（不记）				
祖讳□	越国滁州	守本州（淮南滁州）都押衙	武职	
祖母（不记）				
父讳□（？—865）	越国滁州	亦守本州都押衙	武职	终于本郡（淮南滁州）金华里，葬于北李山
母（不记）				
墓主锤公（843—911）	越国滁州	后因大国丧乱，遂抛故邑，亦逐军于他地，亦效力于干戈（按：874年王黄起事，880年占领长安建立大齐）	武功？	
约877—889，约35至47岁	越国滁州	初投梁主之日，仰沐□留，特补节度押衙兼充后博使，主务一十三年（按：朱温原是黄巢部下，882年降唐为节度使，884年黄巢覆亡）	武职、财务	
889（唐昭宗即位），约47岁	越国滁州	至龙纪元年，质旧务同前，……并主马务	财务：登其重课	

人物	封赠或地望等	官职等	工作性质	葬地
911 前，约 68 岁前	会稽郡	同上，或曾丁忧解官	同上	病逝于洛阳偃师县，同年四月葬于洛阳县东北邙山之下
妻：公 □□□ 高氏之女	不知"□□高氏"是地望还是官位			
女子 □ 人，适程氏	不见			
长男知□	不见			葬于东北安茔之东南地
次曰知进	不见	兵马使	武职	
次曰知仁	不见	不详		
孙男四人，孙女一人	不见			
弟景玄	不见			先墓主而殁
妹 一 人，适 □氏	不见			

参考资料

一、墓志碑文

1. 不著人：《会稽锺公墓志》，陆增祥《八琼室金石补正》，国家图书馆善本金石组编《隋唐五代石刻文献全编》1，605 页。

2. 不著人：《大梁故会稽郡锺公墓志铭□□〔盖〕》，傅斯年图书馆藏拓片（19869）。

3. 不著人撰，周阿根点校:《锺公墓志》,周阿根《五代墓志汇考》,27—
   29 页。

4. 不著人撰，章红梅点校:《锺公墓志》,章红梅《五代石刻校注》,26—
   28 页。

二、其他资料

5. 严耕望:《唐代方镇使府僚佐考》,收入严耕望《唐史研究丛稿》,177—
   236 页。

六代婚宦书与剑

（萧符、萧处仁）

吴荞安、林明、林思吟、张仲元、张庭瑀、杨景尧

后周武官前锋兵马都监萧处仁及其妻张氏张氏张氏合葬墓志铭并序

一、基本资料

1. 性质	墓志
2. 题名	新题：后周武官前锋兵马都监萧处仁及其妻张氏张氏张氏合葬墓志铭并序 首题：大周故光禄大夫检校司徒行右金吾卫将军兼御史大夫上柱国兰陵县开国男食邑三百户赠汉州防御使萧公墓志铭并序
3. 时间	死亡、下葬或立石时间 死亡：后周显德三年（956）二月八日 下葬：后周显德三年（956）七月二十四日
4. 地点	死亡、下葬或立石地点 死亡：滁州（安徽滁州） 下葬：河南县（河南洛阳）平乐乡乐善里之原
5. 人物	
墓主	萧处仁（903—956）
合葬或祔葬者	妻（清河张氏、清河张氏、清河张氏）
撰者	从侄后周文人乡贡进士萧士明
书丹者	后周文人乡贡进士石惟忠

6. 关键词	社会流动、文武交流、业绩、品德、婚姻、家庭或家族、墓志笔法与史学方法

（责任者：林明）

二、释文

大周故光禄大夫检校司徒行右金吾卫将军兼御史大夫上柱国兰陵县开国男食邑三百户赠汉州防御使萧公墓志铭并序

从侄前乡贡进士士明撰

公讳处仁，字正己，兰陵人也。因封锡姓，先君袭庆于殷商；继别为宗，相国世家于关辅。然乃王公迭贵，百代何知，氏族居高，万民所望。枝叶芳于史谍，轩冕焕乎人伦，则为时之备详，故斯文之可略也。

（以上是序，述萧氏之先，76 字。）

曾祖讳濬，唐饶州刺史。

祖讳元，苏州别驾。

父讳符，历仕唐、梁二朝，自河北道招讨判官累迁右威卫大将军、□〔左〕藏库使，因家于洛阳，终于所任，赠右金吾卫上将军。母琅琊王氏，累赠本郡太君。有子八人，四男四女，咸縻好爵，各适名家。

（以上是家属，上下共五代，但不记曾祖母和祖母，89 字。）

公即执金之第四子也。幼而孝悌，长而廉贞，立姓端庄，执心果毅，尤便弓马，雅好诗书。十七荫千牛备身，二十授四门博士，复选沁水主簿，后除通事舍人。

（以上是后唐时之仕宦，约十七至三十四岁，兼仕文武，59 字。）

至晋祚始构，皇图未安，洛下兴妖，邺中连祸。公监临讨伐，次第荡平，转西上閤门副使。

其后安陆畔援，常山俶扰，公又承前监护，刻日扫除，转东上閤门使。

次又复收襄阳，转四方馆主兼卫尉少卿。

后以疆场未宁，猃狁多故，公监临步骑，固护边陲，至于太原，出于大漠，东西千里，首尾十年，累转官阶，继有锡赉。

（以上是后晋时之功业，约三十四至四十四岁，以武功为主，118字。）

后除坊州刺史，下车而政治，不言而化成，吏伏其清通，民感其惠爱。及奉诏归阙，将整行轩，百姓遮留，不得去者旬日。公避其美名，迫于王命，单骑而出，乃得赴朝。其奉上牧民之效，有如此矣。

复授左武卫将军、检校司空。

（以上是后晋至后汉时之功业，约四十五至四十九岁，以吏治为主，84字。）

至我周太祖皇帝，加食邑，除泾州节度副使。

嗣皇帝诏还，授魏府节度副使。皆御众有术，举职不疑，尽佐治之方，得贰车之体。虽居藩翰，尚屈才能。诏还，授右金吾卫将军检校司徒。

俄以江表不庭，淮夷作梗，天子栉风沐雨，亲驭六军，命公为前锋兵马都监，用其能也。公感激忠勇，训齐师旅，骁骑所至，其锋莫当，自秋及春，继立劳绩。以圣上驻跸寿春，命公攻取滁州，铠马才临，江城莫守，遂入北郭，及于大逵。公以捕逐遗寇，为流矢所伤而没，即显德三年二月八日也，享年五十有四，哀动仕伍，悲感行路。

皇帝抚几兴悼，闻罄改容，念敌尽而云亡，叹功成而不见，赠汉州防御使，赙赗之数，加于常等，旌忠尽［荩］也。

（以上是后周时之功业，起自约四十九岁，至五十四岁死亡，吏治69字，武功164字。）

公三娶，夫人皆清河张氏，咸以蘋藻有仪，言容合度，懿行成于内则，箴训辑其家法，并先公而终。

二子，长曰守勋，怀州武陟簿。教禀义方，性合孝道，有求之恨，既类颜丁，如斩之情，复侔县子。

少曰守彬，先从公南行，执事左右，靡瞻何怙，罔极终天。虽卞盱之忠孝萃门，垂名死寇；念灌夫之勇果出众，有志仇吴。宣补西头供奉官，继功阀也。

一女，适襄州节度副使康长子怀正，婉娩有闻，贤淑播誉，丝枲承于姆教，肃雍著于妇德。

（以上是妻与子女，162字。）

於戏，以公之临事倜傥，接物温恭，孝行振于家门，义勇冠于军旅；卑以自牧，严而不猛；绝甘少分，得抚士之仁，仆表决漏，见监军之令；宜介景福，以保大勋，命也如何，彼苍莫问，惜哉。以其年七月二十四日奉神柩归葬于洛京河南县平乐乡乐善里之原，以三夫人祔焉，礼也。

（以上是总评及下葬，105字。）

士明以早预宗盟，得详履行，俾撰名实，所难让辞，盖取录其见闻，岂足征于纪述。亦在勋劳不朽，有殊冥寞之君；陵谷或迁，庶识忠良之宅。呜呼哀哉，乃作铭曰：

　　皇祖有庆，垂誉无极。代生人杰，世济令德。
　　载诞我公，邦之司直。累朝受宠，四方宣力。
　　仁孝作程，忠贞是则。不竞不絿，有严有翼。
　　见危致命，忘家利国。扈从平吴，为王前驱。
　　启行莫当，克敌如无。势同破竹，声若摧枯。
　　志取未毕，祸出不图。伤公奈何，哲人云殂。

念此在此，天乎命乎。我后念勋，惟家是恤。

恩录有后，赠逾常秩。封崇既加，礼命非一。

哀动行路，宠惊私室。死生有所，辉光无匹。

春辞兮南鄙，穸窆兮东周。

背邙兮面洛，一壑兮一丘。

有恨兮何平，有志兮何酬。

茫茫兮原野，惨惨兮松楸。

重壤兮永闭，九原兮谁游。

（以上是撰志理由及铭文，255 字。）

乡贡进士石惟忠书

（责任者：吴荞安、林明、林思吟、杨景尧）

（指导者：刘祥光）

三、个案研究

墓主萧处仁出自世家大族，自晚唐至五代末年凡一百数十年之间，至少六代为官，从未间断，不但没有向下流动，而且后代不输前代，多少违反了五代乱世汰旧换新的通识，似乎有所谓深层的稳定力量。用简单的话来说，何种条件可让旧族士人在混沌的新时代得以生存和腾达？又反映了五代统治阶级的什么特色？

（一）仕宦

萧家上三代都是唐朝的高层文官，高祖是彭州刺史，曾祖是饶州刺史，祖父是苏州别驾，约等于宋代的知州和通判，但事迹不详，只知落籍长安（陕西咸阳）。与祖父同辈有一位萧蘧，遍查电子全文数据库只有一人，于唐僖宗光启二年（886）为永乐县令、哀帝天祐二年（905）

为礼部主客郎中，在后唐明宗长兴三年（932）以太子宾客为户部尚书致仕，卒于后晋高祖天福三年（938）。[1] 他替下一辈的萧符撰写墓志时，自署"从叔朝请大夫守（门下省）左散骑常侍"，可知也是文官，又说自己"宗派无疏，情卷有异"，应是疏族远亲，甚至只是同宗而已。[2] 萧蘧的户部尚书是第十一级的检校官，朝请大夫是从五品上的文散官，只能服绯，而萧符的尚书右仆射是第八级，金紫光禄大夫是正三品，可以服紫，有很大的吸引力。无独有偶，替萧处仁撰墓志的萧士明自称从侄，其实是"宗盟"而已。无论如何，"宗派"和"宗盟"都表示有些五代士大夫仍在寻找世系，例如彼此都是系出数百年前的兰陵萧氏，希望至少重建谱牒上的关系。

下三代之中，父亲萧符只达至中层官员，但至少有一位儿子萧处仁位至刺史和殁赠防御使，稍胜上四代。萧处仁的墓志说萧符"历仕唐、梁二朝，自河北道招讨判官，累迁右威卫大将军、左藏库使，因家于洛阳，终于所任"。顾名思义，父亲是以地方中层文官发迹，后来回到中央担任武臣环卫，终于武臣诸司正使，似为西京左藏库使，故家于洛阳，卒于任上。以职务性质而论，分属军务与财政。对照萧符本人墓志所记的诸多官职，这几句话真是取精摘要，很有选择性地突出重点，读者不可错过。然而，萧处仁墓志虽然明白提到两位儿子的官职和品行，却完全没有提到父亲萧符另一种在性质上跟军务和财政十分不同的工作——文史和一项常被质疑的五代道德——忠贞，四者应就是旧族安身立命的重要条件。

萧符（859—922）于何时、何地和出仕于何人？他的墓志无意中泄露了一个秘密，说"府君自入仕，迄于季年，四十四载矣"，以此反推，

---

　　[1] 储大文：《山西通志》卷74，文渊阁四库全书本，68页；刘昫：《旧唐书》卷20下，北京：中华书局，1975年，803页；《旧五代史新辑会证》卷43，1405页；《旧五代史新辑会证》卷77，2370页。
　　[2] 见本篇末《附件一：后梁武官左藏库使萧符墓志铭》。

约在僖宗乾符五年（878）出仕。[1] 再过两年，黄巢进入长安，僖宗奔蜀。萧家四世仕唐，竟也变节，依附黄巢大将朱温。墓志也有交待，说"庚子岁（880），雄杰辅会，贤俊遭逢，认白水之真人，识紫云之异状"，天要变了，忠贞的对象岂能不变呢？幸好朱温两年后（882）降唐变为朱全忠，萧符也变回唐臣，"寻从太祖皇帝赴镇浚郊，特荷奖期，而继奉委遇，遂奏授银青光禄大夫、检校国子祭酒兼御史大夫，充马射两军判官"，一跃成为中层文官，也是方镇的重要幕员，承命处理各种业务。

据学人对判官的研究，"方镇（如节度、观察、采访、经略、招讨、营田、防御、各都留守等使）判官、财经系（如中央三司和海运、青苗、关内盐池等使）判官、皇朝特使（如山陵、粮料、宣慰等使）判官的共同点最多，地位也最高，多由有科名的士人或官历较深的官员出任。他们都属中层文官，年龄介乎三十五至四十五岁之间"，[2] 而萧符可谓特例。首先，墓志没有提到他的科名，大抵是荫补出身。其次，朱温于中和三年（883，约三十二岁）以宣武军节度使充河中行营副招讨使出镇汴州（河南开封），萧符才二十五岁，当然也谈不上官历较深。其三，与墓志首题相较，萧符新得的文散官是从三品的银青光禄大夫，较正三品的金紫光禄大夫只差一品，均可服紫，是最高级的章服，堪称特奖。那么，除了家世之外，萧符本人何德何能？

检索得到的资料几近于零，只有依赖墓志重建萧符的作为和成就，但要注意其可疑的地方。入目便有一处，志文说："爰遇太祖皇帝受禅，西幸洛阳，禁卫六师，千乘万骑，随驾勘给，尤难其人。既及神京，即授在京都粮料使。星纪六换，绩效明彰，乃授以河北都招讨判官兼行营

---

　　[1]　见本篇末《附件一：后梁武官左藏库使萧符墓志铭》。

　　[2]　赖瑞和：《唐代中层文官》，北京：中华书局，2011 年，446—447 页。参考严耕望《唐代方镇使府僚佐考》，187—194 页；石云涛《唐代幕府制度研究》（北京：中国社会科学出版社，2003 年），第五和六章；杜文玉《论唐五代藩镇使府内部的监察体制》（《文史哲》2014 年第 5 期，95—105 页）。

都粮料使，寒暑四载，奉诏追还。凤历岁，欲制置解县池场。"考诸正史，首先，从朱温于907年即位至朱友珪于913年改元凤历，中间只有六至七年，萧符不可能一任"星纪六换"和一任"寒暑四载"合计约十年。其次，朱温在开封即位，到909年才迁都洛阳。将两事合而观之，可推知所谓朱温"受禅，西幸洛阳"，似指904年昭宗被逼迁都洛阳，不久被弒，朱温率军至洛阳朝见嗣君，随即南征渡淮。[1] 如是，从904至913年刚好十年左右，"受禅"应解作"将受禅"。以此为准，将墓志所记萧符一生的功业和升迁列表如下：

表一：萧符（859—922）仕历一览

时间	地点	职事	性质	检校官（19级）
883，朱温赴镇汴州	河南开封（首府）	约25岁，马射两军判官	军务	国子祭酒（18）
884，黄巢败死	河南滑州	滑州都粮料使，约一年后召返开封	粮备	右散骑常侍（16）
	河南开封（首府）	诸军都指挥判官兼行营都粮料及赏设等使	军务、粮备	左散骑常侍（15）
朱温出征河朔		同上	军务、粮备	工部尚书（14）
朱温收克泽潞	山西泽潞两州	昭义（泽潞）都粮料使，检辖帑藏，约一年	粮备	刑部尚书（12）
886，唐襄帝于长安即位及被杀 888，僖宗自凤翔返回长安，旋崩，昭宗立 洛阳张存义附朱温	陕西长安（首都）	约28岁。宿卫判官	军务	
	河南洛阳	洛京都粮料使，约三年	粮备	案：可能在此时期升户部尚书（11）
	河南宋、亳两州	宋亳都粮料使，约五年	粮备	兵部尚书（10）

[1]《旧五代史新辑会证》卷2，89页。

时间	地点	职事	性质	检校官（19级）
904，昭宗迁都洛阳 905，朱温杀清流之士于白马驿 907，朱温篡唐立梁于开封 909，迁都洛阳	河南洛阳（首都）	约46岁。在京都粮料使，约六年	粮备	案：可能于此时期获得吏部尚书（9）及金紫光禄大夫
	河北	河北都招讨判官兼行营都粮料使，约四年后返京	粮备	
912—913，朱友珪于912年六月杀朱温，次年改元凤历	山西解县	约54—55岁。解县盐池使，不满一年	财务	
913，朱友贞于二月谋杀友珪，于开封即位，是为末帝	河南开封（首都）	约55岁。授右卫将军	环卫	
	河南开封（首都）	下诏编修国朝实录，萧符以三轴进呈，宣付史馆，授右威卫大将军	文史	尚书右仆射（8）
	河南洛阳	西京左藏库使，"因家于洛阳"	财务	
915	河南洛阳	约57岁。西京左藏库使，疾恙七年		
921		下诏搜集史料修撰国史[1]		
922	河南洛阳	约64岁，"终于所任"。明年，梁亡于晋		

对上面这笔看似格套和刻板的流水账，必须提出问题才能充分利用（参本册《尽在不言中》）。主题既是墓志与武人的事功，第一个问题应

---

[1]《旧五代史新辑会证》卷10，306页。

是萧符是否真有能力建功立业而不是墓志吹嘘扬善，根本没有什么亦文亦武读书舞剑；第二个问题自然是追问能力的来源。当然，取供只能巧取，不能刑求，强逼史料说出不应说的话。有些细处难以考究，只能大略而言。

针对萧符的能力或表现，墓志只有一个较为具体的例子，说他有一次核实军储，"约贰拾余万"，我们试从两方面加以补充。

一是整个仕历的时间长短和任官地点的重要性。从二十五至六十四岁约 40 年间，扣除可能的丧期，任官几无间断，并不简单。从朱温赴镇至被弑约 30 年间（883—912），萧符所任之地，除藩镇首府汴州和辖地之外，便是朱温出征、新得或有意控制之地，如长安和洛阳。也就是说，朱温既让萧符参与管理大本营和行营的军储，也让他一再以都（总）粮料使的身份，插手甚至主管新地盘的军储。所以，就任官之长期和地点之重要来看，萧符应受到相当的重视，反映他有一定的能力。

二是个别职位的性质、重要性和任期长短。作为中层文官的判官和皇朝特使的财政使，萧符最重要的职责自是军务和粮备，尤其是后者。墓志也一再强调他对军储的贡献，如"赞画任重，飞挽功高"，和"汉丞相以漕挽应期，孰能比德"，以为应位至方镇。即使是担任马射两军判官，乍看是军务，旋因"详敏"和"经度无差"，转授滑州都粮料使，明显是因为理财有道，连升两级检校官。又如"宋、亳诸仓积年败事，军储所切，委用良难"，于是以萧符为都粮料使，且长达 5 年之久，结果"校覆整理，约贰拾余万"，又获晋升。众所周知，五代亟需整顿兵与财，如《本纪》指出，朱温赴镇，"时汴、宋连年阻饥，公私俱困，帑廪皆虚，外为大敌所攻，内则骄军难制，交锋接战，日甚一日。人皆危之"，[1] 而萧符不但多次和多年在此两地任职，而且与他处合计，负责财政几近 30 年，可见其能力备受肯定。

萧符能力的来源，可分他力和自力。墓志一共提到五位他者，四位

---

[1]《旧五代史新辑会证》卷 1，8 页。

是同僚，但以姻家的身份出现（见下文"婚姻与姻家"），一时难以考究他们对萧符的事功有何影响。最后也是最常提到的一位，是顶头上司朱温，更强调萧符投靠之后，"每从征营，联下壁垒"。但从上表看来，这只有开首的三四年（883—886），扣除滑州和泽潞约两年，从龙的时间可能不足两年，但检校官连升六级，应是由于萧符能够备妥充足的军饷和随时提供大量物品给朱温用来赏赐，在藩镇财政分割的四大项目中占了两项。[1] 由此视之，其崛起固然来自上司的眷顾，也更凭借本身的实力。

萧符本人如何达成任务，墓志并未提供直接证据，只能间接推敲，兼及才能和品德。他负责的是军储，但全篇墓志都没有提到向百姓征收，仅说"禁卫六师，千乘万骑，随驾勘给，尤难其人"，点明是勘定发给，既不能多发也不能少给；又说"检辖帑藏"和"诸仓积年败事，……（萧符）校覆整理，约贰拾余万"，应就是盘点物资和清楚记账，防止贪污舞弊，看来就是今日相当重视独立作业不受干预的稽查和会计。他曾受命到盐场招商纳榷，但难以探究其成效。墓志同时提到他的 IQ（智商）和 EQ（情商），不是只有才没有德，前者如"详敏"和"经度无差"，应指周密小心、聪明敏锐和周全无漏，可能很有数目字管理或使用今天 Excel 的能力。墓志谓"咸若生知，悉由天授"，亦即天赋，我们必须承认有一定的可能。后者如"恪勤""勤劳"，大抵因为物资庞大，来源复杂，只能夜以继日地精打细算；又说"晋大夫以壶飧从径，尚得论功"，应指萧符廉洁，不会或不敢中饱私囊。墓志没有明指但可想而知的，是萧符必须同时面对军人的明抢和胥吏以至士人的暗扛，[2] 后者极需刀笔之才来应付，这就需要聘用文人，武人反没有用武之地。萧符自小兼习"儒术优柔之学、戎韬秘妙之方"；所谓儒术，除了科场所需的

---

[1] 张国刚：《唐代藩镇财政收入与分配》，《唐代藩镇研究》，北京：北京大学出版社，2010 年增订版，145—158 页。

[2] 士人的例子，见赖瑞和《唐代中层文官》，422—425 页。

文学，大抵包括书本上的治术和父祖三代的吏治经验，有助于对付吏人和文人。由此视之，萧符主要依靠个人的才能、品德（职业道德）和来自世家之教育和经验。

萧符似曾由盛转衰，转折点在末帝时期，原因可能跟忠贞有关，可从三处求证。首先，从检校官来看，获得尚书右仆射之后便停止上升，直至八九年后去世。也就是说，在左藏库使任上全无升迁，如不是半虚之职，便是表现不佳，墓志的解释是久病。其次，从握有权力的实职来看，912—913 年的解县盐池使是最后一任，旨在"招商纳榷"。多年前（885）僖宗出亡凤翔的一条导火线，就是宦官田令孜与河中节度使王重荣争夺解池之利。萧符获此新任和重任，也许表示新君凤历帝信任其理财能力，却可能招来末帝之忌。更不幸的是，解县是河中护国军的辖地，节度使朱友谦不接受凤历帝的征召入朝，反向宿敌晋王李存勖投诚，二人于解县一带大败梁军。[1] 如照墓志所说，解池之任"将及期年"，则萧符没有在八月随着梁军撤退，反留在解县替友谦工作，后来才回到朝廷。再次，从职位的转变来看，他回到朝廷后，并未得到倚重，重操旧业，而是从盐池使一转而为右卫将军，不但由文变武，而且从实转虚。大胆推测，末帝可能怀疑萧符的忠贞，便不再予实职。

失去舞台之后，萧符靠文事仍获晋升。当时他才五十五岁左右，不但没病，而且精健神壮，还能"呪笔修词，既精且备"。末帝下诏编修实录，他乘机献上纪事三轴，重申自己对王朝的忠心和功劳，"以壮岁效用，迄于耆年，征伐事机，无不目睹，矧以赡敏之性，叙述周遗"，说白了就是详细记述自己如何付出了从少到老的一生精力，如何出生入死，参与各种大小征战和筹措军粮。墓志又提到次子处珪"凤历军变之际，殁于京师"，原来萧家也是 912 年受难者。萧符被升为右威卫大将军和检校右仆射，仍是虚职。无论如何，这次升迁不是因其刀笔之力，而是文笔之才，既为国史立言，也替萧家申张，这是能武也能文的一大好处。

---

[1]　《新五代史》卷 45，493 页；《旧五代史新辑会证》卷 63，1987—1988 页。

萧符去世时，四子之中三子尚存，都是文官。长子处谦替父亲墓志书丹，自当学文，曾任青州博昌县令，"字人之政闻于众多"，后来的事迹不详。[1] 三子处钧似曾担任贝州长史，名义上乃一州之上佐，但可能只是坐领高薪。[2] 不知何故，当他在史料再次出现时，竟是后晋出帝（在位 943—946）的供奉官，变成了基层武官。由高至低，内诸司分为横班、东班、西班和三班，供奉属三班里的中层，上有内殿承制和崇班，下有殿直和承旨等，通称使臣或内职。[3] 后晋末年内忧外患，他在开运二年（944）以供奉官权知祁州事，又曾负责押送马骆约四千匹和衣甲器械约一万件返回京师。[4] 不过两年，后晋亡于契丹，他亦不知所踪。无论如何，他是兼仕文武。

四子处仁让萧家达到阶层流动的颠峰。他也兼仕文武，因民事达到最高的检校官司徒和环卫官右金吾卫将军，又因武功获赠汉州防御使。事实上他是由武转文再返武，前后两变。他"尤便弓马，雅好诗书"，可谓兼习文武，增加了发展的机会。因父亲荫补的特权，他"十七荫千牛备身，二十授四门博士，复选沁水主簿，后除通事舍人"。根据学人的研究，千牛备身虽是正八品上的武官，但"有文者送吏部"，通过考试，释褐成为文官。[5] 处仁二十岁便成为中央国子监的四门博士，属于学官清职，起身似胜于父亲。服阕之后，朝廷也从后梁变为后唐（923—936），他外任地方官吏，经历沁水县（山西）主簿等基层职位。回到中央后，可能觉得三兄弟应兼顾文武双轨发展，便由文转武，进入内诸司担任使臣，逐步升至横班从七品的阁门通事舍人，[6] 负责文武百官的引

　　[1] 见本篇末《附件一：后梁武官左藏库使萧符墓志铭》。
　　[2] 严耕望：《唐代府州僚佐考》，103—176 页。
　　[3] 赵雨乐：《唐宋变革期军政制度史研究（一）——三班官制之演变》，尤其第二及第三章；赵冬梅：《文武之间：北宋武选官研究》，北京：北京大学出版社，2010 年，7—18 页。
　　[4] 《册府元龟》卷 485，5502 页；《资治通鉴》卷 284，9288 页。
　　[5] 刘琴丽：《唐代武官选任制度初探》，北京：社会科学文献出版社，2006 年，89—96、212—231 页。
　　[6] 品级见龚延明《宋代官制辞典》（北京：中华书局，1997 年）689—690 页。

见、君主游幸和宴会等礼仪，也属武臣清要之职，应是他在后唐时最高的职位。从二十岁出仕至三十四岁，扣去父母的丧期，也有十年左右，并不算短，但升迁不大，应无特别功绩，墓志也只有59字，并无故意扬善。

接着却是提枪上马，转战沙场达十年之久。石敬瑭代唐立晋（936—946），因割地称臣于契丹，人心难服，引起连串内战。最严重的是937—938年范延光、张从宾和王晖之乱，即墓志所谓"洛下兴妖，邺中连祸"和"安陆畔援，常山傲扰"，还有941—942年安重进和安重荣之乱，即"复收襄阳"（见本册《沙陀王朝武人刺史卖剑买牛》）。处仁无役不与，先后担任监军护军，在五年之中从通事舍人升至从七品的西上阁门副使，转正六品的东上阁门使，达到正六品的四方馆使兼正六品的文臣寄禄官卫尉少卿。内忧刚定，外患旋至，主要是后晋和猃狁交恶，如944年契丹五万大军入侵，处仁负责监护出征的禁军步军。[1] 墓志说他"监临步骑，固护边陲，至于太原，出于大漠，东西千里，首尾十年"，其实后晋王朝也不过十年而已。与此相对，墓志共用了118字，是述说武功次长的篇幅，而且在总评再次赞扬，说他"义勇冠于军旅；卑以自牧，严而不猛；绝甘分少，得抚士之仁，仆表决漏，见监军之令"。以史证志，《册府元龟》说他"护兵于外，颇有声望"，[2] 这应部分来自他的"尤便弓马"，因为监军也要作战，不是一味站在主帅背后。累次晋升之后，处仁最后的使职应是从五品的客省使或内客省使，[3] 高于父亲的正七品左藏库使，且可遥领或实任刺史等地方首长。时年约三十四至四十四岁，如此黄金岁月，都在马上赚来。

新的三个职位主要是文职。第一个是坊州（陕西）刺史，是萧处仁第一次以地方首长的身份兼管军民。墓志突出"牧民"，约花了84字描述其治绩和升迁，是述说吏治最长的篇幅，警句是"及奉诏归阙，将整

---

[1] 《册府元龟》卷118，1287页。阁门使应为客省使之误（见卷140，1569—1570页）："晋汉之间，由通事舍人，历阁门、客省之职，而升于环卫。"

[2] 《册府元龟》卷140，1569—1570页。

[3] 《册府元龟》卷140，1569—1570页。

行轩，百姓遮留，不得去者旬日。公避其美名，迫于王命，单骑而出，乃得赴朝"。这应非蝗虫越境、猛虎渡河之类的泛词而是具体事例，可惜找不到其他证据。所谓迫于王命，可能指晋汉（947—950）交替之后，新君召还。回朝之后，转任环卫左武卫将军，闲赋几近三四年。第二个新职是后周（951—960）代汉，太祖任命为泾州（甘肃）节度副使，是藩镇最高级的文职僚佐，有时可得而代之，故谓"贰车"。第三个是新君世宗召见后，任命为天雄（河北）节度副使，是昔日河朔三镇之一，也是御辽重镇，比前两任重要得多。回朝后转授右金吾卫将军、检校司徒，是处仁生前最高的荣誉。他两任节度副使，有学人认为唐代"诸节度、观察副使，除极少数外，皆为文人"，[1] 因其职在文事也。五代武人增多，侵夺了文人的权利，应是后来重文轻武的一个原因或借口。

处仁最后马革裹尸。世宗（954—959 在位）没有让这位才五十出头的环卫官养尊处优。955 年底，后周开始征伐南唐；明年一月，世宗亲征，直达寿州；二月，先锋赵匡胤攻下滁州（安徽），而兵马都监正是萧处仁，"以捕逐遗寇，为流矢所伤而没"，即赠汉州防御使，后来被收入《册府元龟》帝王部之"旌表"和将帅部之"死事"，分别显示殊荣和尽忠。[2] 墓志约花了 164 字，是述说武功的最长篇幅，考诸于史，事事有据。也许"命公攻取滁州"隐没了赵匡胤的头功，不过这种笔法也常见于国史的传记，往往将主角与副角混为一谈。

第六代二人，一文一武，但不知有无殊途。长子守勋是文官，当时是怀州（河南）武陟县的主簿，跟父亲一样从基层做起。入宋以后，曾任县令，但晚境凄凉，幸得文臣石熙载照顾。《石氏神道碑》说熙载"素善梁县令萧守勋，后贫困，公分禄以赡，及卒，遗四子诿公，悉为婚姻不失时，如萧之存"，[3] 似乎萧家已经没落，遗族竟要依靠外人接济，

　　[1] 严耕望：《唐代方镇使府僚佐考》，181 页。
　　[2] 《册府元龟》卷 140，1569—1570 页。
　　[3] 苏颂：《二乐陵郡公石公神道碑铭》，苏颂撰，王同策等点校《苏魏公文集》，北京：中华书局，2004 年重印 1988 年版，818 页。

可见姻亲有时也靠不住。次子守彬随处仁出征，也许是父亲有意栽培儿子继承武业。世宗让他荫补三班中层的西头供奉官，墓志也说是"继功阀也"，他自己可能也要学灌夫继续战斗为父报仇。以家庭教育来说，他也大有机会继承父亲的"雅好诗书"，但不知后事如何。

同辈还有一位萧士明，是处仁墓志的撰者，自称"从侄前乡贡进士"，同时又明白说自己"早预宗盟，得详履行"，可见只是同宗或同姓，一如萧符墓志的撰者从叔萧蕙，不过士明可能很早就跟萧家认识，故被委托撰志。

从萧家的兼学文武和兼仕文武，可检讨五代的所谓轻文。朱温即位，立即高升青州节度使韩建，因为"帝以建有文武材，且详于稼穑利害，军旅之事，筹度经费，欲尽询焉，恩泽特异，于时罕有比者，随拜为上相，赐赉甚厚"。[1] 这种"文武材"是否也正是萧家所具备的？墓志三次提到萧符才兼文武，第一次说他兼习儒术和韬略，其余两次直接连到见知皇帝和飞黄腾达：一次说他"文武全才，君臣相遇，……宠禄斯来"，另一次是"武经既达，文笔仍修，可谓全才，雅资其昌运也"。末帝"雅好儒士"，[2] 有意修文，也让萧符获利。儿子三人，除处谦只见担任文官外，处钧和处仁兼仕文武；可知孙儿二人，亦一文一武；似乎允文允武始终是五代的理想。由此可见，五代只是轻视纯文学或纯史学等不能应用的文科，并无轻视民治或文事，尤其是财经，也要依赖熟悉会计的文人来对付也属文人的蠹吏。

（二）婚姻与姻家

1. 墓志对婚配之记述有无格套？

两方墓志对萧氏配偶的记述颇有难解之处，推论墓志的格套时必须格外小心，试比对如下：

---

[1] 《旧五代史新辑会证》卷3，123页。
[2] 《旧五代史新辑会证》卷8，251页。

表二：墓志对萧氏配偶之记述

父亲萧符墓志		儿子萧处仁墓志	
萧氏	配偶及其家庭背景	萧氏	配偶及其家庭背景
曾祖沔	不记	曾祖潘	不记
祖潘	不记	祖元	不记
父元	不记	父符	琅琊王氏，累赠本郡太君
萧符本人	王氏，封琅琊县君	萧处仁本人	三娶，皆清河张氏
长子处谦	不记	长子守勋	不记
二子处珪	不记	少子守彬	不记
三子处钧	不记		
四子处仁	不记		
长女	故郓州牛太师长子知业	一女	襄州节度副使康长子怀正
二女	故龙骧军使梁司空长子昭演		
三女	故景州刺史卫司空长子崇远		
四女	适魏王外侄孙孟仁浦		

分析如下：

先看上三代。父志均不记配偶，但子志记下母亲。难解的是，以萧符之显贵，妻子已封县君，为何不替母视奏请封赠？如有封赠，为何不记？

次看本人。萧符妻子只有封赠而无家庭背景。萧氏数世为官，妻子应来自门当户对之家庭，为何不记家世？处仁三娶，既无封赠也无家庭背景。处仁已替亡母锦上添花，从县君加赠郡君，三位妻子为何一位都无封赠？如有，为何不记？萧氏数世为官，处仁三妻也应门当户对，为何不记家世？

再看儿子。两志均不记儿媳，但必有来自势家者，为何不记？

继看女儿。两志均记女婿姓名、名分及其父亲之官衔与存亡。与儿媳相比，落差为何如此之大？

最后看女婿。左栏第五代和右栏第六代的女儿共有五位夫婿，有四位是长子，或反映其家人相当喜欢萧家，故愿意以长子联姻。以下乃将重点放在探讨诸家有何共同特色，而不是婚姻对各家有何好处。

2. 从四个姻家观察五代统治阶级的特点

萧氏五婿，只有牛知业一人可考，但他们的父亲和舅公有三人可考，均在萧符一代。第三女嫁给故景州刺史卫氏长子，同时符合景州刺史和卫姓这两个条件的，大抵是卫审符，可惜只有两条资料。他在大唐哀帝天祐三年（906）六月权知唐州事（河南），奏称"州郭凋残，又不居要路，请移理所于泌阳县"，得到朝廷同意。[1] 又在后梁末帝贞明四年（918）六月，以前景州（河北）刺史的身份转任右卫大将军，[2] 假如不是突然由文转武或退仕优遇，他可能跟萧处仁一样，从诸司武臣转任刺史和环卫。综合来看，他兼仕文武，可知的作为是搬迁治所，应属民事多于武功，后来充当环卫官上朝站班时，前后左右均可能是武人，如立朝失仪，会受到阁门或御史的弹劾和受罚（见本册《布衣相将杀妻佞佛》）。萧符也曾到河南和河北任官，两家的婚姻或有地缘关系。

第四女嫁魏王姊妹的孙儿，符合位居魏王和在 923 年尚在人世这两个条件的，应是张全义（852—926，见第一册《冤家聚头文武合》，下文据此，不另作注），濮州（山东）人。跟萧符一样，全义曾加入和退出黄巢大军；不同的是，萧符很早就投靠朱温，而全义本来投靠诸葛爽，要到 888 年才依附朱温。

张全义的功业，除军事之外，还有经济和吏治。他在黄巢政权曾担任吏部尚书充水运使，似乎很早就以财务见长，与萧符甫出仕便管理粮料不相上下。从 887 年开治，全义重建洛阳，树立盖世功名，成就朱温的帝业，亦以此逃过三次死劫。史料一再称赞全义爱民如子，民亦视之如父母，留下"大王〔不〕好声妓，等闲不笑，惟见好蚕麦即笑尔"和

---

[1]《旧唐书》卷 20 下，807 页。

[2]《旧五代史新辑会证》卷 9，289 页。

"王祷雨，买雨具，无畏之神耶，齐王之洁诚耶"等民谣俚谚，似将全义神化。从 886 至 909 年之间，萧符担任洛京粮料使前后九年，两家可能因此熟识和种下日后联姻的机缘。

萧氏是文官世家，而全义是起自田间的武夫，两家如何结合？其中当然有投资与投机的成分，不必赘言，但五代的文武交流应不如想象中的绝缘。全义"尊儒业而乐善道，家非士族，而奖爱衣冠"，既不排斥文人，更喜欢世家。张家与大唐世族郑家的一桩婚事还被记录在《册府元龟》的"总录部·姻好"，谓"后唐郑珏，昭宗朝宰臣郑荣之侄孙；父徽，光启（885—888）初为河南尹张全义判官。全义子衍，婚徽女，珏以家世依张氏家于洛阳"，[1] 把家世、仕宦和婚姻的三角关系说得一清二楚。张衍其实不是全义的儿子而是亲侄，在全义和丈人的指引下，以科举出身，位至翰林学士。自唐至宋，皇帝的文学侍从，如知制诰和翰林学士，每能参与机要，故有远见的五代家族长老大抵不会轻文。萧家同时拥有家世、文才和吏才三个条件，应很受张家欢迎。

全义重视文武交流的一大原因，是他以家族统治的方式，巩固他在河南的地方政权，视之如一个小朝廷，子弟和姻亲扮演文武百官，遍布基层到高层。为达此目的，张氏的族人和姻属，既有一人兼习文武和兼仕文武，亦有一家之人分习文武和分仕文武。下表就学习、出仕、治理、婚姻四方面加以统计论证：

表三：张家文武交流一览

项目	第一代张全义全族	第二代张继业全族	第三代张继业一家	第三代张继美一家
1. 学习	可知者仅 3 人	可知 8 人	全部 6 位儿子	全部 4 子 4 女
1.1 习文		50%	30%	约 13%
1.2 习武	100%	约 87%		

---

[1] 《册府元龟》卷 853，9938 页。

项目	第一代张全义全族	第二代张继业全族	第三代张继业一家	第三代张继美一家
1.3 兼习文武		约37%		
2. 出仕	同上3人	可知为官者7人	全部6位儿子	可知为官者1人
2.1 仕文		100%	约66%	100%
2.2 仕武		约85%	约33%	
2.3 兼仕文武	100%	约85%		
3. 治理	同上3人	可知为官者7人		
3.1 治文				
3.2 治武				
3.3 兼治文武	100%	约57%		
4. 婚姻	可知婚姻仅4次	可知婚姻10次	全部6位儿子，可知婚姻2次	
4.1 文文婚		20%		
4.2 武武婚		20%	100%	
4.3 文武婚	25%	20%		

单凭恩荫，张家便能生生不息，却因政变而中止。晋初发生范延光和张从宾之乱，张家被卷入，而萧处仁被派往平乱，似乎不因姊妹的联姻受到太大的嫌疑。处仁因功而获升，张家虽因治洛有功免于族诛，但子弟悉数失官。五代叛服常见，婚姻关系之作用为何，其结果对姻家仕途之影响又为何，均待深究。

长女夫婿牛知业的父亲是一代名将牛存节（853—915），青州（山东）人。他跟张全义一样，依附同乡诸葛爽（？—886），追随黄巢，再追随朱温，二人同是朱氏政权的奠基者。[1] 他追随朱温的理由竟跟萧符异曲同工。存节和父亲孝恭（？—888）的墓志都补写于北宋开宝三年（970）移葬之时，两志均追述父亲告诉儿子说："吾观朱公气宇，虽不能大致和平，（亦）真定乱主也，尔盍依之，以取富贵。"[2] 存节《旧五代史》本传亦记载他跟同辈说："天下汹汹，当择英主事之，以图富贵。"[3]《新五代史》本传则将"英主"改为"英雄"，[4] 似乎反映五代和宋初对篡唐的朱温有不错的评价，且以为大唐之亡是咎由自取，不值得尽忠。

存节可能在诸葛爽和朱温麾下就认识全义和萧符，且曾援救二人。888 年，全义被河阳节度使李罕之围困，朝不保夕，朱温遣存节救之，全义由是倾心。908 年，晋军进逼泽州，"州城将陷。河南留守张全义召存节谋"，不待朱温同意便发兵救援。[5] 913 年，萧符为解池盐使，节帅朱友谦反，末帝派存节等人进讨，但被击败撤退。友谦乘机进侵同州，因存节坚守而撤退。[6]

牛家以存节一代为分水岭，祖父和父亲均为布衣，存节开始踏入统治阶级，并层层上升至武人梦寐以求的使相，又名列《册府元龟》"将帅部"的"佐命"功臣。[7] 到了北宋初年，牛家已是三世仕宦，靠的是恩荫和兼仕文武。

对存节的才能，《旧五代史》谓"观其方略，将帅之良者"，[8] 是

[1] 欧阳修撰，董家遵等点校：《新唐书》，北京：中华书局，1975 年，卷 187，5441—5442 页。

[2] 不著人：《牛孝恭墓志》，宋代史料研读会报告，2005.10.29，2 页；卢文度：《牛存节墓志》，周阿根《五代墓志汇考》，66 页。

[3] 《旧五代史新辑会证》卷 22，565 页。

[4] 《新五代史》卷 22，226 页。

[5] 《旧五代史新辑会证》卷 22，569 页。

[6] 《旧五代史新辑会证》卷 22，570 页；《新五代史》卷 22，230 页。

[7] 《册府元龟》卷 346，3900—3901 页。

[8] 《旧五代史新辑会证》卷 22，576 页。

一位有勇亦有谋的良将，其实他也爱护百姓。他初任小将，[1] 约十年之间，凭军功升任亳州刺史（898），是第一次以地方首长的身份兼管军民两政，但不久就改知宿州（899），且在同年罢归，任期甚短，其间只记一场抗战，未见民事。[2] 之后曾担任知邢州事（刺史）和团练使（901—904）、绛州刺史（908）、鄜州留后（909）、同州留后和节度使（909—913）、郓州节度使（913—915）等，合计亦超过十年。墓志列出五件"公之大功，通于神明者"，第一件略可窥见存节之爱民，谓其于888年援救张全义时，"岁荒粮绝，以金帛易干葚以饷军，遂破李罕之众"。[3] 此事亦见于两《五代史》和《册府元龟》，旧史和《册府元龟》说："文德元年夏，李罕之以并军围张宗奭于河阳，太祖遣存节率军赴之。属岁歉，饷馈不至，村民有储干椹者，存节以器用、钱帛易之，以给军食。"[4] 新史说："是时岁饥，兵行乏食，存节以金帛就民易干葚以食军，击走罕之。"[5] 三书或有共同史源，如墓志、实录和会要，我们只能相信史臣的判断，知道存节没有强征民粮而是有偿取得。另一事不见于墓志但见于两《五代史》和《册府元龟》，旧史和《册府元龟》说，"天复元年（901），授潞州马步都指挥使，法令严整，士庶安之。及追赴行在，士卒泣送者不绝于道。"[6] 新史说"存节为将，法令严整而善得士心，潞人送者皆号泣"；[7] 也看到他不愿侵扰百姓，与上一事可为共证。对存节的总评，旧史和《册府元龟》是"木强忠厚，有贾复之风"；[8] 新史是"存节为人，木强忠谨"。[9] 贾复是东汉的开国功臣，位列云台

---

[1] 毛阳光、邓盼：《洛阳新出五代〈牛存节墓志〉考释》，《洛阳师范学院学报》2010年第6期，20—26页；其实不作专称时，小将与小校可以互通。

[2] 《旧五代史新辑会证》卷22，567—568页。

[3] 《牛存节墓志》，67页。

[4] 《旧五代史新辑会证》卷22，566页；《册府元龟》卷346，3900—3901页。

[5] 《新五代史》卷22，229页。

[6] 《旧五代史新辑会证》卷22，568页；《册府元龟》卷346，3901页。

[7] 《新五代史》卷22，229页。

[8] 《旧五代史新辑会证》卷22，572页；《册府元龟》卷374，4239页。

[9] 《新五代史》卷22，226页。

二十八将第三位，刚毅方直，颇多大节，战功彪炳而不自伐。大抵存节亦以忠厚待百姓，乃能"通于神明"，不下于张全义。

知业（880—923）是存节长子，一面习武，一面"敦诗书，阅礼乐，……虚席待贤"，[1]后来果然兼仕文武，也留下武功与吏治。他以父荫踏入武官之途，并随父四出征伐，应是父亲希望长子克绍箕裘，继为武将。乾化四至五年（914—915），徐州作乱，末帝下令郓州节度使牛存节等人征讨，并命三十多岁的知业以郓州衙内都指挥使的武官身份，留守州事，兼管文武两政，但没有留下治事的纪录。父丧起复之后，知业再次以环卫将军的武官身份，出任房州刺史，"是州多有淫祠，土风祀以徼福。咸费产殚用，亟具酒食；娑拸相聚，奔走若狂。废彼农功，求于鬼道。公患之，悉命焚之，惟列于祀典者，庙貌（安兀）如故"。[2]有两点可以注意：第一，知业仅是取缔非法的神祠，而判断合法与非法的根据是祀典；第二，淫祠最大的问题，除了旁门左道（鬼道）可以引发民变之外，便是消耗大量的民财和民力，以至庄稼失时。由此视之，知业没有独裁擅断，而是遵守典章制度，另一方面为了民生经济，不怕得罪支持淫祠的乡绅百姓和被祀的鬼神。众所周知，唐宋不少著名的文臣都以去除淫祠作为主要治绩，知业可与之比肩。他治理房州约二至三年，据云士庶"诣襄阳本府，请奏举留公"，离开之时，众多百姓遮路拦留。[3]贞明四年底（918），知业回到中央出任右羽林军统军，继续文武交替。[4]

龙德（921—923）年间，西边不静，宁州失守，末帝以知业为关西行营步军都指挥使。他率禁卫千余人，"首下宁州。幕府上功，授宁州刺史"，是第二次以武官的身份担任地方首长。战火之后，衙署荡然无存，

---

[1] 李明启：《柱国牛公（知业）新筑州城创建公署记》，董诰等编《全唐文》卷829，8732页；李明启：《牛知业板筑新子州墙记》，章红梅《五代石刻校注》，84页。
[2] 《柱国牛公（知业）新筑州城创建公署记》，8733页；《牛知业板筑新子州墙记》，84页。
[3] 《柱国牛公（知业）新筑州城创建公署记》，8733页；《牛知业板筑新子州墙记》，84页。
[4] 《旧五代史新辑会证》卷9，292页。

"公之始至，出家财而构焉"，[１] 所留下的《宁州刺史上柱国牛公板筑新子州墙并创建诸公署及新衙记》(922)，亦谓"公之创修是州也，本无庑下之金，悉解囊中之素。计是用家财之费，盈于巨万金矣"。我们既好奇财富的来源，也得承认知业愿意将私财化作公用，堪称"轻财重义"。[２]

新的建筑包含官用与民用，后者只记商圈。属于官用的，除了刺史办公和起居的署衙外，主要有"厩库曹署、军事院州院、牙将孔目诸院、马将鞠场、教旗讲武、驰驿之传舍、兵食之储廪，皆新所创置焉"，看来确以武事为重，宛如一个军事区域，未知是否五代州郡治所的特色。属于民用的，主要是商业区，"然后疏彼康庄，高其闳闱。右列廊阛，贾区贸货于日中；平分井居，安堵周环于宇下。四民各敬其本，百工用肆其业"，[３] 多少反映知业注重商业，与丈人萧符到解池的任务大致相同，其实也是五代武人家财的一个重要来源（见本册《布衣将相杀妇佞佛》）。

新建州邑之时，注意"兴役于三农之隙，赋徒无二事之讟"，似乎心中以百姓为念，不要增加他们的负担。《新衙记》将知业比德于后汉名臣皇甫嵩，不无一定道理。知业"博文经武"，治郡能够"忧民及物，……百姓皆曰：'恺悌君子，民之父母。'"[４] 皇甫也"好诗书，习弓马"，出任冀州刺史时，以爱护百姓留名青史，有民谣曰："天下大乱兮市为墟，母不保子兮妻失夫，赖得皇甫兮复安居。"[５] 后来从祀武成

---

[１] 见本篇末《附件二：后梁武官宁州刺史牛知业墓志》。

[２] 《柱国牛公（知业）新筑州城创建公署记》，8732、8734 页；《牛知业板筑新子州墙记》，84—85 页。

[３] 《柱国牛公（知业）新筑州城创建公署记》，8734 页；《牛知业板筑新子州墙记》，84—85 页。

[４] 《柱国牛公（知业）新筑州城创建公署记》，8732、8734 页；《牛知业板筑新子州墙记》，84—85 页。

[５] 范晔撰，李贤等注，中华书局编辑部点校：《后汉书》，北京：中华书局，1965 年，2299—2308 页。

王庙，成为武人典范。其实两人都配称儒将。[1]

《新衙记》也提供了若干文武交流的信息。安排立石诸事的是知业的旧属辅彦钊，自称元从军将，可见武人也能安排文事。他让镌字者上官武的名字出现在石碑上，似乎有些打破阶级观念。记文撰者是前剑南东川节度推官李明启，自称"谬沭奖知"，撰记是"遽承指命"。他先述知业的家世和仕历，又两次昵称"我司空公"和"我司空"而非仅是尊称"司空"，似是知业的旧识或幕友，故指定由其代言；推官的专业是法律。书丹者是僧人梦庄，位至京右内殿讲经大师，或反映知业的宗教信仰。不算知业父子，共有文人推官、武人军将、僧人大德和庶民技工等四种身份，也许就是牛家的交流圈，这跟知业离开房州时，"诸里寓髦隽，及官吏、僧道、耆老至百姓攀卧拥轼"几乎完全重叠。[2]

从牛家其他子弟身上，也可看到文武交流。下面依照表三，从学习、出仕、治绩、婚姻等四方面合而观之。

表四：牛家文武交流一览（根据上文引用资料及附件二至五）

项目	第一代牛存节 1 人	第二代牛存节 2 子 1 女	第三代长子 知业 3 子	第三代次子 知让 2 子 1 女
1. 学习	本人 1 人	2 子	3 子	2 子
1.1 习文		100% 1. 长子知业（敦诗书，阅礼乐） 2. 次子知让（幼好读书）	67% 1. 次子宗德（两任节度副使） 2. 三子宗谏（两任县令）	100% 1. 长子宗道（主簿） 2. 三子宗辩（户掾）

---

[1] 《新唐书》卷 187，377—378 页。

[2] 《柱国牛公（知业）新筑州城创建公署记》，8733 页；《牛知业板筑新子州墙记》，84 页。

项目	第一代牛存节 1人	第二代牛存节 2子1女	第三代长子 知业3子	第三代次子 知让2子1女
1.2 习武	100% 存节	50% 长子知业	67% 1. 长子宗嗣 （东头供奉官） 2. 次子宗德 （閤门使）	
1.3 兼习文武		50% 长子知业（博文经武）	33% 次子宗德	
2. 出仕	本人1人	为官者2人	为官者3人	为官者2人
2.1 仕文	100% 存节（刺史等）	100% 1. 长子知业 （两任刺史） 2. 次子知让 （支使、判官等）	67% 1. 次子宗德 （两任节度副使） 2. 三子宗谏 （两任县令）	100% 1. 长子宗道 （主簿） 2. 三子宗辩 （户掾）
2.2 仕武	100% 存节（都指挥使、都押衙、招讨使等）	50% 长子知业（都指挥使等）	67% 1. 长子宗嗣 （东头供奉官） 2. 次子宗德 （閤门使）	
2.3 兼仕文武	100% 存节	50% 长子知业	33% 次子宗德	
3. 治绩	本人1人	文2武1	文2武2	文2
3.1 治文	100% 存节（爱民）	50% 1. 长子知业 （除淫祀、民生经济、修商圈等；房州百姓奏举留任） 2. 次子知让：不详	50% 1. 次子宗德：不详 2. 三子宗谏 （连状举白，诏绯袍银鱼以旌善政）	治绩均不详

项目	第一代牛存节 1人	第二代牛存节 2子1女	第三代长子 知业3子	第三代次子 知让2子1女
3.2 治武	100% 存节（法令严整，士庶安之）	100% 长子知业（首下宁州）		治绩均不详
3.3 兼治文武	100% 存节	50% 长子知业		治绩均不详
4. 婚姻	**本人1人**	**2子1女**	**1子**	**1女**
4.1 文文婚				100% 长女（登州丁使君之子，使君为刺史，归于文）
4.2 武武婚		33% 长子知业（萧符长女）		
4.3 文武婚		33% 次子知让（霍氏东平中令之犹女）[1]		
4.4 不明	100% 存节（郑国夫人薛氏）	67% 1. 长子知业（孟氏） 2. 次女（张汉貌）	100% 三子宗谏（史氏、李氏）	

注：1. 男性早卒及未见出仕者不计算。

2. 女性因无习文或习武的记述，故只算入婚姻，不详者不算。

3. 第四代牛宗谏子女之婚宦均不详，不列。

---

[1] "霍氏东平中令"可能是后唐配享明宗庙庭的名将霍彦威。理由有三，依次为：一、天成元年（927），霍彦威担任平卢节度使，统领东平之地；二、天成二年（928），霍彦威累官至中书令，因此获称"东平中令"；三、当时牛知让可能也正值适婚年龄。由于知让皆是文职，因而将牛霍联姻算为文武联姻。见《旧五代史新辑会证》卷64，1997页。

从左至右逐项分析，因资料有限，只看大趋势，暂不计较百分比的起伏：

1. 学习

1.1 学文：第一代未见，第二和三代均有，且都有长子。

1.2 习武：三代均有，第二和三代均有长子。

1.3 兼习文武：第一代未见，第二和三代均有，第二代有长子。

2. 出仕

2.1 仕文：三代均有，第二和第三代均有长子。

2.2 仕武：三代均有，第二和第三代均有长子。

2.3 兼仕文武：三代均有，第二代有长子。

3. 治绩

3.1 治文：三代均有，第二代有长子。

3.2 治武：第一和第二代均有，第二代有长子。

3.3 兼治文武：第一和第二代均有，第二代有长子。

4. 婚姻

4.1 文文婚：只见于第三代。

4.2 武武婚：只见于第二代。

4.3 文武婚：只见于第二代。

综合1—4而非孤立来看，我们有理由相信，牛家以武功发迹之后，一直维持文武兼习、文武兼仕和文武兼治，如是，也应一直维持文武通婚。一家或一族之中，有文有武，如轻武，岂非轻视祖宗叔伯；如轻文，岂非轻视兄弟子侄？

（三）品德

五代山头林立，在下者每采用一定的标准评估哪一位在上者值得追随，在上者亦常有一套尺度衡量在下者是否忠贞，或会影响当代士庶的价值取向。

牛孝恭和存节父子以"气宇"认定朱温为英主，那朱温如何认定牛氏为忠？颇出人意料，朱温以尽孝作为尽忠的大前提。牛知业本随父征战，一度被朱温召回中央担任控鹤都虞候，在当代或作为人质（见第一册《冤家聚头文武合》），另一方面亦可方便君主拔萃。一天，朱温对知业说：

> 朕闻孝于家则忠于国，尔常在我左右，我备谙尔忠勤，以尔父苦久别（存节时为同州节度使），想多郁恋。朕欲成孝敬而厚人伦，俾尔奉温清而居职位，今授尔同州马步军都指挥使。[1]

这段话半文半白，又是皇言，应不敢于杜撰。简单说，就是忠臣出自孝子或"移孝为忠"（见本册《别了沙场》）。当然，孝与忠并无必然关系，两者同时或先后发生的概率却难以统计，只能诉诸自由心证，即在不受外界干预的前提下，根据一定程度的个案和个人经验，在心中形成论证。

牛存节之孝，表现在父亲孝恭建议其投靠朱温时，存节说"大人年尊，我不忍去"，直到父亲辞世，有两重意义：一是侍奉父亲终老完成了孝的责任，二是听从父亲的话对朱温尽忠。[2] 知业之"孝悌，性符于天爵"，表现在"素禀父风，早师家范"，[3] 即三年无改于父之道，且得到皇帝认证。根据墓志，他的第三子宗谏亦"定省温清，能尽养道"。丁母忧，"居丧之制，哭泣过节，气伤其明，遂至昏盲。……虽医工渍之以药，攻之以针，竟无微效"；铭文六句，全然不提他一任太仆寺主簿和两任县令的"善政"，只说"生民之道，可尚唯孝。丧亲丧明，心乎难效。哀哉斯人，而无善报"。[4] 即使是夸大，亦正可从其夸大，看到尽孝是不错的条件，或有利于仕进，亦可用来化解知让历仕梁、唐、晋三

---

[1] 见本篇末《附件二：后梁武官宁州刺史牛知业墓志》。

[2] 《牛孝恭墓志》，2 页；《牛存节墓志》，66 页。

[3] 《柱国牛公（知业）新筑州城创建公署记》，8732 页；《牛知业板筑新子州墙记》，84 页。

[4] 见本篇末《附件四：北宋文官邓州淅川县令牛宗谏墓志》。

朝之尴尬。[1]

萧氏之孝，可将萧符和处仁父子两志合观，有三个特点：其一是次数甚多，萧符墓志共五次（忠两次），处仁墓志亦五次（忠亦五次）。其二是忠孝并提，如说萧符本人是"忠孝懿范"和传下"忠孝之规"，孙儿守彬之表现如"卞盱之忠孝萃门"。其三是世代重视，如说萧符诸子"孝友立身"和"孝慈有裕"；处仁"幼而孝悌"和"孝行振于家门"。孙儿们"仁孝作程"；守勋"性合孝道"和守彬"忠孝萃门"。最感人的一次是明言次子处珪死于凤历政变，"自经家祸，尤迫孝思"，大抵是感到祸福无常，子女应及时孝敬父母，可见五代乱世不无促进私德的一面。

萧符于死后次年下葬（923），三子的官位都带"前"字。若谓三人同时任满待阙，有些太巧合，[2] 故应是一起解官持服，如四子萧处仁（903—956）刚巧在父亲去世之前"（年）二十，授四门博士"，现在变成了"前国子四门博士"，可见在制度上仍要求文官维持孝道。

孝的对象是父母，忠的对象却甚多，如职守、直属上司，从未见过的皇帝，较为抽象的朝廷、社稷、国家，更难以捉摸的更高原则（higher principle）如为忠而忠不作他想等。因对象的不同，影响能否尽忠的因素亦有异和众多，其排列组合相当复杂。例如对原则尽忠较为稳定，但对上司尽忠有时要看其是否从忠臣变为乱臣了。五代以哪一个对象较为重要？

对牛存节，《旧五代史》的综合评论是"出身事主，底力图功"，[3] 忠的对象似是出身时的朱温个人。他的新墓志写于宋初，作为盖棺论定的铭文称赞他是乱世之忠臣，全文是"古人有言，不有危乱，安识忠臣。

---

[1] 见本篇末《附件三：后晋文官成德军节度判官牛知让墓志》。

[2] 得四川师范大学历史文化学院朱绪飞同学告知，墓志谓三子萧处钧为前贝州长史，但贝州已在末帝贞明二年（916）陷入晋人之手，见《旧五代史新辑会证》卷8，273页。处钧为何仍用六七年前（916—923）或更早的旧职而不用其他官衔如散官等，有点难解，有可能是误植贝州，亦有可能是挂名待补，亦因父丧而解。

[3] 《旧五代史新辑会证》卷22，576页。

忘躯报主，实难其人。人之所难，公之所易。奋不顾身，逮终如始。而今而后，孰嗣厥美"。非常明显，忠的对象也是朱温个人；存节"忘躯报主"和"奋不顾身"之事见于志文"公之大功，通于神明者"，谓乾宁四年（897），"青口之败也，（存节）收督残卒，下马血战，力捍追兵，翼安太祖"，[1] 可见宋初的官、私史料都没有因为朱温篡唐而非议存节对其效忠。

对末帝，存节似乎没有那么忘躯了，但国史有点隐讳，墓志反较为诚实。《旧五代史》（974）和《新五代史》（约1053）本传所记大同小异，我们以新史为本，加入旧史，大致是贞明元年（915），"梁、晋相距于河上，存节病痔，而梁、晋方苦战。存节忠愤弥激，治军督士（料敌治戎，旦夕愈厉），未尝言病。病革，召归京师（汶阳，翌日而卒）。将卒，语其子知业（及知让等）曰：'忠孝，吾子也。'，不及其他"。[2] 他的病不是痔而是痈，记在知业的墓志，谓"忽以疽发于背，数日而终"。[3] 读者也许察觉，他既未尝言病，末帝为何容许他回到镇所。答案在墓志（970），谓"公始遘微恙，属河外举兵，诏统军徙屯阳留渡，公闻命而行，左右勤请，乃上表述羸苶之状。不数日，许归旧镇"。[4] 他没有选择死于沙场而在家中，有点难解。

存节有没有以忠孝遗言子孙，答案在《册府元龟》（1013），说他"夏中病渴至痔，……诏归汶阳，翌日而卒。将终，属其子知业、知让等以忠孝，言不及他，深为时所重"，故是已经对外流传，时人才听闻得到，且因此被列入"将帅部"的"忠"。[5] 本人的新墓志失记，也不见于知业和知让的，亦有点难解。无论如何，后出的官修国史和类书均可补墓志之不足，还他公道。我们更不能因为墓志漏记，便推论宋初有所

---

[1] 《牛存节墓志》，67页。毛阳光、邓盼：《洛阳新出五代〈牛存节墓志〉考释》，24—25页。
[2] 《新五代史》卷22，230页；《旧五代史新辑会证》卷22，571页。
[3] 见本篇末《附件二：后梁武官宁州刺史牛知业墓志》。
[4] 《牛存节墓志》，66页。
[5] 《册府元龟》卷374，4239页。

隐讳，如知让之历仕梁、唐、晋三朝。存节新志与《旧五代史》均在太祖朝完成，相隔才四年而已。

存节之死还有一段小插曲。知业守丧之时，衙兵有青衫子都，图谋不轨，打算攻取府城。知业"脱衰裳、披金革，号令而攻，逆党尽戮，飞奏上闻，优诏褒饰"。[1] 时势紧急，当然必须移孝了，且因此获赏。他在后梁最后一年去世，无须面对改朝换代，张家则不然。

张全义于九死一生之际得到朱温救援，从此尽忠，甚至委曲求全，据闻以妻女侍寝。梁唐易代，他自身难保，但还是力阻新君开挖朱温的陵墓，《册府元龟》的描述甚得要领，谓"张全义初仕梁，为天下兵马副元帅，（后唐）庄宗至洛，言事者以梁祖与我世仇，宜斫棺燔柩，全义独上章申理，议者嘉之"。也因此得以列入"将帅部"的"忠"，[2] 对象明显是朱温个人。他毕竟移忠于唐，固然可归咎于他屡次劝谏末帝不听，已尽臣节，但亦未尝不是为了保护全族，因为庄宗不久前才族诛后梁重臣如敬翔等人。忠的对象自是家族，虽然是私，但世上如方孝孺者少之又少，实难深责，亦可见尽忠之复杂性。

据说张全义的义子继孙曾有反唐之心，在庄宗迁洛之后，"私藏兵甲，招置部曲，欲图不轨，兼私家淫纵，无别无义"，被义兄继业等人主动告发，以免祸及家族。调查之后，宣布六大罪状：（1）侵夺父权，惑乱家事；（2）纵鸟兽之行，畜枭獍之心；（3）横征暴敛；（4）虐法峻刑；（5）藏兵器于私家；（6）杀平民于广陌。最后赐令自尽，籍没资产。[3] 居首的便是法典明定的不孝罪，"继孙为全义养子，（依法，父母在，子孙）不宜有别籍之财"。[4] 这次倒真的是不孝与不忠并发，落实了朱温的心证。

萧符墓志直接和间接提到"忠"三次，一次是泛论，谓"忠孝之

---

[1] 见本篇末《附件二：后梁武官宁州刺史牛知业墓志》。

[2] 《册府元龟》卷 374，4241 页。

[3] 《旧五代史新辑会证》卷 32，862、889—890 页。

[4] 《新五代史》卷 28，308 页。

规，庆祚当在"，对象难明；其余两次是"忠孝懿范，文武全才；君臣相遇，委任难偕"和"忧国之旨，报主之心"，前一句较重人（君臣），后一句兼及事（国）与人（主）。就人而言，墓志直言不讳，认为朱温是值得贤俊折节追随之雄杰，开释萧氏之弃唐。不过，萧符之向上流动全在朱温之世，但转事杀死朱温之新君，未免不义，后来又似乎有意转仕另一争权夺位之人，可谓反复无常，也可能因此不再受到重用，付出了不忠不义的代价。就事而言，萧符倒是尽忠职守并获上司重用，故勤和廉仍是五代公职不可或缺的品德。遵行者是否远少于唐宋，尚待质于高明。

父亲萧符只事唐、梁两朝，墓志亦只有两个忠字。儿子处仁历事唐、晋、汉、周凡四朝，有功于晋、汉，战殁于后周，墓志共有五个忠字，前两个用于本人，一谓世宗亲征，命他为前锋兵马都监，他于是"感激忠勇"，对象似以人为主；再谓朝廷追赠，"旌忠尽［荩］也"，似是国恩。其余三个，一谓其子守彬从征，目睹父亲死亡，有志仇吴，堪称"忠孝萃门"；最后两个谓萧家乃"忠良之宅"和"忠贞是则"，属于泛论。

结论

王黄之乱和藩镇争战有如一个大熔炉，一方面消灭了许多旧的和产生了不少新的统治阶级，另一方面促成了两者的交流和结合。单从萧家的姻亲来看，这个新势力有三个特色：兼重文武、累世为官和强调私德之孝与公德之忠。它们至少挑战了三种旧说：五代重武轻文以至宋代要拨乱反正、社会流动极为频繁造成世家世族的消失，道德沦丧乃使欧阳修呜呼连连。

1. 兼重文武 vs 重文轻武

萧符一生以担任文官为主，而墓志两次提到"文武全才"，纵使是过誉，难道不是对文人的期待？梁太祖甫一即位，便下诏擢升有"文武材"的大将韩建，难道不是对武人的鼓励和期待？也就是说，无论对文人或武人，都希望能够兼顾文武，文应泛指文史和民事财政等，武指武艺和军务军政等。

即使只有非常少数的族人可以作为证据，我们仍然可以看到，卫、萧、张、牛四个姻家大都符合允文允武的期待。先看兼习文武，指家庭教育兼训文武，当然不是每一位族人都能两者俱习或俱长。卫氏之背景难明，似属旧族，从其任官来看，应兼习文武。萧氏属旧日的文人家族，上三代是文官，第四代只见一子萧符，兼习"儒术优柔之学、戎韬秘妙之方"；第五代四子只存三子（嫡子处谦、三子处钧、四子处仁），均学文，其中至少有一人（四子处仁）确定"尤便弓马，雅好诗书"；第六代两子，一文（嫡子守勋）一武（次子守彬）；可以大胆推论，下代的教育应兼训文武。张氏和牛氏属新兴的武人家族，情况大同小异，只看牛氏：第一代只见一子存节，未见习文，但用武有方略；第二代两子（嫡子知业、次子知让）均习文，其中一人（嫡子知业）兼习文武；第三代两房五子（表四），四人（次子宗德、三子宗谏；长子宗道、三子宗辩）习文，二人习武（嫡子宗嗣、次子宗德），至少一人（次子宗德）兼习文武；亦可大胆推论，下代的教育应兼训文武。

既兼习文武，如有机会，自能兼仕文武。仕文者，旧族卫氏一子一人；旧族文人萧氏上三代三子三人，第四代一子一人（萧符），第五代三子三人（嫡子处谦、处钧、处仁），第六代二子一人（嫡子守勋）；新族武人牛氏第一代一子一人（存节），第二代二子二人（嫡子知业、知让），第三代两房五子四人（宗德、宗谏；长子宗道、宗辩）。仕武者，旧族卫氏一子一人；旧族文人萧氏第四代一子一人（萧符），第五代三子二人（处钧、处仁），第六代二子一人（守彬）；新族武人牛氏第一代一子一人（存节），第二代二子一人（嫡子知业），第三代五子二人（嫡子宗嗣、宗德）。兼仕文武者，旧族卫氏一子一人；旧族文人萧氏第四代一子一人（萧符），第五代三子二人（处钧、处仁）；新族武人牛氏第一代一子一人（存节），第二代二子一人（嫡子知业），第三代五子一人（宗德）。

尽管有关治绩的记载十分有限，我们仍然可以看到萧、张、牛三家在文事和武功都有不错的表现。旧族文人萧氏第四代一子（萧符）在文史、财政和军务俱有佳绩；第五代三子，嫡子（处谦）据说"字人之政闻于众多"，四子（处仁）在民事和征战俱有佳绩。新族武人张家以治理河南名留青史，不必赘言。牛氏第一代一子一人（存节），待民治武俱列青史，被誉为东汉之贾复；第二代二子，嫡子（知业）"博文经武"，被誉为东汉之皇甫嵩，可作为武人之典范，而其按照祀典去除淫祠，着意民生经济，堪称许多宋代文臣之表率；第三代五子，至少有一人（宗谏）留下治民佳话。

婚姻的记载出乎意料的少，几乎不见媳妇，即便如此，仍可看到萧、张、牛三家有着文武通婚，并非只有文文或武武婚，并无轻文重武。联婚的原因固有投资和投机的成分，但也不能否认投缘，包括志趣相近，如对吏治的兴趣等。文人和武人也有共同的朋友，如僧人和伎者，可扮演交流的媒介。

由此可见，不分新族旧族，也不分文家武家，在发迹之后，其家庭教育常兼顾文武，出仕也是兼及文武，有些子弟仕文，有些仕武，有些兼得。在这些文武混合的家庭里，如轻武，岂非轻视祖宗叔伯；如轻文，岂非轻视兄弟子侄？唐末以还，许多由文人担任的职位，尤其是地方高层，每被武人占去，宋代文人要夺回被侵蚀的权力与财利，应是后来提倡重文轻武的一个原因或借口。无论如何，讨论宋代文治之根基，不能漏了五代有着文武材的武人；讨论宋代儒将的历史，也不能漏了五代允文允武的武人。

2. 累世为官 vs 社会流动

有谓五代乱世，庶民和武人竞起，布衣将相取代了世家大族。然而，五代墓志时常充满怀古之风，如萧氏好称兰陵和洛阳，张氏每称琅琊和清河，也确有士大夫互道宗派与宗盟，希望沾上一些名气，增加一些奥援，连田夫出身的张全义在贵盛之后，也有意招纳旧日的门阀子弟进入幕府或东床。平心而论，世家大族意味着世官世禄，大多数的人，包括以重建家族组织作为手段的宋元明清理学家，都不会甘愿放弃，反要努力维持，尤其要争取高官和厚禄，结果是否妨碍了社会流动？关键是他们如何办到。

社会流动应分别阶级和阶层流动，不能混为一谈。先看从被统治上升至统治阶级，布衣上升的比例可能不如想象中大。四个姻家之中，卫氏之背景不详不计算，张、牛两氏均从布衣上升，与本是官宦之家的萧氏成 2 比 1 之局，表面看来堪称频繁，但平民之家的数量远多于官宦之家岂止两倍，故就比例而言，目前难以推论，谓五代阶级流动频繁，士族不再占有优势。无论如何，张、牛上升的主要条件是军功。上升之后，长久没有向下流动，如萧家至少维持六世，张家和牛家至少三至四世等。它们累世不堕的主要原因，当然是继续出仕，而继续出仕的重要条件，不是科举，而是婚姻和恩荫。婚姻的作用目前难以估算，故只谈广义的恩荫，包含皇帝特恩等。就可知出仕者而言，文官如萧氏，第四代之萧符大抵荫补出身；第五代三子，第三子处仁确定是荫补，不妨大胆推论墓志不记出身且任文官之两兄亦是荫补；第六代两子，弟弟守彬确定是荫补，不妨推论墓志不记出身且任文官的哥哥亦是荫补。武官如张氏，因属地方政权，恩荫予取予求，无需赘言。又如牛氏，第二代两子，均确定是荫补；第三代知业三子，第三子宗谏名不见登科录而任文官，可推知是荫补，故两兄亦然；知让两子，一如宗谏。恩荫特权对维持统治阶级地位之重要，实一目了然，自然妨碍了较弱势者的升迁。

再看统治阶层之流动，主要的问题仍是凭什么条件上升至中层和高层。学人喜谈继世为相，即一个大家族之中，不同房支和不同辈分的子弟相继出任宰相。以此标准适用于门阀制度衰落之后，未免不切实际，故不妨将州级的地方长贰视为高层，县级的地方长贰为中层，如三代之中两代有高层，尤其是第三代尚在人间犹有机会上升，便不谓之向下流动。

要升至上层，不管是以文还是以武起家，可能真的需要"文武全才"。文官出身如萧氏，上三代位至刺史和别驾，原因不详，第五代之处钧曾权知州事，处仁位至刺史和节度副使，能文能武，让萧家维持在高层。武官如牛氏，第一代之存节位至使相，兼具吏治与武功；第二代知业位至刺史，也见吏治和军功；第三代之宗德位至节度副使，从其前任阁门使等内职来看，应能文能武，也让牛家维持在高层。又如张氏，情况与牛氏大致相同。卫氏出身不详，位至刺史，稍见文事，后又得任环卫，亦似属才兼文武。若仅至中下层，可能因为只长于文武一才或只曾任文武一职。文官如萧氏，第四代之萧符仅至诸司使副，有吏事而欠武功；第五代之处谦和第六代之守勋都位至县令，共同点是未见军功；守彬荫补西头供奉，未见文事。武官如牛氏，第二代之知让止于判官，似欠武功；第三代之宗谏位至县令，宗道和宗辩尚属基层，三人的共同点是只见武功或只见文事，没有兼具两者。要言之，单论仕途一项，能兼具文武两才和兼仕文武两职的，胜于只具一才一职，后者可能仅止于中层，易于向下流动。

由此推论四点：第一，五代之阶级流动可单靠武功往上攀升，但无论文臣或武将，也无论新族或旧族，要在统治阶级之内层层上升，最好兼习文武和兼仕文武，也形成了当代统治高层的一大特色。第二，若谓五代重武轻文，于阶级流动较为可信，于阶层流动则有待商榷。相信很少人会轻看作为天子心腹的翰林学士等文学侍从，但多会轻看只有文学没有吏学的文人（见本册《才兼文武是否墓志题中应有之义》）。第三，累世出仕的武人家族既会产生文官，文人家族也会产生武官，两者应对五代的治和乱负上共同的责任——致治不是单靠文人，致乱不能独责武人，事实上甚为影响基层治乱的蠹吏不乏文人。第四，既得利益者的优势主要来自仕宦、荫补、财富和婚姻，能够一举打破四者的，主要是政变、政争和失去皇帝的信任，如被怀疑不忠等。所以，作为一家甚至一族之长的武人，在大多数情形下，是否会选择尽忠而非变节来维持家族的利益？

3. 强调私德公德 vs 五代不讲德义

五代常被认为道德沦丧，但应分别私德与公德。私德莫大于孝，于五代并无褪色，仍然世代相传，且因乱世朝不保夕，可能更促使子女及时尽孝。梁太祖朱温把尽孝视为尽忠的大前提，而忠孝合称确是屡见于萧、牛两家的墓志或国史本传，可谓文武一致、官民一同。也许以尽孝为由，如听从父亲之言等，可在朝代更易之际顺利移忠。五代统治阶级如何在两者之中取得平衡，有待研究。

公德莫大于忠，对象颇为多样，其优先次序更是复杂。曾受朱温提携的重要大臣，文臣如萧符，武臣如张全义和牛存节等，其尽忠之首要对象都曾是朱温个人，并视之为"英主"。有趣的是，即使朱温篡唐，宋初官修的史书，如《旧五代史》和《册府元龟》，均无非议反是称赞全义和存节为忠；非官撰的，如墓志和《新五代史》，前者认为存节是乱世之忠臣，后者将"英主"改为"英雄"。萧符的墓志亦认为朱温是一位雄杰，值得贤俊抛弃大唐，折节追随。他后来二三其德，虽仍作后梁之臣，虽仍有经济之才，但已无实职，似乎忠于人还是比较重要。五代统治阶级如何在忠于人与忠于事之间取得平衡，亦有待研究。

（执笔者：吴荐安、林明、林思吟、张仲元、张庭瑀、杨景尧）

（指导者：刘祥光）

附件一：后梁武官左藏库使萧符墓志铭

一、基本资料

1. **性质**	墓志	
2. **题名**	新题：后梁武官左藏库使萧符墓志铭 首题：梁故左藏库使右威卫大将军金紫光禄大夫检校尚书右仆射萧府君墓记铭	
3. **时间**	死亡、下葬或立石时间 死亡：后梁龙德二年（922）七月十八日 下葬：后梁龙德三年（923）八月一日	
4. **地点**	死亡、下葬或立石地点 死亡：洛阳（河南洛阳）延福里之私第 下葬：河南县（河南洛阳）金谷乡焦谷村之源	
5. **人物**		
墓主	萧符（859—922）	
求文者	子（后梁文官青州博昌县令萧处谦、后梁文官贝州长史萧处钧、后梁文官国子四门博士萧处仁）	
撰者	从叔（后梁文官左散骑常侍萧蘧）	
书丹者	长子（后梁文官青州博昌县令萧处谦）	
6. **关键词**	社会流动、文武交流、业绩、婚姻、家庭或家族、墓志笔法与史学方法	

（责任者：林明）

二、释文

梁故左藏库使右威卫大将军金紫光禄大夫检校尚书右仆射萧府君墓记铭

从叔朝请大夫守左散骑常侍柱国赐紫金鱼袋蘧撰

孤子处谦书

府君讳符，字瑞文，兰陵人也。后徙居咸秦，籍梁代之遗宗，寔圣朝之右族，华轩贵仕，弈叶重□〔华〕。

曾祖沔，皇任御史中丞彭州刺史。

祖濬，皇任饶州刺史。

父元，皇任苏州别驾。

（以上为家世背景，三祖均高层文官，65字。）

府君即苏台之长子也。弱不好玩，长实多才。洎总角从师，抠衣就业，儒术优柔之学，戎韬秘妙之方，咸若生知，悉由天授。

庚子岁，雄杰辐会，贤俊遭逢，认白水之真人，识紫云之异状。

（以上是学习文武两艺和弃唐投贼之原因，69字。）

寻从太祖皇帝赴镇浚郊，特荷奖期，而继奉委遇，遂奏授银青光禄大夫检校国子祭酒兼御史大夫充马射两军判官；其后每从征营，联下壁垒。

太祖以府君器度详敏，经度无差，奏加右散骑常侍充滑州都粮料使。

才逾星岁，俄却召归，奏转左常侍充诸军都指挥判官兼行营都粮料及赏设等使。

因出征河朔，攻下镇定幽沧，奏加检校工部尚书，依前充职，盖畴〔酬〕庸之殊特也。后进讨并汾，收克泽潞，奏加刑部尚书充昭义都粮料使，检辖帑藏，绵历星灰。俄授宿卫判官，盖唐襄帝内难之后也。

旋则迎扈辇辂，巡幸伊瀍，因授洛京都粮料使。三历岁序，备显恪勤。

后以宋、亳诸仓积年败事，军储所切，委用良难，因授都粮料使。于是校覆整理，约贰拾余万，既著厥效，奏加兵部尚书。在宋五年，职任弥著。

（以上是朱温称帝前之仕绩，出入藩镇首府和地方，均与军饷有关，269字。）

爰遇太祖皇帝受禅，西幸洛阳，禁卫六师，千乘万骑，随驾勘给，尤难其人。既及神京，即授在京都粮料使。星纪六换，绩效明彰，乃授以河北都招讨判官兼行营都粮料使，寒暑四载，奉诏追还。

（以上是朱温称帝至被弑之仕绩，出入中央和地方，但均与军饷和理财有关，73字。）

凤历岁，欲制置解县池场，委以使务，招商纳榷，将及期年。

（以上是凤历帝时之仕绩，仍是理财，22字。）

今上龙飞，奖用勋旧，降征诏除授右卫将军。既陟通班，俄逾再岁。

后以国朝实录，初议纂修，下诏百司，各令编纪。府君以壮岁效用，迄于耆年，征伐事机，无不目睹，矧以赡敏之性，叙述罔遗，吮笔修词，既精且备。乃纪述三轴，应命进呈，圣旨称奖，宣付史馆。旋降优诏，授右威卫大将军检校右仆射。

寻又除左藏库使。

（以上是末帝时的仕绩，因修史而获晋升，120字。）

且乎武经既达，文笔仍修，可谓全才，雅资其昌运也。晋大夫以壶飧从径，尚得论功；汉丞相以漕挽应期，孰能比德。若兹懿绩，宜奉殊恩，扶钺登坛，当在宸旨。

（以上是撰志者的评论或感慨，60字。）

俄以疾恙，枕席七年，药饵无征，迫于危惙。然而忧国之旨，报主之心，言发涕流，神迁业著。俄以龙德二年岁在壬午七月十八日启手足于延福里之私第，享年六十有四，识与不识，痛惜咸同。以癸未年八月一日窆于河南县金谷乡焦谷村之源，礼也。

（以上是去世及下葬，96字。）

夫人王氏，封琅琊县君，宜家之誉，焕于九族。

有子四人：

伯曰处谦，前任青州博昌县令，字人之政闻于众多，承家之规播在遐迩；

仲曰处珪，凤历军变之际，殁于京师；

叔曰处钧，前贝州长史；

季曰处仁，前国子四门博士。

皆义方禀训，孝友立身，各抱器能，用谐宠禄，可谓芝兰麒骥也。

女四人，皆以贤淑之称播于姻亲，勋贵之家来委羔雁。

长女适故郓州牛太师长子知业；

第二女适故龙骧军使梁司空长子昭演；

第三女适故景州刺史卫司空长子崇远；

第四女适魏王外侄孙孟仁浦。

皆高门之嘉婿也。

（以上是妻，子、女、女婿之婚嫁及任官情形，192字。）

府君自入仕，迄于季年，四十四载矣，备历繁重，咸著勤劳，忠孝之规，庆祚当在。迭享贵仕，其惟后昆，令嗣三人，继荣斯在。洎闻自经家祸，尤迫孝思，将显前修，愿刊贞石。乃号泣相诉曰："奉事有日矣，希述遗芳焉。"蘯以宗派无疏，情卷有异，敢违来请，聊抒斐词。乃为铭曰：

忠孝懿范，文武全才。君臣相遇，委任难偕。甄奖之命，宠禄斯来。其一。

赞画任重，飞挽功高。从于征伐，著此勤劳。履历崇秩，践扬大朝。其二。

贤妻处内，令嗣承家。孝慈有裕，□□□〔庆祚无〕涯。百福钟集，千载辉华。其三。

洛汭神都，邙□□□〔峻峙〕。卜用于兹，□□□□〔哀礼俱备〕。不朽之芳，载于斯记。其四。

（以上是撰志理由及铭文，206字。）

（责任者：王子涵、林明、陈柏予）

（指导者：刘祥光）

附件二：后梁武官宁州刺史牛知业墓志

梁故金紫光禄大夫检校司空使持节宁州诸军事宁州刺史兼御史大夫上柱国汉赠右卫上将军牛公墓志

公讳知业，字子英。
曾祖讳崇，力行不仕；
祖讳孝，梁赠右仆射；
烈考讳存节，字赞臣，梁天平军帅，赠太师。
（以上是曾祖父三代，均不记妻子，39字。）

公即太师之长子也。公始以父任为殿头，以从太师征伐有功，时初立马前都，充马前第三都头，稍转控鹤都虞候。
太师授同州节度使，太祖召公谓曰："朕闻孝于家则忠于国，尔常在我左右，我备谙尔忠勤。以尔父子久别，想多郁恋，朕欲成孝敬而厚人伦，俾尔奉温清而居职位，今授尔同州马步军都指挥使。"公于是舞蹈称谢，感恩泣下。太祖抚背而遣之。
太师移镇汶阳，转补郓州衙内都指挥使。
太师招讨东南，诏公留统州事。

无何，屯兵阳留，复命太师为招讨，忽以疽发于背，数日而终。时衙兵有青衫子都，窃图不轨，欲陷府城，公脱衰裳、披金革，号令而攻，逆党尽戮。飞奏上闻，优诏褒饰，授起复〔起复，授〕云麾将军使持节房州诸军事房州刺史。

越二年，授右羽林统军，俄充关西行营步军都指挥使，独领衙队千人，首下宁州，幕府上功，授宁州刺史。当贼兵势挫，城将不守，逆魁命其徒纵火焚□，衙署略尽，公之始至，出家财而构焉。

（以上是后梁仕历，以武功为主，319 字。）

未几，以脚疮请退，诏许归阙。肩舆即路，至于灞桥，渐觉赢顿，以其日终于公馆。时龙德三年四月六日也，享年四十四。

（以上是死亡，45 字。）

初娶孟氏，早逝，生子曰宗嗣，东头供奉官。

后娶萧氏，封兰陵县君，生子曰宗德，累官至阁门使，出为永兴军节度副使，今为彰武军节度副使；次曰宗谏，累为令长。

（以上是家庭，62 字。）

公以戎副在内职日，赠右卫上将军。始葬于郑州荥泽县广武原，今以先坟为盗所发，戎副敬卜吉地，迁而厝之，故公之坟亦随而移，二夫人并用祔焉。地则为西都河南县平乐乡杜翟村，时大宋开宝三年十月五日也，铭曰：

太师之兆，左次之域。

宁州府君，归全之宅。

馥馥令铭，绵绵殊绩。

陵谷有变，斯文不易。

（以上是葬与铭，118 字。）

附件三：后晋文官成德军节度判官牛知让墓志

晋故度支郎中牛公墓

公讳知让，梁赠右仆射讳孝恭之孙梁天平军节度使赠太师讳存节之第二子也。

公幼好读书，性敏悟，年方八岁，太师遣公入贡。

梁祖惜其俊迈，除太子春坊舍人，仍赐之朱绂。

洎唐庄宗朝，授孟怀等州观察支使。唐明宗帅汴，公为汴州支使，赐紫。

明宗龙飞，授太常丞。后晋祖镇河阳军，公授孟怀观察判官。

晋祖统运，除尚书职方员外郎，复为成德军节度判官。秩满，授度支郎中，将命汶阳，终于公馆，享年四十三。

（以上是才能、仕历与死亡，历仕梁、唐、晋三朝，均为文官，159字。）

公禀五行之粹灵，佐二皇之圣治，得其时而不用，怀其才而不伸，苟不推于命，则将何谓欤？积德有征，后当昌矣。

（以上是撰者总评，43字。）

公始娶霍氏东平中令之犹女也，继室以夫人堂妹焉。

有子五人：

长曰宗道，终郑州原武县主簿；

次曰宗慇，未仕而卒；

次曰宗辩，蓬州户掾；

次曰小椿，早卒；

次曰三椿，未仕。

女二人：

长适登州丁使君之子，卒。

次许嫁而卒。

（以上是二妻、子女及婿，子俱文官，不见媳，83字。）

公先以二夫人祔而葬于郑州荥泽县广武原。大宋开宝三年十月五日从先茔移窆于西京河南县平乐乡杜翟村原，铭曰：

古人有言，有其才无其命，时也。

呜呼！牛公有其才有其时，不获其用，抑亦命欤。

虽不在其身，将光于后欤。

（以上是葬与铭，88字。）

附件四：北宋文官邓州淅川县令牛宗谏墓志

开宝二年四月二十日，前邓州淅川县令陇西牛公讳宗谏，终于延州仲兄贰车之第，享年五十四。越明年，十月五日，嗣子继昌扶护，归葬于洛京河南县平乐乡杜翟村原，烈考宣州府君兆域之左次。公先娶史氏，继室李氏，并先公卒，今并祔之。

（以上是死亡、归葬及两亡妻，94字。）

宣州府君讳知业；

梁天平军帅赠太师讳存节，公之祖也；

梁赠尚书右仆射讳孝恭，曾祖也。

（以上是曾祖父三代，35字。）

公即宣州府君第三子也。

始公之遘悯也，年甫婴孺，先妣兰陵郡太君萧氏手自抚教，未尝暂辍。至于成人，克树全德，定省温清，能尽养道。

始假太仆寺丞，本司以恪干上举，遂授本寺主簿。

考满，除郑州荥泽县令，鞭扑不施，民悦而化，且曰自三五十年，未有此长也，遂连状举白，特赐绯袍银鱼，以旌善政。

秩满，改授邓州淅川县令，化导之政，一如荥泽。

（以上是尽孝与出仕，134 字。）

未几，丁太君忧，居丧之制，哭泣过节，气伤其明，遂至昏盲。服阕，仲兄授延州副使，将别，谓曰："洛阳神都，天下辐辏，苟有名医，亦觊可遇，无自忧患，以重其疾。"居三四载，虽医工渍之以药，攻之以针，竟无微效，卒至无睹，块然坐废，以俟乎终。虽有智略，无所能为，扬名显亲之志，穷于此矣。

仲兄遂令命驾归于延安，教导二子，俾各有成，既无身后之忧，但怡怡自遣，知命委兮，未尝以此为恨也。俄而风恙忽作，遽至捐馆。

（以上是居丧失明治之无效、兄弟之情与逝世，158 字。）

二子，曰继昌、继勋。三女，一适玉氏而卒，二在室尚幼。

（以上是子女，20 字。）

铭曰：

生民之道，可尚唯孝；

丧亲丧明，心乎难效；

哀哉斯人，而无善报。

（以上是铭文，26 字。）

附件五：牛氏婚姻

？：唐平民牛崇

？：唐平民惠主牛孝恭 ｜ 妻：李氏

武：后梁淮南西北面招讨使牛存节 ｜ 妻：郑国夫人薛氏

文：后梁宁州刺史牛知业

文：后晋度支郎中牛知让

？：牛知谦

？：牛知训

女：尼姑

女：张汉貂

武：东头供奉官牛宗嗣（元配孟氏所出）

文：北宋彭武军节度副使牛宗懿（继室兰陵萧氏所出）

文：北宋邓州淅川县令牛宗谦（继室兰陵萧氏所出）

文：北宋邓州原武县主簿牛宗道

？：牛知训

文：北宋蓬州户掾次牛宗辩

？：三楷

？：小楷

子、女：？登州丁使君之

女

？：牛继目

？：牛继勋

女：？王氏

女

女

参考资料

一、墓志碑文

1. 萧士明:《大周故光禄大夫检校司徒行右金吾卫将军兼御史大夫上柱国兰陵县开国男食邑三百户赠汉州防御使萧公（处仁）墓志铭并序》,吴钢主编《全唐文补遗》第五辑,87—89 页。

2. 萧士明:《大周故光禄大夫检校司徒行右金吾卫将军兼御史大夫上柱国兰陵县开国男食邑三百户赠汉州防御使萧公处仁墓志铭并序》,周绍良主编《全唐文新编》卷 858,10842—10843 页。

3. 萧士明:《大周故光禄大夫检校司徒行右金吾卫将军兼御史大夫上柱国兰陵县开国男食邑三百户赠汉州防御使萧公墓志铭并序》,傅斯年图书馆藏拓片（01643）。

4. 萧士明撰,周阿根点校:《萧处仁墓志》,周阿根《五代墓志汇考》,584—588 页。

5. 萧士明撰,章红梅点校:《萧处仁墓志》,章红梅《五代石刻校注》,654—656 页。

6. 萧蘧:《梁故左藏库使右威卫大将军金紫光禄大夫检校尚书右仆射萧府君（符）墓记铭》,吴钢主编《全唐文补遗》第一辑,436—438 页。

7. 萧蘧:《梁故左藏库使右威卫大将军金紫〔光〕禄大夫检校尚书右仆射萧府君符墓记铭》,周绍良主编《全唐文新编》卷 844,10613—10614 页。

8. 萧蘧:《梁故左藏库使右威卫大将军金紫光禄大夫检校尚书右仆射萧府君墓记铭》,傅斯年图书馆藏拓片（12855）。

9. 萧蘧撰,周阿根点校:《萧符墓志》,周阿根《五代墓志汇考》,124—127 页。

10. 萧蘧撰,章红梅点校:《萧符墓志》,章红梅《五代石刻校注》,92—

95 页。

11. 不著人撰:《梁故金紫光禄大夫检校司空使持节宁州诸军事宁州刺史兼御史大夫上柱国汉赠右卫上将军牛公墓志》,李献奇、郭引强编注《洛阳新获墓志》(北京:文物出版社,1996 年),137 页(图版)、320—322 页(释文)。

12. 不著人撰:《牛知让墓志》,罗振玉辑《芒洛冢墓遗文》卷下,新文丰出版编辑部编《石刻史料新编》(台北:新文丰出版社,1977 年),14033 页。

13. 不著人撰:《牛宗谏墓志》,罗振玉辑《芒洛冢墓遗文》卷下,新文丰出版编辑部编《石刻史料新编》,14033—14034 页。

14. 不著人:《梁赠尚书右仆射陇西牛公墓志》,傅斯年图书馆藏拓片(14745)。

15. 不著人撰,张瑞芳注释:《牛孝恭墓志》,宋代史料研读会报告,2005.10.29。

16. 李明启:《柱国牛公(知业)新筑州城创建公署记》,董诰等编《全唐文》卷 829,8732—8734 页。

17. 李明启撰,章红梅点校:《牛知业板筑新子州墙记》,章红梅《五代石刻校注》,83—86 页。

18. 卢文度撰,周阿根点校:《牛存节墓志》,周阿根《五代墓志汇考》,65—67 页。

19. 严耕望:《唐代方镇使府僚佐考》,收入严耕望《唐史研究丛稿》,177—236 页。

20. 苏颂:《二乐陵郡公石公神道碑铭》,苏颂撰,王同策等点校《苏魏公文集》(北京:中华书局,2004 年重印 1988 年版),814—820 页。

21. 龚延明:《宋代官制辞典》,北京:中华书局,1997 年。

二、其他资料

22. 毛阳光、邓盼:《洛阳新出五代〈牛存节墓志〉考释》,《洛阳师范学院学报》2010 年第 6 期，20—26 页。

23. 王钦若等撰，周勋初等校订：《册府元龟》。

24. 司马光等撰，标点资治通鉴小组点校：《资治通鉴》。

25. 石云涛：《唐代幕府制度研究》，北京：中国社会科学出版社，2003 年。

26. 杜文玉：《论唐五代藩镇使府内部的监察体制》，《文史哲》2014 年第 5 期，95—105 页。

27. 范晔撰，李贤等注，中华书局编辑部点校：《后汉书》，北京：中华书局，1965 年。

28. 陈尚君：《旧五代史新辑会证》。

29. 张国刚：《唐代藩镇财政收入与分配》，收入张国刚《唐代藩镇研究》（北京：中国人民大学出版社，2010 年增订版），145—158 页。

30. 赵冬梅：《文武之间：北宋武选官研究》，北京：北京大学出版社，2010 年。

31. 赵雨乐：《唐宋变革期军政制度史研究（一）——三班官制之演变》。

32. 刘昫撰，中华书局编辑部点校：《旧唐书》，北京：中华书局，1975 年。

33. 欧阳修撰，徐无党注，华东师范大学等点校：《新五代史》。

34. 欧阳修撰，董家遵等点校：《新唐书》，北京：中华书局，1975 年。

35. 刘琴丽：《唐代武官选任制度初探》，北京：社会科学文献出版社，2006 年。

36. 赖瑞和：《唐代中层文官》，北京：中华书局，2011 年。

37. 储大文等编纂：《山西通志》，文渊阁四库全书本。

38. 严耕望：《唐代府州僚佐考》，收入严耕望《唐史研究丛稿》（香港：新亚研究所，1969 年），103—176 页。

武人在地之光

（任汉权）

林明、陈昱宗

后周武官济州刺史任汉权屏盗碑铭并序

一、基本资料

1. **性质**	屏盗碑
2. **题名**	新题：后周武官济州刺史任汉权屏盗碑铭并序 首题：大周推诚奉义翊戴功臣特进检校太保使持节济州诸军事行济州刺史兼御史大夫上柱国西河郡开国公食邑二千三百户任公屏盗碑铭并序
3. **时间**	立碑时间 立碑：后周显德二年（955）闰九月一日
4. **地点**	立石地点 立石：济州（山东菏泽）巨野县
5. **人物**	
墓主	任汉权（915前—955后）
求文者	郡将官吏
撰者	后周文官集贤殿修撰李昉（925—996）
书丹者	后周文官翰林待诏张光振
篆额者	后周文官军事判官张穆
6. **关键词**	文武交流、业绩、墓志笔法与史学方法（地方志）

（责任者：林思吟）

二、释文

大周推诚奉义翊戴功臣特进检校太保使持节济州诸军事行济州刺史兼御
史大夫上柱国西河郡开国公食邑二千三百户任公屏盗碑铭并序
朝议郎行左拾遗充集贤殿修撰臣李昉奉敕撰
翰林待诏朝议大夫行司农丞臣张光振奉敕书

降娄鲁之分，济河惟兖州。大野既荒，西狩获麟之地；崇山作镇，
东溟见日之峰。郡国已来，土赋称大；旧制非便，必惟其新。盖民众吏
少，则奸易生；治称任平，则时克乂。皇朝建济州于巨野县，犹魏室分
厌次为乐陵郡耶？

（以上是序，述济州之设立，83字。）

我太祖圣神恭肃文武孝皇帝，发天机，张地纪，皇建丕祚，帝于万
邦，不枉政以厚民生，不克法以重民命。以为分是理，颁是条，施之一
方而用宁，通之四海而不泥者，其惟良二千石乎！故□〔所〕选牧守，
咸用贤能，得人者昌，于斯为盛。

今皇帝嗣守洪业，光扬圣谟，率勤俭为天下先，惟几微成天下务。
所谓皇王纲统之道明矣，邦国纪律之务成矣，而研核精炼，日不暇给，
以戒弛堕之患；所谓视听聪明之德充矣，□〔中〕外上下之情通矣，而
启迪开纳，国无留事，以防壅塞之弊。凡军国机要，刑政枢务，事无巨
细，必详于听览；凡公侯卿士，牧伯长吏，任无轻重，必考其才器。是
以设爵愈重，分职愈精，人人自谓我民康，家家自谓我土乐。粤嗣位元
年冬十月，诏以前赵州刺史任公检校太保，牧于济。

（以上述说周太祖及世宗重视民生和民命，引出慎选牧守，262字。）

济，新造之郡也，麟州之名，其废已久。

岁月差远，土风浸醨，民忘其归，或肆为梗。重以控地既大，苞荒用遐，山幽□〔薮〕深，亡命攸萃。灌莽悉伏戎之地，萑蒲为聚盗之资。妖以人兴，啸召或成于风雨；法由贪弊，羁縻遂至于逋逃。良田有蟊，实害嘉谷。虽夫年号丰稔，时无札瘥，滞穗余粮，栖偃于千亩，京仓坻庾，阜衍于九年，犹或胁游堕之夫，释耒耜之用，钩锄弦木，窃弄于乡闾之间，矧饥沴之岁乎？至乃野无战血，天藏杀机，巩甲彫戈，戢锋铓于武库，庸租井赋，缓征督于乡胥，尚或诱轻生之民，聚无赖之族，巢枭穴狡，窃发于晦暝之中，矧兵革之际乎？

民既病而畴思其治，医虽良而药或未工，盖用有所长，才难求备。文吏束名教之检，则必曰导之以德，盗用侮而益暴；法家持刚猛之断，则必曰齐之以刑，盗用骇而弥逸。自非文武兼资之用，英雄断制之才，莅是任而居是邦者，厥惟艰哉！

（以上述说济州盗患之各种情况，引出治盗者应具备之条件——文武兼资，299字。）

公天授将材，生知理本。以战则胜，玄机出应变之先；以化则孚，心术洞希微之表；抗一麾而戾止，抚万室以瞻言。以为川壅污潢，利源派而当宜浚畎；田荒蕰菜，树嘉苗而必极芟夷。

（以上承接"文武兼资"，以战、以化，69字。）

于是令以先庚，申之后甲，介马负先驰之勇，阴门提夜出之兵。猎丛社以平妖，尽诛其类；狩平林而得貐，悉伏其辜。狂童震惊，四野竦骇；狼心尽革，民患皆除。

乃峻以堤防，敛其窌阱，决狱尽疏其留滞，穷源用涤其瑕疵。分命乡民，设其警候，伏乙夜以搜慝，扼冲途而伺奸。盗迹之来，若罥置毕。申命降寇，招其叛徒；恩信署用，以结其心；憖伏羁留，以杜其变。盗意之改，若愈膏肓。非夫术以变通，奸由惠照，太阿所击，剚洪钟而不留，玉弩载张，应灵机而自发，其孰能如此耶？

（以上承接"以战则胜"，平盗时剿、抚、防三者并用，179 字。）

甚矣哉！除盗之难，其来有素。中古浇漓之后，群心变诈之兴，纵燎夷荒，或败萧兰之秀；寻柯伐蠹，因伤杞梓之材。惟贤者之用心，则是非而无混。故公嫉盗之意切而诛盗之令严，去盗之术行而屏盗之誉显。

夫盗既去矣，民将息矣，然后缓之以约束，宽之以法令，养之以惠爱，劝之以礼让。化之无或戾，信之无或欺，则龚黄之风，彼亦奚尚。是以黄发鲐背之叟，农工商贾之类，含哺而嬉，既舞且咏；以为康庄播颂，虽昭盛德之容；琬琰裁碑，宜耀披文之质。

（以上承接"以化则孚"，以龚黄之风作为治本之道，173 字。）

郡将官吏，唱言金同，乃诣阙上陈，愿塞群望。帝用嘉许，纶言式敷，诏左拾遗李昉俾文其事，以述济民之请。微臣不才，孤奉明旨。揣阃秘思，惧遗休声，稽实课虚，斯谓无愧，而太史氏纪功臣之绩云。

（以上是撰碑原委，75 字。）

公名汉权，蜀国人也。以武略事累朝，以战功登贵仕，亟握兵要，连分使符。初牧于丹，有排乱折冲之绩；移治于赵，有安边镇静之功。所至皆有能名，而济之人独能宣其事业，以示不朽，亦可谓贤矣。

（以上是事功及立碑原由，75 字。）

系曰：事有谚于谣俗、传于耆旧者，千载之下，尚为美谭，矧文之以铭，而勒之于石乎？他日知使君之政者，其将质于此，故其词云：

道失其要，刑淫而暴；人心用违，良民为盗。

令严而申，政肃而淳；人心用依，盗为良民。

民即盗也，盗亦民也；善恶之化，实由乎人。

猗欤使君，克善其治：

始以严诛，去其奸宄；申以约束，静其乡里。

里无堕农，乡无狡童；曾未逾月，澄清四封。

相彼林矣，岂无豺虎；暴心不生，与麟为伍。

循彼陔兮，亦有荆棘；恶蔓既除，与兰同色。

使君之贤，如山如渊；济民之颂，声闻于天；刻石播美，垂千万年。

（以上是铭文，总结碑文，193字。）

军事判官朝议郎试大理司直兼殿中侍御史张穆篆额
显德二年岁次乙卯闰九月一日丙申朔建

（责任者：林明）

（指导者：山口智哉、李宗翰、柳立言、刘祥光）

三、个案研究

后周济州刺史任汉权（915前—955后）以军功起身，在山东平盗有功，世宗下令集贤殿修撰李昉（925—996，后为北宋名相）撰写《屏盗碑》，充分透露五代需要什么条件的地方首长。他们不一定能获得国家级的声誉，但可能在历代地方志留下大名，成为武人之光，也是一种重视。

任汉权在两《五代史》无传，在《旧五代史》和《册府元龟》同留一事，后者记于"将帅部·败衄"，一看便知是败绩（附件一），[1] 不过汉权在道光《济宁直隶州志》出现三次。首先在名宦祠，虽是外人（蜀人）和武人，仍被奉为名臣，在官祠里按照儒家典礼，接受文人、武人和搢绅等人的祭祀，但不知他是穿着文臣还是武将的服饰。其次在

---

[1] 《册府元龟》卷443，5002页；《旧五代史新辑会证》卷47，1594页。

职官志之历代职官表，称他是进士及第，明显是讹传，因为不见于《屏盗碑》。[1] 如真是进士，碑文撰者李昉也是进士，理当借机凸显科举出身者之平盗能力。最后出现在职官志之人物传记，完全抄自《屏盗碑》（附件二）。

　　一经比对，立见地方志撰者之取舍与识见（附件二）。一是文字，无一不采自《屏盗碑》，锻炼有加而原意尽存，如将"介马负先驰之勇，阴门提夜出之兵"，精简为"介马先驰，阴门夜出"。二是内容，地方志之关键词句凡十：治本、以战、以化、尽诛、乡民警候、意切、令严、术行、誉显、百姓诣阙上陈。兹将较重要者分门别类，与《屏盗碑》相较：

比较的类目	地方志	屏盗碑
1. 任汉权的能力	汉权生知治本	1. 公天授将材 2. 生知理本
1.1 战（诛）	以战则胜	以战则胜，抗一麾而庋止
1.2 化（教）	以化则孚	以化则孚，抚万室以瞻言
2. 平盗之术	术行	去盗之术行
2.1 先剿	令严 尽诛其类	诛盗之令严 尽诛其类
2.2 后抚		1. 招降纳叛 2. 以恩信结其心 3. 以羁留杜其变
2.3 又防	乡民警候	分命乡民，设其警候，伏乙夜以搜慝，扼冲途而伺奸
2.4 正本清源		决狱尽疏其留滞，穷源用涤其瑕疵
3. 平盗纪功	百姓诣阙上陈 诏撰屏盗碑以纪事	郡将官吏，诣阙上陈 诏撰文以述济民之请

---

　　[1] 徐宗幹修，许翰纂：《（道光）济宁直隶州志》，收入《中国地方志集成·山东府县志辑》（南京：凤凰出版社，2004年）卷5，249页；卷6，286—287、417页。

从 1 来看，地方志突出治理之本，即吏治教化，而降低将才，但下句"以战则胜"其实就是将才。从 2 来看，地方志略去了 2.2"后抚"和2.4"正本清源"，可能认为已包含在"治本"之中。从 3 来看，地方志应不是误把百姓当作官吏，而是把《屏盗碑》的"郡将官吏"与"以述济民之请"两事合为一事。由此观之，在有限的篇幅里，地方志人物小传的笔法有时颇像墓志，高度概括，不求细节，研究者可用其大意而不必斤斤计较其小处。无论如何，地方志编者几尽得古人用心，有如撰写摘要，指出任汉权平盗之要点在于严令、痛剿、发动乡民自救和以教化取得信服，唯一的遗憾是漏了《屏盗碑》的警句"龚黄之风"。

《屏盗碑》借盗发挥，大谈五代所需要的良牧。平盗必须同时针对标和本，前者是剿、抚、防（上表 1.1、2.1、2.2、2.3），后者便是吏治教化（1.2、2.4），如"决狱尽疏其留滞"，让原告、被告以至证人等各种关系人尽快回家营生，不要驱民为盗，正如碑文所说的，"民即盗也，盗亦民也；善恶之化，实由乎人"。这种人十分难找，"文吏束名教之检，则必曰导之以德，盗用侮而益暴；法家持刚猛之断，则必曰齐之以刑，盗用骇而弥逸"，亦即德、刑不能独用，和儒、法两家俱有不足。理想的人选，必须具备"文武兼资之用，英雄断制之才"：允文允武是修养和治术，能断能制是魄力和手段。

在碑文里，任汉权虽是武人，却能吏治。他"以武略事累朝，以战功登贵仕。……初牧于丹（陕西），有排乱折冲之绩；移治于赵（河北），有安边镇静之功"，但吏民没有请碑纪功，直到出守山东济州，才得到当地人的推举。功赏为何来迟？关键似是汉权在丹州和赵州只有武功而缺乏民治，在济州则两者兼有：武功占了 179 字，民治 173 字，旗鼓相当。对汉权的"以化则孚"，碑文说：

> 夫盗既去矣，民将息矣，然后缓之以约束，宽之以法令，养之以惠爱，劝之以礼让。化之无或庹，信之无或欺，则龚黄之风，彼

亦奚尚。是以黄发鲐背之叟，农工商贾之类，含哺而嬉，既舞且咏。

既能达到汉代循吏龚遂与黄霸的化境，碑文两至三次以"贤"称誉汉权，乃值得树碑以示不朽。

所撰是实是虚？撰者说自己"揣阖秘思，惧遗休声，稽实课虚，斯谓无愧，而太史氏纪功臣之绩云"。碑文大胆谓"他日知使君之政者，其将质于此"；铭文再次综合说："猗欤使君，克善其治。始以严诛，去其奸宄；申以约束，静其乡里。里无堕农，乡无狡童。"撰者希望"千载之下，尚为美谭"，果然在地方志里代代相传。

有谓五代武人知州多乱政，宋祖乃以文易武。其实，至少在平盗事上，文人与武人可能有相同的想法和做法。屏盗碑用"严"和"诛"字各三次，计为"诛盗之令严""令严而申""始以严诛"和"尽诛其类"，似乎反映文人不以严刑殛杀为非。碑文又用"化"字三次，即"以化则孚""化之无或戾"和"善恶之化"，反映文人认为知州既要以战除盗，也应以化服民。同一地方志书讹传任汉权为进士，也许在潜意识里，总是认为一位地方首长，不管是文人或武人，依照传统典范，都应允文允武。

任汉权在国史无传，却在地方留碑和地方志留名。这提醒研究重文轻武的学人，必须分别国家层级与地方层级。没有达到国家级地位的武人，可能在地方留下大名和治绩。同理，在中央政府不得志的武人，可能在地方受到重视，为武人发光，吸引好男来当兵。

（执笔者：林明、陈昱宗）

（指导者：山口智哉、李宗翰、柳立言、刘祥光）

附件一：任汉权大事年表

时间	官职	地	事
后唐清泰二年（935年）六月二十一日	西京弓弩指挥使	金州汉阴	"与川贼战，兵少不敌"
？	丹州刺史	丹州	以武人出任州牧，"有排乱折冲之绩"
？	赵州刺史	赵州	"有安边镇静之功"。
后周显德元年（954年）十月	济州刺史	济州	出牧新造之济州，除灭盗匪并按抚当地
显德二年（955年）闰九月一日		济州巨野县	经由郡将官吏发起，周世宗诏李昉撰文，为任汉权立屏盗碑

附件二：比对《济宁直隶州志》与《任汉权屏盗碑》

《济宁直隶州志》卷6《职官》传记[1]	《屏盗碑》
济州新造之郡，控地既大，包荒用遐，山幽水深，亡命攸萃。	济，新造之郡也，麟州之名，其废已久。 岁月差远，土风浸醨，民忘其归，或肆为梗。重以控地既大，苞荒用遐，山幽薮深，亡命攸萃。灌莽悉伏戎之地，萑蒲为聚盗之资。
汉权生知治本，以战则胜，以化则孚。介马先驰，阴门夜出，尽诛其类，民患皆除。	公天授将材，生知理本。以战则胜，玄机出应变之先；以化则孚，心术洞希微之表；抗一麾而庶止，抚万室以瞻言。以为川壅污潢，利源派而当宜浚畎；田荒藨蓘，树嘉苗而必极芟夷。于是令以先庚，申之后甲，介马负先驰之勇，阴门提夜出之兵。猎丛社以平妖，尽诛其类；狩平林而得貐，悉伏其辜。狂童震惊，四野辣骇；狼心尽革，民患皆除。乃峻以堤防，愁其窨阱，决狱尽疏其留滞，穷源用涤其瑕疵。

---

　　[1]《（道光）济宁直隶州志》,收入《中国地方志集成·山东府县志辑》卷6《职官》,417页。

《济宁直隶州志》卷6《职官》传记	《屏盗碑》
分命乡民设其警候，意切令严，术行誉显。	分命乡民，设其警候，伏乙夜以搜慝，扼冲途而伺奸。盗迹之来，若雁罝毕。 申命降寇，招其叛徒。恩信署用，以结其心；慴伏羁留，以杜其变。盗意之改，若愈膏肓。非夫术以变通，奸由惠照，太阿所击，刺洪钟而不留，玉弩载张，应灵机而自发，其孰能如此耶？……故公嫉盗之意切而诛盗之令严，去盗之术行而屏盗之誉显。
百姓诣阙上陈，诏左拾遗李昉作屏盗碑以纪其事。	郡将官吏，唱言佥同，乃诣阙上陈，愿塞群望。帝用嘉许，纶言式敷，诏左拾遗李昉俾文其事，以述济民之请。

参考资料

一、墓志碑文

1. 李昉:《大周推诚奉义翊戴功臣特进检校太保使持节济州诸军事行济州刺史兼御史大夫上柱国西河郡开国公食邑二千三百户任公屏盗碑铭并序》,傅斯年图书馆藏拓片（01644、08394、08395）。

2. 李昉:《济州刺史任公屏盗碑》,董诰等编《全唐文》卷862,9040—9042页。

3. 李昉撰,章红梅点校:《任公屏盗碑》,章红梅《五代石刻校注》,627—629页。

二、其他资料

4. 王钦若等撰,周勋初等校订:《册府元龟》。

5. 徐宗幹修,许瀚纂:《（道光）济宁直隶州志》（咸丰九年刻本）,爱如生中国方志库,2019.07.24；又见凤凰出版社编选《中国地方志集成·山东府县志辑》册76,南京：凤凰出版社,2004年。

6. 陈尚君:《旧五代史新辑会证》。

一所悬命

（郭进）

李逸群、林明、林思吟、陈昱宗、张仲元、张庭瑀、聂雯

后周武官卫州刺史郭进屏盗碑铭

一、基本资料

1. 性质	屏盗碑
2. 题名	新题：后周武官卫州刺史郭进屏盗碑铭 首题：大周推诚翊戴功臣金紫光禄大夫检校司徒使持节卫州诸军事卫州刺史兼御史大夫上柱国太原县开国男食邑三百户郭公□□□□〔屏盗碑铭〕
3. 时间	立碑时间：后周显德二年（955）五月十一日
4. 地点	立石地点：河南汲县（河南卫辉）出土
5. 人物	
墓主	郭进（922—979）
求文者	民吏[1]
撰者	后周文官行右补阙杜韡（？—963后）[2]
书丹者	后周文官翰林待诏孙崇望（？—973后）[3]

---

[1] 《宋史》卷273，9335页。

[2] 杜韡约于乾德元年（963）为驾部郎中，见《续资治通鉴长编》卷4，109页。

[3] 孙崇望约于开宝六年（973）为翰林待诏，见骆天骧《类编长安志》，收入《宋元方志丛刊》卷10，北京：中华书局，1990年，375-2页。

| 6. 关键词 | 社会流动、业绩、品德、墓志笔法与史学方法 |

（责任者：李逸群、陈昱宗）

二、释文

大周推诚翊戴功臣金紫光禄大夫检校司徒使持节卫州诸军事卫州刺史兼
御史大夫上柱国太原县开国男食邑三百户郭公□□□□〔屏盗碑铭〕
朝请大夫行右补阙柱国臣杜韡奉勅□〔撰〕
翰林待诏登仕郎守司农寺丞臣孙崇望奉□□〔敕书〕

臣闻汉宣帝知民间之事，则曰□〔共〕理者其在惟良□□□〔二千
石〕；唐太宗为天下之□〔君〕，且云刺史乃我当自择。是知虽皇
□□□□〔王之统驭〕，□□□□□□〔须牧守以抚字〕。
失之于人，得之于士，有美有恶，难将一马同归；或隆或□〔污〕，实
类九土相远。失人则苛政逾于猛虎，得士则善吏譬之良鹰。可不慎乎！
可不重□〔乎〕！
（以上是序，指出君王以得人为至重，107字。）

皇帝纂丕图，临万有，以授受难乎选，以理治急乎才。渐行日月之
轮，辗成古道；终扇阴阳之□〔炭〕，销尽兵锋。一日，谓丞相曰："卫
州士庶，列状以闻，述去盗之由，称守臣之美。宜乎旌其长，可其奏，
命之刊勒，振其辉光。"乃勅朝请大夫行右补阙柱国臣杜韡序而铭之。
（以上指出后周世宗重视吏治，凸显替郭进立碑之意义，99字。）

臣虔奉□□〔丝纶〕，忧深□□〔冰谷〕，侧询□□〔行道〕，
□〔或〕敢言扬。固以仁者安人，斯为至矣；盗亦有道，其可尚乎？

矧乃抱□〔奇〕屈之□〔材〕，耸昂□〔藏〕之□〔度〕，奋迅于平地，绵亘于数州，□〔诚〕大丈夫，号良太守。生聚在蒲卢之上，奸回□□〔散蓬〕竹之中，山川封□〔圻〕，镜清里闬，□〔稽〕之□□〔羲卦〕，岂同亡楚之言？□〔详〕以□〔麟〕经，实契奔秦□□〔之事〕，□□〔今之〕汾阳公其人也。

（以上指出郭进要对付"盗亦有道，其可尚乎"，116 字。）

公名进，□〔深〕州□〔博〕野人也。

皇帝即位三年，自登而牧卫。维彼商墟，□〔厥〕称汲郡，任侠自尚，刚壮相沿；□〔逸〕碧□□□□〔嶷而藏疾〕成风，横绿波而流恶不□〔尽〕。

公至止未□〔几〕，□〔循〕理而思，且□〔询〕道求中，静□〔乎〕内而□〔劝〕乎外；正身率下，俭于己而便于人；未有澄其沙□□〔而水〕之不清，去其蠹而木之不茂。先之以力制，次之以德攻，化俗于斯，何盗之有？

（以上指出卫州难治之处与郭进屏盗之原则是兼用"力"与"德"，120 字。）

公集之地□〔征〕，□〔输〕于天府，一度量，□〔齐〕权衡，谨出纳之间，审重轻之数，拔规求之本，塞率割之源，得不谓先去其帑廪之□〔盗〕乎！

夫马寒则毛缩，鱼劳则尾颒，物之性也，□□□□〔岂有异哉〕？公能□〔划〕以□□〔滋彰〕，□〔禁〕之附□〔益〕，去狼羊之□〔类〕，□□□□□〔扫硕鼠之踪〕，得不谓先去其杼轴之盗乎！

郡之与邑，事乃有经，节符令则削烦，省督责则息费，得不谓先去其簿书之盗乎！市□〔盈〕于日中，□□〔货来〕于天下，□〔弘〕羊适至，不韦□□〔未归〕，□□□□〔法前事之〕通商，抑有司之侵利，得不谓先去其阓□〔阛〕之盗乎!

公人临事以自惩,贪吏因时而变态,于是乎卜要冲之所,布□〔敦〕谕□□〔之文〕,既革面以□□〔后时〕,或□〔洗〕心而尚晚,俄乃付之□□〔逮捕〕,□〔正〕以刑章。

(以上指出郭进先平服官府内四种文贼,大原则是先教后刑,217字。)

夏虫植性以疑冰,夜蛾舞空□□〔而赴〕火;或巢摧而枭散,或穴塌以兔奔。虽沿波□〔之〕时,固讨源而是切;且拔茅□〔之〕后,恐□〔连〕茹□□〔以弘〕多。回思顾望之徒,须设并容之□〔术〕,□□〔而乃〕化之勉之,抚之安之,曰:"尔胡不盗天时□〔地〕利,以耕凿为衣食之源;尔胡不盗毛群介虫,以捕猎求山泽之产;或□□〔剖石〕采玉,或□□□〔披沙汰〕金,取之不为贪,得之不为窃。□□□□〔岂可习性〕梁上,偷生草中;始务匿藏,终贻剿绝;明□〔申〕后甲,休拘赵礼之兄;尽涤昨非,不问展禽之弟。"

于是众相谓曰:"嫉恶如□〔仇〕,公于国也;视民□〔若〕子,私于我也。闻其美□〔言〕,□□〔何以〕酬于布帛,服其异政,何以答于裤襦。"由是易其□〔情〕,知其禁;陆梁者迁善,返侧者销忧。弃戟捐矛,却问农耕之早晚;带牛佩犊,□□□□□□〔咸勤稼穑之艰难〕。□〔实〕所谓静乎内而劝乎□〔外〕,□〔俭〕于己而便于人者也。

自然山川封圻,镜清里闬。戴若思之投剑,谁预客船;陶士衡之驻车,不言官柳;室家相庆,上下咸和。尔□□〔乃复〕以流□〔庸〕,□〔俾〕之□〔安〕集。□〔酽〕酸而蚋至,肉膻□□□〔而蚁来〕;归乐土而长谣,登春台而□□〔胥悦〕。可以□〔宁〕乎孟,可以召乎江;山下火而各贲丘园,云上天而□〔交〕需酒食。政既成矣,奖□〔亦〕至矣。

(以上指出郭进平定百姓的武装盗贼,大原则是先剿后抚,366字。)

公神□□□〔襟亮拔〕，□□□〔胆度深〕沉；□□□□□〔闻金鼓之声〕，平分□□〔勇爵〕；见风云之气，洞达戎机。命世而生，□□〔藉时〕而□〔起〕。蛟龙遇水，难□□□〔抑腾骧〕；雕鹗乘秋，自□□□〔当奋厉〕。

初刺于坊、磁，又迁于淄、登、卫。抚察之才，声华迭□〔远〕；□□□□〔金经百炼〕，□〔转〕见晶荧；乐至九□〔成〕，益闻清越；载编青史，已纪贞珉。

昔细侯赴童子□□〔之期〕，源流邈尔；高卿赐三公之服，千载交辉，美矣盛矣。论者曰：征之藏用，在□□〔乎翕〕张。何□□□〔变豹之前〕，猛于破敌；自化熊之后，善于抚民。垂畏爱于和门，流忠孝于昭代。阙庭称理，风俗自新。□□〔莫谓〕周□□〔有乱〕臣，□〔翻〕使卫多君子。

(以上赞美郭进允文允武、移风易俗，182 字。)

皇帝下□〔诏〕书以褒□〔尚〕，□〔命〕碑□□〔颂以〕揄扬。必有仿侧帽之人，必有效垫巾之辈。其则不远，见贤思齐；引而伸之，则□〔可〕知矣。纪太常而有素，□〔藏〕明府以居多，未若当铃阁之前，于旌门之□〔侧〕，写之琬琰，传之子孙。

(以上指出世宗下诏立碑褒赏之目的是传之子孙作为楷模，137 字。)

臣幸齿近班，曾无远□〔略〕，忸镂冰而见诮，思墁瓦以非□〔工〕。谬承圣主之恩，用播贤臣之美。凝神握管，空成科斗之书；拭目披文，不称麒麟之抗。强抽□〔愚〕思，谨作铭云：

　　流焉告瑞，归焉卜期；连珠有烂，□〔合〕璧无私。
　　固本维何，在民者矣；共理维何，择人而已。
　　倬彼郭侯，系□〔我〕成周；□□□〔宠非徐〕李，事异□〔娄〕刘。

乡曲□□〔泥蟠〕，烽烟水击；剑引芙蓉，弓开霹雳。

□〔鼓〕随画角，旗逐朱轮；谁恶坐啸，自乐行春。

始刺于坊，今牧于卫；渤海便宜，□〔颍〕川烦碎。

方圆并设，畏□〔爱〕齐□〔驱〕；讼销菽茀，盗散萑蒲。

帝王兮念功，民人兮受赐；他山兮晶荧，丰莲兮贠贠。

歌之兮二天，勒之兮八字；剖竹兮有光，□□〔操瓠〕兮无愧。

（以上是铭，总括碑文，152 字。）

显德二年岁次乙卯五月戊辰朔十一日戊寅题

（责任者：李逸群、林明）

（指导者：李宗翰）

三、个案研究

　　北宋熙宁四年（1071），宋夏交兵，名将种谔大败于抚宁，多位大臣连带受贬，神宗也为择将与用将烦恼不已。王安石说："前见陛下言郭进事，臣案《进传》，言进知人疾苦，所至人为立碑纪德政，惟士卒小有违令辄杀。"[1] 同时提到郭进（922—979）的治民和治军。一百多年前，被称作"武人"的郭进不但屡获德政碑，更以克晋败辽赢得盛名，却以自缢结束生命，引起后人争议。下文依次探讨郭进的民政、军事和自尽，在分辨争议时必须对史料进行考证和解读，但愿不会太枯涩。

甲、尽命

　　郭进治民能知人疾苦，所至留下德政碑，但治军却杀人不眨眼，是否有些矛盾？王安石所言是否可信？

　　现存较为一手和翔实的郭进传记共有三篇：一见于原挂名曾巩

---

[1]《续资治通鉴长编》卷 222，5403 页。

（1019—1083）的《隆平集》，[1]在南宋初年刊行，并以《郭进巡检》为名，收入《名臣碑传琬琰集》（1194），作者题为"舍人曾巩"，故确是曾巩所作；二是王赏（？—1149，1103 年进士）和王称（？—1195 后）父子的《东都事略》，于 1186 年进呈朝廷，得付史院，自有一定水平；[2]三是脱脱（1314—1355）等人的《宋史》，于 1345 年成书，篇幅冠于二十四史，向有芜杂之讥。三者都没有直接提到王安石所说"《进传》言进知人疾苦"，也只有《宋史》写下"士卒小违令，必置于死"，究竟真假如何？万一研究者难以确定三书之作者及史源，能否单靠内容探究它们的可信度？我们利用比对的方法（详附件一，相关引文不再作注，下同），从四方面切入，发现如下：

1. 就文字言，三传雷同之处不胜枚举，只有三个可能：三书互相抄录、三书抄自同样的史源、两者俱有。引起的问题，是众证可能只是孤证，而孤证可能是众人都看到，但只有一人选取。

2. 就篇幅言，《隆平集》最短，《宋史》最长。配合内容来看，反映愈晚出者愈能看到更多的资料，若作者具备史识、史德与史才，便可成就最佳之版本。

3. 就体裁言，《东都事略》之本传明显是编年，以时系事，有时略显芜杂，如太宗之时共记五事（附件一·5.1—5.5）：郭进寻找恩人竺妇并抚养其孤女、善听讼、军政严肃得为西山巡检二十年（其中约十六年在太祖朝）、大败契丹援兵、自经死亡。表面看来，依次是私德、公益、治军、战功与死亡，但第一事有如曹刿论战之小惠小信，岂能从小见大，跟四事也格格不入，《宋史》不取。此外，全传都是美言，宛如行状墓志，也可收入《琬琰集》。《隆平集》本传亦属编年，但与《东都事略》

---

［1］《隆平集》是全部还是局部出自曾巩之手，至今犹有疑虑。不同的观点，见曾巩撰、王瑞来校证《隆平集校证》前言，1—12 页。

［2］陈述：《〈东都事略〉撰人王赏、称父子》，《史语所集刊》1939 年第 8 辑，129—138 页；舒仁辉：《〈东都事略〉与〈宋史〉比较研究》，北京：商务印书馆，2007 年，17—22、45—56 页。

相较，有时略为失序有欠章法，如植柳等事（8）应放在担任洺州团练使之时（3），治军和养军（6.1和6.2）应放在太祖之时（4），不应放在太宗之后（5）。此外，亦是全篇佳话，最后一大段插入太祖御将之道，既与前文分散或重复（5.2、6.2），又让郭进沦为配角。《宋史》本传先编年、后评议，先述郭进之崛起，然后是五代时期的功业，以吏治为主（2至3），再次是北宋初年的功业和死亡，以武功为主（4至5），接着是评论郭进成功的原因及缺点（6），最后以太祖和太宗之殊宠作结（7）。它在按年叙事时，只挑选与主题如吏治和武功相关的事件，而将部分之余事移入评议，既说长也道短，并不偏颇。三书之中，《宋史》堪称最有问题意识、最有条理、最能持平，最能凸显传主本人而非他人之事功。

4. 就内容言，第一，《隆平集》最略，《宋史》最详，如只算大处不算细节，《宋史》有十处（2.2、2.3、3.0、4.2、4.3、5.1之赐第、6.1、6.3、7.1、7.2）为《隆平集》所无或不取。第二，也是只算大处不算细节，《隆平集》虽略，仍有两处（6.2及9）为他书所无或不取；《东都事略》有三处（4.2、4.4、4.5）为《隆平集》所无或不取，有三处（5.1竺氏妇、5.2、5.3）为《宋史》所无或不取；《宋史》有七处（2.2、2.3、3.0、4.2、5.1之赐第、6.1、7.2）为他书所无或不取，充分反映作者之选择性。第三，只出现一次之事件共有九处，即上述《隆平集》两处和《宋史》七处，使用时最好配搭其他史料，如《续资治通鉴长编》（《续长编》），以避免孤证。第四，三书只有详略取舍之不同，几无内容之矛盾，这是非常难得可贵的。

综合来说，三书应基于某些共同的史源，故措辞每有相同，可能包括王安石所读之《郭进传》，其时代更早，今已难睹真容。三书虽有共同史源，但长短详略不同，可见各有取舍之标准。所取之处，或经考订为正确；所舍之处，或经考订为可疑，或被作者认为不重要等。除非三书抄自一个包罗万有的郭进传，否则纵有互相承袭，《东都事略》之资料既较《隆平集》为多,《宋史》又较《东都事略》为多,表示《东都事略》和《宋史》都参用了更多的数据,又各有取舍之标准。虽然详略取舍不同,三书并无矛盾。《宋史》特设评论,有褒有贬,态度持平,若非故意扬恶,其批评理当可信。

一、吏治

郭进出身贫贱,兼且"无赖",[1] 为人佣作而结交豪侠,嗜酒好赌,几乎被杀,很难想象会成为一位良牧。他以军功位至刺史,遍及乾、坊、磁、淄、登、卫等州,后迁团练使至观察使,历洺州和邢州,前后八任以上。我们先将史料之关键词句悉数搬运至下表,再让数目字自行说话:

表一:郭进吏治

地点和起任时间	主要吏治
湖南乾州(约947),约26岁	不见
陕西坊州	不见
河北磁州(约949)	不见
山东淄州(约951),约30岁	《宋史》:吏民诣观察使,推举留任。
山东登州(约952)	《隆平集》:"郡多寇盗,进悉为蔓除,吏民愿纪其事。" 《东都事略》:"郡多寇盗,进悉为剪除,吏民愿纪其事,命近臣撰文赐之。" 《宋史》:"民吏千余人诣阙请立《屏盗碑》……数月间剪灭无余。"

---

[1] 《续资治通鉴长编》卷17,385页。

地点和起任时间	主要吏治
河南卫州（955前）	《隆平集》：久盗，"进往攻剿绝，民以安居"。 《东都事略》："进往攻剿绝之，民以安居，于是郡民又请立碑纪其事。"此处所言"立碑"即本文所释之《屏盗碑》，记后周世宗"谓承相曰：卫州士庶列状以闻，述去盗之由，称守臣之美。宜乎旌其长，可其奏，命之刊勒，振其辉光"。 《宋史》："郡民又请立碑记其事。"
河北洺州（约960前），约39岁	《尊胜石幢赞并序》（963）："庶绩已成，苟无述焉，何旌悠久，……乃作赞云……"[1] 《隆平集》："郡人诵其善政。" 《东都事略》："有善政，郡民又请立碑，诏左拾遗郑起为文以赐。" 《宋史》："有善政，郡民复诣阙请立碑颂德，诏左拾遗郑起撰文赐之。" 《光绪重修广平府志》："郭进颂德碑，在洺州。"[2]
河北邢州（约977），约56岁	《隆平集》："进听讼，善以钩距得其情。" 《东都事略》："进善听讼，能以钩距得其情。"

数目字所说的话是：

1. 可信性：郭进从初任刺史至遥领山西云州观察使判河北邢州，共八任以上，至少有三任留白，即湖南乾州、陕西坊州、河北磁州，可见史臣不会以无为有，扬善时纵有夸大，亦不至了无根据。

2. 时间：同时以武功（见下文）及吏治见称者约二十年（约960至979死亡），单独以吏治见称者约十年（约951—960），大都正值郭进之壮年。

3. 地与事：历任五地均有吏治，计为山东淄州有善政、登州有屏盗，河南卫州有屏盗，河北洺州有善政、邢州有听讼。考诸历代地方志，

---

［1］ 陆增祥：《八琼室金石补正》卷82，北京：文物出版社，1985 据民国十三年吴兴刘氏希古楼刊本影印，8 页。

［2］ 吴中彦：《光绪重修广平府志》，收入《中国地方志集成·河北府县志辑》卷36，上海：上海书店出版社，2006 年，564 页。

郭进竟能进入至少三地之名宦祠，或受文武官员和士绅的祭拜，如于嘉靖时祀于广平府（洺州）名宦祠，于嘉庆、光绪及民国均祀于邢州邢台县名宦祠之学宫或文庙内，于光绪时祀于登州府名宦祠内，均可能见于更早的朝代，也许从宋到清都入祀，似未轻视武人。[1]

4. 人：《隆平集》《东都事略》与《宋史》相当巧合，所记之推崇者，吏与民一次（登州），有民无吏者两次，或反映史臣措辞有时不是泛语，而是有其重点。

由此看来，在长达三十年左右（951—979），在五个不同的地方，年富力强的郭进能够兼顾理政、治盗和司法，不是仅在一时一地独沽一味，如只顾武人较为擅场的屏盗。大多因为百姓的推崇，他以屏盗获建二碑，以善政获建一碑和一举留。

郭进所平之盗，不是剧盗就是久盗，前任为之束手。登州屏盗碑未见，[2] 而卫州《屏盗碑》数见于历朝地方志，在明清两代更曾矗立于卫辉府治衙神庙，[3] 备受尊敬。碑文首先推崇后周世宗有如汉宣帝与唐太宗，非常重视吏治，乃慎选郭进为卫州刺史；继而指出郭进面对的难题是"盗亦有道，其可尚乎"，为免歪风成为流风，必须移风化俗。依照碑文顺序，郭进成功的因素有四：

---

[1] 入名宦祠，见翁相《嘉靖广平府志》，收入《天一阁藏明代方志选刊》（台北：新文丰出版社，1985年）卷5，328页；沈莲生：《嘉庆邢台县志》（清道光七年刻本）卷4，3-1页；戚朝卿：《光绪邢台县志》，收入《中国方志丛书·华北地方·河北省》（台北：成文出版社，1969年）卷2，253页；张栋：《民国邢台县志》，收入《中国地方志集成·河北府县志辑》卷2，182页；方汝翼：《光绪增修登州府志》（爱如生中国方志库，2019.06.28）卷10，25-1页。入名宦列传，见刘蒸雯《乾隆邢台县志》，收入《故宫珍本丛刊·史部地理·河北府州县志》（海口：海南出版社，2001年）卷11，88页；周人龙：《乾隆忻州志》，收入《中国地方志集成·山西府县志辑》（南京：凤凰出版社，2006年）卷3，86页。

[2] 有谓"据史，则登州宜亦有屏盗碑，未之见也"，见毕沅《中州金石记》（南京：江苏古籍出版社，1998年）卷3，54页。

[3] 分见侯大节《万历卫辉府志》，收入《稀见中国地方志汇刊》（北京：中国书店出版社，1992年）卷1，265页；程启朱：《顺治卫辉府志》，收入《孤本旧方志选编》（北京：线装书局，2004年）卷1，106页；徐汝瓒：《乾隆汲县志》（爱如生中国方志库，2019.06.28）卷1，19-1页。

其一，思考做事的方法，不是一味蛮干。郭进"循理而思，且询道求中"，似乎曾经询问别人的意见以求取适中的方法。

其二，内外兼顾。所谓"正身率下"，"静乎内而劝乎外，……俭于己而便于人"，其次序是先修己，再及人，处理官府内部的四种文贼，以及对付百姓的武装盗贼。这点尤被看重，碑文于屏盗有成之后，再说一次："实所谓静乎内而劝乎外，俭于己而便于人者也。"

其三，恩威并用，获得成效。正文说"先之以力制，次之以德攻，化俗于斯，何盗之有"，铭文也说"方圆并设，畏爱齐驱"。综合各种史料，应是先剿后抚，前者治标，后者治本。所谓"拔茅之后，恐连茹以弘多"，恐怕死灰复燃，剿不胜剿，必须"讨源而是切"，"回思顾望之徒，须设并容之术，而乃化之勉之，抚之安之"，让他们回归正常职业。

其四，爱惜百姓。碑文借盗贼之口说："嫉恶如仇，公于国也；视民若子，私于我也。闻其美言，何以酬于布帛，服其异政，何以答于裤襦。"指出剿是公，抚是私，异与美相对，凸显郭进与众不同，以视民如子作为化俗于斯的钥匙。

善政主要有三方面：对付官府内四种文贼、司法和民生。去除帑廪之盗，主要指明确审定用来征税的各种量器大小和严格审核出入之数，以防止作弊、索取陋规和剥削百姓。去杼轴之盗，主要指不得重敛，必须保护生产力，勿使过劳。去簿书之盗，主要指按原有规定办事，不要动辄号令滋生困扰，也要减少督责以节省开销。去阛阓之盗，主要指便利通商，防止官府侵夺利益。与四事息息相关的自是吏人，郭进没有先剿后抚，而是先教后刑，在要冲之地张贴敦谕之文，希望他们能自我警戒和改变心态来适应新的事和时，如不能及时洗心革面，便要"付之逮捕，正以刑章"，看来确有付诸实行。以郭进违命者辄杀的作风，可能除掉不少文贼。

司法内容不详。《屏盗碑》说"讼销菽荓，盗散萑蒲"，菽荓大抵指家内和家外的官司，但只此一句，可能仅是为了对仗。《隆平集》和

《东都事略》都说他曾经听讼，能以钩距之法求取实情，但均无实例，可能是《宋史》不取的主要原因。无论如何，郭进出身贫贱，对吏人怀有戒心，有可能亲自问案，努力寻求真相，但效果难料。

民生只有一例。《东都事略》和《宋史》将之放入洺州之善政，《隆平集》则放入自杀与太祖御将之间，说"进喜周人急，所至有遗爱。在洺州植柳种荷菱，遍城中外。其后郡民见之，有垂涕者"。三书都记垂涕，《续长编》也作"泣"，是很高的称赞。所谓周人之急，或《宋史》所称"轻财好施"，大抵都跟经济有关，且属相当简朴但亲民的作为。荷与菱均属经济作物，柳树亦然。除了可以固堤防洪、遮挡烈日、美化环境之外，柳树之枝干可用于小型建筑、农具、篱笆、抬筐、提篮、条箱和制纸等；如是河柳，枝皮的纤维可用于纺织及绳索，均有利于百姓。此外，他参与佛事，由寺僧发起建造一个巨大的经幢（见表一），刻在上面的士庶名字数以百计，可能有些是自愿出资。也许歌颂他吏治的赞词是套话，但或有一定的宣传效果。也刻有郭进及其文武僚属十多人的姓名，但检索《四库全书》中记录五代宋初史事之正史、政书、类书及相关地方志等，均不见僚属的事迹与治绩，无法得知他们是否可助郭进一臂之力的能吏。

郭进发迹后似乎没有染上阶级观念，仍乐于亲近百姓，不拘礼数。据沈括（1029—1093）《梦溪笔谈》记载，郭进判邢州刺史时，于城北建造私第，落成后与族人和宾客聚宴，"下至土木之工皆与，乃设诸工之席于东庑，群子之席于西庑。人或曰：'诸子安可与工徒齿？'进指诸工曰：'此造宅者。'指诸子曰：'此卖宅者，固宜坐造宅者下也。'进死未几，果为他人所有。今资政殿学士陈彦升宅，乃进旧第东南一隅也"。[1] 我们只须看到他款待建筑工人和所建私宅之宏伟，连日后位至资政殿学士的大官府第，也不过占其一隅。郭进后来看不下监军田钦祚谋取奸利

---

[1] 沈括撰，胡道静校证：《梦溪笔谈校证》卷9，上海：上海古籍出版社，1987年，383—384页。

（下文），其实自己也有产有业有财有势。

郭进的私德亦被记入《隆平集》和《东都事略》。他早年在邢州为富家佣作，结交豪侠，嗜酒好赌，雇主之子引以为患，有意杀之，而其妻竺氏密告，郭进免脱得免。后守邢州，欲报答竺氏的恩德，但竺氏已死，家亦破败，听说留下一女。郭进寻而获之，抚养如己女，且备妥丰厚的嫁资，打算许配给一位上层军校为妻："女辞以世本农亩，进乃择民家子配焉"，[1] 也许郭进不无尴尬或觉得受到冒犯，因为自己也是武人，且惯于令出必行。由此可知，郭进不但是报恩之人，且有时不会把个人意愿强加于人。

郭进一方面善待工人和百姓，另一方面王安石说他动辄杀死稍有违令的士卒，《宋史》甚至批评他"性喜杀"，不但辄杀士卒，"居家御婢仆亦然"，似乎有点矛盾，只能说工人和百姓跟他没有上司和下属的关系，而婢仆被他视如部属，乃以军法治之了。

二、武功

郭进战功彪炳，发迹于后晋，但在后汉和后周的十多年间（947—960），虽有世宗的南征北讨，但他似未参与重要战争。入宋后重披战袍，以对付北汉和契丹为主，既与人合作，也独当一面，最后击败契丹数万大军，孤立北汉，达到一生事业的巅峰，死后得以追赠节度使。由此视之，宋太祖提拔和重用郭进，确是慧眼识英雄，也成就了自己"祖宗故事"的传奇。

对郭进的武功，三个传的记载相当一致（详附件一）。他以膂力见称，很早就到太原投入将来的后汉太祖刘知远麾下。后晋与契丹交恶，他曾击退辽军，获升刺史，应是不小的军功。辽太宗灭晋之后匆匆北返，中原无主，郭进"请以奇兵间道先趋洺州，因定河北诸郡"，看来是后汉的开国功臣，但三传均不记升迁，反是之后十余年不见对外征战，只

---

[1] 《续资治通鉴长编》卷17，385 页。

留下内政的记录。[1]

有谓宋太祖接受赵普的建议，采用先南后北的统一战略，其实不然。自立国以来，北宋（960—1127）就不断蚕食北汉。太祖黄袍加身，一二地方节镇不愿臣服，并与北汉勾结。太祖起用郭进，以河北洺州刺史充防御使，并到山西充任西山巡检，主要的任务，就是一面防守，一面伺机侵夺北汉的人口和土地。

建隆二年（961）七月，郭进在上司安国军节度使王全斌的统率下，与赵州刺史陈万通、登州刺史高行本、客省使曹彬等人率兵进入北汉边界，获生口数千人。八月，诸将进攻北汉乐平县，降服守将及其部兵一千八百多人，三次击败北汉的援军，并将乐平改名平晋军，可明显看到宋人的企图。[2] 九月，契丹入援北汉，意图收复失地。太祖命郭进跟濮州防御使张彦进、客省使曹彬、赵州刺史陈万通等人率领步骑万余往救，北汉退兵。这些应属小型至中型的争战，提供郭进热身的机会。从名位来看，他在作战之中应占一定的分量。

三年之后（964），太祖让郭进参加一场大规模的战争。当时北宋攻占辽州，北汉和契丹联合六万步骑反击，北宋也派出六万大军迎战，主将有昭义军节度使李继勋、彰德军节度使罗彦瑰、洺州防御使郭进和内客省使曹彬，于辽州城下大破敌军。[3] 与上次的名单比较，郭进能够与节度使并驾齐驱，可见太祖的看重和郭进自身的本领。至是，郭进已跟陈万通共事两次、和曹彬三次，或反映合作顺利。

次年（965），太祖平定后蜀，休息三年之后，决定攻打北汉，由昭义军节度使李继勋担任主帅，前锋已至太原城下。辽军入援，宋兵退却，北汉乘机掳掠晋、绛等州。明年（969），太祖率领大军亲征，河东行营

---

[1] 可比较同僚司超的事迹，见《宋史》卷255，9319—9321页，如郭进"请以奇兵间道先趋洺州，因定河北诸郡"，而司超是"汉祖将渡河，遣超先领劲骑，由晋、绛趋河阳。及入汴，以超为郓州必敌指挥使"，又得后周世宗重用。

[2] 《宋史》卷1，15页；卷258，8978页。

[3] 《续资治通鉴长编》卷5，121页。

前军的主要将领包括李继勋为都部署，后建寨于太原城南；彰信军节度兼侍卫步军都指挥使党进为副都部署，后建寨于城东；义成军节度使宣徽南院使曹彬为都监，后建寨于城北；建雄军节度使赵赞为马步军都虞候，后建寨于城西，辖下有洺州防御使郭进为马军都指挥使、绛州防御使司超为步军都指挥使。[1] 虽然没有马到功成，但足以以看到太祖对郭进的器重，让他担任前军的马军主将。由此或可推想，郭进长于马战，是他得到重用的一个原因。步军主将司超是郭进在刘知远帐下时的旧识，[2] 与之配合，或见太祖对诸将的了解。上司赵赞出自名门，父亲是后唐明宗的女婿赵延寿，父降辽而子归汉，“颇知书，喜为诗，容止闲雅，接士大夫以礼，驭众有方略。其为政虽无异迹，而吏民畏服，亦近代贤帅也”，[3] 也堪称儒将，未知对郭进有无影响。至是，郭进已跟李继勋共事两次、和曹彬四次。

太祖由北转南，在六年内平定南汉（971）和南唐（975），随即派遣大将再伐北汉。开宝九年（976），宋人兵分两道：一是以镇安军节度侍卫马军都指挥使党进为河东道行营马步军都部署，辖下大将主要是中央禁军将领，由三位中央武臣担任都监；二是以镇州西山巡检、洺州防御使郭进为河东道忻、代等州行营马步军都监，与其他九位将官两人一组，进攻汾州、沁州、辽州、石州、忻州、代州，其组合是地方守臣一人和中央武臣一人，后者大抵也有监军的作用，如跟郭进一组的洛苑副使侯美，便属西班的诸司副使。最先传来捷报的共有三人：党进等先败北汉军数千人，获马千余匹，复于太原城下再败千余人；郭进攻下寿阳县，得民九千余口；石州路的晋隰等州巡检、汝州刺史穆彦璋，亦得民二千四百余口。[4] 不料太祖暴卒，宋军班师。根据郭进之前的奏报，

---

　　[1]《宋会要辑稿》兵7，31—32页。
　　[2]《宋史》卷255，9319—9321页。
　　[3] 亦谓其“授保信军节度。赞入视事，尽去苛政，务从宽简，居民便之”，《宋史》卷254，8891—8892页。
　　[4]《宋会要辑稿》兵7，32—33页。

忻、代一路共俘三万七千余口。[1] 郭进作为马步军都监，既领兵作战，亦监临诸将，品位也最高，故由其上奏。就两道大兵而言，党进应为主力，郭进应为牵制与合围，两人共事已达两次。无论如何，郭进可谓独当一面建立军功，并在太宗即位初年晋升云州观察使——这当然是遥领，因为云州属燕云十六州，尚在辽人手里。

太宗即位后两年，吴越和平纳土（978），南方一统，自然轮到北汉。明年初（979），他询问枢密使曹彬，为何后周世宗和太祖亲征都未能成功。曹彬说："世宗时，史（彦）超败于石岭关，人情震恐，故师还。太祖顿兵甘草地中，军人多被腹疾，因是中止，非城垒不可近也。"[2] 石岭关（山西太原阳曲县一带）是契丹援军出入之地，若不能及时阻止，便须以一敌二，其地位非常重要。太宗决定亲征，于一月十一日任命郭进为"太原石岭关（兵马）都部署，以断燕蓟援师"，[3] 可见太宗的信任和器重。二月二十四日郭进自石岭关朝见太宗于亲征途中，应有讨论军务，不久便传来好消息。三月四日前后，阳曲寨民三百三十八口归附，同时亦发生郭进与护军田钦祚不协，田又因挪用军饷牟取私利，被部下控告，在调查结果出现前，仍然护军（下文）。八日，郭进破西龙门寨，献俘千余口，太宗和曹彬应感到高兴。十六日，"郭进言契丹数万骑入侵，大破之石岭关南，于是北汉援绝。北汉主复遣使间道赍蜡书走契丹告急，进捕得之，徇于城下，城中气始夺矣"。[4]《宋史》太宗本纪是年三月及四月共记八件战事，郭进三月八日和十六日两事均得载入（另一名将折御卿亦有两件），前者用"破"，后者用"大破"，

［1］《续资治通鉴长编》卷 17，376 页。

［2］《续资治通鉴长编》卷 20，442 页；《宋史》（卷 251）8839 页、（卷 258）8981 页；《新五代史》卷 33，364 页："（世宗）闻彦超战死，遽班师，仓卒之际，亡失甚众。世宗既惜彦超而愤无成功，忧忿不食者数日。"

［3］《宋史》卷 4，60 页；卷 273，9335 页："车驾将征太原，先命（郭）进分兵控石岭关，为都部署，以防北边。"《宋会要辑稿》仪制 11，24 页。

［4］《续资治通鉴长编》卷 20，447 页，余事见 443—451 页。《宋会要辑稿》兵 7，34 页。

可见重要。[1] 《辽史》景宗本纪亦说："耶律沙等与宋战于白马岭，不利。冀王敌烈及突吕不部节度使都敏、黄皮室详稳唐筈皆死之，士卒死伤甚众。"[2] 五月五日，北汉投降，但郭进已于四月二十二日前后因田钦祚凌侮而自杀。

从现有史料来看，郭进所参与的战事几乎有胜无败。早在真宗之时，知开封府钱若水便说"郭进所至，兵未尝小衄"，[3] 几近传奇，他是如何成功的？可分自力与他力来谈。

（一）自力

1. 守备与战具

作为长年驻守一方的将领，比起出师征讨，更须注重的是防御上的价值，而守备的优劣则取决于细节是否能保持严谨。郭进守备才能的具体表现，主要在于建立稳固的防御工事以及对战具的妥善维护。郭进任邢州刺史时所筑的邢州城墙，在百年后依然完固："今邢州城乃进所筑。其厚六丈，至今坚完。铠仗精巧，以至封贮亦有法度。"[4] 显示了他对于建造城墙所下功夫扎实，毫无偷工减料；而封贮措施完善，使兵器铠甲能常保精巧、随时应付任何状况。相较于实际的战功，细节更反映了守备的成功，大至城墙小至兵器，在郭进的管理下都能长期维持质量，无怪乎宋太祖能将西山交由他把守二十年而无后顾之忧。

2. 作战

2.1 带兵：明赏罚

有谓五代兵骄逐帅，享受高饷却一再违命甚至造反。郭进带兵则是

---

[1] 《宋史》卷4，61页："三月庚辰朔，次镇州。丁亥，郭进破北汉西龙门砦，禽获甚众。乙未，郭进大破契丹于关南。"

[2] 脱脱等：《辽史》卷9，北京：中华书局，1974年，101页。

[3] 《续资治通鉴长编》卷46，1001页。

[4] 《梦溪笔谈校证》卷9，383页。

赏厚而罚严，以"御下严毅"甚至好杀留名青史。[1]

仁宗时，大臣指出，"昔郭进在西山，管榷之利悉以与之，任其贸易，由是遂富于财，得以养募死力"，[2]《宋史》本传亦说他"轻财好施"，大抵对部下不薄。另一方面，《宋史》本传说他"性喜杀，士卒小违令，必置于死"，太祖遣戍卒至郭进处，也必告诫说："汝辈谨奉法。我犹贷汝，郭进杀汝矣。"[3] 故重点在"违令"与"奉法"。有些大臣甚至认为，郭进应不会只因违命便杀，应是穷尽情理之后才杀，否则无以严明军纪，无以致胜。如王安石对神宗说，"惟士卒小有违令辄杀。……进所杀，必皆违令者"，主要理由有二：一是郭进"知人疾苦，所至人为立碑纪德政"，并非天性残忍；二是"太祖尽以所收租税付之，（郭进）具牛酒犒士卒"，可说已经结之以恩，厚之以赏。所以，"（既）犒赏士卒，（又）知其疾苦，必已备尽人情"，无法饶恕才杀，违令者应死而"无怨。不然，则进何以能用其士卒，每战必克?"[4]

2.2 用将：明赏罚、善权谋、重承诺

郭进治军之严是同时施用于士卒和将领的。太祖曾选派亲军中的御马直三十人到郭进军中押阵，以此寥寥之数来看，恐怕不是作为兵力支持，而是具有监军作用。有一次跟北汉作战，郭进看到他们胆敢退怯，乃斩杀十余人。太祖得到消息，立即的反应是"厉声曰：御马直，千百人中始得一二人，少违节度，郭进遽杀之。诚如此，垄种健儿亦不足供矣"。[5] 其实，跟强敌作战时违反军令后退，应属王安石所说的情理难容，并非太祖口中的"少违节度"。无论如何，将校少违节度，很可能

---

[1] 王赏、王称：《东都事略》卷29，赵铁寒主编《宋史资料萃编》第一辑，7—8页；《宋史》卷273，9336页。

[2]《续资治通鉴长编》卷222，5412页。

[3]《宋史》卷273，9336页。丁度、曾公亮：《武经总要》（文渊阁四库全书本）后集卷2，16-1页，亦谓郭进"御下有方略，军政严肃。然天性喜杀，士卒少有违令，必寘于法。每有讨伐，皆奋不顾死，多致克捷"，并置于"法贵不犯"。

[4]《续资治通鉴长编》卷222，5403页。

[5]《续资治通鉴长编》卷4，106页。

跟士卒"小有违令"一样，都被斩杀，反映郭进军令如山，不许丝毫差错，后来甚至因此被部下诬告。

郭进驻守西山时，一名军校跑到开封，控告他阴通北汉，将有异志。太祖亲自诘问，军校词穷，自承"进御下严，臣不胜忿怨，故诬之耳"。太祖把他送给郭进处置，刚好北汉入犯，郭进对他说："汝敢论我，信有胆气。今舍汝罪，能掩杀并寇，即荐汝于朝；如败，可自投河东。"军校拼死作战，终于凯旋。《武经总要》的评论是郭进能够"使过"与"善以权道任人"，《宋史》承之。[1] 他平时处置违令的下属毫不留情，现在对诬害自己的军校能不顾私怨，使其踊跃效命，为国家谋利。

诬者既然戴罪立功，郭进依约上奏请赏，可谓赏罚分明。太祖拒绝，以为所立之功，勉强可抵消诬告的死罪，岂能加赏。郭进坚持，以为"使臣失信，则不能用人矣"，[2] 终使太祖听从。这不只是人尽其才，且言而有信，如此才会受到上司看重、下属敬服。

2.3 谋略

以战功晋身的郭进并非有勇无谋的一介武夫。辽太宗灭晋，因治理不善，仓皇北归，群雄逐鹿中原，他向刘知远"请以奇兵，间道先趋洺州，因定河北诸郡"，重点自在"奇""间"和"先"，《武经总要》亦置于"出奇"，[3] 反映郭进能够洞察局势，展现判断力，敢于冒险，熟悉地理，迅速行动，先发制人，终于辅助建立后汉政权。在卫州捕盗时，郭进亦能"备知其情状，因设计发摘之"，[4] 也是先察敌情而后施计破敌。由此可知，郭进既有勇亦有谋，颇具大将之才。

2.4 合作与交流

郭进的主要战功集中在宋太祖和太宗之时，于山西对付北汉和契丹，

---

[1]《武经总要》后集卷 8，19-1 页；《宋史》卷 273，9336 页。又参曾巩《元丰类稿》（四部丛刊初编本）卷 49，311 页；《东都事略》卷 29，6—8 页；《续资治通鉴长编》卷 4，106 页。

[2] 欧阳修：《归田录》卷 1，北京：中华书局，1981 年，4 页。

[3]《宋史》卷 273，9335 页。《武经总要》后集卷 5，4-1 页。

[4]《宋史》卷 273，9335 页。

与他一起出现的主要将领有十多人。他们应曾一起参加军事会议，对战略等重要决定作出共识，并合力执行。其中四位出现两次或以上，或可反映君王认为他们可以顺利合作，虽然这跟作战成功没有必然关系，但的确也无失败的记录。他们是何方神圣，对郭进有无影响，或能否看到五代武将的一些共同点？

合作两次的，依时间先后，有陈万通、李继勋和党进。万通的事迹不详，继勋起身行伍，与郭进同属太祖御将有术并成为祖宗之法的例子（见附件一右栏）。两人第一次合作是击退北汉和契丹的六万联军（964），第二次是跟随太祖亲征北汉（969），谋求统一，前后相隔约六年。就武功言，继勋曾随后周世宗征伐南唐（956），本人于寿州城下大败，"失师数万"，[1] 攻城器具悉皆被焚，以致"军无固志，诸将议欲退军，赖今上（宋太祖）自六合领兵归阙，过其城下，因为驻留旬日，王师复振"，其实还是要经过六个月之后，始由世宗再次亲征攻下寿州。[2] 入宋，继勋因"与太祖有军中之旧，故特承宠遇"，[3] 多次被派攻伐北汉，也屡建大功。论吏治和品德，《续长编》和《宋史》本传异口同声，前者说他"数典大藩，所至虽无善状，然以质直称。性俭啬，服用朴素，酷信释氏，每造寺施僧，则不计其费"。[4] 所谓质直，一般指朴实正直，大抵不会好大喜功，劳民伤财，惜无实例，但应包括不大讲究礼节。他大败于寿州，"及归阙，而无待罪之'礼'。世宗以继勋'武臣'，不之责也，因迁怒（其僚属掌书记陈）南金，谓其裨赞无状，乃黜之"。[5] 陈南金的丈人是进士王敏，在世宗朝位至开封府尹和工部侍郎，荐南金于继勋，可见中央文臣与地方武臣之交通。另一事亦可反映继勋之率直。李处耘的父亲起自军校，晋室沦亡时，处耘"年犹未冠，独当里门，射

---

[1]《宋史》卷254，8892—8894页。

[2]《旧五代史新辑会证》卷116，3616—3617页；卷117，3639页。

[3]《续资治通鉴长编》卷18，409页。

[4]《续资治通鉴长编》卷18，409页；《宋史》卷254，8894页。

[5]《旧五代史新辑会证》卷128，3943页。

杀（乱兵）十数人"，可知能武。他亦懂军务，且"善谈当世之务"，上司折从阮历任地方节镇，均委以重任，并以遗表荐举于朝。世宗派他到继勋处担任武职，"继勋初不为礼，因会将吏宴射，处耘连四发中的，继勋大奇之，令升堂拜母"，一举结为通家之好。之后"稍委郡务"，让处耘掌理河渡要津，可能需要兼管财务与兵政。处耘截获辽谍，继勋立即派他押送京师，应是让他领功，似乎有意栽培。后来继勋罢镇，世宗派处耘到太祖麾下，得到器重，"临机决事，谋无不中"，成为陈桥兵变的功臣。[1] 继勋与郭进的共同点是出身寒微、以武功发迹、率直、不拘礼数。

跟党进合作是在太祖时两伐北汉（969、976），均属统一战争，前后相隔约八年。就武功言，原属契丹的党进起身奴仆，以骁勇得到太祖的激赏，提拔为禁军大将。太宗时，辽主询问北宋使臣说："闻中朝有党进者，真骁将，如进之比凡几人？"[2] 就品德和治下而言，他以淳厚和报恩得到上司的信任和时人的称赞。他"幼给事魏帅杜重威，重威爱其淳谨，及壮，犹令与姬妾杂侍"；宋太祖时，他毫不掩识自己目不识丁，那些记在朝笏上的军队和武器数量其实都是军校代写，"上以其朴直，益厚之"。[3] 太祖暴卒，太宗自立，党进既有讨好太宗的一面，且被批评为"恂恂类怀奸诈"，[4] 但亦有不忘故主恩惠的一面，如《续长编》说他"尝为杜重威家奴，重威子孙贫贱，进月分俸钱给之，人亦以此称焉"，《宋史》本传则作"士大夫或有愧焉"，[5] 因为重威谋反败亡，过去受他提拔的士大夫避之惟恐不及，远远不如一位武夫。党进一方面居常恂

---

［１］《宋史》卷257，8960—8961页。

［２］《续资治通鉴长编》卷18，405页。党本契丹人，辽主亦有中国无人之意，但无论如何，前提是党进骁勇。

［３］《宋史》卷260，9018—9019页。

［４］《宋史》卷260，9028页。事情是他不愿百姓畜养飞禽走兽，理由是不应该拿用来供奉父母的肉食来喂食牠们，但后来遇到太宗亲吏持鹰过市，却戒其谨慎养视，于是被批评变诈。平心而论，太宗养鹰，不会侵夺父母的肉食，党进并无违背初衷。

［５］《续资治通鉴长编》卷18，415—416页。

恂，"宴会对宾客甚温雅嬉笑"，大抵有意以谦雅之姿亲近士人；另一方面"及镇许下，幕府吏小忤意，必命左右批其颊"，好像很不喜欢办事不顺其意的下属。[1] 对百姓似乎不错，有谓太原城南什物库的土地神就是以他为图像，到神宗时还在。[2] 他不愿意民间畜养飞禽走兽，理由之一是"买肉不将供父母，反以饲禽兽乎"，[3] 应重视孝道，与文人无异。他跟郭进的共同点是出身寒微、以武功发迹、重视恩义和驭下严峻。

合作最多的是曹彬，几乎无役不与，前后十九年（约961—979）共五次之多。论武功，曹彬在后周时曾数度担任监军，但称得上重要的第一份战功，便是跟李继勋和郭进大破北汉和契丹的六万联军（964）。约两年之后，宋军两路伐蜀，他担任归州路的都监，沿途大力阻止军队侵害百姓。后因凤州路的主帅处置失宜，侵官扰民，蜀人降而后叛，蔓延十六州，经过两年才平定，诸将多被惩处，而曹彬因清廉畏谨，反得升节度使，时年三十七。接着便是跟随太祖，与郭进等人合攻太原城（969）。之后独当一面作为主帅，平定南唐（975）。他与诸将焚香立誓，不妄杀一人，复申严禁暴之令，以最少的流血争取百姓的归附，以至金陵士庶为他立庙。他也成为宋代第一位带节度使衔的枢密使，可谓出将入相，达到武人事业的巅峰，并被太宗留任，再次打破了非潜邸旧人不任枢密使副的潜规则。当太宗亲征北汉时（979），他在诸将之中地位最为崇高。论品德和政治智慧，曹彬的姨母是后周太祖追封的贵妃，本人是世宗亲吏，之所以得到代周的宋太祖提拔，原因之一是他不结党不营私，且以品德为人所称。他披服雅同儒者，礼遇士大夫，又博闻强记，尤熟历史，"问一知十，每与朝士清谈终日，鸿儒硕生，自以为不及"，

---

［1］ 江少虞：《宋朝事实类苑》卷64，上海：上海古籍出版社，1981年。850—851页，引自杨亿《杨文公谈苑》；《续资治通鉴长编》卷18，415—416页。
［2］ 王得臣：《麈史》卷下，上海：上海古籍出版社，1986年。89页。
［3］ 《宋史》卷260，9019页。

堪称儒将。他出治地方，以仁厚见称，惟善是师。[1] 曹彬的出人头地，兼靠立功与立德，《宋史》论赞就说："君子谓仁恕清慎，能保功名，守法度，唯彬为宋良将第一，岂无意哉。"[2] 最后得配祀太祖。他跟郭进的共同点似乎是以百姓为念。

综合来说，与郭进出生入死的将群多彩多姿，或可反映五代武人结构的一些特点，可从三方面观察：

a. 人脉或人际关系

出身：较高者如曹彬（还有赵赞），较低者如李继勋、党进和郭进。

与君主关系：较近者如李继勋、党进和曹彬，较远者如郭进。

文武交流：较成功者如曹彬（还有赵赞），因其本身就堪称儒将；接受文臣推荐僚属的如李继勋；有交往但未知成效的如党进和郭进。

由此视之，出身较高者可能较早就接触文人文化，较易发生日常的文武交流；次者虽得君主宠信，与文臣的关系似以利害较多。郭进可能较为吃亏。

b. 事功

武功：都以武功发迹，较有南北征战经验的如李继勋和曹彬，较偏重北方的是党进和郭进。李继勋在南方的失利，反映先南后北不是想象中的理所当然和容易，他的失败经验对曹彬的成功有无影响，实难以估计。

吏治：史料明言没有明显善政的如李继勋，有善政实例的如郭进，无实例的如曹彬。郭进稍胜，其民生建设，如遍植柳树，似乎相当简单朴实，可见吏治跟出身、武人和儒风并无必然关系。

治下：较严的如郭进和党进，前者且被批评好杀；较宽的如曹彬。对吏人怀有戒心的如郭进之去文贼。除了好杀之外，文人武人大都无别。

---

[1] 柳立言：《宋初一个武将家族的兴起——真定曹氏》，《中国近世社会文化史论文集》，台北："中研院"史语所，1992年，39—88页。

[2] 《宋史》卷258，8994—8995页。

c. 品行

较重视礼数的如曹彬，较不重视的如李继勋和郭进。

较朴直的如李继勋和郭进，且见于治郡。以淳厚见称的如党进，以仁厚见称的如曹彬。

有报恩记录的如党进和郭进。

不论出身和地位之高低，武人亦有一定的道德，不下于文人，尤以党进报答杜重威之恩，"士大夫或有愧焉"，充分反映武人世界可有自成一格的武德或武士之道，不必凡事都以文人价值为依归。

总之，除了武功之外，诸位武将在其他方面也有一些共同或互补的地方，让君王可以一再安排他们协力作战。遗憾的是，在互动之中所产生的影响，如有无朋党之嫌等，实难以找到直接或间接证据，最好不要无中生有。无论如何，五代武人的构成相当复杂，不可简化为一二格套。

（二）他力与祖宗之法

史臣对郭进等将领传记的综合评论，都将宋初西北两边的成功御敌归功于太祖，此即武功上的"祖宗之法"，[1] 尤其重视"任将有术"（见附件一，下文不再作注）。从郭进之个案，一则可看到成功不单靠自力，也须依靠他力，后者有时可能稍胜前者。二则可以检讨祖宗之法的虚实与多寡，响应"传奇"的问题，这需要征引较多的原文，可粗分三类：朝臣的奏言，均用人名标示，如钱若水；修史者的言论，均用书名标示，如《续长编》《元丰类稿》；遇特殊情况，在引文中标明，如钱若水"预修国书"，表示其奏言的根据。

首先，太祖敢于起用并委以要事。《隆平集》说太祖"明于知人"，《宋史》亦谓"太祖常注意于谋帅"。跟郭进有关的见于神宗与王安石的一段对话。神宗说："太祖用郭进，今恐难得。"王安石说："郭进有何难得？举事则才自出，如王君万，方其为指使时，孰谓其可使？因事立功，

---

[1] 参见邓小南《祖宗之法：北宋前期政治述略》（北京：生活·读书·新知三联书店，2014年），尤其537—544页。

然后知其可使尔。"[1] 根据三个本传，郭进在三十至四十岁之间只有屏盗而无征战，太祖却让他以洺州团练使充防御使，到北边充当西山巡检对付北汉，使其举事以尽才立功，确属大胆，祖宗之法并非虚言。

第二，既然起用，便需御之以术，较重要的应属小其权、小其位、少其兵和久其任。最早提到的可能是真宗朝的钱若水，当时契丹犯塞，宋帅傅潜为沿边都部署，手握数万大军，却"闭门不出，坐看敌人俘掠生民，上则辜委注之恩，下则挫锐师之气"。若水建议斩杀傅潜以明赏罚，又把集于其一身之大权，分与有功战将"五七人，增其爵秩，分授兵柄，使将万人，间以强弩，令分路讨除"，并指出这是太祖故事：[2]

> 安边之术，……太祖制置最得其宜，（1）以郭进〔等八人分守西北两边〕……但得缘边巡检之名，不授行营部署之号；（2）率皆十余年不易其任；（3）立边功者厚加赏赉，（4）其位或不过观察使。位不高则朝廷易制，久不易则边事尽知，……。伏望遵太祖故事，遴择名臣，分理边郡，罢部署之号，使不相统临，置巡检之名，俾递相救应。

其后提到的人相当多，如仁宗朝的张方平说：

> 至于将帅之任，尤在驾驭得术。仍宜（1）久于其职：祖宗任李汉超、郭进……等，远或二十年，近犹八九年；（2）假之事权，略其细故；（3）不为闲言轻有移易，责其成效而已；（4）又不与高官，常令其志有所未满，不怠于为善也。……愿陛下鉴祖宗故事，（5）重爵赏以待功劳，责久任以观能效，亦驭将帅之一节也。[3]

---

[1]《续资治通鉴长编》卷248，6038页。
[2]《续资治通鉴长编》卷45，972—974页。
[3]《续资治通鉴长编》卷163，3926页。

他后来又对神宗说：

> 董遵诲捍环州，郭进守西山，李汉超保关南，皆十余年，（6）优其禄赐，宽其文法，（7）而少遣兵。诸将（8）财力丰而威令行，间谍精审，吏士用命，贼所入辄先知，并兵御之，战无不克。[1]

张方平的叙述虽时详时略，但所说八事几乎涵盖祖宗之法的主要项目。曾巩《元丰类稿》之《本朝政要策·任将》也说：

> 太祖之置将也，（1）隆之以恩、（2）厚之以诚、（3）富之以财；（4）小其名而崇其势、（5）略其细而求其大、（6）久其官而责其成。……太祖用将之术如此，故养士少而蓄力多，操术简而收功博也。[2]

其中第1、2、4项直接以郭进为例，第6项间接为例，最后又说："如姚内斌、董遵诲之徒，所领不过五六千人，而威名皆行乎戎狄。"但无明确指出"少其兵"是太祖用将之术。

对"不与高官"和"重爵赏以待功劳"，仁宗朝的杨畋说："祖宗故事，郭进戍西山，董遵诲、姚内斌守环、庆，与强寇对垒各十余年，未尝有转官移镇之宠，盖谨重名器，必须平寇难，静方隅，然后俾之迁改。"[3] 亦即功劳与爵赏应成一定比例，跟明赏罚可说异曲同工。《隆平集》也指出，小其位是"欲激其进取之心"，久其任是"蕲之以远效"。《东都事略》亦说"小其名而重其权，少其兵而久其任"。诸说均不出张

---

[1]《续资治通鉴长编》卷259，6320页。

[2]《元丰类稿》卷49，311—312页，亦见曾巩《曾巩集》(北京：中华书局，1984年)卷49，663—664页（下同，不再引）。

[3]《续资治通鉴长编》卷192，4648页。

方平的范围。

证诸郭进，可谓确实。他的军事职权只及巡检一级，领兵自然不多，任期却长达二十年，其名位于太祖和太宗时分别达到洺州防御使和遥领云州观察使，但未得节度使。最后石岭关一役，依其功劳之比例，应可得节钺，可惜自杀，死后追赠安国军节度使。

第三，既已小其权、小其位和少其兵，便可充分授权，如仁宗朝的鱼周询说"阃外之事，俾得专之"，[1]《元丰类稿》说"小其名而崇其势，……终不以大将处之，然皆得以便宜从事"，[2]《东都事略》说"小其名而重其权"和《续长编》说"凡军中事，悉听便宜处置"。[3]

首先是管军之权。钱若水说："臣尝预修国书，见太祖用郭进在西山，每遣戍卒，则必谕之曰：'汝等谨奉法，我犹赦汝，郭进杀汝矣。'其假借臣下（权柄）如此，故郭进所至，兵未尝小衄。"[4] 若水有两层用意：一是明赏罚，二是明白表示即使郭进好杀士卒，太祖也不会干预，故《元丰类稿》誉之为"此可谓小其名而崇其势矣"。[5] 同样，前述张方平说"假之事权，略其细故"和"宽其文法"；仁宗朝的贾昌朝亦说："如太祖监方镇过盛，虽朘削武臣之权，然边将一时赏罚及用财集事，则皆听其'自专'，有功则必赏，有败则必诛，此所谓驭将之道也。"[6]《宋史》亦说"凡军中事皆得便宜"，包括"许其召募亡命以为爪牙"，大抵不容许宪司追索追究其中杀人越货之徒了。

其次是用财之权，但诸书所记稍有出入。张方平认为，"诸将财力丰而威令行，间谍精审，吏士用命"，但没有提到如何让诸将财力丰。最先指出的可能是仁宗朝的贾昌朝，他说："郭进控西山，……管榷之利，悉

[1]《续资治通鉴长编》卷163，3932页。
[2]《元丰类稿》卷49，311页。
[3]《续资治通鉴长编》卷17，384页。
[4]《续资治通鉴长编》卷46，1001页。
[5]《元丰类稿》卷49，312页。
[6]《续资治通鉴长编》卷138，3317页。

输军中，仍听贸易，而免其征税，召募勇士以为牙爪。故边臣富于财，得以养死力为间谍，外蕃情状，无不预知者。……愿鉴艺祖任将帅之制，边城财用一切委之。"[1] 其财源似乎主要指贸易税收，并准许诸将免税营商，类似宋初许多文臣武将都曾插足的私人回图贸易。不过，神宗朝的王安石说："太祖尽以所收租税付之，具牛酒犒士卒。"[2] 《隆平集》亦说："以郡之租赋，听其养士卒，有司不复会其出入。" 似是容许诸将自由使用地方租赋以养军，很少算账。

接近贾昌朝之说的比较多。如神宗朝的赵禼说："昔郭进在西山，管榷之利悉以与之，任其贸易，由是遂富于财，得以养募死力，闲得戎狄情状。"[3] 《东都事略》说："北边军市之租，多赐诸将。" 《续长编》说："所部州县管榷之利悉与之，资其回图贸易，免所过征税，……由是边臣皆富于财，得以养士用间，洞见蕃夷情状。"[4] 《宋史》说："郡中管榷之利，悉以与之。恣其贸易，免其所过征税。……由是边臣富赡，能养死士，使为间谍，洞知敌情。及其入侵，设伏掩击，多致克捷，二十年间无西北之忧。"

其实《元丰类稿》较《隆平集》详细，说"西北边军市之租，多赐诸将，不问出入，往往赏赉，又辄以千万。李汉超守关南，属州钱七八万贯，悉以给与，又加赐赉。汉超犹私贩榷场，规免商算，有以事闻者。上即诏：汉超私物所在，悉免关征。……养之以关市之租，则其力足"[5] 这里的属州钱，主要指州以下的地方单位，如县，扣除所需经费后，将余数解送到州，由州调度，如解送至路或中央，现在把这些余额交给李汉超使用，不问出入，又进一步准许他免税进行私人贸易，并把部分利润用于军务。上文提到的郭进豪宅，应非薪俸所能负担，其经

---

[1] 《续资治通鉴长编》卷138，3319—3320页。
[2] 《续资治通鉴长编》卷222，5403页。
[3] 《续资治通鉴长编》卷222，5412页。
[4] 《续资治通鉴长编》卷17，384页。
[5] 《元丰类稿》卷49，311—312页。

费或来自回图贸易。

第四，既充分授权，便应推心置腹。张方平说"不为闲言轻有移易"，鱼周询以为君主应"临轩敦遣，假以威权，如祖宗朝任郭进、李汉超辈，阃外之事，俾得专之，无以谤诼轻有迁徙，使其足以取重，则安有不称职之忧乎?"[1]《隆平集》说"待之以不疑";《续长编》说太祖"武功盖世，斯乃得壮士以守四方，推赤心置人腹中之所致也";[2]《宋史》说太祖"所向遂志，盖能推赤心以驭群下之所致也"。

郭进有两个实例，一是太祖"尝选御马直三十人，隶进麾下押陈。属与北汉人战，往往退怯，进斩十余人。奏至，上方阅武便殿，厉声曰:'御马直，千百人中始得一二人，少违节度，郭进遽杀之。诚如此，垄种健儿亦不足供矣。'乃潜遣中使谕进曰:'（御马直）恃其宿卫亲近，骄倨不禀令，戮之是也。'进感泣"。[3]诚如太祖自承，御马直"宿卫亲近"，可算腹心，派三十余人到郭进军中"押阵"，不无监军之意。然临阵退怯者，被斩有理，太祖既充分授权，虽不舍亲卫被除，仍应尊重郭进的军令，并密派口衔天宪的宦官，表示不会介意，使郭进感激图报。二是曾有军校诣阙，控诉郭进不法甚至谋反，太祖"谓近臣曰:'所诉事多非实，盖进御下严甚，此人有过，畏惧而诬罔之耳。'即命执以与进，令自诛之"。[4]《元丰类稿》说:"此可谓厚之以诚矣。"[5]王安石也说:"太祖知将帅情状，故能得其心力，如言郭进反，乃以其人送郭进，此知郭进非反也，故如此。此所以如进者，皆得自竭也。"[6]事实上太祖是先查明"所诉事多非实"，分属诬告，才确定郭进没有不轨。将诬告者遣送郭进处置，应是表示太祖继续相信郭进，使他感恩图报。

---

[1]《续资治通鉴长编》卷163，3932页。
[2]《续资治通鉴长编》卷17，384页。
[3]《续资治通鉴长编》卷4，106页。
[4]《续资治通鉴长编》卷4，106页。
[5]《元丰类稿》卷49，311页。
[6]《续资治通鉴长编》卷237，5775页。

第五，立功便厚加恩赏。钱若水所说"立边功者厚加赏赉，其位或不过观察使"，有时是指以奖赏代替高位，主要指恩典和财货。如张方平说"优其禄赐"，《东都事略》亦谓"结之以恩，丰之以财"。具体做法有《隆平集》的"来朝赐食殿坐，遣之则赐予加等"；《续长编》的"其家族在京师者，抚之甚厚。……每来朝，必召对命坐，赐以饮食，锡赉殊异遣还"；[1]《宋史》的"其族在京师者，抚之甚厚"。

证诸郭进，确有其事。《宋会要辑稿》记载，郭进守雄州时，太祖下令在御街之东造宅第一所，尽用筒瓦，打算赐给郭进。有司提醒，非亲王、公主不应用筒瓦，太祖"大怒曰：进为我捍契丹十余年，使我不忧西山，岂不可比我儿女？"卒用筒瓦。宅成，以赐进，"进屡辞，乃敢受"。[2]《元丰类稿》说："此可谓隆之以恩矣。"[3] 郭进不敢逾制，也许亦是得到太祖信任的一个重要原因。

将上述对祖宗之法的描述列表如下：

表二：诸朝引用祖宗之法的项目与多寡

项目	真宗	仁宗	神宗	孝宗	元代	合计
1. 大胆起用			《隆平集》、王安石		《宋史》	两朝 3 次
2. 小其权、小其位	钱若水	张方平	《隆平集》《元丰类稿》	《东都事略》		四朝 4 次
3. 少其兵			张方平、《元丰类稿》（？）	《东都事略》		两朝 2 或 3 次
4. 久其任	钱若水	张方平	张方平《隆平集》《元丰类稿》	《东都事略》		四朝 5 次

---

[1]《续资治通鉴长编》卷 17，384 页。

[2]《宋会要辑稿》礼 62，1 页。

[3]《元丰类稿》卷 49，311 页。

项目	真宗	仁宗	神宗	孝宗	元代	合计
5. 充分授权之兵	钱若水	贾昌朝、鱼周询、张方平	张方平、《元丰类稿》	《东都事略》《续长编》	《宋史》	五朝9次
6. 充分授权之财		贾昌朝	王安石、赵卨、张方平、《隆平集》	《东都事略》《续长编》	《宋史》	四朝8次
7. 不疑		鱼周询、张方平	王安石、《隆平集》《元丰类稿》	《续长编》	《宋史》	三朝6次
8.1 明赏罚	钱若水	贾昌朝、张方平、杨畋				两朝4次
8.2 厚恩赏	钱若水		《隆平集》、《元丰类稿》、张方平	《东都事略》《续长编》	《宋史》	四朝6次
项数	5项5次	6项11次	7项17或18次	7项10次	5项5次	

长久以来，史学界尤其是疑古学派流行一个通论，以为属于"传说"或"传奇"性质的史料，如杯酒释兵权，一个重要的特点是愈传愈复杂，所增加的内容，有些是虚构，有些是真实，有些是虚实杂糅，必须考而后信。

祖宗家法之御将，考诸郭进事迹，理应可信。首先，历朝言者共约十一人，前后三百多年，内容并无重要矛盾。其次，言者之中，至少有四人为宋元史家或史官，看到的史料既多，也有一定的考证能力。再次，也最为重要，御将之主要内容约有八至九项，只有一项（充分授与财权）仅有间接例证（豪宅），其余七至八项均有直接例证。

接下来的问题，是为何有时援引较多有时较少。因史料所限，只能简单而论。先看项目，其自身价值之大小或适用程度之高低或会影响引用之多寡。最多见的是充分授权，毫无疑问是超越时空之所谓普遍价值（universal value），较适用于各朝各代，故一再引用。最少见的如少其兵，《元丰类稿》和《东都事略》都谓"不过五六千人"，[1] 自非普遍价值，较适用于太祖时防守之用。真宗之世，钱若水谓"分授兵柄，使将万人，间以强弩，令分路讨除"，万人实不算少，但"分路讨除"不是防守而是进攻。何况，万人是多是少，要视敌方的质素而定，难以墨守成数。有如今日之专论（specific）与通论（general），前者被引用之机会似不如后者。

再看引用项数和次数，可谓充分反映时代之需要。最多是神宗朝7项17或18次，当时神宗锐意伐夏；其次是仁宗朝6项11次，当时仁宗君臣重困于西夏；再次是孝宗朝7项10次，当时孝宗有志恢复。三者都急需任将用兵之道，故引用最为齐备，如仁、神两朝之张方平合计援引8项，《隆平集》和《元丰类稿》合计有6至7项，孝宗朝之《东都事略》亦有6项。《宋史》最晚出，作为史书，理应最为齐备，却只援引5项5次，一方面可见它不是一味承袭前人之说，而是因时代需要作出挑选，另一方面反映元人武功盖世，可能不大需要向宋人学习。

要言之，祖宗御将之法共有多项，大都属实，在相当程度上促成郭进的成功，史家亦用"感泣"和"屡辞"等字眼表示郭进的认同。它们被后人引用之多寡，视乎各项自身适用性之高低和不同时代之实际需要。较需注意的，是它们多属太祖而非太宗，学人应加以区别。事实上，王安石痛切指出太祖与太宗之大不同。他故意强调太祖把告发郭进谋反的人送交郭进，"此知郭进非反也，……此所以如进者，皆得自竭也"，但郭进在太宗时被逼自杀，那是否跟太宗有关？

乙、悬梁

对郭进之死，学界有自杀与他杀两说。他杀之中，又有杀人者是田

---

[1]　《元丰类稿》卷49，312页。

钦祚或太宗之异。究竟真相如何，应根据史料和情理，进行逻辑分析。

一、自杀之史料与情理

含自杀和他杀，较重要的史料共有十则，大致能披露死亡之原委，现依成书或首见之时序排列，下文引用时不再作注：

表三：郭进死亡之主要史料

书名及性质	记述
1. 钱若水（960—1003）、杨亿（974—1020）等《宋太宗皇帝实录校注》（998），官修	太宗太平兴国四年（979），"钦祚之典石岭军也，大将郭进屡有战功，为钦祚所凌轹，进不能甘，遂自经死。事甚暧昧，……"。[1]
2. 同上	"事甚暧昧，时皆以为钦祚杀之，左右无敢言者。"
3. 杨亿《杨文公谈苑》，私述	"太宗征太原，北戎自石岭关入援，进大破之，献俘行在，暴于城下，并人丧气，遂约降。进功高负气，监军田钦祚所为不法，进屡以语侵之，钦祚心衔，因诬以他事，进不能甘，自缢死。太宗微知之，黜钦祚，终其身不复用。"[2]
4. 曾巩《隆平集校证》，私撰	《郭进》："太宗征太原，命进控石岭关，北虏来援晋，进击败之，并人气丧。既而为田钦祚所诬，进刚忿不能辨，乃自经而死。钦祚伪以暴疾闻，上深悼之。"[3]
5. 李焘《续资治通鉴长编》（1168—1177进呈），半官半私	"田钦祚在石岭关，恣为奸利诸不法事，郭进不能禁止，屡形于言，钦祚憾之。进武人，刚烈，战功高，钦祚数加陵侮，进不能堪，癸酉，遂缢而死，钦祚以卒中风眩闻。上悼惜良久，优诏赠安国节度使。左右皆知，而无敢言者。"[4]

---

[1] 钱若水等撰，范学辉校注：《宋太宗皇帝实录校注》卷41，北京：中华书局，2012年，474页。

[2] 《宋朝事实类苑》卷6，59—60页，引自《杨文公谈苑》。所谓"终其身不复用"，或指钦祚从防御使降为团练使后，终身未复防御使或内职引进使，见《宋史》卷274，9360页。

[3] 《隆平集校证》卷16，489—490页。

[4] 《续资治通鉴长编》卷20，450页。

书名及性质	记述
6.《续长编》	王安石:"郭进乃为奸人所摧,至自杀。"[1]
7.《续长编》	王安石:"以憸人谗说,故困迫至于自杀。"[2]
8. 王赏、王称《东都事略》,私撰	《郭进》:"时田钦祚护石岭军,恣为奸利,以他事侵进。进刚直不能辨,乃自经死,年五十八。"
9. 脱脱等《宋史》,官修	《郭进》:"时田钦祚护石岭军,恣为奸利诸不法事,进虽力不能禁,亦屡形于言。进武人,性刚烈,战功高,钦祚以他事侵之,心不能甘,自经死,年五十八,钦祚以暴卒闻。太宗悼惜久之,赠安国军节度,中使护葬。后颇闻其事,因罢钦祚内职,出为房州团练使。"[3]
10.《宋史》	《田钦祚传》:"钦祚性刚戾负气,多所忤犯,与主帅郭进不协。进战功高,屡为钦祚所陵,心不能甘,遂自缢死。"[4]

试用传统之史料分析方法,从四方面切入:

1. 就数量言,十则史料只有《太宗实录》一则提到他杀,比例悬殊。各种史料难免互相传抄,但非照单全收,而是有一定的选择,如《续长编》与《杨文公谈苑》相仿,但不采《杨》之"诬以他事",《宋史》郭进本传与《续长编》相仿,也不采《杨》之"诬",但采其"以他事"。《东都事略》与《续长编》又大抵是"各自独立撰成的,谁也没有参考过谁"。[5] 为何多数史家不选择他杀之说?

2. 就时间言,理论上愈晚出者愈能看到较多的数据,而所有较晚之史料均不见他杀。

3. 就性质、史源或作者言,采用自杀者,官修者二,私撰/述者三,

---

[1] 《续资治通鉴长编》卷 237,5775 页。

[2] 《续资治通鉴长编》卷 250,6102 页。

[3] 《宋史》卷 273,9335—9336 页。

[4] 《宋史》卷 274,9360 页。

[5] 何忠礼:《王称和他的〈东都事略〉》,《暨南学报》1992 年第 3 期,55—64 页,引文见 57 页。

半官半私者一。《太宗实录》提到他杀时，是与自杀并举，表示史臣只是存疑，不敢肯定是他杀。若推说是为太宗讳，那干脆不记便可，不必多此一举，故其事应与太宗无关（见下文）。杨亿为大文学家，也饶富史才，同修《太宗实录》八十卷，独草五十六卷，此后还参修《国史》和《册府元龟》，[1] 所见益多，但在私述《杨文公谈苑》里，只采自杀之说。曾巩亦为大文学家与史学家，《隆平集》虽为私撰，但余嘉锡已指出其史源或是官撰之宝训、圣政、会要、国史、实录和日历等书，择要录出，作为日后修撰五朝国史之准备，王瑞来更以为"曾巩所做，实在是极为少量的润色与订正"，[2] 故未尝不可视为官方资料。李焘挑选材料及多方考证之功力不必多言，甚至连自缢的日期"癸酉"（979 年 5 月 23 日）都附上，似乎相当肯定是自杀。王赏和王称父子来自史学世家，《东都事略》虽为私撰，但史源主要是官修国史和实录，稍益以小说笔记。何忠礼说："本书在很大程度上保留了作为北宋基本史料来源——国史、实录的本来面貌，没有作较多的加工润色。"[3] 成书后敢于上呈朝廷，得付国史院，王称也获晋升。为何这些宋代史学家选择自杀而只字不提他杀？为何王安石也相信是自杀？

4. 就内容言，主要的疑问是为何自杀。将表三的资料五鬼搬运分门别类，就一目了然：

表四：郭进自杀之主要史料

史料	前因或背景：郭进之作为	经过：田钦祚之作为	结果：郭自经与田奏报
1.《太宗实录》	郭进战功高	田钦祚凌轹之	郭进不能甘，自经

---

[1]《宋太宗皇帝实录校注》前言，6 页。

[2]《隆平集校证》前言，21、25 页。

[3] 何忠礼：《王称和他的〈东都事略〉》，60 页。又见蔡崇榜《宋代四川史学家王称与〈东都事略〉》，《成都大学学报》1985 年第 4 期，23—29 页。

史料	前因或背景：郭进之作为	经过：田钦祚之作为	结果：郭自经与田奏报
2.《杨文公谈苑》	1. 功高负气 2. 知田钦祚不法事，屡以语侵之	1. 心衔，因此 2. 诬 3. 以他事	1. 不能甘，自缢 2. 太宗"微知之"，黜钦祚
3.《隆平集》	1. 战功高	诬之	1. 刚忿不能辨，自经 2. 钦祚"伪"以暴疾上奏
4.《续长编》记郭进事	1. 战功高 2. 屡言田钦祚奸利等不法事	1. 憾之 2. 数加陵侮	1. 刚烈，不能堪，自缢 2. 钦祚以卒中风眩闻
5.《续长编》记王安石语	战功高	奸人（没有点名）所摧	至自杀
6.《续长编》记王安石语	战功高	憸人（没有点名）谗说	困迫至于自杀
7.《东都事略》	战功高	以他事侵之	刚直，不能辨，乃自经死
8.《宋史》郭传	1. 战功高 2. 屡言田钦祚奸利等不法事	以他事侵之	1. 武人，性刚烈，心不能甘，自经 2. 钦祚以暴卒闻 3. 太宗"后颇闻其事"，因罢钦祚
9.《宋史》田传	战功高	屡陵之	心不能甘，自缢

先作简单的统计，各则史料既在承袭之中仍有选择性，故以一则史料为一个单位：

1. 就详略言，以《杨文公谈苑》最为周详，其次为《续长编》之郭进记事。如上所述，基于史料的时间、性质和作者等各方面的考虑，下文选择此两书作为重建史事之根本。

2. 就前因或背景言，所有九则资料都指出郭进功高；三则直接指出郭进指摘田钦祚谋取奸利等事（2、4、8，钦祚且为部下讼诉，详见下文），听到的人应该不少，才得让史臣记下，如只在郭嘴田耳之间，就无从得知和记下。

3. 就经过言，二则认为田钦祚对郭进的"语侵"大为不满（2 衔、4 憾）；六则指出他让郭进难堪（1 凌轹、4 凌侮、5 摧、7 侵、8 侵、9 陵）；三则明白指出他用"他事"来让郭进难堪（2、7、8）；三则认为该事是诬言或中伤（2 诬、3 诬、6 谗）。同样，听到该事的人应该不少，如只在田嘴郭耳之间，史臣就无从得知和记下。

4. 就结果言，四则认为郭进自杀的原因是心不能甘（1、2、8、9），四则企图用武刚来解释（3 刚忿、4 刚烈、7 刚直、8 刚烈），二则明谓"不能辨"（3、7），一则明谓"不能堪"（4），一则明谓"困迫"（6）。七则指出他自杀的方式是上吊（5、6 只言自杀）。三则直接指出田钦祚假作暴卒上奏（3、4、8），二则间接指出太宗后来微知郭进不是钦祚所说的暴卒而是自经（2、8）。

现将数目字化为文字：对太宗之平定北汉，郭进建有大功，田钦祚虽为监军，不会无故招惹郭进，故应是郭进恃功自负，一再公开钦祚谋取奸利等事，令钦祚大为不满，以某事或某些事反击，令郭进无法忍受，上吊自杀，而钦祚伪作暴卒上奏。其中关键自是某事，史臣称之为"他事""诬"或"谗"，应多少知悉其事，否则何以知道是彼事非此事如建功之事，亦何以判断是诬或非诬？此事有凌侮之效果，根据上节"尽命"所说，不会是郭进好杀人和随意使用公帑等事，可能是隐私或暧昧等事，故史臣讳言。那么是真是假？称之为诬或谗者凡三，即《杨文公谈苑》《隆平集》和《续长编》之王安石对话，没有称之为诬的凡五，即《太宗实录》《续长编》之郭进记事、《东都事略》和《宋史》郭、田两传。不称诬者略胜，虽不能排除彼此选择性地传抄，但平心而论，田钦祚有意还击和羞辱郭进，其事应有所本，或虚（诬）实相杂，不易分辩，如事涉隐私，就更难分辩。郭进"武人"，没有讼棍的头脑，也没有阴柔（vs 刚烈）的能耐，以致困迫不能辩，感到无地自容不能堪，一时气愤，上吊自杀，或以明志。以此相较，他杀说之记载（详见表三之1及2）就没有交代杀人之动机、方法和究竟以自杀还是暴卒上奏，脉络显得暧昧难清。

要言之，就史料来说，对他杀说有利之条件只有一项，即出自《太宗实录》，而不利之条件有四：（1）只此一见，是为孤证；（2）实录撰者只是存疑，并无肯定；（3）他杀之原委和经过不明，故事极不完整；（四）大多数史家均不采用。反之，对自杀说有利之条件凡五：（1）也出自《太宗实录》，《宋史》也是官修，其他非官修诸书的史源几乎无一不包括实录、会要和国史等。（2）出现九处之多，扣除承袭，仍可作为众证。（3）诸书多态度肯定，且无矛盾，如自杀之方式都是自缢；只是有些肯定"他事"是诬，有些不敢肯定。（4）至少有两书（《杨文公谈苑》及《续长编》）交待自杀之来龙去脉，故事完整，其中一书（《续长编》）且清楚记下自杀的时间。（5）主张自杀者均赫赫有名，杨亿更是《太宗实录》的重要修撰者。

二、他杀之史料与情理

持他杀之说者，有谓杀人者是田钦祚，有谓是宋太宗，分说如下：

（一）杀人者是田钦祚

何冠环认为郭进被监军田钦祚所杀，且与宋太宗朝武将之党争有关。[1] 下文先引述其三个主要论点和论据，接着提出质疑。

1.《太宗实录》说郭进是被田钦祚谋杀。何氏说："笔者以为《太宗皇帝实录》的说法接近事实，郭进是给田钦祚谋杀的。"

令人不解的是，《太宗实录》同时记载自杀与他杀，不曾肯定他杀，如研究者仅取一说，就应如同本文，必须同时解释另一说为何不能成立。

细究《太宗实录》所谓"进不能甘，遂自经死。事甚暧昧，时皆以为钦祚杀之，左右无敢言者"，便会发现一大疑点：史臣何以知道郭进是

[1] 何冠环：《论宋太宗朝武将之党争》，收入《北宋武将研究》，香港：中华书局，2003年，89—135页，诸引文见97—100页。

自经死？何氏也认为钦祚是以暴疾奏闻，按理史臣只知道郭是暴卒，怎会记下自经？唯一的答案是史臣有其他消息来源，经过研议，认为不是暴卒而是自经。

再将《太宗实录》与《续长编》比对，后者说："进不能堪，癸酉，遂缢而死，钦祚以卒中风眩闻。上悼惜良久，优诏赠安国节度使。左右皆知，而无敢言者"；这里的无敢言，是指不敢揭穿郭进不是中风卒而是自缢死，那么《太宗实录》的"无敢言"是指什么？试用何氏的话补充："进不能甘，遂自经死，（田钦祚以暴疾奏闻），事甚暧昧，时皆以为钦祚杀之，左右无敢言者。"也许是说：郭进不甘而自杀，钦祚却伪奏为暴卒，真相难明，时人大都怀疑钦祚之所以作假，是因为他杀了郭进，但太宗左右的人都不敢说。其实，如同太宗，左右原来只知道郭进是暴卒，并没有什么敢不敢说的，后来才知道是自尽，却不敢言，可能有三个原因：一是追赠郭进为节度使的诏书里提到暴卒，如果出尔反尔，无疑指出太宗当初轻信伪奏，只好讳言。二是左右知道了郭进自杀的真正原因，如说出来，田与郭可能两败俱伤，于是噤声。三是左右虽皆以为钦祚杀郭，但仅是怀疑，没有确证，若贸然告发，事后发现不实，后果严重，乃不轻言。不过事过境迁之后还是有人敢言了，太宗也处罚了钦祚（见下）。

2. 郭进曾经严劾钦祚不法之事，令他降职，现在钦祚又再犯法，且怀疑郭会再次劾奏，乃杀郭灭口。何氏说："《续资治通鉴长编》和《宋史》把郭进说成一直受田钦祚欺侮的弱者，实则郭进从未惧怕田钦祚，看他严劾田钦祚，令他降职，可见郭进绝非任人摆布的主帅，若说他因不甘受辱而自杀，如西汉名将飞将军李广（？—前119）一样，那是不可想象的。……大概田钦祚不法的证据给郭进拿到，郭进公开说要再劾奏他。田想到郭立下大功，他所奏太宗一定照准，为求自保，就行险暗杀主帅。"

我们从史料读不出郭进曾经严劾钦祚令其降职。《太宗实录》说：

"钦祚性刚戾，贪财，……会为部下所讼，鞫得实，（自汾州防御使）就降为睦州团练使"；太平兴国四年七月癸未（979 年 8 月 1 日）颁布的降官诏令也指摘他"贪饕"。[1]《续长编》太平兴国四年三月癸未（979 年 4 月 3 日）条将部下讼诉与降旨贬责合为一谈，说："月俸所入刍粟，多蓄之以竢善价而规其利，为部下所诉。诏鞫之，钦祚具伏，责授睦州团练使，仍护军。"[2]《宋史》田传亦说："所受月奉刍粟，多贩鬻规利，为部下所诉，责授睦州团练使。"以此来看，何氏所谓"郭进忍无可忍，在部属的检举下，劾奏田钦祚"，似属过度引申，因为钦祚有自己的部队，[3]"部下所讼/诉"应指钦祚的部属，也没有史料提到郭进曾经代为上奏。

　　史料也未提到钦祚再次犯法，亦不可知郭是否再上奏。就逻辑言，若谓钦祚因惧怕郭进上奏其不法的证据而先发杀人，就必须先行满足两个前提：一是钦祚再次犯法，二是郭进会上奏。令人怀疑的是，钦祚不久前才被部属讼诉受到调查等候结果（约 979 年 4 月 3 日至 8 月 1 日之间，郭死于 5 月 23 日），如再犯法，且可能构成杀人之动机，那么一众史料，尤其是提到他杀的《太宗实录》，为何完全不记钦祚再犯何事？《续长编》说"田钦祚在石岭关，恣为奸利诸不法事，郭进不能禁止，屡形于言，钦祚憾之"，既举奸利为例，当为首恶，应指月俸之事，郭进闻之，未能阻挠，也未奏止，只是不时用来"语侵"钦祚。不知学人何

---

　　[1]　宋绶、宋敏求：《宋大诏令集》（北京：中华书局，1962 年）卷 203，754—755 页："引进使汾州防御使田钦祚，顷者擢自廷臣，委之戎律。逾年玩寇，曾无尺寸之功；终日计财，但规什一之利。多蓄刍粟，以贸钱刀，御众乖方；为将如此，宜从谪降，以戒贪叨。可责授睦州团练使。"

　　[2]　《续资治通鉴长编》卷 20，446 页；所指月俸刍粟，有部分或属钦祚部下，被钦祚克扣或暂扣。如是钦祚个人所有，不过是暂时不用，待价高时出售，则未有侵犯部下之权利，依军队阶级之法，部下如何能提出讼诉？也许因为侵犯了部下的权利，影响军心士气，才引起郭进的关注和指摘。

　　[3]　《宋史》卷 274，9360 页谓："睦州团练使，进出战，钦祚但闭壁自守，既去，又不追。"可见田有自己的部队，可以参与作战，其战略可与主帅不同，更可与主帅各自行动，不一定全天候监察。

以认为，郭以前不上奏，现在却要上奏？何况，钦祚既为部下所讼，部下本身就是证据所在，要消灭的何止郭进一口。

3. 钦祚伪造郭进自杀，且以暴疾上奏。何氏说钦祚"行险暗杀主帅，而假造郭进自杀的现场证据。为免太宗起疑，他就说郭进暴疾而死（因太宗也会怀疑郭进好端端的为何会自杀）。主帅死了，军中地位就以田钦祚最高，他位高权大，又得太宗宠信，身边又有一群党羽，识得利害的，自然不敢说话，郭进就只能冤沉大海了"。

令人难解的是，钦祚为何不直接伪造郭暴疾并上奏。依何氏说法，命案经过是钦祚杀郭进，然后将郭伪装成上吊，最后又伪以暴疾奏告太宗。一个行动竟有两个"伪"，未免自找麻烦，也增加被揭穿的风险。为何不是钦祚杀郭，将之伪装成暴疾，并以暴疾奏告太宗，或索性以酒中下药等方式杀死郭进，使其看来像暴疾，并以暴疾奏告太宗。《太宗实录》称田"阴狡"，如有意杀郭，手段应较为高明。他即使得到太宗宠信，还是被太宗调查奸利之事和公开贬谪。至于党羽，大多数官员都有朋有群，欧阳修《朋党论》开首便说"大凡君子与君子以同道为朋，小人与小人以同利为朋，此自然之理也"；郭进曾跟李继勋、党进和曹彬数次合作，还有罗彦瑰、张彦进、陈万通、高行本、赵赞等人，不见得无朋无党。除非确有实据，不然不应随便使用朋党来解释历史。

此外也要注意，《太宗实录》和《宋史·田钦祚传》都记载钦祚接连降贬，应是为某事受到惩罚，那是否因为谋杀郭进？因奸利事，钦祚已从山西汾州防御使降为湖北睦州团练使（979 年 8 月 1 日发布），两年后（981）改湖北房州团练使。逾年，远贬广西柳州，"以远郡炎瘴，郁郁不乐，以至成疾，累表陈乞，愿生还阙下，言甚激切"，太宗"怜之"，迁湖北郧州团练使。两年后，钦祚入觐，"涕泣不已"，但太宗没有留之阙下，仍出为陕西银、夏、绥、宥都巡检使，未几召还。雍熙北伐，命钦祚与另一武臣同为行营排阵使，钦祚已病，"受诏不胜喜，一夕卒"，[1] 享年六十（927—986），至死不得回复防御使，也只比郭进多活三年。《杨文公谈苑》和《宋史》郭进传将钦祚之外贬直接归因于郭进之死，前者说"太宗微知之，黜钦祚，终其身不复用（为内职或防御使）"；后者清楚说太宗"后颇闻其事，因罢钦祚内职（引进使），出为房州团练使"（表三3、9）。究竟"知之"和"闻其事"是指什么事？两书都指钦祚以他事侵进使其自经，《宋史》并说钦祚伪以暴卒上奏。就常理言，若太宗闻知之事是钦祚谋杀主帅，处罚应更严厉。不管是"微知"还是"后颇闻"，都揭露太宗一度被钦祚的伪奏所瞒骗，但一旦知道真相，便一再惩处，没有为了掩饰自己的后知后觉而隐忍不罚。

（二）杀人者是太宗

陈峰认为，郭进对田钦祚奸利事屡形于言，令钦祚怀恨在心，进行恶毒的报复。他的"报复手段极其简单，即以监军身份一方面凌辱郭进，另一方面则向太宗诬告郭氏"。太宗以阴谋登上帝位，对统军将领采取了极端猜忌、压制的态度，赋予监军极大的权威，让他们"口含天宪"，完全可以凌驾于主帅之上，郭进虽有大功，最终仍被逼自杀，"实际上是当时极端独裁和狭隘统治的牺牲品"。[2]

先看凌辱。的确是郭进先把钦祚的奸利事屡形于言，《杨文公谈苑》甚至说郭进"屡以语侵"钦祚，然后钦祚以某事反击，应是彼此都有意让对方难堪，不能单怪钦祚。郭进也曾被部下诬告谋叛，一则身受僭越，二则面临死罪，较凌辱更为严重，却未自杀。再看口衔天宪。"甚至可以不问事情真相，便诛杀被怀疑者"，例子是太宗即位后，"分命亲信于诸道廉官吏善恶密以闻。岭南使者言知封州李鹤不奉法，诬奏军吏谋反，诏诛之不问状"。我们看到四个要点：一是亲信，二是故意调查，三是罪名（不奉法、诬告谋反）和应有的罪状，四是下诏诛杀。不知何者适用于郭进案？杀一知州尚要罪名，杀一主帅岂能莫有？但现存史料就是阙

［1］《宋史》卷274，9360页；《宋太宗皇帝实录校注》卷41，474页。
［2］陈峰：《宋初名将郭进事迹评述》，《西北大学学报》2002年第1期，119—122页。

如。那么钦祚有没有向太宗告状？太宗有没有下令杀郭？

范学辉也认为"郭进之死责在太宗，田钦祚致郭进于死，实太宗为谗言所惑，甚或实受太宗之密命，故'左右皆知，而无敢言者'"。[1]依照逻辑，是说要成立必须满足两个前提：一是钦祚曾经上奏谗言，二是太宗接受谗言。

现存史料完全没有钦祚上奏的记录。根据表三和表四，田钦祚对郭进的"语侵"大为不满，乃用"他事"还击，也让郭进难堪。九则主张自杀的史料中，三则认为该事是诬言或中伤，听到的人应该不少，如只在田嘴郭耳之间，史臣就无从得知和记下。既然钦祚曾用污言秽语攻击郭进不是什么秘密，为何没有一则史料记下钦祚曾将之上奏太宗？如前所述，若史臣为太宗讳，《太宗实录》又何必写下"事甚暧昧"和"左右无敢言者"这种引人侧目的话？何不直接说郭进"为钦祚所凌轹，进不能甘，遂自经死，时皆以为钦祚杀之"，把责任全推给田？

即使太宗听到谗言，会信之不疑和下令杀郭吗？先看告发者的可信性。田钦祚至少有两项前科：第一，太祖时曾诬告武臣王继涛。王"素与（阁门）通事舍人田钦祚有隙，会钦祚入朝，乃诬奏继涛以他事。太祖驿召继涛，将面质之，道（中）病卒"[2]。第二，太宗时被部下讼诉谋取奸利。其次看被告发者的可信性。郭进在太祖时已守西山约十六年，太宗时留任，至死亡前约三至四年，当可反映太宗之信任。就在大败契丹援兵之前，郭进还面觐太宗，如太宗此时起疑，应不会继续让他担任石岭关都部署作为主帅之重任。大胜之后，亦不见有何事让太宗由信转疑。即使起疑，太宗会否不加调查便杀郭进？在王继涛案，太祖要原告和被告当面对质；在谋取奸利案，太宗没有因为钦祚是监军而盲目地信任他，不但"诏鞫之"，还要有钦祚的"具伏"（具状示伏），而且处罚他。死罪之重者莫如谋叛，郭进以前也被诬告过，调查后证明无辜；何

---

[1]《宋太宗皇帝实录校注》卷41，477页。
[2]《宋史》卷255，8928页。

冠环也说，"纵使田钦祚诬告他通敌谋反这类严重罪名，他大有申辩的机会"。难道太宗会不经调查不让申辩，便密令处死一名足以对付契丹收复燕云十六州的勇将？再次，太宗对郭进之死"悼惜久之，赠安国军节度，中使护葬"。[1] 假如郭进所犯是该被处死的罪名，太宗应该公开谴责以儆效尤才是，怎会反为褒扬呢？最后，如钦祚受太宗之密命杀郭，事后径谓郭上吊便可，何须伪称暴卒？难道是太宗要他杀得像暴卒，钦祚却弄成了上吊？

再查范氏引用之史料，更是启人疑窦。熙河之役，文官王韶是主帅，但政出多门。王安石就说："今王韶为大帅，（外戚）高遵裕则陵慢于东，（武臣）景思立则陵慢于西。"[2] 不料神宗还派非常宠信的阉将李宪到王韶军中，王安石极不同意，以为"王韶节制于景思立，……李宪又同三军之政。如此任将，恐难责成功"，之后并举郭进之死为诫，指出"郭进守西山可谓尽力，以憸人谗说，故困迫至于自杀。如郭进者既自杀，即憸巧能凭附左右小人者，必得握兵为用，虽有犯法，必获游说之助以免。如此，契丹何为不旅拒"。这段话的用意，王安石自己说："时景思立凭附李宪，干师律，上（神宗）不肯治，故为上言此。"[3] 思立能够凭附李宪，正因李曾是他的监军，因思立战胜而同时受赏。[4] 把旋即败死的景思立换上田钦祚，意思便是钦祚以污言令郭进困逼自杀，本应问罪，却因凭附皇帝左右的宠臣，一时得免，后来还是事败。这能否跟田钦祚把污言上奏令太宗相信而杀郭进扯在一块，请读者自行判断吧。

无独有偶，同年次月（979 年 6 月 4 日前），又有大臣死于非命。当时太宗挑选常参官八人知边郡，其中右赞善大夫臧丙知辽州，他的同榜秘书丞马汝士知石州。"其后汝士与监军不协，一夕刿刃于腹而死"，丙

---

[1]《宋史》卷 273，9336 页。
[2]《续资治通鉴长编》卷 247，6023 页。
[3]《续资治通鉴长编》卷 250，6101、6103 页。
[4]《续资治通鉴长编》卷 247，6024 页。

上疏怀疑汝士不是自杀，请太宗调查真相。[1] 臧丙的墓志也说："（汝士）为政严急，军民苦之，且与监军不协。一夕，于公署中割刃在腹而毙，遂以自尽奏之。"臧丙上疏，"其略曰：'倘明其负罪自裁，尸宜更戮，苟雪其非辜致毙，魂亦无冤'"，[2]要分辨究竟是畏罪自杀还是无辜遇害。

太宗得奏，反应有三：其一，骇异；其二，立即遣使按鞫寻求真相，可惜史料不见结果，可能并无翻案，否则臧丙（939—991）墓志和《宋史》本传都应大书特书；其三，远召臧丙赴阙面询。臧丙墓志只记下太宗一个问题："马汝士遇害，尔知其人乎？"似乎同时询问马之私事和公事。臧丙回答说："（其为）人，则臣不知，言（其）自尽，则厚诬也。凡人（有）罪，非殊死（案：狭义是斩首之罪），未有弃其生者。臣观汝士所为，略无私过，盖盗憎民怨尔。……今死既不明，宿卫者亦不加罪，臣恐今后书生不能治边郡。"[3]此话于《续长编》作"汝士在牧守之任，不闻有大罪，何至自杀。若冤死不明，宿直者又不加谴责，则自今书生不复能治边郡矣"。[4]《宋史》本传兼合两者，记作："汝士居牧守之任，不闻有私罪，而言自杀。若使冤死不明，不加宿直者以罪，今后书生不能治边郡矣。"[5]那么没有私罪的汝士有无公罪？

臧丙所说，有点像范仲淹的另一名言：私罪不可有，公罪不可无。例如在判案时为了活人性命而误触法条便是公罪，故谓若无公罪，则自保太过，无任事之意；但乘机收取贿赂便构成私罪，故律文疏议说"公罪，谓缘公事致罪而无私、曲者。……私罪，谓不缘公事，私自犯者；虽缘公事，意涉阿曲，亦同私罪"。[6]臧丙以为，汝士弄得军民怨苦，为政如此严急固然不对，但其中并无私罪，纵有公罪，但不闻有大罪，

［1］《续资治通鉴长编》卷20，452页；《宋史》卷276，9398—9399页。
［2］王禹偁：《小畜集》，文渊阁四库全书本，卷28，30页。
［3］《小畜集》卷28，30页。
［4］《续资治通鉴长编》卷20，452页。
［5］《宋史》卷276，9398—9399页。
［6］窦仪等撰，薛梅卿点校：《宋刑统》，北京：法律出版社，1999年，卷2，29—30页。

何至自杀。对臧丙的说词，太宗"善其言"，"沉思久之"和"嘉其直，改著作郎"，但真的被说服了吗？有下令处罚宿卫吗？马案对郭案又有何启示，可对比如下：

表五：郭进案与马汝士案之比较

史学六问	郭进案 （如不注明是学人意见，便是根据史料）	马汝士案 （同左）
What/Which（主要问题）	死于非命	死于非命
Who（死者）	郭进，已得太宗留任五年为一军首长	马汝士，刚被太宗挑选为一州首长
When（时间）	约 979 年 5 月 23 日	979 年 5—6 月某夜
Where（地点）	不明	公署
Whether（是否）	究竟是自杀还是他杀	
1. 自杀		
Why（自杀之动机或原因）	被监军田钦祚以某事陵侮，但未言何事，有些说该事是诬，有些没有说	不明
How（如何自杀）	自缢，田钦祚伪奏暴卒	以刃插腹，监军以自杀上奏
What（相关行为）	无	为政严急，军民苦之，且与监军不协。一夕，于公署中剚刃在腹而毙
2. 他杀		
2.1Whom（嫌疑人一）	监军田钦祚	我们：似乎是监军
Why（其人被怀疑为凶手之原因）	史料：1. 田与郭不协，郭将田之奸利事屡形于言 2. 田将自缢伪称暴卒，我们或可推论心中有鬼 学人：郭将再次上奏田不法事，但未言何事	我们：与死者不协，但史料未言何事

史学六问	郭进案 （如不注明是学人意见，便是根据史料）	马汝士案 （同左）
Why（其事被怀疑为他杀或非自杀之原因）	史料：时人怀疑田杀郭，但无具体描述 学人：郭大将，又刚立大功	臧丙怀疑非自杀之原因： 私事：不知 公事：1. 人非至死罪甚至斩罪，不会自杀 2. 马无私过，但盗憎民怨尔。既不闻有大罪，何至自杀
How（如何杀人）	不明	不明
What（相关行为）	学人：借朋党之力欺瞒太宗	无
2.2Whom（嫌疑人二）	太宗	太宗不是嫌疑人
Why（其人被怀疑之原因）	学人：太宗原就猜忌诸将，现在听到田之谗言	无
Why（其事被怀疑之原因）	无从判断，因不知谗言是否上奏，亦不知其内容	无
How（如何杀人）	学人：或密诏田杀郭	无
What（相关行为之前后反应）	1. 当初左右不敢言，太宗不知田把自尽伪报为暴卒 2. 后来有人通报，知道不是暴卒，处罚田。就刑度来看，不是针对谋杀主帅之罪，应是针对凌侮致人于死	1. 读臧丙之奏，骇异 2. 遽遣使调查 3. 召臧丙回京面询 4. 问臧丙"尔知其人乎"，似乎同时针对马之私事和公事 5. 问答之后，"善其言"，"沉思久之"和"嘉其直"

将上表化为文字，利用马案检讨郭案的三个怀疑：

其一，怀疑不是自杀，理由是否充分？

自杀不外因为私事和公事。太宗问及马汝士之私事，臧丙自承不知。马之公事，臧以为不构成自杀之理由，但似难服人：第一，许多犯重罪的官吏不曾自杀，而犯中罪甚至轻罪者却会自杀，也许郭进就是一例；第二，汝士守边御辽，责任极重，却为政严急招来军民之怨，未尝无过，至少足以贬官，不见得不会因此自杀。所以，汝士既可能因私事自杀，亦可能因公事自杀，臧丙怀疑之理由并不充分。太宗沉思之后，恐怕还是不会完全认同臧丙的怀疑，但既已遣使调查，如有翻案，确应公布和惩处监军，以安书生守边之心，但史料不见下文。

对照郭案，亦无从得知郭是否为私事自杀，公事则连"时皆以为钦祚杀之"的理由都不清楚，实难以分辨是否合理和充分。即使是合理的怀疑，也不一定是真相，无根的怀疑，就较接近文学小说的范畴了。

其二，怀疑监军是凶手，理由是否充分？

《续长编》与《宋史》俱谓马"汝士与监军不协，一夕刿刃于腹而死"，《宋史》在句末还加上"事可疑"三字，两事似有因果关系，臧丙亦怀疑是他杀，矛头指向监军，因为理论上监军只需替自己一方掩饰，假如凶手是盗贼等其他人，监军不必将他杀伪奏为自杀。不过，我们亦可模仿臧氏推理法，替监军辩白。反诘时需牢记两个要点：不但杀人，而且奏称自杀，切勿顾此失彼，胡涂办案。

他杀大略分为预谋和非预谋。若监军有计划地杀汝士，则无论时间、地点和手法等均有漏洞。第一，时间与地点是否符合让人难以发觉之条件？臧丙墓志明言汝士一夕死于公署，除非凶手是夜行高手，否则出入公署时便要冒险碰到守卫，下手时也要冒险惊动守卫，这也是臧丙指摘"宿直者又不加谴责"的缘故，因为他们负责站岗，要随时响应知州的使唤。监军或其爪牙若被守卫或汝士的随从看到，其出入的时间便容易被联想到汝士的死亡时间，更要解释为何在夜间出入。所以，监军会冒险挑在有人守卫的公署下手吗？第二，杀人的方法是否满足两个条件：一是不要惊动，二是要像自杀以便上奏。以刃插腹，除非是自杀不欲人知，是否容易发出痛苦呼声惊动守卫？加上要伪称自杀，监军为何不采用较佳的杀人方法如伪装上吊使之看来更像自杀？[1] 其实，在自杀之外，亦可炮制意外死亡如堕马和暴卒等，监军何以不取？臧丙必须回答，监军为何选择"觌刃在腹而毙"这种很可能被怀疑为他杀的方法而胆敢奏称自杀。第三，为何留下凶器？刃插于腹，能够发挥误导司法人员往自杀方向侦查的作用吗？还是留下可供破案之线案和证据？

若谓监军是临时起意杀人，如跟汝士议事时发生争执，愤而一刀刺之，则漏洞更多。第一，既本无杀人之心，监军进入公署跟汝士见面自不会鬼鬼祟祟，应有人看到并将之联结到汝士之死亡。第二，监军既留下在命案现场的证据而要伪奏自杀，势须大量灭口或收买，是否容易挂一漏万？在郭进案发之后，太宗没有立即调查，日后还是得悉实情；在汝士案发之后，太宗立即派遣特使调查，为何没有下文？为何不公布他杀之真相并惩办监军，好让守边的文臣安心？第三，监军如能买通侦办人员，何不索性以刺客行凶上奏，既符合汝士盗憎民怨，也符合刃插于腹的死状？以上怀疑，是否跟臧丙所论相同？太宗作为法律人，岂会不思及，岂会只信臧丙书生之言？

不妨反过来问，如马汝士选择入夜在官署自杀，可避过家人耳目，宿卫也不易及时阻止，自不应动辄加罪，事实上没有史料记载太宗在面询臧丙并"善其言"之后下令处罚宿卫。他杀未必留下凶器，自杀必定留下，符合监军的奏报。就常理言，以刃插腹较有他杀之嫌，监军直白上奏不加掩饰，例如没有伪装成较像自杀的样子，大抵跟自己无关。

由是观之，与监军不协固然值得怀疑，但并不足以构成监军就是凶手的充分理由。一州首长死于非命，如有翻案，史料为何没有任何直接或间接的记录，如太宗派去鞫问的使者破案了、宿卫被罚了、臧丙的墓志和《宋史》本传称赞他的怀疑被证实了，或监军如同田钦祚之被

---

[1] 张彦泽杀桑维翰，就伪装为自经，见《旧五代史新辑会证》卷89，2743 页："即以衣带加颈，报戎王云，维翰自经而死。戎王报曰：'我本无心害维翰，维翰不合自刭。'戎王至阙，使人验其状，令殡于私第，厚抚其家。"

罚了。

监军亦非想象中的可以一手遮天。臧丙与马案现场分隔两地，可谓风闻其事，尚敢上奏提出疑问，促使太宗展开调查。郭案最后还是有人让太宗闻知自杀实情，促使太宗惩罚田钦祚。事实上，郭进曾任太祖的行营马步军都监（附件一），被太宗留任为西山巡检已五年，马汝士是太宗亲自挑选，二人得到皇帝的信任恐不下于监军。臧丙提出质疑，不管有无说服力，还是得到太宗嘉其直和升其官，这反可鼓励群臣将怀疑上陈，不知监军如何阻止？

其三，怀疑太宗听到谗言后便杀郭进，理由是否充分？

监军上奏马案之时，应已提出支持自杀说的证据，但太宗一旦获悉不同的信息，便立即回应，不会因为原奏者是监军而置之不理。他一面派遣使者调查，一面把臧丙远道召回京师当面询问清楚，可谓慎重其事，可惜只听到臧的理论性推演，不是实质如针对证据的剖析，就只有付诸沉思而似无进一步的行动了。

对照郭案，假如太宗听到的是指控，而且是足以让他处死郭进的指控，应会调查其真伪。他收到郭进中风的死讯时，假如也听到自缢的消息，也会进行调查吧。不妨再想，假如田钦祚如学人所言，曾被郭进严劾，却随即上奏郭进死于暴疾，太宗会不会起疑？故此，严劾一事几属子虚乌有。

结论

庆历八年（1048），西夏为患，仁宗下诏求将，御史中丞鱼周询回应说："将帅之才，非备'文、武'，则不可为也。"[1] 若计公不计私，把个人才华转化为公共财，则文的表现应以公德和吏治为重，武应以军政和武功为重，而这个宋代渴求的理想将才，早就见于五代。

---

[1] 《续资治通鉴长编》卷 163，3932 页。

郭进报答竺妇救命之恩和擅杀违命仆婢，均属私德，影响有限；他帮佣出身，发迹后不忘民间疾苦，乃为公德。他在精壮之年八任地方首长，五任都有吏治，最早见于五代后周之世，最晚见于北宋太宗之时，前后约三十年（951—979），可谓长久如一。

他的治绩遍及山东两州、河南一州和河北两州，后来至少进入三地的名宦祠。他不但照顾民生，也曾致力司法；既剿府外之强梁，亦治衙内之文贼。成功之道，或在先谋后动，内外兼顾，恩威并施，视民若子。士庶曾合资树立经幢，赞美他的治绩，皇帝也应吏民之请，下令言官撰写屏盗碑。他一共以屏盗获建二碑，以善政获一碑和一举留。

不少学人标榜宋代士大夫与天子共治天下，而卫州《屏盗碑》前后说了两次"共理"。开首说"汉宣帝知民间之事，则曰共理者，其在惟良二千石"，铭文回应说："固本维何，在民者矣；共理维何，择人而已。"郭进亦知民间之事，得与君王共理天下，靠的不止是军功，还有吏治。碑文称赞郭进"何变豹之前，猛于破敌；自化熊之后，善于抚民"，可谓能武能文。天子为之立碑，盼望"必有仿侧帽之人，必有效垫巾之辈。其则不远，见贤思齐；引而伸之，则可知矣"，目的是让其他人仿效，且"传之子孙"。由此可知，宋太祖谓武人应多读书以明"治道"，无宁是五代与宋代的延续而非变革。其实，缔造宋代祖宗之法的太祖和太宗，也是不折不扣的五代人。

郭进主要靠武功达成初步的社会流动，二十六岁不到便因击退辽军升任刺史，但在后汉和后周约十多年间，只有剿盗而不见对外征战。入宋之后，一直充任山西的西山巡检约二十年，直到五十八岁去世；其间他建立一生最重要的军功，主要是对付北汉和契丹，是当时最强悍的敌手。他一面防守，一面伺机蚕食北汉的人口和土地，并对抗契丹的援军。随着时势的转变，他由半守半攻转为全力出击，参与四次征战，其中三次更是统一战争。

宋太祖派他参加三次较大规模的战事，应能增加作战经验。第一次是跟其他主将率领六万大军战胜北汉和契丹的六万联军；第二次是太祖亲征北汉，他担任行营前军马军都指挥使；第三次是太祖命将再伐北汉，他担任忻、代等州行营马步军都监，虽非主力，但独当一面，并获胜果。最后，太宗亲征北汉，派他驻守战略要地石岭关，大败契丹数万援军，不到两月，北汉投降。

郭进的传奇很早便已出现。真宗初年，宋辽交恶，急于任将用兵，一位大臣就奏说，"郭进所至，兵未尝小衄"。仁宗和神宗时，宋夏交侵，君臣也一再缅怀郭进等将领镇守西北两边的风光。传奇的产生，既来自本人的努力，也得自他人的成全。

郭进能守而后能战，如邢州之城守，在百年之后仍然坚固实用。备战和作战一体，郭进赏罚分明，一方面厚待军卒，另一方面"御下严毅"，不分士卒或军官，包括太祖派来替他押阵的亲校，只要稍有违反军令，必斩无赦，以至留下好杀之名。他能以权谋用将，又重承诺，已答应部下的奖赏，即使皇帝不愿给予，仍力争不休。此外，他富于谋略，能够掌握"奇""间"和"先"。跟他一再联手作战的大将有陈万通、李继勋、党进和曹彬等人，似乎不难与人合作，其中以曹彬之五次最为频繁。当郭进自杀时，曹彬位至枢密使，惜未能探究二人之真正关系。

宋人喜谈祖宗故事或祖宗之法，在军事上主要指御将之术，也几近传奇。在郭进身上，的确可以看到八至九项，如太祖敢于起用并委以要事、小其权、小其位、少其兵、久其任、充分授权、信任不疑、明赏罚、厚恩赏等。若非充分授权于财与兵，郭进恐不能"杀违令者而令无怨"；若非久任，恐不能在同一职位十九年后，建立一生最辉煌的奇功。后世大臣引用这些项目时，多寡不一，但并非随意增减，而是根据它们的适用程度和时代需要，加以选择引用。太宗就是选择性地适用，例如他继续重用郭进，但似乎加重了监军的权力，以致有学人怀疑郭进不是死于监军就是死于太宗之手。

郭进之死有自杀与他杀两说，应以前者较为可信。否定自杀的学人，忽视了四个证据，前三个相当客观，最后一个稍为主观。首先，在数量上，较重要的史料共十则，主张自杀者共有九则，扣除承袭，仍可作为众证。提到他杀的只有《太宗实录》，是为孤证，而且是自杀与他杀并举，表示史臣只是存疑，不敢肯定是他杀。其次，在时间上，愈晚出的史料应愈能看到较多的资料，而所有较晚之史料均不见他杀。再次，在性质上，自杀说的史源大都来自实录、会要和国史等，杨亿更是太宗实录的重要修撰者，其权威性不下于《太宗实录》，为何这些赫赫有名的宋代史学家选择自杀而只字不提他杀？最后，在内容上，自杀说对死亡之来龙去脉交代清楚，九则史料有多有寡，明显经过史家选择，但彼此几无矛盾，《续长编》且记下自杀的时间；他杀说则没有交代杀人之动机、方法，究竟以自杀还是暴卒上奏，脉络显得暧昧难清。

主张杀人者是田钦祚的学人，在推论时忽视了《太宗实录》一大悬疑之处。田钦祚是以郭进暴卒奏闻，但《实录》却说郭进"不能甘，遂自经死"。史臣何以知道是自经？当是根据其他信息。明明是自经，钦祚却说暴卒，为何要作假？史臣作出合理的怀疑说："事甚暧昧，时皆以为钦祚杀之，左右无敢言者"；其实左右跟太宗一样，之前只以为是暴卒，不知道是自经，故没有什么敢说不敢说的，后来才知道是自经，本来不敢说破太宗被瞒骗了，但后来还是有人让太宗知道，并处罚钦祚伪奏之罪。此外，学人以为郭进要奏劾钦祚不法之事，钦祚乃杀之灭口，其实检举钦祚侵用军士月饷的人不是郭进，而是钦祚的"部下"，只灭郭进一口是无大用的。更难解的是，照学人的推论，钦祚先杀郭进，然后将郭伪装成上吊，最后又伪以暴疾奏告太宗。一个行动竟有两个"伪"，未免自找麻烦，也增加被揭穿的风险；为何不是钦祚杀郭，直接将之伪装成暴疾，并以暴疾奏告太宗？

主张杀人者是太宗的学人，首先面对的难题，是太宗为何在三个多月甚至短至一个月之内，从重用郭进扼守石岭关（约一月十一日）、得知他大败辽军（约三月十六日），转变为秘密处死（约四月二十二日），却追赠为节度使？其次，必须有直接或间接证据，证明田钦祚曾上奏谗言，但所有史料，包括《太宗实录》，都不曾记载钦祚上奏。再次，也须有直接或间接证据，证明太宗径信谗言，下令杀郭。然而，钦祚在太祖时曾有诬告的前科，现在又因部下检举不法而被调查之中，太宗真的会信之不疑吗？郭案之后一月左右，又有守臣"与监军不协，一夕割刃于腹而死"，他的同年怀疑不是自杀，太宗的反应是骇异，立即遣使按鞫寻求真相，和远召同年赴阙面询，可见监军并非一手遮天，作为法律人的太宗也不是听了就信。[1] 最后，如钦祚受太宗之密命杀郭，事后径谓郭上吊便可，何须伪称暴卒？难道是太宗要他杀得像暴卒，钦祚却弄成了上吊？总之，一如司法人员，历史学人的基本工作是寻找真相，需依赖一定的研究方法，对史料作为证据不能任意解读，对史料之间的关系要有严密的逻辑论证，切忌以论带史。

（执笔者：李逸群、林明、林思吟、陈昱宗、张仲元、张庭瑀、聂雯）

（指导者：山口智哉、李宗翰、柳立言、陈韵如、刘祥光）

---

[1] 太宗作为法律人，见赵晶《论宋太宗的法律事功与法治困境——从〈宋史·刑法志〉的叙述说起》，《"中央研究院"历史语言研究所集刊》，第九十本第二分，台北："中研院"史语所，2019年，253—316页。

附件一：郭进三传比对

　　顺着表内之数目字来读便是原文，可先从《东都事略》读起，比较三传史料安排和取舍之优劣。亦有数事散见于其他数据，难以尽列，只附上《续长编》于注中，几乎就是了解郭进生平的最重要材料了。

《隆平集》	《东都事略》	《宋史》
曾巩著，卷16，编年体，将之比对《东都事略》，便知其偶然失序之处	王赏、王称著，卷29，编年体，依次分五段五个时期：1出身，2后汉，3后周，4宋太祖，5宋太宗	卷273，纪传体，依次分七段：1—5是编年，6是评议，7是君王殊宠
1.(出身) 郭进，深州人，少佣作。 有膂力，多结豪侠饮博。人有欲杀之者，富人妇竺氏阴告之，乃之晋阳，汉祖留帐下。[1]	1.(出身) 郭进，深州博野人也。少贫贱，依邢州巨鹿富人家佣作。 有膂力，多结豪侠饮博，人有欲杀之者，富人妇竺氏阴告之，乃至晋阳，汉高祖留之帐下。	1.(出身) 郭进，深州博野人。少贫贱，为巨鹿富家佣保。 有膂力，倜傥任气，结豪侠，嗜酒蒲博。其家少年患之，欲图杀进，妇竺氏阴知其谋，以告进，遂走晋阳依汉祖。汉祖壮其材，留帐下。
2.(后汉建立前后) 北寇屠安阳，汉祖遣进拒战，虏败走，以功除刺史。及德光盗据汴京，复北归，进请以奇兵间道入洺州，因定河北诸郡。	2.(后汉建立前后) 北寇屠安阳，高祖遣进拒战，虏败走，以功除刺史。及德光盗京师，复北归，进请以奇兵间道入洺州，因定河北诸郡。	2.1 (后汉建立前后) 晋开运末，契丹扰边。汉祖建号太原。契丹主道殂，汉祖将入汴，进请以奇兵间道先趋洺州，因定河北诸郡。 2.2 累迁乾、坊二州刺史。 2.3 少帝即位，改磁州。

　　[1]《续资治通鉴长编》卷17，385页："少贫贱无赖，依巨鹿富人家，富人子欲杀之，其妇竺氏潜以告，进得免。及为邢州，即使访竺氏妇，竺时已死，家甚困，得其女，抚养之如己子。将嫁为大校妻，女辞以世本农亩，进乃择民家子配焉。"

《隆平集》	《东都事略》	《宋史》
		3.0（后周时）周广顺初，移淄州。二年，吏民诣观察使举留。
3.1（后周时）仕周，改登州刺史。郡多寇盗，进悉为翦除，吏民愿纪其事，诏近臣撰文赐之。	3.1（后周时）仕周，改登州刺史。郡多寇盗，进悉为剪除，吏民愿纪其事，命近臣撰文赐之。	3.1 是秋，迁登州刺史。会群盗攻劫居民，进率镇兵平之，部内清肃，民吏千余人诣阙请立《屏盗碑》，许之。
3.2 改刺卫州，河朔盗匿汲郡山间者稍众，间出攘夺，久不能灭。进往攻剿绝，民以安居。	3.2 改刺卫州。河朔盗匿汲郡山闲者稍众，闲出攘夺，久不能灭。进往攻剿绝之，民以安居，于是郡民又请立碑纪其事。	3.2 显德初，移卫州。卫、赵、邢、洺间多亡命者，以汲郡依山带河，易为出没，伺间椎剽，吏捕之辄通去，故累岁不能绝其党类。进备知其情状，因设计发摘之，数月间剪灭无余，郡民又请立碑记其事。
3.3.1 改洺州团练使，郡人诵其善政。	3.3.1 改洺州团练使，有善政，郡民又请立碑，诏左拾遗郑起为文以赐。	3.3.1 改洺州团练使，有善政，郡民复诣阙请立碑颂德，诏左拾遗郑起撰文赐之。
8.（后周时）进喜周人急，所至有遗爱。在洺州植柳种荷菱，遍城中外。其后郡民见之，有垂涕者。	3.3.2 进尝植柳种荷菱徧城，其后郡民见之，有垂涕者，曰："此郭公所种也。"[1]	3.3.2 进尝于城四面植柳，壕中种荷菱蒲蔬，后益繁茂。郡民见之有垂涕者，曰："此郭公所种也。"
4.1（宋太祖时）建隆初，迁（洺州）防御使。	4.1（宋太祖时）太祖将征泽潞，还本州防御使充西山巡检以备并寇。尝领兵与曹彬、王全斌入太原境，获数千人。 4.2 太祖征太原，以进为河东道忻、代等州行营马步军都监，招徕山后诸州民三万七千余口。	4.1（宋太祖时）建隆初，太祖亲征泽、潞，迁本州防御使，充西山巡检。尝与曹彬、王全斌入太原境，获数千人。 4.2 开宝二年，太祖亲征河东，以进为行营前军马军都指挥使。 4.3 九年，命将征河东，以进为河东道忻、代等州行营马步军都监，招徕山后诸州民三万七千余口。

---

[1]《续资治通鉴长编》卷 17，385 页："在洺州日，城四面悉令种柳，壕中杂植荷菱蒲苇，后益繁茂，州人见之，有泣者，曰：'此郭公所种也。'"

《隆平集》	《东都事略》	《宋史》
		6.1（评论）进有材干，轻财好施，然性喜杀，士卒小违令，必置于死，居家御婢仆亦然。
6.1 太祖遣戍西山，必戒之曰："汝谨奉法，我犹赦汝，郭进杀汝矣。"[1]	4.3 始进在西山，太祖每遣戍西山，必戒之曰：汝谨奉法，我犹赦汝，郭进杀汝矣。[2]	6.2 进在西山，太祖遣戍卒，必谕之曰："汝辈谨奉法。我犹贷汝，郭进杀汝矣。"其御下严毅若此。
6.2 以郡之租赋，听其养士卒，有司不复会其出入。其待之如此。	4.4 有部下军校告其阴通太原将有异志者，太祖诘之。军校辞穷，复曰："进御下严，臣不胜忿怨，故诬之耳。"太祖命执以与进，令自诛。进释不问，使御河东寇，曰："汝有功，则我奏汝官，败，则降勿复来也。"军校往死战，果立功而还。进奏，乞命以官；太祖不可，曰："汝诬我忠良，此才赎汝死尔。"进曰："若然，则今后臣不复使人矣。"太祖于是命以一官。[3]	6.3 然能以权道任人，尝有军校自西山诣阙诬进者，太祖诘知其情状，谓左右曰："彼有过畏罚，故诬进求免尔。"遣使送与进，令杀之。会并人入寇，进谓诬者曰："汝敢论我，信有胆气。今舍汝罪，能掩杀并寇，即荐汝于朝；如败，可自投河东。"其人踊跃听命，果致克捷。进即以闻，乞迁其职，太祖从之。

---

[1]《续资治通鉴长编》卷46，1001页："臣（真宗时知开封府钱若水）尝预修国书，见太祖用郭进在西山，每遣戍卒，则必谕之曰：'汝等谨奉法，我犹赦汝，郭进杀汝矣。'其假借臣下如此。故郭进所至，兵未尝小衄。"

[2]《续资治通鉴长编》卷4，106页："郭进御军严而好杀，部下整肃，每入北汉境，无不克捷。上时遣戍卒，必谕之曰：'汝辈当谨奉法，我犹赦汝，郭进杀汝矣。'尝选御马直三十人，隶进麾下押陈，属与北汉人战，往往退怯，进斩十余人。奏至，上方阅武便殿，厉声曰：'御马直，千百人中始得一二人，少违节度，郭进遽杀之。诚如此，垄种健儿亦不足供矣。'乃潜遣中使谕进曰：'恃其宿卫亲近，骄倨不禀令，戮之是也。'进感泣。尝有军校诣阙诉进不法事，上谓近臣曰：'所诉事多非实，盖进御下严甚，此人有过，畏惧而诬罔之耳。'即命执以与进，令自诛之。进方奉表谢，会北汉入寇，进谓其人曰：'汝敢论我，信有胆气，今舍汝罪，汝能掩杀此寇，则荐汝于朝，如败，便可往降，勿复来也。'军校踊跃听命，果立功而还，进奏乞迁其职，上悦而从之。"

[3] 同上注。

《隆平集》	《东都事略》	《宋史》
	4.5 太祖尝命有司治第赐进，盖以筒瓦。有司言旧制非亲王公主之第不用筒瓦，太祖曰：进控扼西山十余年，使我无北顾忧，我视进岂减儿女耶？[1]	7.1（君王之宠）初，开宝中，太祖令有司造宅赐进，悉用筒瓦。有司言：旧制，非亲王公主之第不可用。帝怒曰："进控扼西山十余年，使我无北顾忧。我视进岂减儿女耶？亟往督役，无妄言。" 7.2 太平兴国初，又赐宅一区。
5.1（宋太宗时）久之，（遥）除云州观察使。 访竺氏（于邢州），已死，得其女，抚养以适富民。[2]	5.1（宋太宗时）太平兴国初，（遥）领云州观察使，判邢州。 至是，进访竺氏妇（于邢州），已死，而家甚贫，得其女，抚养如己子，厚其资装以嫁之，以报妇德。	5.1（太宗时）太平兴国初，（遥）领云州观察使，判邢州，仍兼西山巡检， 赐京城道德坊第一区。
5.3 进听讼，善以钩距得其情。	5.2 进善听讼，能以钩距得其情。	

---

[1]《续资治通鉴长编》卷11，249页："上尝命有司为洺州防御使郭进治第，厅堂悉用筒瓦，有司言惟亲王、公主始得用此，上怒曰：'郭进控扼西山逾十年，使我无北顾忧，我视进岂减儿女耶？亟往督役，无妄言。'上宠异将帅类此，故能得其死力云。"《宋会要辑稿》礼62，1页："郭进守雄州，太祖令有司造第于御街之东，欲以赐之，使尽用筒瓦。有司言非亲王、公主例不应用，太祖大怒曰：'进为我捍契丹十余年，使我不忧西山，岂不可比我儿女？'卒用之。宅成，以赐进，进屡辞，乃敢受。太平兴国中，始别赐宅，或以为因展修相国寺并入为寺基也。"

[2]《续资治通鉴长编》卷17，385页，内容见前注（附件一之第1注）。

《隆平集》	《东都事略》	《宋史》
5.2 时刘继元据并门未下，以进兼西山巡检，二十年不易其任（案：宋太祖约十六年和太宗约三至四年）。 5.4 军政严肃，战无不克。	5.3 御众有方略，军政严肃，前后二十年不易西山巡检之任。（案：宋太祖约十六年和太宗约三至四年。）	
7.1 太宗征太原，命进控石岭关。北虏来援晋，进击败之，并人气丧。	5.4 太宗征太原，命进控石岭关。契丹来援，进击败之，并人丧气。	5.2 （宋太宗时）四年，车驾将征太原，先命进分兵控石岭关，为都部署，以防北边。契丹果犯关，进大破之，又攻破西龙门砦，俘馘来献，自是并人丧气。
7.2 既而为田钦祚所诬，进刚忿不能辨，乃自经而死。钦祚伪以暴疾闻，上深悼之。	5.5 时田钦祚护石岭军，恣为奸利，以他事侵进。进刚直不能辨，乃自经死，年五十八。赠安国军节度使（领洺、邢、磁等州，郭进均曾出任）。	5.3 时田钦祚护石岭军，恣为奸利诸不法事，进虽力不能禁，亦屡形于言。进武人，性刚烈，战功高，钦祚以他事侵之，心不能甘，自经死，年五十八，钦祚以暴卒闻。太宗悼惜久之，赠安国军节度（领洺、邢、磁等州，郭进均曾出任），中使护葬。后颇闻其事。因罢钦祚内职，出为房州团练使。[1]

[1]《续资治通鉴长编》卷20，450 页："田钦祚在石岭关，恣为奸利诸不法事，郭进不能禁止，屡形于言，钦祚憾之。进武人，刚烈，战功高，钦祚数加陵侮，进不能堪，癸酉，遂缢而死，钦祚以卒中风眩闻。上悼惜良久，优诏赠安国节度使。左右皆知，而无敢言者。"

《隆平集》	《东都事略》	《宋史》
9.（太祖御将之术）太祖划五季之弊，开亿世之业，明于知人，任将有术。	卷29最末："臣（王）称曰：太祖削五代之乱，创万世之业，制兵有谋，御将有术。	卷273最末："论曰：宋初，交、广、剑南、太原各称大号，荆湖、江表止通贡奉，契丹相抗，西夏未服。太祖常注意于谋帅，
付郭进以邢州，李谦浦以隰州，俾制太原；	付郭进以邢州，李谦溥以隰州，俾制太原；	命李汉超屯关南，马仁瑀守瀛州，韩令坤镇常山，贺惟忠守易州，何继筠领棣州，以拒北敌。
何继筠以沧景，贺惟忠以易州，李汉超以关南，俾控北虏；	畀何继筠以沧景，贺惟忠以易州，李汉超以关南，马仁瑀瀛州，俾控北敌；	又以郭进控西山，武守琪戍晋州，李谦溥守隰州，李继勋镇昭义，以御太原。
授姚内斌以庆州，董遵海以通远军，王彦升以原州，俾御西寇；	授姚内斌以庆州，董遵海以通远军，王彦升以原州，俾御西寇；	赵赞屯延州，姚内斌守庆州，董遵海屯环州，王彦升守原州，冯继业镇灵武，以备西夏。
不易其任，皆十余年，待之以不疑，蕲之以远效。	结之以恩，丰之以财。小其名而重其权，少其兵而久其任。（以下说明本句）	
来朝赐食殿坐，遣之则赐予加等。	每来朝则命之坐，赐予优厚；北边军市之租，多赐诸将。	其族在京师者，抚之甚厚。郡中管榷之利，悉以与之。恣其贸易，免其所过征税，许其召募亡命以为爪牙。
擢何继筠以节制，必示以懋功之赏。余不过沿边巡检，欲激其进取之心。	惟何继筠授以节制，示以懋功之典，其他所居之官，不过巡检使之名，而所领之兵，亦不过五六千人，而任之久乃至二十年，少亦不减十余年。	凡军中事皆得便宜，每来朝必召对命坐，厚为饮食，锡赉以遣之。由是边臣富贵，能养死士，使为间谍，洞知敌情；及其入侵，设伏掩击，多致克捷，二十年间无西北之忧。

《隆平集》	《东都事略》	《宋史》
故二十年间边无事者，非适然也。[1]	是以夷狄畏服，边鄙无事，由制兵御将得其道。"	以至命将出师，平西蜀，拓湖湘，下岭表，克江南，所向遂志，盖能推赤心以驭群下之所致也。"[2]

参考资料

一、墓志碑文

1. 杜韡:《大周卫州刺史郭公屏盗碑铭》，北京图书馆金石组编《北京图书馆藏中国历代石刻拓本汇编》(郑州：中州古籍出版社，1989 年) 册 36，132 页。

2. 杜韡:《屏盗碑》，佚名《万历卫辉县志》(明万历刻增修补刊本，收于爱如生中国方志库，2019.06.28)。又见侯大节纂《万历卫辉府志》，中国科学院图书馆选编《稀见中国地方志汇刊》(北京：中国书店出版社，1992 年) 册 34，579 页。

3. 杜韡:《卫州刺史郭公·盗碑》，徐汝瓒修，杜昆纂《乾隆汲县志》(清乾隆二十年刻本，收于爱如生中国方志库，2019.06.28) 卷 12，20-2页。

4. 杜韡:《屏盗碑》，陈梦雷、蒋廷锡等编《古今图书集成》(台北：鼎文书局，1976 年据民国二十年上海中华书局影印清聚珍刊本影印) 册

---

[1] 又见《元丰类稿》卷 49，311—312 页。

[2] 《续资治通鉴长编》卷 17，383 页:"国初，并、益、广南各僭大号，荆湖、江表止通贡奉，西北二方皆未宾伏。太祖垂意将帅，分命汉超及进等控御西北，其家族在京师者，抚之甚厚；所部州县管榷之利悉与之，资其回图贸易，免所过征税；许令召募骁勇以为爪牙，凡军中事悉听便宜处置；每来朝，必召对命坐，赐以饮食，锡赉殊异遣还。由是边臣皆富于财，得以养士用间，洞见蕃夷情状，时有寇钞，亦能先知预备，设伏掩击，多致克捷。故终太祖世无西北之忧，诸叛以次削平，武功盖世。斯乃得壮士以守四方，推赤心置人腹中之所致也。"

13,《方舆汇编·职方典》,265 页。

5. 杜韡:《屏盗碑》,程启朱修、苏文枢纂《顺治卫辉府志》(清顺治十六年刻本,收于爱如生中国方志库,2019.06.28)。又见国家图书馆地方志家谱文献中心编,郝瑞平主编《孤本旧方志选编》(北京:线装书局,2004 年)册 11,239 页。

6. 杜韡:《大周推诚翊戴功臣金紫光禄大夫检校司徒使持节卫州诸军事卫州刺史兼御史大夫上柱国太原县开国男食邑三百户郭公□□□□〔屏盗碑铭〕》,傅斯年图书馆拓片（01645、08393）。

7. 杜韡:《大唐推诚翊戴功臣金紫光禄大夫检校司徒使持节卫州诸军事卫州刺史兼御史大夫上柱国太原县开国男食邑三百户郭公屏盗碑》,董诰等编《全唐文》卷 859,9012—9014 页。

8. 杜韡撰,章红梅点校:《郭进屏盗碑》,章红梅《五代石刻校注》,616—618 页。

二、其他资料

9. 李焘撰,上海师范大学古籍整理研究所、华东师范大学古籍研究所点校:《续资治通鉴长编》。

10. 脱脱等撰,中华书局点校,《宋史》。

11. 骆天骧:《类编长安志》,收入中华书局编《宋元方志丛刊》,北京:中华书局,1990 年。

12. 陈峰:《宋初名将郭进事迹述评》,《西北大学学报》2002 年第 1 期,119—122 页。

13. 丁度、曾公亮编撰:《武经总要》,文渊阁四库全书本。

14. 方汝翼修,周悦让纂:《光绪增修登州府志》(清光绪刻本),爱如生中国方志库,2019.06.28。

15. 王禹偁:《小畜集》,文渊阁四库全书本。

16. 王得臣撰,俞宗宪点校:《麈史》,上海:上海古籍出版社,1986 年。

17. 王赏、王称:《东都事略》,赵铁寒主编《宋史资料萃编》第一辑,台北:文海出版社,1967年。

18. 江少虞撰,瞿济苍参校,上海古籍出版社点校:《宋朝事实类苑》,上海:上海古籍出版社,1981年。

19. 吴中彦修,胡景桂纂:《光绪重修广平府志》(清光绪二十年刻本),爱如生中国方志库,2019.06.28;又见上海书店出版社编《中国地方志集成·河北府县志辑》册55,上海:上海书店出版社,2006年。

20. 何忠礼:《王称和他的〈东都事略〉》,《暨南学报》1992年第3期,55—64页。

21. 何冠环:《论宋太宗朝武将之党争》(1995),何冠环《北宋武将研究》,香港:中华书局,2003年,89—135页。

22. 沈括撰,胡道静校证:《梦溪笔谈校证》,上海:上海古籍出版社,1987年。

23. 沈莲生续修:《嘉庆邢台县志》(清道光七年刻本),爱如生中国方志库,2019.06.28。

24. 宋绶、宋敏求编,司义祖等校点:《宋大诏令集》,北京:中华书局,1962年。

25. 周人龙纂,窦容邃增订:《乾隆忻州志》(清乾隆十二年刻本),爱如生中国方志库,2019.06.28;又见凤凰出版社编《中国地方志集成·山西府县志辑》册12,南京:凤凰出版社,2006年。

26. 侯大节纂:《万历卫辉府志》(明万历增修补刻本),爱如生中国方志库,2019.06.28;又见中国科学院图书馆选编《稀见中国地方志汇刊》册13。

27. 柳立言:《宋初一个武将家族的兴起——真定曹氏》,"中研院"史语所出版品编委会编《中国近世社会文化史论文集》(台北:"中研院"史语所,1992年),39—88页。

28. 徐汝瓒纂:《乾隆汲县志》(清乾隆二十年刻本),爱如生中国方志库,2019.06.28。

29. 毕沅:《中州金石记》,南京:江苏古籍出版社,1998年。

30. 徐松:《宋会要辑稿》,台北:新文丰出版公司,1976年据北平图书馆1936年缩影本影印。

31. 陈尚君:《旧五代史新辑会证》。

32. 陈述:《〈东都事略〉撰人王赏、称父子》,《"中央研究院"史语所集刊》1939年第8辑,129—138页。

33. 翁相修,陈棐纂:《嘉靖广平府志》(明嘉靖刻本),爱如生中国方志库,2019.06.28;又见新文丰出版社编《天一阁藏明代方志选刊》册2,台北:新文丰出版社,1985年。

34. 陆增祥:《八琼室金石补正》,北京:文物出版社,1985据民国十三年吴兴刘氏希古楼刊本影印。

35. 张栋修,薛椿龄纂:《民国邢台县志》(民国三十二年铅印本),爱如生中国方志库,2019.06.28;又见上海书店出版社编《中国地方志集成·河北府县志辑》册66,上海:上海书店出版社,2006年。

36. 戚朝卿修,周祜纂:《光绪邢台县志》(清光绪三十一年刊本),爱如生中国方志库,2019.06.28;又见成文出版社编《中国方志丛书·华北地方·河北省》册185,台北:成文出版社,1969年。

37. 舒仁辉:《〈东都事略〉与〈宋史〉比较研究》,北京:商务印书馆,2007年。

38. 程启朱修,苏文枢纂:《顺治卫辉府志》(清顺治十六年刻本),爱如生中国方志库,2019.06.28;又见国家图书馆地方志家谱文献中心编,郝瑞平主编《孤本旧方志选编》册10。

39. 曾巩:《元丰类稿》,四部丛刊初编本;标点本见曾巩撰,陈杏珍、晁继周点校《曾巩集》,北京:中华书局,1984年。

40. 曾巩撰,王瑞来校证:《隆平集校证》。

41. 邓小南:《祖宗之法:北宋前期政治述略》,北京:生活·读书·新知三联书店,2014修订版。

42. 赵晶:《论宋太宗的法律事功与法治困境——从〈宋史·刑法志〉的叙述说起》,《"中央研究院"历史语言研究所集刊》,第九十本第二分,台北:"中研院"史语所,2019.6,253—316页。

43. 蔡崇榜:《宋代四川史学家王称与〈东都事略〉》,《成都大学学报》1985年第4期,23—29页。

44. 欧阳修撰,李伟国点校:《归田录》,北京:中华书局,1981年。

45. 欧阳修撰,徐无党注,华东师范大学等点校:《新五代史》。

46. 刘蒸雯修,李嶵纂:《乾隆邢台县志》(清乾隆六年刻本),爱如生中国方志库,2019.06.28;又见故宫博物院编《故宫珍本丛刊·史部地理·河北府州县志》册76,海口:海南出版社,2001年。

47. 钱若水等撰,范学辉校注:《宋太宗皇帝实录校注》,北京:中华书局,2012年。

48. 窦仪等撰,薛梅卿点校:《宋刑统》,北京:法律出版社,1999年。

49. 脱脱等:《辽史》,北京:中华书局,1974年。

武人之品德与信仰

英雄难过美魂关

（马文操、马全节）

邱敬、张庭珸、黄子晏

唐末武官前魏州经略副使马文操神道碑铭并序

一、基本资料

1. 性质	神道碑
2. 题名	新题：唐末武官前魏州经略副使马文操神道碑铭并序 首题：大晋故金紫光禄大夫检校尚书左仆射兼御史大夫赠秘书监博平郡马公神道碑铭并序
3. 时间	死亡、下葬或立石时间 死亡：唐天祐三年（906）正月十六日（案：碑文作二年） 初葬：不详 终葬：后晋天福五年（940）十一月十一日 立石：后晋天福六年（941）五月二十五日
4. 地点	死亡、下葬或立石地点 死亡：魏州（河北邯郸）依仁里私第 初葬：不详 终葬：魏州（河北邯郸）沙山乡德化里

5. 人物	
墓主	马文操（约 870—906）
求文者	长子（后晋武官昭义军节度使马全节，891—945）
撰者	后晋文官史馆修撰贾纬
书丹者	后晋文官守太仆丞高廷矩
篆额者	后晋文官守太仆丞高廷矩
6. 关键词	社会流动、文武交流、业绩、品德、家庭或家族、墓志笔法与史学方法

（责任者：施天宇、张庭瑀）

二、释文

大晋故金紫光禄大夫检校尚书左仆射兼御史大夫赠秘书监博平郡马公神道碑铭并序

朝议郎起居郎充史馆修撰赐绯鱼袋臣贾纬奉敕撰

待诏将仕郎守太仆丞赐绯鱼袋臣高廷矩奉敕书

一人有庆，万国咸宁。巍乎焕乎之功，被洪荒之外；油然霈然之泽，流玄壤之中。无远不通，无幽不及，则有显如周士，杰比汉臣。

（马全节）思迁寿宫，泣奏明阙。

览表既从于新卜，凝旒因想于故规。以为行成于先，是王政之首；名立于后，乃国风之光。不有丝纶，何以表尔；不有铭颂，何以志之。乃遣微臣，式扬懿绪。

（以上为序，说明奉诏撰碑之原委，114 字。）

臣闻豫章之木，生七年而后知；始知也，离披冷月，楚山之折。华表之禽，历千载而后出；始出也，隐映疏烟，辽海之堧。及夫根盘地中，有桢有干，起乃泫氏象亢兮，构明王之殿；声警天外，为祥为祺，散乃菊裳金衣兮，泛哲后之池。

故养道者养于丘园，行义者行于乡党。或默或语，偃息户庭；优哉游哉，吟咏情性。莫不以善为钟鼓，以德作藩篱。立之于身，自成孝子；仕之于国，则曰忠臣。芬若椒兰，璨如金玉，所以纯精混乎天地，景福通之鬼神。有鳣落其家，四代皆居太尉；有鸠飞于室，七人俱至列卿。胤嗣繁昌，门阀兴启。

今公也，始自祖祢，相沿兮汪汪洋洋；延及子孙，间出兮磊磊落落。轩冕既盛，勋业弥光，非其灵族灵苗，孰能与于此矣！

（以上比拟发迹，242字。）

公讳文操，字守道。其先起于造父，周穆王赐以赵城，六国时裔孙有名奢者封马服君，因而氏焉。洎后汉已来，有唐之后，援则尚武，自扶风而陟将坛；周乃好文，起茌平而提相印。其名煜耀，其功穹隆，已备简书，斯皆剪削。中令周始封高堂公。高堂，博平郡之邑也，有虞至姬属鲁，春秋初属齐，末属魏。公即高堂之后，今为广晋人也。

（以上是得姓及历代名臣，126字。）

曾祖讳长荣，鸿硕自负，阔略不羁。蔡伯喈有书，书八千卷；郑康成每饮，饮三百杯。比期颉颃天衢，恢弘帝道。以璆琳琅玕之宝，自荐庙朝；取黼黻絺绣之华，首兴门户。旋属两河有乱，中原用兵；金虎台边，号反侧之俗；铜驼陌上，降姑息之文。而乃遁以居贞，蒙而养正。所神者道神，李耳谷神；所爵者仁爵，孟轲天爵。其歌也，谓沧浪可濯其足；其醉也，对泰山不见其形。因能在险如夷，处乱若治；有川则济，何必逐乎蛟龙；有陆则通，自不逢于兕虎。穷理知命，以尽天和。

（以上是曾祖平生，强调其高节不仕，177字。）

祖遗俊，勇气慕于农山，射艺精于鲁圃。泫寥之外，弯弓而几落秋鸿；蒌薄之中，饮羽而曾穿石兔。常思有用，终叹无时。然而克践中庸，匪逾大德；室多列女，世有义夫。棣萼芬华，不歇三荆之色；弦歌清越，长飘两巷之音。道既贞肥，人皆景慕。

（以上是祖父平生，凸显其武艺，亦不见用，91字。）

考讳良佐，太羹不致，大音希声。动若塞翁，齐其倚伏；静如蒙叟，达彼浮休。鹖冠自保于丘中，龟纽远遗于身外。或朝游草阁，或暮宴竹林。红粒充盘，味周颙之早韭；黄花泛席，玩陶潜之素琴。诸侯之玉帛皆辞，天子之几杖乃授。怡怡然不知老之将至，故远近目为高士。总斯三哲，相继百年。思楚国先贤，谅为眇昧；觉陈留耆旧，何太寂寥。胤兴于公，其理明矣。

（以上是父亲平生，点明其为高士，似偏重于文，136字。）

公即高士之长子也。混然伟器，昭彼令门。瑞雀止肩，其生有异；神人授手，所禀且奇。洎礼乐兼明，文武足用。天矫莫遏，有徐陵麒麟之称；昂藏可高，负赵岐鸿鹄之志。
时以大国运衰中德，四方政启多门；每有出师，起良家子弟；因思折节，事列土诸侯。
奋自麻衣，入趋玉帐。初授魏州经略副使，次迁右辖，遂历掌戎事，宠陪五校，声冠三军。诸葛亮之创铜牙，每多机巧；韦孝宽之坚玉璧，莫测权谋。当驰突之时，十矢齐发；及底宁之后，一士不伤。人用以和，敌望而畏。后以功累奏，加至金紫光禄大夫检校尚书左仆射。
会唐天祐乙丑岁，公寓直戎府，以燧生亳社，焰亘吴宫；变忽起于萧墙，势莫防于豕窦。公临难无免，见义必为，挥槊鸣弦，毙数百辈，俄为流矢所伤，即以其（次）年正月十六日，薨于州之依仁里私第。

於戏！断臂而卫社稷，大节非亏；饮头以灭渠魁，□〔弘〕功未集。然君子所疾，疾世无所称。昔赵盾晋上卿，反复而不全至义；李斯秦冢宰，僶俛而亦失纯诚。

今公慨然以没王事，则生而奉亲也，始不失其孝；往而报主也，终不失其忠。

求之古人，孰过于此！公以后唐末赠右领军大将军，今朝再赠秘书监。至矣！信所谓令闻令望，久而弥芳者也！

（以上为以武功起家及其节义，398字。）

郊国太夫人王氏，宗分缑岭，派出淮流。自诞生伟人，践履艰运，有壁氏之问，后其父而先其君；起漆室之忧，始于家而终于国。继光淑誉，是列名封。今则阳报之道昭，内协叔敖之德；□事之风著，外资胡广之名。克保令猷，得为贤母。

（以上是寡妻，由相夫而教子成为贤母，88字。）

公长子，昭义军节度泽潞辽沁等州观察处置等使特进检校太尉充大都督府长史食邑七百户全节。神珠生赤水之下，英玉来玄圃之中。李固龟文，既彰奇称；张颢鹊印，早契殊祥。

始□〔则〕以从唐氏于漳渍，对梁人于河上。勇而有礼，首居君子之营；重而且威，别振将军之令。故强敌多死，将兵而无异独行；大寇数奔，授矢而未尝再发。功成勿伐，战胜无骄。不喜大言，自比岸头之虎；长嫌高扬，有如鞲上之鹰。慎千钧之机，重万□〔石〕之命；动而必克，向则有成。是得名播旗常，官崇保傅。以次将而升上将，金钺宣威；从列郡而至列藩，油幢耀美。践扬重位，联翩几年。顺慈旨于北堂，董鱼甘滑；极孝思于冬祀，黍稷馨香。

（以上述长子马全节早年事迹，共234字，包括后唐之武功144字及孝道20字。）

自国家以麟吐图书，睹其周灭，木成文篆，知我晋兴。大风起兮云飞，圣人作而物睹。时太尉分麾厌次，驻斾井陉。张耳推诚，先归汉祖；任光送款，首奉萧王；舍伪从真，开门解印。

（以上述全节归晋，67字。）

清洛之表，既寻散于征人；沧海之隅，遂载膺于廉牧。言亦出而千里斯应，化已行而三年□□。月照戍楼，警夜不闻于钲鼓；草生边路，眠春空见于马牛。朝廷以大布人谣，显加天秩。远降征黄之诏，渴见良臣；竟违借寇之章，促还明阙。

（以上述全节在横海（沧州）节度使任上之吏治，没有军功，88字。）

礼既陈于执玉，政独议于赐金。由是翼序九宾，肩随群后；睹在镐之饮，听有虞之歌。□〔宿〕礴璇台，入则接天中之会；葳蕤羽盖，出则陪象外之游。复闻居宠若惊，以荣为畏，虽弈弈锡命，车服以庸；而恭恭礼仪，进退有度。诚至止君子，乃不忒淑人。动有銮声，对如醇酒。非仲尼之圣，何以识萍实之甘；非简子之英，何以辩钧天之雅。□德既重，其名愈光。旋以承命浚郊，出藩郇邑。

（以上述全节任满入朝，谦恭有礼，之后移镇安州，142字。）

食昴之彗，偶照灼于斗墟；嗜血之蛟，忽蜿蜒于梦泽。爰授兵柄，以讨贼营。属乎云结奇峰，星流大火。沙明欲烂，当农夫释耒之时；天广无阴，非战士搴旗□〔之〕日。太尉密趋险路，首犯炎飙，履出生入死之危，振先声后实之利。衽席不寐，期好谋而成；组甲以行，见大敌则勇。人将薄我，我匪夺人。孙膑之奇，非万弩不发；曹刿之秘，待三鼓乃攻。高风起而箨自零，疾雷惊而耳莫掩。陨星夜散，不利辽人；走气朝分，乃擒蜀将。既寻收烽火，而尽获戈船。一战济西，在昔之曾闻破竹；千年汉上，到今而方继沉碑。圣上始自献俘，俄令振旅。计功叙赏，虽褒五色之书；论德受官，载沃九霄之泽。式从安陆，移镇壶关。

（以上述安陆之战，所擒蜀将指淮将李承裕，全节因功移镇昭义，228字。）

垄上闻鼙，则赵后躬耕之地；岭头驾驷，是穆王亲狩之邦。而复位进上公，秩升三事。妓八钟肆，已早列于宠章；锦被云屏，乃别膺于异数。昔周勃以丞相正拜，李晔以柱国兼司，非有大勋，孰膺至命。洎十乘将启，四牡言驰。爰我名声，所过则国人如堵；服其威望，亦临而郡守前驱。富贵崇高，掩映前后。然而不夺县政，偏惜民时；卧羊鞟以无华，食麦饭而从俭；蒲鞭示耻，竹马表诚。仓公境中，人多画像；祖君部内，生欲立祠。信所谓期月不逾，风俗斯变；雨随轩而风逐扇，蝗入海而虎渡河。大有告成，方协东封玉检；太行作固，永为北面金城。猗欤！伟欤！言之者无以尽其美也！

（以上述全节在昭义节度使任上之吏治，没有军功，218字。）

乐安郡夫人齐氏，素摽望族，早配贤侯。鸾鹤仙姿，克传家法；笙簧雅韵，永播闺风。

（以上是全节之妻，31字。）

（以上为长子马全节事迹，共1008字。）

次子，检校工部尚书充邢州马步军副都指挥使全罕。少而多力，晚乃知机。跨马如飞，咸疑著翅；遇龙则斗，几说烧须。所图功名，匪好游博。荆轲侠气，筋虽怒而不青；谢石雄姿，面欲胜而先白。官已荣于省座，寄复重于戎权。声协鸰原，翼光雁序。

（以上述次子马全罕之业绩，以武为主，93字。）

第三子全铎，比通文史，亦善韬钤。双贯擭雕，早称能者；并擒搏虎，咸谓智人。方绾禁兵，难留天寿，终于六军诸校。

（以上述三子马全铎之业绩，允文允武，43字。）

公有孙三人，皆出于太尉：一曰令询，检校工部尚书，职在内廷；一曰令威，检校尚书右仆射，侍从戎府；一曰贤哥，则小字也，幼而未仕。英英瑞彩，历历寒光。演在清商，则神仙之至籁；郁乎香邑，乃宗庙之灵茅。已能学剑求功，方可上书言事。有以表公之地望，有以明公之家声。荥泽之源，上为沇而下为济；丹山之穴，紫曰凤而青曰鸾。增谱谍之华，壮缣缃之美。

（以上述孙辈对文事与武功之追求以维持家业，137字。）

太尉谓天时既静，国步当平，事上则忠，奉先惟孝。蹈其霜露，恻君子之心；听彼蓼莪，动诗人之感。以公旧葬府垣之东，从□〔当〕年之宜也；傍枕川泽，密通水泉。访于鸿生，既有不终之戒；稽之懋典，恐成忘本之嫌。爰卜故阎，载安重阜，即以天福五年岁在庚子十一月壬戌朔十一日壬申，迁公于沙山乡德化里，祔其先茔，礼也。玄庐内平，飞垄四起。朝光杲杲，协滕公鸣马之期；夕影森森，信陶氏眠牛之地。

（以上先述全节因孝与风水而迁葬，继述新墓风水，153字。）

时也咽边笳于隧路，锵楚挽于松庭。人赋白华，谓诸孤之且美；天啼大鸟，惜上善以不还。紫芝晔兮将生，昭乎神感；白兔驯兮莫去，光我皇风。足以见君君臣臣，穷至德要道之本；父父子子，极慎终追远之诚。日照月临，天长地久。

（以上述葬事，归穴于君臣父子之道，87字。）

臣学亏氏族，名窃史官；以大朝赏彼勋庸，将题周尹之颂；考其义烈，先旌左伯之碑。摭实去华，敬为铭曰：

惟公之家，颛顼分葩；疏封造父，得姓赵奢。

扶风伟望，首推名将；博平英风，近出良相。

邈彼诸羞，而有高节；迹虽沉潜，道乃昭晰。

不愚如愚，不拙若拙；积行闺门，散志薇蕨。

一壑一丘，高谢王侯；咏之不足，乐以忘忧。

或如应耀，或比庄周；宁曳龟尾，勿趋龙楼。

荐逢叔季，未尝忧畏；依止有神，处御可贵。

黄衣童儿，既怀其惠；绣领丈夫，每呈乎瑞。

缅公之贤，实藉其先；积善为庆，流液成泉。

奋身白屋，耀迹红旆；精诚贯日，声响闻天。

侯国失守，谋生二肘；发既冲冠，胆且如斗。

嵇公溅衣，仇氏碎首；大节克彰，盛名不朽。

懿哉梦熊，诞我卧龙；位光九牧，秩宠三公。

安石内处，有芝兰风；仲乐出讨，有雷霆功。

自临上党，道愈周广；劝俗带牛，归民负襁。

搏无鸷虫，戎无伏莽；大朝其依，群方是仰。

友于义光，贻厥谋长；六吕间奏，五色含章。

非我大监，何以发祥？非我太尉，何以成昌？

哲人久往，孝子长想；爰衬先茔，载安神壤。

晚隧尘收，夜台月朗；生福邦家，殁荣乡党。

下诏云天，刻石松阡；龟趺镇地，螭首浮烟。

桑田或变，陵谷自迁；高风茂烈，终古昭然。

天福六年岁次辛丑五月庚申朔二十五日甲申建

（以上为葬及铭，412 字。）

（责任者：邱敬、施天宇、张庭瑀、聂雯）

（指导者：山口智哉、李宗翰、柳立言、陈昭容、刘祥光）

三、个案研究

碑文的篇幅分布耐人寻味。在碑文里，墓主马文操约有 400 字，而在世之长子全节约有 1000 字；在铭文里，墓主从"奋身白屋"至"盛名不朽"约有 48 字，全节从"懿哉梦熊"到"何以成昌"约有 96 字，是标准的父凭子贵，[1] 故碑文的重点在子不在父。撰者贾纬，奉旨下笔之时（940—941），正在史馆担任修撰，可以看到较多的史料，后来又参与编写《旧唐书》(941—945)，是一位享有盛名的史学家，为文应有一定的可信性。何况本文不是埋在地下的墓志，而是立于地上属半公开性质的神道碑，更不容出错。

奉敕撰写的缺点是不能畅所欲言，优点是可以代表王言，可用来研究后晋朝廷（国家）对武人的说教和期待，主要针对品德、文治、武功等条件，如三者俱备，或可视为武人楷模。所言有无扬善隐恶，须与其他史料对证，并一睹神道碑之优点与缺点。

（一）阶级流动之条件：兼习文武、忠孝节义

墓主马文操之曾祖"鸿硕自负"，可与蔡邕和郑玄相比，应来自文人家庭，打算凭学识入仕以首兴门户。假如他曾经"自荐庙朝"，或可反映他的才学和家境都很不错。安史之乱后，无论中央和地方都出现乱政，藩镇反侧而中央姑息。面对如此乱象，曾祖由期盼"颉颃天衢，恢弘帝道"，变为"遁以居贞，蒙而养正"，寄情于老庄和儒学，"穷理知命，以尽天和"，过着隐士的生活，苟存性命。无论是"以居贞"或"而养正"，都透露对道德的坚持。

面对武人崛起，马家兼习文武以适应时势。祖父以勇气和射艺见称，

---

[1]《旧五代史》马全节本传明言其父"以全节之贵，累赠太师"，见《旧五代史新辑会证》卷 90，2762 页。

"汍寥之外，弯弓而几落秋鸿；蓁薄之中，饮羽而曾穿石兔"，而且"常思有用"，有旺盛的入仕心，但"终叹无时"，一生布衣。既乏外事可陈，神道碑乃表扬他的内事，说他"积行闺门"，治家有道，"克践中庸，匪逾大德；室多列女，世有义夫。棣萼芬华，不歇三荆之色；弦歌清越，长飘两巷之音。道既贞肥，人皆景慕"，占全部 91 字的 44 字。由此可知，纵使是习武之男性，仍要符合儒家的道德要求，扮演齐家的角色。即便撇下儒学理论只谈实际生活，也是家和始能事兴，男性岂能不顾家务？同理，所谓女无外事，恐怕也只是相对而言，大抵是男女分工而优先有异。

父亲不理世事，过着"高士"的生活，"或朝游草阁，或暮宴竹林"，看来家境相当不错。神道碑开首所谓"养道者养于丘园，行义者行于乡党。或默或语，偃息户庭；优哉游哉，吟咏情性"，固是泛指曾祖父三人，也最适用于他。随即又说："莫不以善为钟鼓，以德作藩篱。立之于身，自成孝子；仕之于国，则曰忠臣"，埋下墓主一房大兴大旺之伏笔，高唱品德如道义和孝忠的重要。

墓主终于让三代白屋的马家由被统治进入统治阶级，堪称孝子。神道碑说他"礼乐兼明、文武足用"，似乎兼习文武，尽得家传，但最主要的事功应是凭刀枪赚来，也因此丧命。他进入军旅，是因为"大国运衰中德，四方政启多门，每有出师，起良家子弟"，看来是被征召入伍，但也不排除是凭着良家子弟的身份，"折节"事奉反侧的地方藩镇，成为家乡魏博兵团的军校。众所周知，唐末和五代兼用募兵和征兵，不少文士被征入伍，有时数量多到要在手腕或手臂刺上"一心事主"以防逃亡。[1] 由此视之，五代军中的文人，可能多于只募不征的宋代，或有助于文武交流。

大约 400 字的碑文用了 180 字左右描述墓主的武功。他"驰突之时，十矢齐发"，看来武艺不错，也有"机巧"和"权谋"，可能要归功于习

---

[1]《新唐书》卷 212，5987 页；《资治通鉴》卷 265，8662 页。

文，可以阅读兵书。他"初授魏州经略副使，次迁右辖"，后者职位不详，似非高层，但既可"寓直戎府"，入驻和保卫节度使的府第，应隶属一支较有战力和较得信任的队伍，一方面大有前程，另一方面常处险境。魏博的牙兵一向以"兵骄逐帅"令人闻名丧胆。唐哀帝天祐二年（905）七月，一队牙兵冲入节度使罗绍威的帅府，"焚府舍，剽掠"，[1]墓主在负隅顽抗之中了流矢，明年（906）一月于私第辞世，似乎没有得到任何追赠，也没有挑到很好的葬所。

碑文也用了约130字赞美墓主的品德。直接的如"见义必为""大节非亏""生而奉亲也，始不失其孝；往而报主也，终不失其忠，求之古人，孰过于此"；间接的如"至义""纯诚"，并喻之为"君子"。对寡妻王氏，碑文共写了88字，重点也是品德，如"有壁氏之问，后其父而先其君；起漆室之忧，始于家而终于国"，前者是说事夫重于侍父，后者是忧国先于思家，谁说女无外事。又说她"自诞生伟人（马全节），践履艰运。……今则阳报之道昭，内协叔教之德；□事之风著，外资胡广之名"，前者是指她培养儿子舍己为人之品德，后者是儿子以孝廉起身位至太尉（马全节特进检校太尉），故堪称"贤母"。这当然是朝廷对所有武人家庭的道德说教，尤其是对马家的继承人全节。

（二）阶层流动与维持之条件：武功、吏治、品德

墓主让马家进入统治阶级，全节在此阶级内升至最上层。就在神道碑和迁葬完成后数月，马全节以节度使加同中书门下平章事，成为位极人臣之使相。再过三年（944），回到家乡担任邺都留守和广晋尹，旋加天雄军节度使，成为魏博的新主人，回首父亲当年之惨死，当别有一番滋味在心头。如此这般，他占了父亲神道碑的最多篇幅。在碑文里，父母合计不超过500字，全节竟达1000字，一方面自是表扬父母教子之功，另一方面应是勉励和标榜全节，可分三个主题：军功约372字、吏

---

[1]《资治通鉴》卷265，8644页。

治约 306 字、品德约 252 字，三者应是朝廷对武人最重要的要求。

1. 武功：君子可以敛财和杀俘？

马全节（891—945）是嫡长子，在父亲去世时才十六岁。他"少从军旅"，[1] 可能跟父亲一样，先进入魏博兵团，名义上臣属于后梁。乾化五年（915），魏博节度使杨师厚去世，末帝以为有机可乘，下令将魏博一分为二，引起军变，最后两镇俱落入宿敌晋王李存勖之手，即后来的后唐庄宗（923 年即位）。归晋入唐之后，全节"始则以从唐氏于漳渍，对梁人于河上"，逐渐晋升为捉生（侦察）指挥使，应相当熟悉地理环境。同光四年（926），魏博再次兵变，指挥使被杀，裨将赵在礼逃脱不得，被强立为帅。马全节时年三十六岁，《旧五代史》本传说"赵在礼之据魏州也，为邺都马步军都指挥使"，《新五代史》本传说"赵在礼反邺都，以全节为马步军指挥使"；[2] 两书于军职差一"都"字，但均指出全节曾受"伪"职，神道碑则有欠交待，未知是否为讳。无论如何，此职多少反映全节在军中的地位和人望，亦可能是敌我双方都能接受的人选。

庄宗派李嗣源讨伐，赵在礼率诸将谢罪，又里应外合，要拥之为北帝，设宴于行宫，嗣源和全节可能因此见面。[3] 嗣源随即登基为明宗，赵在礼不甘为部下所制，"自谋脱祸，阴遣腹心诣阙求移镇"。明宗先将在礼移授横海节度使，随即以防御契丹为名，把三千五百名魏博精兵调戍芦台。他们抵达后再次作乱（927），但几乎悉数被杀。明宗斩草除根，下令将乱军家属全门处斩；"敕至邺都，阖九指挥之门，驱三千五百家凡万余人于石灰窑，悉斩之，永济渠为之变赤"。[4] 反之，全节获授

---

[1]《旧五代史新辑会证》卷 90，2762 页。

[2]《旧五代史新辑会证》卷 90，2762 页；但《新五代史》卷 47，531 页仅作"马步军指挥使"。

[3]《旧五代史新辑会证》卷 35，1015—1016 页。明宗之前已曾至邺都，如 1011、1014 页。

[4]《资治通鉴》卷 275，9003—9004 页。

检校司空，应非乱军一伙，在礼后来更是飞黄腾达。马家四代乡里，牙兵亦早已落地生根，但人各有志，未可一概而论，如史料充足，或可重新探讨魏博兵团构成之复杂性。[1] 全节父子均亲身经历兵变，不知有何反思与应变之道。

在明宗朝短短七年之间（926—933），全节大抵凭着军功，从军校上升至地方长官，历任博、单、郓、沂四州刺史和金州防御使等。[2] 从后唐末帝至后晋出帝约十一年之间（934—945卒），全节更因累建军功而位极人臣。对此，神道碑每多高度赞美，却几无实迹，而两《五代史》则详述之，正好证明神道碑似虚而实。

神道碑所记两次战功都以抵御外敌为主，一为金州之役，一为安陆大战。根据两《五代史》、《册府元龟》和《资治通鉴》，后唐末帝清泰初年（934），四十四岁的全节为金州防御使，遇蜀军入寇，州兵只有千余人，兵马都监陈知隐大惧，领二三百人逃走。州兵仅剩数百，"贼既盛，人情忧沮"，全节"悉出家财以给士，复出奇拒战，以死继之"，终击退蜀兵，晋升沧州留后。[3] 此事收入《旧五代史·末帝本纪》，[4] 可见重要，但于神道碑几无踪影，只是概括地说："将兵而无异独行，……功成勿伐，战胜无骄，……从列郡而至列藩。"

后晋高祖天福五年（940），五十岁的全节移镇安州，原来的节帅李金全叛归南唐。《资治通鉴》说："帝闻金全叛，命马全节以汴、洛、汝、郑、单、宋、陈、蔡、曹、濮、申、唐之兵讨之"，胡三省注"如此则

---

[1] 毛汉光：《唐末五代政治社会之研究——魏博两百年史论》，《中国中古政治史论》，台北：联经出版社，2004年；堀敏一：《藩鎮親衛軍の權力構造——唐から五代へ》，《东洋文化研究所纪要》20（1960年），1—23页；渡邊孝：《魏博と成德——河朔三鎮の權力構造についての再檢討》，《东洋史研究》54.2（1995年），236—279页；樊文礼：《试论唐河朔三镇内外矛盾的发展演变》，《内蒙古大学学报》1983年第4期，75—147页。

[2] 《新五代史》卷47，531页。

[3] 《旧五代史新辑会证》卷90，2763页；《新五代史》卷47，531页；王钦若《册府元龟》卷694，8012—8013页；《资治通鉴》卷279，9133页。

[4] 《旧五代史新辑会证》卷49，1594页。

河之南、济之西诸镇之兵尽发矣"，[1] 约三万多人，可见重要。金生逃命，南唐以李承裕替代，首先夺去金生的"妓乐、车马、珍奇、帑藏"。[2] 全节进攻承裕，"三战然后克之，斩首三千级，生擒千余人"，并杀承裕。[3] 此役被《册府元龟》两次收入将帅部的"立功"和"褒异"，全节亦因功从安州移镇山西昭义，[4] 而神道碑只是概括地说："太尉密趋险路，首犯炎飙，屡出生入死之危，振先声后实之利。……走气朝分，乃擒蜀将。……式从安陆，移镇壶关"，由此乃知是安陆之战。

除此之外，全节还内平叛贼和外抗契丹。神道碑撰后数月，成德节度使安重荣反叛，拥众数万。全节大破之于宗城，以功徙义武节度使，被《册府元龟》收入将帅部之"褒异"。[5] 此后，全节悉力御辽。《新五代史》说，"自出帝与契丹交恶，全节未尝不在兵间"，单是开运元年（944），便立功四次，一次并以"大败契丹"称之。[6] 开运二年初（945）的惊退辽师更见录于《辽史》。当时契丹分兵攻邢、洺、磁等州，杀掠殆尽，随即进入邺都西北界。晋军大将是天平节度使张从恩、邺都留守马全节和护国节度使安审琦，陈兵于相州安阳水之南，派遣义成节度使皇甫遇与濮州刺史慕容彦超将兵千骑，前往觇探辽军。二人至邺县，遇辽军数万，且战且退。安审琦得知二人陷于险境，引骑兵逾水往救，《辽史》说"辽军乃还"，而《资治通鉴》作"契丹望见尘起，即解去。……其众自相惊曰：'晋军悉至矣'。时契丹主在邯郸，闻之，实时北遁，不再宿"。[7] 全节等退至相州黎阳，看见一支契丹退兵，"不敢追"，被《册府元龟》收入将帅部之"怯懦"。[8] 但全节等随即奏请北

---

[1]《资治通鉴》卷282，9213页。

[2]《旧五代史新辑会证》卷97，3001页。

[3]《旧五代史新辑会证》卷79，2439页；《新五代史》卷47，531页。

[4]《册府元龟》卷360，4067页；卷387，4370页。

[5]《册府元龟》卷387，4370页。

[6]《新五代史》卷47，531—532页。

[7]《辽史》卷4，55页，据《资治通鉴》卷284，9281—9282页。

[8]《册府元龟》卷453，5101页；《资治通鉴》卷284，9283页。

伐幽州，末帝且亲征，似乎不是那么胆怯。[1]

在武功之中，有三事值得留意。第一，神道碑有意强调全节具有儒士品格。碑文共用"君子"四次，一次称赞文操之事功（见上），三次用于全节，一次因其孝，其余两次都因事功。第一次是说后唐之武功，"勇而有礼，首居君子之营；重而且威，别振将军之令"；第二次是后晋之在朝，"礼既陈于执玉，政独议于赐金。……复闻居宠若惊，以荣为畏，虽弈弈锡命，车服以庸；而恭恭礼仪，进退有度。诚至止君子，乃不忒淑人。……□德既重，其名愈光"。《册府元龟》也将全节的一次行为归入将帅部之"有礼"（见下）。其他的称赞还有"功成勿伐，战胜无骄""不喜大言，自比岸头之虎；长嫌高扬，有如鞲上之鹰""计'功'叙赏，虽褒五色之书；论'德'受官，载沃九霄之泽"和"卧羊鞟以无华，食麦饭而从俭"等，大抵都是朝廷借机宣扬武德，指出为将需兼求功与德，要稳重守礼和畏慎谦让，切勿恃武生骄或大言矜功。

第二，全节父子均亲身经历兵变，但全节始终无法突破五代须以重货笼络军兵和打点上下之客观限制，而货财每来自掠夺或聚敛。两《五代史》本传共有四次提到货财，几乎各朝都有。后唐两次，第一次是末帝金州之役，全节散尽家财以济军，应属额外的奖赏。第二次与此事同时，因散尽家财，无以赂贿枢密副使刘延朗（见下）。

后晋亦两次，第一次是高祖之时吞没李承裕的掠物，并有杀人灭口之嫌疑。安陆战败，李承裕"率众掠（安州）城中资货而遁，马全节入城抚其遗民"，[2] 似乎本人并无掠夺。但根据《新五代史》的独家记载，承裕被掳后，全节原打算解送京城，承裕竟愚蠢地恐吓说："吾掠城中，所得百万计，将军皆取之矣。吾见天子，必诉此而后就刑。"全节

［1］《资治通鉴》卷284，9283—9285页。张全恩至少两次与诸将意见不同，一次又擅自撤军，既难以合作，也许让马全节等人不敢采取行动，分见9281页"公往何益"及9282页"议未决，从恩引兵先发"。

［2］《旧五代史新辑会证》卷79，2440页。

"惧，因杀承裕，高祖置而不问"。[1] 根据逻辑，置而不问的前提是高祖已经知道，其实此等事极难杜绝悠悠之口。高祖之所以不问，可能因为全节功高，更可能此等事十分普遍，部分所得应用于养军和上供。第二次是出帝时为抵抗辽人，全节"治生余财，必充贡奉"，[2] 如某次"进助国绢三千匹、绵三千两、丝八千两"，被《册府元龟》收入邦计部之"济军"和将帅部之"忠"[3]。另一具体事例是阳城之役，全节因赡军再竭家财，战后稍事聚敛，为苦百姓。[4]"忠"与"良牧"有时似属鱼与熊掌。

　　第三，杀俘，较掠夺更为严重，且似与"君子"矛盾。对李承裕事件，只有《新五代史》提到灭口，但无论是两《五代史》《册府元龟》或《资治通鉴》，都直接或间接提到全节杀俘和高祖石敬瑭释俘。神道碑谓"乃擒蜀将"，虽可辩称是泛论，可以包含先掳后杀，但未知是否讳言杀俘。记事最详的是《新五代史》全节本传，谓全节"大败承裕，斩首三千级，生擒千余人。承裕弃（安州）城去，（全节副手）审晖追至云梦，执承裕及其兵二千人，全节斩千五百人，以其余兵并承裕献于京师"，旋杀承裕灭口。[5] 欧公又于《南唐世家》李昇本传提到敬瑭释俘，十分值得玩味，大意谓全节杀承裕及其裨将段处恭，又将都监杜光邺及其兵五百人执送京师，高祖以马匹及器服厚赐之，遣还南唐。李昇以光邺等违命而败，不肯接受，并致书高祖，请以败军行法，诛之可也。高祖又将之送回，李昇遣战舰拒之，这次高祖悉授诸将官职，又将士卒编为新军，由一位旧将统率，[6] 看来北方的君主有时较南方仁慈。《资治通鉴》"臣光曰"也批评昇说："违命者将也，士卒从将之令者也，又

---

　　[1]　《新五代史》卷47，531页。

　　[2]　《旧五代史新辑会证》卷90，2764页。

　　[3]　《册府元龟》卷374，4243页；卷485，5501页。

　　[4]　《旧五代史新辑会证》卷90，2764页；《册府元龟》卷917，10654页。

　　[5]　《新五代史》卷47，531页。

　　[6]　《新五代史》卷62，768页；《资治通鉴》卷282，9215页。

何罪乎! 受而戮其将以谢敌, 吊士卒而抚之, 斯可矣, 何必弃民以资敌国乎!"[1] 无罪之说早见于《旧五代史》高祖本纪, 谓全节"遣安审晖率兵以逐承裕, 擒而斩之。执其伪都监杜光邺及淮南军五百余人, 露布献于阙下。帝曰:'此辈何罪, 皆厚给放还'";[2]《册府元龟》亦将此举归入帝王部之"招怀"。[3]

由是观之, 马全节杀承裕及段处恭, 但将杜光邺等重要将领献俘于高祖, 则灭口之说不易成立, 因光邺等人亦应知全节干没之事。然而, 全节不但诛杀降将, 也杀了约一千五百位降兵, 却没有受到北宋初年以至中叶的史家批评, 司马光甚至认为违命之将领应杀, 只是受命之士卒不应杀, 其度量反不如石敬瑭。或可推想, 杀俘在五代并不被视为违背武德, 释俘反是罕见, 故四种史书均记之。《册府元龟》将帅部罗列 68 种美德, 似无"不杀俘"之专项, 有待研究。

2. 吏治: 虚者实也

对全节的吏治, 神道碑两次赞扬, 但也是高度概括, 少见实绩。一次是后晋高祖时正授横海 (沧州) 节度使, 碑文巧妙地说"沧海之隅, 遂载赓于廉牧。……月照戍楼, 警夜不闻于钲鼓; 草生边路, 眠春空见于马牛", 堪称"良臣"。另一次是以军功加检校太尉, 改任昭义 (上党诸州) 节度使, "富贵崇高, 掩映前后。然而不夺县政, 偏惜民时, ……信所谓期月不逾, 风俗斯变; 雨随轩而风逐扇, 蝗入海而虎渡河", 以至"仓公境中, 人多画像; 祖君部内, 生欲立祠", 稍为具体。值得注意的, 是这次神道碑用了 372 字说军功, 306 字说吏治, 可见同样重要。铭文又说:"安石内处, 有芝兰风; 仲乐出讨, 有雷霆功。自临上党, 道愈周广; 劝俗带牛, 归民负襁", 更将昭义之吏治视为全节的新境界, 行道愈宽愈广。

---

[1]《资治通鉴》卷 282, 9215—9216 页。

[2]《旧五代史新辑会证》卷 79, 2440 页。

[3]《册府元龟》卷 166, 1853 页。

神道碑有无夸大失实，可证诸其他史料，尤其神道碑止于天福六年（941）五月，更可将以后的吏事与以前对比，探讨是否相合。首先，根据《旧五代史》，全节早在后唐担任郓州刺史时（928），便"在郡有政声"，[1] 但不见于神道碑和《册府元龟》，必另有所本，虽无实例，除非是误植，不然似属可信。

其次，全节似能尊重文人和文治。《新五代史》说他"为人谦谨"，具体事例是神道碑撰后三年（944），全节"徙广晋（魏州，为邺都留守），过（故乡）元城，衣白襕谒其县令，州里以为荣"。[2] 《旧五代史》所记较具戏剧性，更能见其意义：[3]

> 全节始拜邺都，以元城是桑梓之邑，具白襕诣县庭谒拜。县令沈遘逡巡避之，不敢当礼。全节曰："父母之乡，自合致敬，勿让之也。"州里荣之。

可见两点：第一，全节衣锦还乡，但没有耀武扬威，以统治者之高姿临之，反抬出乡里恩情，以子弟之礼敬之，确是谦敬。第二，全节脱下戎服，换上白襕，所代表的是士人身份；既是士子见县官，虽已五十四岁，仍应谒拜行礼。沈遘较为年轻，亡父曾任县令，本人高中进士，后来担任后周的翰林学士，是不折不扣的文学之士。[4] 此事被《册府元龟》收入两次，一在总录部之"知礼"，一在将帅部之"有礼"，[5] 以将帅而对下属文官有礼，是否反映尊重文人与文治，能够"不夺县政"？《旧五代史》又说全节"政事动与幕客谋议，故鲜有败事"，[6] 也反映他的谦

---

[1] 《旧五代史新辑会证》卷90，2762页。
[2] 《新五代史》卷47，532页。
[3] 《旧五代史新辑会证》卷90，2764—2765页。
[4] 《旧五代史新辑会证》卷131，4023页。
[5] 《册府元龟》卷388，4384页；卷794，9200页。
[6] 《旧五代史新辑会证》卷90，2765页。

谨和尊重属下文官。

最后，全节尊重法制和爱惜民力。《新五代史》说他"临政决事，必问法如何"，[1] 勉有一例可言，在《旧五代史》。在神道碑写后两年，恒州和定州一带遭遇水旱和蝗灾，恒州节度使杜重威奏括民粟以充军费，时全节为定州节度使，军吏"引重威例，坚请行之"，全节说："边民遇蝗旱而家食方困，官司复扰之，则民不堪其命矣。我为廉察，安忍效尤。"[2] 前面的话发自人道和吏道，最后两句则基于深明制度之要义。《资治通鉴》略去了前面，只留后面：

> 朝廷以恒、定饥甚，独不括民谷。顺国节度使杜（重）威奏称军食不足，请如诸州例，许之。威用判官王绪谋，检索殆尽，得百万斛。威止奏三十万斛，余皆入其家；又令判官李沼称贷于民，复满百万斛，来春粜之，得缗钱二百万，阖境苦之。定州吏欲援例为奏，义武节度使马全节不许，曰："吾为观察使，职在养民，岂忍效彼所为乎！"

胡三省注云："唐节度使率兼观察使，节度之职掌兵，观察之职掌民。马全节之不效杜威，是矣。邻于善，民之望也。杜威曾念及此乎！"[3] 由是观之，全节不是全听幕客，本人亦有主见，例如将地方首长的责任，清楚认定为"职在养民"，不许部下侵民，《旧五代史》谓"百姓称其德"。[4]

但是，再过一年，全节稍有侵民。当时他是天雄军节度使，从杜重威北伐契丹，"赡军竭其私帑，仅十万贯。及还任，稍稍聚敛，百姓苦焉。

---

[1]《新五代史》卷47，532页。
[2]《旧五代史新辑会证》卷90，2762、2765页。
[3]《资治通鉴》卷283，9258页。
[4]《旧五代史新辑会证》卷90，2765页。

乡旧有识者非之",被收入《册府元龟》总录部之"改节"。[1] 假如不是为了个人之私如杜重威之上述作为,而是为了自筹军饷或上输贡赋,似乎情有可原。要之,全节之吏治,尚算符合神道碑的描述。

3. 品德:能否"全节"于私与公?

在神道碑笔法之下,品德与武功和吏治共存相生,可分私和公来探讨。就私德言,全节以孝留名青史。如前所述,神道碑把亡父的事功与品德合为一谈,于全节亦依样画葫芦,分见于葬父和孝母。如前所述,神道碑三次称赞全节是"君子",第一和二次均用于事功,第三次用来解释迁葬因由,说全节"事上则忠,奉先惟孝。踏其霜露,恻君子之心;听彼蓼莪,动诗人之感",又说"足以见君君臣臣,穷至德要道之本;父父子子,极慎终追远之诚",把忠和孝连为一片。

于母亦然。长久以来,武人不须守丧去职,而《旧五代史》指出全节在后晋天福八年"丁母忧,寻起复焉",与文臣无异,又说他"事母王氏至孝,位历方镇,温清面告,毕尽其敬",亦见于《册府元龟》总录部之"孝"。[2]《新五代史》也说他"事母至孝",[3] 但把丁忧和温情等事略去,自是欧公过于悭墨,不能视为虚词。神道碑更将全节的事功结穴于孝心,说他在后唐崛起,"以次将而升上将,金钺宣威;从列郡而至列藩,油幢耀美。践扬重位,联翩几年。顺慈旨于北堂,董鱼甘滑;极孝思于冬祀,黍稷馨香",再次把公事与私德连成一片。

于兄弟亦友爱。据后世地方志,全节"兄弟同居,不有私财。及分析,毫无畛域,诸侄婚娶,皆助以数十金",[4] 惜为孤证。

最重要的公德自是忠于君国,而全节有一次在后世看来较为严重的失节,即从后唐移忠于后晋。所谓严重,指全节既是国之重臣,亦甚得

---

[1]《册府元龟》卷917,10654页。

[2]《旧五代史新辑会证》卷90,2764—2765页;《册府元龟》卷756,87页。

[3]《新五代史》卷47,532页。

[4] 刘樾修、樊兑纂:《长子县志》卷9,清嘉庆二十一年刻本,爱如生中国方志库,2019.06.24。32页。

君王之宠信。后唐末帝即位未几，全节便从沂州刺史晋升为金州防御使，旋因击退蜀军有功，被诏赴阙，将议赏典。枢密副使刘延朗也是武将出身，是末帝的"腹心"和从龙之臣，又善于筹措军费，"末帝甚赏之"。延朗贪财，"凡藩侯郡牧，自外入者，必先赂延朗，后议进贡。赂厚者先居内地，赂薄者晚出边藩，故诸将屡有怨讪，末帝不能察之"。[1] 根据《旧五代史》，延朗这次也居然向全节索贿，全节"无以赂之"，延朗说："绛州阙人，请事行计。"[2] 拟授全节绛州刺史，并无晋升。《资治通鉴》接着说，"群议沸腾。帝闻之，乙卯，以全节为横海留后"，[3] 其实不是这样简单。《旧五代史》说："全节不乐，告其同辈，由是众口喧然，以为不当。皇子重美为河南尹，闻而奏焉。清泰帝（末帝）召全节，谓曰：'沧州乏帅，欲命卿制置。'翌日，授横海军两使留后。"[4]

观察之重点，自在绛州之命如何变为沧州：第一，全节有"不乐"的条件，部分来自他的军功。第二，他有一定的号召力或人脉，反映在"众口"的支持甚至"群议沸腾"，那就足以震动朝廷了。第三，他有值得拉拢的条件，故皇子为之上奏，显示全节有别于其他被索贿的将领。最重要的，当是皇帝亲口告诉全节升职，打了延朗一记耳光。只要将末帝的话跟延朗的话逐字比对，更能发觉帝恩之深厚。延朗说"绛州没有人，请准备动身"，而末帝说"沧州无人作帅，想请您处理"。不料事来年余，这位重臣和宠臣竟就移忠了。其实，后晋高祖石敬瑭好像很早就有意拉拢。明宗曾派敬瑭伐蜀，全节也要到河西赴任，路上遇到敬瑭，"具军容谒于辕门"，看来彼此有些隔阂，结果"高祖以地理隔越，乃奏还（全节）焉，移沂州刺史"，似乎拉近了距离。[5]

十分有趣，神道碑用了 67 字描述全节的"舍伪从真，开门解印"，

---

［１］《旧五代史新辑会证》卷 69，2146—2147 页。

［２］《旧五代史新辑会证》卷 90，2763 页。

［３］《资治通鉴》卷 279，9137 页。

［４］《旧五代史新辑会证》卷 90，2763 页。

［５］《旧五代史新辑会证》卷 90，2762 页。

惟恐人不知，而两《五代史》对此竟若船过水无痕，反突出石敬瑭的优遇。薛史说"高祖即位，加检校太保，正授旌节"，欧史说"晋高祖入立，即拜全节横海军节度使"，其"入立"与"即拜"可谓亮眼。[1] 事实上《旧五代史》并不以移忠为意，史臣对全节的盖棺论定是"全节之佐晋氏也，平安陆之妖，预宗城之战，功既茂矣，贵亦宜然"，[2] 明显肯定他对后晋的输诚佐命和劳苦功高，可代表当时的官方立场。《新五代史》号称表彰忠义，对刘延朗之事只字不提，只说"蜀人去，废帝召全节，以为沧州留后"，[3] 似乎勉强看到末帝之恩宠，但由始至终都没有针对全节之位极人臣加以责难。《资治通鉴》胡三省注则将后唐之亡归究于末帝，因为"帝既闻之，而不罪刘延朗；善善恶恶，郭之所以亡也"，[4] 典故出自汉代韩婴《诗外传》，指郭君喜谀而恶直，国亡逃难，其驭者终亦弃之而去。由是言之，全节并非不能"全节"。

事实上，全节亲口训示家人要重视品德，尤其是忠和孝。他说："天时既静，国步当平，事上则忠，奉先惟孝。"神道碑对马家数代最常用的道德词汇，除了"君子"四次，便是"忠""孝""节""义"。忠共三次，一次泛称"仕之于国，则曰忠臣"，一次说父亲文操不失忠于其主，一次即全节训示家人，连听者合计一共三代。孝有五次，一次泛论"立之于身，自成孝子"，一次说文操不失孝于父母，两次说全节孝思父母，一次即全节训示家人，连听者合计一共三代。节共四次，不计"全节"之名，一次说曾祖高节，一次说文操折节事诸侯，两次说文操为其主尽节，合计三代。义有六次，一次泛论曾祖父"行义者行于乡党"，一次说祖父齐家使"世有义夫"，一次间接说文操于其主能全至义，两次直接说文操于其主能"见义必为"和"义烈"，一次说全节"友于义光"，合计四代。所以，即使不算未用其字而有其意的，也可看到武人之家重视品

---

[1] 《旧五代史新辑会证》卷90，2764 页；《新五代史》卷47，531 页。

[1] 《旧五代史新辑会证》卷90，2764 页；《新五代史》卷47，531 页。
[2] 《旧五代史新辑会证》卷90，2794 页。
[3] 《新五代史》卷47，531 页。
[4] 《资治通鉴》卷279，9137 页。

德，与文人无异。

4. 家庭地位之维持

武家如马氏之位高权重，就占有各种优势延续家庭的社会和政治地位。首先是恩荫。全节不但荫及父母妻子，俱得追赠和封号，也应及于所有成年的子弟。例如次子令琮（原名令威，避周太祖讳），"全节历横海、定远（安远）、昭义、彰德（安国）、定武、天雄六节度，皆署令琮为牙校，累授彰德牙内都指挥使、检校尚书左仆射，领勤州刺史"。[1]出仕率既高，既能增加向上流动的机会，也能减慢向下流动的速度。

其次是兼仕中央和地方。马家渐由地方而入仕中央，如文操只是地方军校，全节已是出入中央和地方，后者广及河北的魏、沧、邢等州，山东的博、单、沂等州，湖北的郢、安、易、定、祁等州，陕西的金州和山西的泽、潞、辽、沁等州。根据神道碑（941），三弟去世前是禁军将校，长子供职内廷，俱在中央，且有接近皇帝的机会。二弟是邢州马步军副都指挥使，是全节后来任职的地方，十七岁的次子在上党跟随父亲为牙校，三人俱在地方。如是，马家之人脉甚广，历练也多，对仕途应有帮助。

再次是有足够的资源兼习文武，俨然成了家庭传统。从祖父由文偏武开始，家中便有文有武，有时更是一人并习文武。全节二弟"跨马如飞，……遇龙则斗"，似偏重武功，不见文事，反映神道碑没有故意炮制文武双全。三弟一方面"双贯攫雕，……并擒搏虎"，另一方面"比通文史，亦善韬钤"，应是允文允武。全节长子任职内廷，应是武臣，次子在父亲身旁学习，三子尚幼；碑文说他们"已能学剑求功，方可上书言事"，应是兼求文武。事实上节帅有众多的文职和武职幕属，提供很多和很好的机会产生文武交流。娶妻亦可选择文人家庭的女性，如神道碑只用了 24 字描述全节的寡妻，说她"素摽望族，早配贤侯；鸾鹤仙姿，克传家法；笙簧雅韵，永播闺风"，如笙簧雅韵不是套话而是实话，她应有

---

[1] 《宋史》卷 271，9283 页。

文艺之才。

次子令琮（925—963）能够在《宋史》立传，主要靠武功、军务和尽忠。他少善骑射，十六七岁便投入安陆和宗城之役，"皆有功，由是知名"，可见虽以父荫起身，但靠个人能力成名。全节去世，他起复为隰州刺史，之后历事数朝，都受重用。如在后汉高祖时为西京巡检使；在后周太祖时兼任内外，先后为陈州刺史和京城四门外巡检；在世宗时亦兼任内外，先移随州刺史，入为虎捷左第一军都指挥使及遥领建州刺史等。令琮可谓出入中央和地方，又兼仕文武，可惜政绩不详。[1]

令琮还善于观察时势和调度军需，且被《宋史》视为最重要的功业。陈桥兵变，宿将李筠不服，宋太祖决议亲征，召见计相张美讨论军饷。张美说："怀州刺史马令琮，度李筠必反，日夜储偫以待王师。"对如此忠心耿耿、未雨绸缪和积极任事，太祖大喜，立即升为团练使。但怀州并非团练州，宰相范质说："大军北伐，方藉令琮供亿，不可移他郡。"可见他不但能储蓄军需，也善于调度，是一位懂军务的武将，于是将怀州升为团练州让他晋升，可谓因人改制，并加充先锋都指挥使，让他站在第一线。事平之后，授昭义兵马钤辖，是亡父全节担任节帅时令琮曾为牙校的旧地，应是一种光荣，可惜随即病逝，才三十九岁。太祖"甚怜之"，录其子延恩为殿直，既使后继有人，也取得仕途优势。[2]《宋史》论赞说："太祖有天下，凡五代之臣，无不以恩信结之，既以安其反侧，亦借其威力，以镇抚四方。……若马令琮守河内，储兵食以迎王师，……此忠荩骁果，尤可称者。"[3] 由此言之，威力、忠荩，加上恩荫，始终是武人保持家族地位的最佳条件，实无异于文臣。

（三）死亡与冥法

马全节之死见于《玉堂闲话》（956 前）之《马全节婢》、《旧五代

---

[1] 《宋史》卷 271，9283 页。

[2] 《宋史》卷 271，9284 页；《续资治通鉴长编》卷 1，14 页。

[3] 《宋史》卷 271，9301—9302 页。

史》（974）本传、《太平广记》（978）和《册府元龟》（1013），都说是女鬼索命，而全节不如宋彦筠之幸运（见本册《布衣将相杀妇佞佛》），虽多方安抚，仍无法改变女鬼心意，不久便病逝。研究者无论是否相信超自然力量，都应追究两事：史料是否不足取信或何处可信，以及如何利用神鬼性质的史料来研究历史。

《玉堂闲话》先出，属私撰之小说笔记，史源不外有三：撰者王仁裕（877—956）亲身经历、听自他人、抄自他书；《马全节婢》应属后两者之一，但难再向上追溯。《旧五代史》《太平广记》和《册府元龟》属官修史书，目的之一是劝善惩恶，如《广记》列之于"报应"，《元龟》列之于"殃报"。然而，乍看之下，《玉堂》与《广记》是同一版本，《旧史》与《册府元龟》属另一版本，情节并不完全相同，究竟何者或何处较为可信？同样是官修，《广记》为何不采《旧史》而引《玉堂》？《册府》为何不采《玉堂》或《广记》而采《旧史》？以下是两个版本的全文：

《玉堂》（《广记》）："魏帅〔天雄节帅〕侍中马全节，尝有侍婢，偶不惬意，自击杀之。后累年，染重病，忽见其婢立于前。家人但讶全节之独语，如相问答。初云：'尔来有何意？'又云：'与尔钱财。'复曰：'为尔造像书经。'哀祈移时，其亡婢不受，但索命而已。不旬日而卒。"[1]

《旧史》（《元龟》）："先是，全节自上党（昭义节帅）携歌妓一人之中山（义武节帅），馆于外舍，有人以谗言中之，全节害之。及（从天雄节帅）诏除恒阳（顺国节帅），遇疾，数见其妓，厌之复来。妓曰：'我已得请（诉），要公俱行。'全节具告家人，数日而卒。"[2]

试以史学六问拷之，并将史料悉数搬运至下表：

---

[1]　王仁裕撰，蒲向明译注：《玉堂闲话评注》，北京：中国社会出版社，2007年，31—32页。
[2]　《旧五代史新辑会证》卷90，2765页；《册府元龟》卷941，10909页："马全节为定州节度使（义武），自上党携歌妓一人之中山（即定州），馆于外。有人以谗言中之，全节加害。及诏除镇州（即恒州），遇病，数见其妓，厌之复来。妓曰：'我已得诉，要公俱行。'全节具告家人，数日而卒。"

表一 故事背景：马全节滥杀无辜

项目	《玉堂》(《广记》)	《旧史》(《元龟》)
Who（杀人者）	马全节。"魏帅（天雄节帅）侍中马全节，尝有侍婢，偶不惬意，自击杀之。后累年，染重病。"按：所谓"魏帅"，是指全节于945年死亡时之职位，反推"累年"，当指944年就任魏帅以前，不是942年的义武节帅，便是941年的安国节帅（参篇末附录）。	义武（中山、定州）节帅马全节。
Whom（被杀者身份）	侍婢	歌妓
When（被杀之时）	941或942年	942年："全节自上党（昭义节帅）携歌妓一人之中山（义武节帅）。"
Where（被杀之地）	如是941年，邢州如是942年，中山	中山
Why（何故杀之）	偶不惬意	馆于外舍，有人以谗言中之
How（如何杀之）	自击杀之	全节害之

不同之处有二：

其一，被害人之身份。一作侍婢一作歌妓，其实前者可以包含后者，并无矛盾。如梁建国就将"婢女与歌舞"合为一谈，所提供的十多种史料中，妾、婢与妓都是泛称，无不相通。[1]

其二，被害原因。"不惬意"亦可包含因听信"谗言"而不满，并无矛盾。

要之，较大的分别是，《旧五代史》稍为增加了马全节与被害人的

---

[1] 梁建国《朝堂之外：北宋东京士人交游》（北京：中国社会科学出版社，2016年，198—205页）就将婢女与歌舞合为一谈，妾、婢与妓作泛称不作专称时，大致相通。

情爱关系，证据是全节将被害人远道携来，明显难分难舍，又置于别宅，似是金屋藏娇。最大的相同，是两个版本都强调被害人的无辜被杀，且死于全节之手。

表二　故事重心：被杀者要求公平正义

项目	《玉堂》(《广记》)	《旧史》(《元龟》)
When（时间）	945 年	945 年
Where（地点）	天雄军	天雄军全节得诏自天雄移镇恒阳（顺国），未赴而卒
How（经过）		
1. 时机	全节重病	全节遇疾
2. 数见被害人	忽见其婢立于前，……（一再安抚，）哀祈移时	数见其妓
3. 安抚	初云："尔来有何意？" 又云："与尔钱财。" 复曰："为尔造像书经。"	厌之，复来
4. 被拒	亡婢不受，但要索取全节所欠一命	歌妓谓要求已获准，要全节一起上路
5. 证人	家人，目睹全节之独语，如相问答	家人，全节具告其事
6. 结果	不旬日而卒	数日而卒

稍有不同之处有三：

其一，安抚之事。《玉堂》偏近佛教之功德，《旧五代史》未明言，但"厌"不一定是驱魔伏鬼，亦可以是功德，施法者既可是巫、道，亦可为释，因为三者互相模仿吸收，早就"你中有我，我中有你"，[1] 兼行镇摄与怀柔。当然，故事的重点不是计较何教何法，而是指出安抚失灵，原因则留待读者思考。

其二，拒绝安抚之理由。《玉堂》指出被杀者完全不肯接受杀人者的认罪悔过、愿意赔偿和"哀祈移时"，坚持一命赔一命才是公平和正

---

[1]　张国刚：《佛学与隋唐社会》，石家庄：河北人民出版社，2002 年，227 页。

义，让研究者反思今日之废死。《旧史》似乎部分回应前面的情爱故事，谓别宅女"已得请"，应是得到冥界的批准，要全节"俱行"，即索还所欠一命，也在另一空间继续前缘。当然，故事的重点不在索命的理由，而在结果，即杀人者没有被放过。

其三，家人之角色。其在于作为证人证实全节遇鬼，不在于目睹还是耳闻，前者为重后者为轻，研究者切勿轻重不分。

避轻就重之后，发现两个版本大同小异，难说抵牾矛盾。由此可知，笔记小说之情节有时并非信口开河，仍足以相信，且是官修史书的重要史源。今天的读者利用时，必须明辨故事之重点与非重点，切勿舍干取枝。那么，同是官修，我们应取《广记》还是《旧史》和《册府元龟》？理论上，《广记》摆明是收录野史杂记，不必太计较枝节，而《旧史》和《册府元龟》是传统正史，尤其在本纪和传记之中，理应采用较为可信之史源。

要之，根据《旧五代史》本传和《册府元龟》，马全节似是在怀疑爱妾忠贞的情况下，未经查证便错杀，但是否被冤魂索命，便是不信者恒不信，信者恒信了。例如可以质疑，李承裕之枉死，亦足以构成全节疑神疑鬼之精神压力，何以全节不见承裕之冤魂。然而，无论是杀婢或杀妾，都引生一个法律问题：杀人者是否犯了死罪。

众所周知，冥府被官僚化之后，其判决深受人间法律文化之影响，不再有绝对之公平公正与公义，故未可就二三案例，便推论五代冥判能够达至法律面前人人平等，突破男女性别、身份上下、阶级高低或职业贵贱之阳世限制，如宋彦筠谋财害命，最后福禄寿三全。然而，不管歌妓冤魂诉请之对象是何方神圣，也无论影响审判之原因为何，其判决确是超越俗世法，让人间无法可想之事，借冥法得以实践，反映"理想"多于"实际"。

根据人间法，全节罪不至死，因为他与婢妾之关系并不对等，而是主人与奴婢，后者"贱隶"，甚至等同畜货。[1] 下表左栏是本案最为关键的问题，右栏是相关法条，俱见于《唐律疏议》和《宋刑统》，表示五代并无变化，因《旧五代史》撰于宋初，故引用《宋刑统》：

关键问题	《宋刑统》相关法条
1. 违反程序正义：全节私下惩罚，没有报请官司处理	《良贱相殴主杀部曲奴婢》："诸奴婢有罪，其主不请官司而杀者，杖一百；无罪而杀者，徒一年。"[2]
2. 违反实质正义：如妾婢无罪，因信谗言而杀之	同上，主人私杀无罪之奴婢，徒一年
3. 违反比例原则：即使妾婢有罪，罪不至死而杀之	同上，主人私杀有罪之奴婢，杖一百
4. 妾婢告主	《奴婢告主罪》："诸部曲、奴婢告主，非谋反、逆、叛者，皆绞。"[3]

一目了然，全节所犯无一可判死罪，即使依法而判，以全节之功勋，适用八议中的"议功""议贵"和"议勤"，不然可用官爵减罪，[4] 真可谓刑不上大夫。再如李承裕案，皇帝索性不问。反之，奴婢告全节是死罪，真的只能到阴间申冤了。

要之，全节枉杀妾婢之事，的确被收入宋初官修之《旧五代史》《太平广记》和《册府元龟》，但恐怕不能推论当时的政府有意宣扬法律面前不分性别、贵贱和阶级，众生平等，因为这些观念与国法的原理不合，也从未听过五代和宋初曾往这方向修订法典。若仅限于杀人一事，则未尝不可以推论，史臣也许呼吁，生命最宝贵，不分性别和身份，非理夺

　　[1]《宋刑统》卷22，391页"疏议曰：奴婢贱隶"。参考戴建国《唐宋奴婢制度的变化》（戴建国《唐宋变革时期的法律与社会》，上海：上海古籍出版社，2010年，293—358页）；张文晶《宋代奴婢法律地位试探》（戴建国《唐宋法律史论集》，上海：上海辞书出版社，2007年，307—328页）。

　　[2]《宋刑统》卷22，391页。

　　[3]《宋刑统》卷24，421页。

　　[4]《宋刑统》卷2，18、19、29页等。

人生命者，都得血债血偿，即使逃得了阳法，也躲不过冥法。各种官员，尤其是武人，在司法时都应遵守法定的程序正义，不要违反实质正义和比例原则，以便符合百姓对公平公正和公义的朴素期待。

结论

一幢在地面公开展示的神道碑，诉说着两位英雄的事迹。它出自皇帝钦命之史官和史家之手，借着刻意的叙事与篇幅安排，明显透露朝廷对武人在武功、文治和品德等多方面的要求，无论于"家"或于"国"，都堪作为五代武人之楷模。然而，传统墓志碑文的一个特点是隐恶扬善，此碑是否足以让人信服？与其他善恶并陈的史料比对之后，发现此碑颇为可信，优点多于缺点。

（一）五代武人之楷模：武功、文治、品德并重

墓主马文操是第一位英雄，一则凭借武功让马家从被统治阶级踏入统治阶级，二则没于王事，尽忠职守。他来自一个偏文然后兼习文武且注重品德的家庭，上两代没有事功，碑文乃大肆表扬他们的道德，既有"高节"，又有"积善"，遂谓必生伟人。碑文用了相若的篇幅表扬文操的武功与品德，铭文也说他"奋身白屋，耀迹红旆，精诚贯日，声响闻天。……嵇公灭衣，仇氏碎首，大节克彰，盛名不朽"，一而再地将事功与品德相提并论。虽不见文操之文事，但五代征召文人从军，也许军中的文武比例胜于只募不征的宋代，有助于文武交流。

儿子马全节是第二位英雄，凭武功达到阶层流动，又有文治和品德，尤应注意事功与品德之关系。全节为将，屡建奇功，如"密趋险路，首犯炎飙，……孙膑之奇，非万弩不发；曹刿之秘，待三鼓乃攻"，不但勇武过人，而且有谋有略。同样重要的是有"君子"之风，他"恭恭礼仪，进退有度""居宠若惊，以荣为畏"，可谓稳重守礼、畏慎谦让，兼

有"武才"与"武德"。全节为吏，敬重文人和文治，能"不夺县政"。他以节度使之尊而对故乡的下属文官执士子之礼，为政又恒与幕客计议而不独断。但当意见分歧之时，他能独立判断，如以"吾为观察使，职在养民"为由，拒绝下属贷敛于民的建议，反映他明白法制之精神与爱民养民，有谓其"境中人多画像"。全节于国为君子与忠臣，于家则为孝子，两者一体，如他亲口所说，"事上则忠，奉先惟孝"，碑文也将孝父与孝母一再连结到事功。在武人割据专权，君主亦多为武将出身的五代，文臣透过神道碑宣扬功、德并重，以武功尽忠于国家之时，应恪遵武德，于家庭亦当谨守传统伦理，实有其时代意义与重要性。

然而，全节不是能够创造时势之英雄，在父子两次亲历兵变之阴影下，未能突破五代之客观限制，一是杀俘，二是以重货笼络军兵和打点上下，而货财每来自掠夺或敛民，如在最后的职位上曾稍为聚敛以供赡军或上贡。对此，宋初史臣并未苛责，可能是觉得全节之功过相抵后，还是功大于过吧。更有甚者，对全节作为后唐之宠臣和重臣而移忠后晋，史臣亦轻描淡写，反嘉其于晋代建立大功。凡此种种，皆足以反省五代宋初之价值标准与后代未必尽同，研究者切勿以自己的楷模套在古人身上。

有谓五代道德沦丧，但朝廷还是把握各种机会向武人灌输道德观念。儒家传统之忠、孝、节、义、俭、谦、礼等品德，仍被视为五代武德（武士之道）的重要成分。就实践对内之家庭伦理来说，也许武人与文人不相伯仲；就实践对外之社会和政治道德来说，恐怕难以统计武人与文人孰优还是狼狈为奸。马全节次子令琮能够在《宋史》立传，主要也靠武功、军务和尽忠。宋太祖批评五代武人为害地方和包藏祸心，可能并非多数，只因手握武力，威胁大于文人而已。

（二）各种史料之长短

马全节之事迹遍布两《五代史》《太平广记》《册府元龟》和《资治通鉴》等重要史料。因同属传记性质，我们只比对神道碑和两《五代史》本传，又因今本《旧五代史》主要是用《册府元龟》复原，故兼及后者。

大事	神道碑	《旧五代史》	《册府元龟》	《新五代史》
1. 品德				
1.1 担任赵在礼伪职	不见	见	未见	见
1.2 从后唐移忠于后晋	明显	不明显	未见	不明显
1.3 孝	明显，如训示家人	孝母，较具体	孝母，未见实例	孝母，未见实例
1.4 忠	同上	具体	具体	不明显
2. 武功				
2.1 金州之役	抽象	具体	具体	具体
2.2 安陆大战	抽象	具体	具体	具体
2.3 杀俘	说"乃擒蜀将"	本传未见，但载于后晋高祖本纪	见于《帝王部·招怀》	具体
2.4 无钱行贿得美职	未见	具体	未见	未见
3. 吏治				
3.1 郓州吏治	抽象	无实例	未见	未见
3.2 昭义吏治	稍为具体，且篇幅与武功难分轩轾	未见	未见	未见
3.3 尊重文人和文治	抽象	具体（后事）	具体（后事）	具体（后事）
3.4 尊重法制	抽象	未见	未见	无实例
3.5 爱惜民力不学杜重威	神道碑日后之事	具体	未见	未见
3.6 稍侵民力	神道碑后事	未见	较具体	未见

大事	神道碑	《旧五代史》	《册府元龟》	《新五代史》
其他				
4. 与石敬瑭有交	未见	具体	未见	未见
5. 女鬼索命	神道碑后事	具体	具体，又见于《太平广记》	未见

根据上表，神道碑高度概括，似虚而实，故一方面不宜毫无根据地质疑其真实性，另一方面若要充分利用，必须以其他史料补充。就品德言（1.1—1.4），神道碑虽未见全节担任赵在礼伪职，但于移忠本朝（后晋）时明言"张耳推诚，先归汉祖；任光送款，首奉萧王；舍伪从真，开门解印"，毫不隐瞒，《旧五代史》论赞亦彰显其后晋事功，故非单纯之"为本朝讳"或"为墓主讳"可以解释，而应是从五代至宋初，史臣不一定以移忠为不忠。即使是《新五代史》，谓"自出帝与契丹交恶，全节未尝不在兵间"，并记其多次功劳，亦难谓其不忠于君。就武功言（2.1—2.4），虽说神道碑所谓"乃擒蜀将"可属泛称，大可包含先掳后杀，但似是讳言杀俘。不过《册府元龟》和《新五代史》本传都不曾明言责备，也许是因为与其大功相较，实属瑕不掩瑜。就吏治言（3.1—3.6），神道碑对全节之高度赞美，均与日后之事大致相符，不能谓之纯属格套。《新五代史》谓全节尊重法制，为他史所无，惜无实例，但全然不记全节不学杜重威敛民之事，亦不记于他处，未免瑕疵。

女鬼索命之神鬼史料，是官修正史和类书之史源。乍看之下，同是官书，《旧五代史》与《太平广记》所收似若两个版本，如被害人之身份、与加害人之关系、被害之原因、安抚冤魂之方法、拒绝安抚之原因和家人见证之经过等，均不完全相同，令人质疑其可信性。利用史学六问求供之后，发现只要掌握故事之重点而非枝节，便能拨云望日，见其大同远多于小异。

无论信与不信超自然力量，都可探究诸多议题，如：1. 人间与冥界之审判有何相同与差异，并从中找出法律史和社会史的意义。前者如性别、身份和阶级等因素对审判之影响为何；后者如当代社会对法律之期许为何，如冤魂坚持一命赔一命，始谓之公平正义，可让研究者反思今日之废死；又如妾婢可以控告主人，是否反映基层社会要求改变法律的心声。2. 当代人的神鬼观为何，不同阶级如士大夫与百姓有何异同。如诸色人等遇鬼，有何不同反应，如采用安抚或厌胜，并依赖何种宗教人仕和仪式来执行。3. 鬼魂如女鬼之形像为何？4. 对性别之男女关系和阶级之妾婢地位有何看法，如全节之态度为何。5. 官修正史收入神鬼故事之目的为何？若其中之重要观念，如法律面前众生平等，与现行保护统治阶级和男性之法律特权有所冲突时，应如何解释与调和。相信的人还可进一步探讨，如何改变因果报应，如冤魂在何种情况下愿意放过加害人，如宋彦筠取财杀妻、冯继业杀兄夺权（见第一册《杀兄代父枕边人》），都因事佛而逃过一劫。

（执笔者：邱敬、张庭瑀、黄子晏）

（指导者：李宗翰）

附件：马家大事年表

人物	朝代	官职或要事
1. 曾祖父三代	唐	皆不仕，从祖父开始，马家兼习文武
2. 墓主马文操 （870 前—906）	唐末	1. 魏州经略副使，次迁右辕，官职未明 2. 哀帝天祐二至三年（905—906），入值魏博节度使府，死于叛兵之手
3. 子辈		
3.1 长子马全节 （891—945）	后唐庄宗	同光（923—926）末，为捉生指挥使。四年（926），赵在礼据魏州，为邺都马步军都指挥使
	明宗	明宗即位（926），36 岁，为博、单刺史；天成三年（928），为郓州刺史；长兴初（约 930），授河西节度使，旋移沂州刺史
	末帝	清泰初（934），44 岁，为金州防御使金州之役：蜀军犯金州，全节以寡敌众，退之。枢密副使刘延朗拟授为绛州刺史，末帝改授横海（沧州）留后
	后晋高祖	1. 高祖即位（936），正授横海节度使 2. 天福五年（940），50 岁，徙镇安远（安州）安陆大战：率安审晖及李守贞等，败叛将李金生，斩蜀将李承裕，以功加检校太尉，改昭义（上党）节度、泽潞辽沁等州观察处置等使 3. 六年秋（941），移镇安国（邢州），加同中书门下平章事 宗城之役：从杜重威平安重荣镇州之乱，明年（942）加开府仪同三司，充义武（定州、中山）节度、易定祁等州观察处置北平军等使
	出帝	1. 开运元年（944），54 岁，为行营都虞候。三月，败契丹于白团城，又克泰州。四月，败契丹于戚城及定丰。七月，授邺都留守。十月，以天雄军节度使出任北面行营副招讨使，与杜重威大败契丹于卫村（阳城） 2. 二年正月，战于相州，不追契丹退兵 3. 开运二年（945），授顺国（恒州）节度使，未及而卒

人物	朝代	官职或要事
3.2 次子马全罕	后晋高祖	天福六年（941），检校工部尚书充邢州马步军副都指挥使
3.3 三子马全铎		天福六年（941）前，终于六军诸校
4. 孙辈		
4.1 长孙马令询		天福六年（941），检校工部尚书，职在内廷
4.2 次孙马令威（令琼，925—963）	后晋至北宋	1. 后晋天福六年（941），17岁，检校尚书右仆射，侍从昭义军节度使府 2. 后晋至北宋：历隰、陈、怀三州刺史
4.3 三孙贤哥		天福六年（941），幼而未仕

参考资料

（一）墓志碑文

1. 贾纬:《大晋故金紫光禄大夫检校尚书左仆射兼御史大夫赠秘书监博平郡马公神道碑铭并序》,傅斯年图书馆藏拓片（01649）。

2. 贾纬撰, 任乃宏点校:《马文操神道碑》,任乃宏编《邯郸地区隋唐五代碑刻校录》(北京：中国文联出版社，2014年), 63—71页。

3. 贾纬撰, 陈尚君点校:《大晋故金紫光禄大夫检校尚书左仆射兼御史大夫赠秘书监博平郡马公神道碑铭并序》,陈尚君《全唐文补编》卷104, 1305—1309页。

4. 贾纬撰, 章红梅点校:《马文操神道碑》,章红梅《五代石刻校注》,397—402页。

（二）其他资料

5. 王仁裕撰, 蒲向明评注:《玉堂闲话评注》,北京：中国社会出版社，2007年。

6. 王钦若等撰, 周勋初等校订:《册府元龟》。

7. 毛汉光:《唐末五代政治社会之研究——魏博两百年史论》,载《中国中古政治史论》(台北:联经出版社,2004 年),323—390 页。

8. 司马光等撰,标点资治通鉴小组点校:《资治通鉴》。

9. 李焘撰,上海师范大学古籍整理研究所、华东师范大学古籍研究所点校:《续资治通鉴长编》。

10. 张文晶:《宋代奴婢法律地位试探》,收入戴建国编《唐宋法律史论集》(上海:上海辞书出版社,2007 年),307—328 页。

11. 陈尚君:《旧五代史新辑会证》。

12. 梁建国:《朝堂之外:北宋东京士人交游》,北京:中国社会科学出版社,2016 年。

13. 堀敏一:《藩鎮親衛軍の權力構造——唐から五代へ》,《东洋文化研究所纪要》20(1960 年),1—23 页。索介然译:《藩镇亲卫军的权力结构》,收入刘俊文主编《日本学者研究中国史论著选译》第 4 卷《六朝隋唐》(北京:中华书局,1992 年),585—648 页。

14. 脱脱等撰,中华书局点校:《辽史》。

15. 脱脱等撰,中华书局点校:《宋史》。

16. 张国刚:《佛学与隋唐社会》,石家庄:河北人民出版社,2002 年。

17. 渡邊孝:《魏博と成德——河朔三鎮の權力構造についての再檢討》,《东洋史研究》54.2(1995 年),236—279 页。

18. 樊文礼:《试论唐河朔三镇内外矛盾的发展演变》,《内蒙古大学学报》1983 年第 4 期,75—147 页。

19. 欧阳修、宋祁撰,中华书局点校:《新唐书》。

20. 欧阳修撰,徐无党注,华东师范大学等点校:《新五代史》。

21. 刘樾修,樊兑纂:《长子县志》(清嘉庆二十一年刻本),爱如生中国方志库,2019.06.24。

22. 戴建国:《唐宋奴婢制度的变化》(2004 年),收入氏著《唐宋变革时期的法律与社会》(上海:上海古籍出版社,2010 年),293—358 页。

23. 窦仪等撰,薛梅卿点校:《宋刑统》。

布衣将相杀妇佞佛

（宋彦筠）

陈昱宗、张庭瑀

后周武官左卫上将军宋彦筠及其妻张氏戴氏刘氏墓志铭并序

一、基本资料

1. 性质	墓志
2. 题名	新题：后周武官左卫上将军宋彦筠及其妻张氏戴氏刘氏墓志铭并序 首题：大周故开府仪同三司太子太师致仕蔡国公赠侍中宋公墓志铭并序
3. 时间	死亡、下葬或立石时间 死亡：后周世宗显德五年（958年）八月十日 初葬：后周世宗显德五年（958年）十月十一日
4. 地点	死亡、下葬或立石地点 死亡：伊川（河南洛阳）之别墅 初葬：洛京（河南洛阳）河南县北邙之原
5. 人物	
墓主	宋彦筠（881—958）
合葬或袝葬	妻（张氏、戴氏、刘氏）
撰者	后周文官前摄颍州颍上县令高弼
书丹者	后周武官军将高继升

6. 关键词	社会流动、文武交流、业绩、品德、婚姻、家庭或家族、墓志笔法与史学方法

责任者：陈昱宗

二、释文

大周故开府仪同三司太子太师致仕蔡国公赠侍中宋公墓志铭并序
前摄颍州颍上县令高弼撰
军将高继升奉处分书

　　公讳彦筠，其先河南人也。周武王封微子于宋，阏伯邑于商丘，因而氏焉。人龙之善价爱高，去兽之嘉声更远，弓裘不坠，胤嗣弥昌。
王父讳绩，赠光禄卿；祖母王氏，赠琅琊郡夫人。
烈考讳章，赠太子少保；皇妣张氏，赠清河郡太夫人。
（以上是籍贯、得姓与祖父、父二代，88 字。）

　　公即少保之长子也。弱冠从军，壮年立效。
初从梁朝将，攻取幽州，陷其南垒，竖直绳而示勇，越断布以登陴。
寻授滑州征武都项（头），后迁左崇衙指挥使。
闻敌必喜，驭众惟严，远近知名，行藏有异，遂擢授杨刘口战棹都指挥使；拒鲸鲵于碧浪，教楼橹于洪河，虽宗悫之长风、王濬之巨舫，未可加也。
后充夹马都指挥使，累功迁宣武军内衙都指挥使。
（以上是在后梁事迹，132 字。）

　　庄宗允膺历数，大有寰区，记以姓名，嘉其忠赤，遂超授神捷都指挥使。时西蜀未宾，王师出讨，命公为前锋都指挥使，先下剑门关，相次于东西两蜀，降下绵、汉等四十余城。大军方至成都，乃授维、渝两州刺史。

明宗皇帝应天驭极，法地承祧，特念忠勤，诏归畿甸，寻授虢州刺史。二年，改授武州刺史，御北狄也。

清泰初，命掌禁军，充严卫右厢都指挥使兼和州刺史。续除授莱州刺史，下车求瘼，入郡搴帷，吏不敢欺，民知其惠，政成赴阙。

（以上是在后唐事迹，166 字。）

天福二年中，张从宾屯兵汜水，拟犯梁园。晋高祖皇帝命以近臣，宣于便殿，令权虎旅，寻破枭巢，乃授汝州防御使。

方历周年，就加匡国军节度使，授代，赴邺宫朝觐，便值安从进鸱张岘首，蚁聚襄阳，恃汉水之狂涛，结常山之逆党。朝庭以公频经战伐，洞晓机钤，命公充副招讨使，攻下逆城，便授武胜军节度使、特进检校太□〔尉〕。

经二年，就加建雄军节度使。平阳士庶，颇闻来暮之谣；穰宛生灵，甚有去思之咏。俄而承诏归阙，旋命持节，授保义军节度使。才到棠阴，方思布政，忽闻星使，又遣御戎，遂命衔镇于沧、贝、邢州，巡检至漳河，拒回契丹。晋少主亲至黎阳，诏赴行阙，从驾还京，再授邓州节度使。

二年，诏赴阙，授北面行营诸道步军都指挥使，从元帅杜公拒戎王于溏川。时戎马控弦者数十万，溏水泛溢，王师不得渡，粮运俱绝，元帅已降，公犹力战。戎王慕其忠节，寻换麾幢，移授静难军节度使。

（以上是在后晋事迹，306 字。）

值汉祖龙飞，旋归象阙，忽逢晏驾，遂乞悬车。

（以上是在后汉事迹，17 字。）

至周高祖皇帝统极，征起充左卫上将军，示优恩也。

今上皇帝嗣位之初，公以身名早遂，年齿渐高，坚乞挂冠，方容致政，请老于唐虞之代，怡情于汝洛之间。

（以上是在后周事迹，60字。）

火发昆山，美玉莫全于光彩；霜飞寒谷，芳兰难免于凋零。于显德五年八月十日薨于伊川之别墅，享年七十有八。国人罢市，天子辍朝，何期金石之人，亦欠松椿之寿。

（以上是死亡，64字。）

公先婚夫人张氏，早亡。次婚夫人戴氏，早亡。次婚夫人刘氏，早亡。今夫人李氏，河洲播美，令俶有闻，既亏偕老之名，但负孀居之苦。公有弟彦勋，充客省副使金紫光禄大夫检校尚书左仆射，婚陇西县君李氏。

公有长子崇义，充东头供奉官，监护南征，没于王事，朝廷嘉其忠勇，追赠左卫将军。婚新妇张氏。男可言，九岁，授殿直，盖旌其父之功也。何积功累德，传子及孙，有如是哉？

（以上是家庭成员，145字。）

即以其年岁次戊午十月十一日朔戊子日，与先亡夫人张氏、戴氏、刘氏祔葬于洛京河南县北邙之原，礼也。

（以上是葬事，42字。）

公早陈勇略，累践藩垣，惟务贡输，仍多崇信，斋僧数百万，造寺七十余。生有令名，没无长物，忠孝既全于当代，真空亦悟于将来。

（以上是盖棺论定，49字。）

弱学异通儒，才非健笔，辄敢纪于□〔贞〕石，勒彼殊功。盖表直书，谨为铭曰：

阏伯古封，殷汤旧号。传子传孙，惟忠惟孝。

代有伟人，时推雅操。弱冠从军，壮年立效。

搴旗陷阵，冒刃登埤。弯弧落雁，拔剑剚犀。

惟思探虎，岂待闻鸡。首摧蓟北，先破巴西。

建隼渝江，还珠汝海。冯翊政殊，虎牢功大。

战伐颇经，麾幢频改。勋列旗常，名光鼎鼐。

既逢归马，□□□□。□□□□，俄至薨殂。

风悲云惨，罢市登□。邙山北顾，谁不欷歔。

（以上是铭文，155 字。）

（责任者：林明、陈昱宗、张庭瑀）

（指导者：柳立言）

三、个案研究

墓主宋彦筠（881—958）自布衣荣登节度使、开府仪同三司，于《旧五代史》有传，但与墓志不无差异。墓志的重点是军功和吏治，不讳言其移忠于辽，又横来一笔提到好佛；本传重点在军功，不提治功和降辽，又揭露好佛之恶因恶果。再看类书《册府元龟》和子书《洛阳搢绅旧闻记》等，发现更多的真相，正好用来探讨五代武人向上流动之条件、文武交流、忠节观念、佛教信仰，并借此比较各种史料以见墓志之短长。

（一）社会流动之条件：武功、文事、婚姻

以向上为例，社会流动应分阶级与阶层，前者最主要是从被统治

（ruled）阶级进入统治（ruling）阶级，后者主要是在阶级里层层上升，如从九品成为一品。两种流动所需的条件不尽相同，如中举，对阶级流动十分重要，但对阶层流动，其重要性可能不如婚姻、政绩和人脉了。五代乱世，军功对两种流动同样重要，但不知从乱入治期间，需要逐渐增加什么条件？是否反映在墓志里？

1. 武功

宋彦筠之祖父和父亲事迹不详，均无官职，应属平民家庭。彦筠是长子，"起于行伍，善用枪"，[1] 似乎少习武艺。墓志说他"弱冠从军，壮年立效"，呈现阶段性上升，所用的篇幅相当合乎比例：彦筠在后梁灭亡时43岁，位至开封府牙校，墓志共用132字；在后唐灭亡时56岁，位至刺史，共用166字；在后晋灭亡时66岁，位至节度使，达到事业的颠峰，共用306字；在后汉和后周两次致仕和担任虚职，共用77字。《旧五代史》本传则是后梁事功用了39字，后唐40字，后晋51字，后汉和后周29字，其多寡与墓志大致吻合。也许墓志和本传的作者对彦筠的阶段性发展有大致相同的评断，并以相同的笔法，如以篇幅的多寡，加以呈现，多少反映传统的文史学者有时有一定的共识，我们应先行理解，才能解构他们的作品。

综合墓志、《旧五代史》《新五代史》《辽史》《册府元龟》和《资治通鉴》等书，彦筠的武功及相应之社会流动大致如下：

表一：宋彦筠之武功及向上流动

朝代	武功	有记载的史料及彦筠之向上流动
后梁	以参与梁、晋夹河之战为主	墓志、《旧五代史》本传[2]；积功上升至开封府牙校

[1] 张齐贤撰，丁喜霞校注：《洛阳搢绅旧闻记校注》，北京：中国社会科学出版社，2013年，卷4，106—109页。

[2] 《旧五代史新辑会证》卷123，3793页。

朝代	武功	有记载的史料及彦筠之向上流动
后唐	1. 为灭蜀之前锋（925） 2. 防辽（927）	1. 墓志、《旧五代史》本传、《册府元龟》"将帅·立功"[1]；由禁军将领首次上升为刺史，成为地方首长 2. 墓志；无重要之向上流动
后晋	1. 协同平定张从宾（937）。契丹立石敬瑭为帝，天雄节度使范延光反。敬瑭命从宾往讨，从宾同反，占据洛阳 2. 为平定安从进（941）之副帅。成德节度使安重荣以不愿臣服契丹为名，与安重进齐反 3. 晋辽交恶，防辽（944）及归镇 4. 晋拒辽而亡，为大将之一（947）	1. 墓志；从刺史首次上升为防御使，旋升匡国军节度使 2. 墓志、《旧五代史》本传、《册府元龟》"帝王·征讨"与"将帅·立功、褒异"、《通鉴》[2]；从匡国军改授武胜军节度使、特进、检校太尉，位极人臣 3. 墓志、《旧五代史》少帝纪、《册府》"帝王·选将"、《通鉴》[3]；无重要之向上流动 4. 墓志、《新五代史》、《辽史》、《册府元龟》"将帅·死事"、《通鉴》；并无向上流动

由此可知三点：

首先，彦筠之武功，主要是一伐西蜀，二平内乱和三御契丹。六事有四事集中在后晋，的确是彦筠攀上高峰之时，既占了墓志描写战争最多的篇幅，也最多出现在其他史料，理应可信，也反映墓志与其他史料之可信性有时不相伯仲。

其次，彦筠主要是凭着军功达至最重要的向上流动。如不算墓志和

[1]《旧五代史新辑会证》卷123，3793页；《册府元龟》卷360，4068页。

[2]《旧五代史新辑会证》卷123，3793—3794页。《册府元龟》卷123，1347页；卷360，4068页；卷387，4371页。《资治通鉴》卷283，9229页。

[3]《旧五代史新辑会证》卷81，2573页；《册府元龟》卷120，1313页；《资治通鉴》卷284，9274页。

《旧五代史》本传，只算其他史料，彦筠所参与战争之重要性，由小至大，是 925 年四十五岁时伐蜀、941 年六十一岁时平定安从进，以及 947 年六十六岁时契丹灭晋，都是五代为人熟知的重要战役。最后一役其实是败绩（见下文"忠节观念"），其余两役巧好与彦筠十分重要之上升吻合。

再次，墓志之优点一目了然，共有四处可以补充其他史料。一是 927 年防辽，不但可补《旧五代史》本传，[1] 更可补其他史料；二是 937 年因平定张从宾而上升，不但可补《旧五代史》本传，更可补其他史料；三是 944 年防辽，可补《旧五代史》本传；四是 947 年之役，可补《旧五代史》本传。论重要性，应以平定张从宾为首。

2. 文事

宋彦筠担任刺史和节度使等地方首长凡二十三年之多，必须兼管民政，墓志三次加以赞美，如担任后唐莱州刺史约四年（934—937），"下车求瘼，入郡寨帏，吏不敢欺，民知其惠，政成赴阙"；担任后晋建雄军节度使约一年（943—944），"平阳士庶，颇闻来暮之谣；穰宛生灵，甚有去思之咏"；之后担任保义军节度使（944），"才到棠阴，方思布政，忽闻星使，又遣御戎"。然而，与武功之记述相比，除"吏不敢欺"四字较为具体外，殊欠吏治之实例。在总结彦筠一生功业时，志文横来一笔说："公早陈勇略，累践藩垣，惟务贡输，仍多崇信，斋僧数百万，造寺七十余。"其中之"惟务"与"仍多"耐人寻味，前者或是称许其尽忠于朝廷，后者则无论为公为私，都似有劳民之虞。铭文作为盖棺论定，又无一字提及吏治，实在令人怀疑有无隐笔。《旧五代史》(974) 本传无一语及其吏治，但卷末"史臣曰：……（宋彦筠等）虽拥戎旃，未闻阃政，固不足与文（翁）、召（信臣）、龚（遂）、黄（霸）为比也"，[2]

---

[1] 众所周知，今本《旧五代史》是四库馆臣根据《册府元龟》复原，不一定是全貌，但从宋彦筠本传之行文来看，相当连贯，不像拼凑而成，应没有提到张从宾和降辽等事。

[2] 《旧五代史新辑会证》卷 123，3799 页。

既表达五代宋初史臣期待武人能够治郡，也表示彦筠远不如汉代赫赫有名的四位循吏。不但如此，彦筠出现在《册府元龟》的"贪黩""富"和"专杀"等类别，揭露其吏治与司法之缺失。

2.1 吏治（含财富）

墓志直接或间接提到吏治的共有三处，合计两事：一是针对官吏之"驭众（军）惟严"和"吏不敢欺"；二是与庶民密切相关之"惟务贡输"。本应分而论之，但因史料不足，只好合而论之。

墓志看似轻描淡写，其实藩镇能够"惟务贡输"在五代异常重要，一则是军国最重要的财源，缺之则朝廷难以安稳；二则表示藩镇臣服中央，亦即忠诚，有利于久任；三则反映藩镇的个人能力，有利于向上流动。宋彦筠尤长于第三项，《旧五代史》本传说他性好货殖而生财有术，"能图什一之利"，具体事例是"良田甲第，相望于郡国。及将终，以伊洛之间田庄十数区上进，并籍于官焉"。[1] 所谓"及将终"，是指彦筠始终好财。根据《册府元龟》的"致政"类，当他第二次请求退休时，后周世宗回应说："非唯知其止足，抑亦励其贪竞。"[2] 可谓一针见血。

作为武将，彦筠另有谋财之道。《旧五代史》本传和《册府元龟》"将帅·贪黩"都记载，后唐庄宗伐蜀，"彦筠入成都，据一甲第，第中资货巨万，妓女数十辈，尽为其所有"。[3] 众所周知，直到陈桥兵变太祖加以禁止之前，夯市是五代武人的普遍行为，不染指者恐属少数，实不足深责，但足让文人嫉妒。

贪财会影响对下属的管理，可惜只有一个内容不详的例子。后晋高祖天福六年（941），同州指挥使成殷谋乱，起因是"节度使宋彦筠御下无恩，既贪且鄙，故殷与子彦璋阴构部下为乱，会有告者，遂灭其党"。[4] 彦筠虽无受罚，但这是相当严重的失政以致记于帝王本纪，是

---

[1] 《旧五代史新辑会证》卷123，3795—3796页。

[2] 《册府元龟》卷899，10451页。

[3] 《旧五代史新辑会证》卷123，3795页；《册府元龟》卷455，5120页。

[4] 《旧五代史新辑会证》卷79，2453页。

否还有"驭众惟严"的原因，不得而知。如他紧盯财务报表，则"吏不敢欺"或有一定的事实。

对百姓又有何影响？所谓"能图什一之利"，泛指彦筠营商和获利丰厚，《册府元龟》将之归类为"富"，[1] 似乎没有贬意，但即使没有巧取豪夺，也势必与民争利。此外，根据《册府元龟》的"佞佛"类，也是在同州节度使任上，彦筠"贪鄙无术，溺于释氏，唯营寺缋塑；香灯幢幡、僧尼资贝之类，则舍之无悭，日给数十千；多取于四民，以充其费"。他始终如一，到了晚年为邠宁（豳州）节度使，"所贮资金多奉释氏。尝谓人曰：'吾前后供僧一千余万（缗），造佛宫九十余所。'"[2] 这个自白，应更早成为墓志"仍多崇信，斋僧数百万，造寺七十余"的史源，可见撰者未尝不知道彦筠佞佛苦民，直言则有违墓志隐恶之传统笔法，乃让数目字自行说话。读者可将"惟务贡输，仍多崇信"合起来想：士农工商既要供应彦筠的输贡，又要满足他的佞佛，是否民劳财伤呢？

2.2 司法

五代武人常被批评违法乱纪，宋彦筠亦有一例，但也反映中央并非一味坐视不管。后晋少帝开运二年（945），六十五岁的彦筠再授武胜军（邓州）节度使，随即被指责擅杀，有诏释罪，后人称之为《贷邓州节度宋彦筠擅杀敕》：[3]

> 王者约法之义，比在防非，将致一平，所期共守。昨以宪司举职，有国旧规，宋彦筠寻悔愆尤，理可矜恕。念兹勋绩，深轸朕怀，特开宥过之恩，庶叶匡瑕之道。凡百有位，宜励乃诚，所犯科条，并（？）释放。

---

[1] 《册府元龟》卷 812，9451 页。
[2] 《册府元龟》卷 927，10749 页。
[3] 晋少帝：《贷邓州节度宋彦筠擅杀敕》，载董诰《全唐文》卷 118，1200—1201 页。

敕文诏告天下，当然有损彦筠颜面，目的应在惩一警百，表示朝廷要伸张旧规，以致一平。引人注目的是"宪司举职"，没有揭示的是彦筠罪行，既不见于墓志，也不见于本传，但载于《册府元龟》将帅部之"专杀"。

中央要整顿禁军，彦筠打算上贡健卒约二百人，朝廷答允，下令纳入兴顺军，不料途中发生逃亡。彦筠经过西京洛阳，抓到其中一人，是厅头将军郑温。为杀一儆百，彦筠在银沙滩公开斩决郑温，并把尸体投到河里。这似乎不是大事，却被西京留司御史检举，认为"镇将于都城杀人，其罪不细"。可能因为影响朝庭威信，皇帝居然"有诏鞠之"，彦筠必须接受审询。宪司认定，"彦筠出身军旅，不知事体，合送郑温于河南府请行勘责，不合专擅加刑"。[1] 这应非构成宽恕彦筠的借口而是事实，大抵很多出身行伍的武人也同样不明白为何不能直接处置原是下属的逃兵。

此案可以反映：第一所谓武夫违法乱纪，有时只是违反司法程序，不一定严重违反司法实质。第二，文人不怕得罪屡建战功的高层武人，以维护法律之权威。第三，皇帝会顺应文人，要求武人守法，以维护中央以至皇帝之权威。有时宪司和皇帝的目的并不一致，如维护法权可能侵犯皇权，但当两者的目的一致时，法律便能产生功效。也许五代的司法不如想象中的不堪，文人也不是想象中的屈从武人；假如皇帝和朝廷有意钳制藩镇以彰显皇帝和中央的权威，诉诸法律还是不错的手段。

2.3 文武交流

武将如不能治郡，大可依赖文人僚属或能文之武人。无论跟宋彦筠直接或间接相关，《旧五代史》及《册府元龟》等均不见一人，而墓志有两处提及，即"军将高继升奉处分书"及"前摄颍州颍上县令高弼

---

[1] 《册府元龟》卷449，5060—5061页；《旧五代史新辑会证》卷84，2618—2619页。

撰"。高继升不知何人，虽为军将，但能书丹，自具一定之文才，可能是能文之武人，亦可能是出任武职之文人。考诸周阿根《五代墓志汇考》，撰志及书丹等人，当然以文职最多，如巡官、知客、长史、参军、推官和孔目官等，但有少数武职，如军将（第222、224）、虞候（第56、78）、押衙（第101）、讨击（第148）和库使（第63）等，亦能反映文人出任武职或武人能文。高弼也不知何许人，所摄县令不知虚实，但既自谓"学异通儒，才非健笔"，应以学文为主。他没有自称门客或门吏，但仍可能是彦筠的旧僚或旧识，才能负上替堂堂节度使撰志之重任。此外，彦筠长子崇仪充东头供奉官，属皇帝近卫之三班小使臣，又从"朝廷嘉其忠勇"来看，理应习武，不知文才如何。彦筠之弟彦勋充客省副使，负责接待中外使者，须懂礼仪和应对，属武官之较能文者。宋氏一家，似有文武交流。

然而，史料留下文武不甚相得之记载。根据北宋张齐贤之《洛阳搢绅旧闻记》，彦筠不学，遭文人戏弄：[1]

> 彦筠多力勇健，走及奔马。为小校时，欲立奇功，每见阵敌，于兜牟上阔为双髻，故军中目之为宋忙儿（案：亦作芒儿，指牧童），后虽贵为节将，远近皆谓之宋忙儿。
>
> 周初，李谏议知损有诗名，当时号曰"李罗隐"。彦筠尝问李曰："谏议姓李，因何人皆言李罗隐？"李性峻多急好戏，应声答曰："如太师姓宋，满朝皆唤作宋忙儿，又何异乎？"宋闻之喜甚，与之笑而退。

此事可见两点文武交流：作为武夫，彦筠主动与文人接触，且以得其称赞或认同为"喜甚"。这虽是美丽的误会，仍反映有些位至顶层的武人并不轻文。反之，有些文人轻武，记事者归究于其人性情峻急好戏，但

---

[1] 《洛阳搢绅旧闻记校注》卷4，106—109页，芒儿见107页注7。

似乎也有些恃才傲物，可能也轻视不如自己的文人，不限于武人。

同样的故事，在北宋陶岳《五代史补》另有版本：[1]

> 李知损官至谏议大夫，好轻薄，时人谓之"李罗隐"。……（后汉）乾祐中，奉使郑州，时宋彦筠为节度使。彦筠小字忙儿，因宴会，彦筠酒酣，辄问曰："众人何为号足下为罗隐？"对曰："下官平素好为诗，其格致大抵如罗隐，故人为号。"彦筠曰："不然，盖谓足下轻薄如罗隐耳。"知损大怒，厉声曰："只如令公，人皆谓之宋忙儿，未必便能放牛。"满座皆笑。

平心而论，知损所刺，远不如彦筠之深刻。彦筠走及奔马，以军功位至节度使，既不可耻亦不可轻，不能放牛更属芝麻绿豆。知损虽有诗名，但人品轻薄，两者之轻重悬殊，远大于奔马与放牛。根据《旧五代史》本传，知损"少轻薄，利口无行。梁朝时，以牒刺篇咏出入于内臣之门，繇是浪得虚誉，时人目之为'李罗隐'"。[2] 罗隐为前辈，其诗"多所讥讽"，但无奔走宦官之门。[3] 知损之轻薄无行，始终不改；第一次受贬是在后晋出帝时因收受権盐使王景遇之厚赂；第二次受贬是在后周太祖时因赴任"所经州郡，无不强贷。……及在邮亭，行止秽杂"；第三次受贬至死是在后周世宗时因"日贡章疏，多斥讟贵近，自谋进取，又上章求为过海使。世宗因发怒，仍以其丑行日彰，故命除名，配沙门岛"，不久便去世。[4] 简言之，知损贪财好货、损人利己、品德不佳。宋彦筠究竟是轻文还是轻视无行之文人？

两个版本有点不同，一谓武人请教文人在先，文人戏弄武人在后，一谓武人嘲笑文人在先，文人反唇相讥在后。若考之以时间、地点、职

---

[1]《旧五代史新辑会证》卷 131，4024 页。

[2]《旧五代史新辑会证》卷 131，4024 页。

[3]《旧五代史新辑会证》卷 24，615 页。

[4]《旧五代史新辑会证》卷 131，4024—4025 页。

290　　五代武人之文

位等，似乎后者较为可疑，但亦不能全面否定。无论如何，两者共同提到"宋忙儿""罗隐"和"李罗隐"，也许反映文武双方逐渐相知。其中尤为难得的，自是武人知道文人罗隐的故事和李知损之的往事，从而产生重视或轻视，均属有一定的道理可据；反观文人之轻武，似乎有点无理不饶人。

另一真实故事可能反映世事渐变，武人不能不注重文人文化。《册府元龟》将之归类为"愧恨"，记载彦筠在后汉退休后，知悉后周太祖即位，希望复出为地方节镇，但只得中央的左卫上将军，大都作为对老臣的优遇，意在寄禄而非实职。六十八岁的彦筠大失所望，对亲信说："余以军伍立身，历藩部十数任，今日第一度升朝也。"除了没有实权，还得适应环卫官的繁文缛节。过了不久，彦筠在常参时坠笏失仪，为御史所劾，太祖以"勋武之臣"，不欲计较，但枢密使王峻坚持以常例薄罚，夺俸一月。彦筠大以为耻，私下跟人说："入仕四十年，未尝遭一罚，今日甚可羞矣！"[1] 由此可知，领兵在外称霸地方的藩镇，一旦入调中央，便得遵守由文人制定的礼仪和法度，不然便可能在小事上遭受一生之奇耻了。

3. 婚姻

婚姻对宋彦筠向上流动之作用难以评估。《旧五代史》本传和《册府元龟》等史料完全不提婚姻，墓志则记八位妻子，是研究家庭史优胜之处。为清眉目，列表如下：

表二：宋氏妻室

妻室	名号
上两代	
1. 祖父之妻王氏	赠琅琊郡夫人
2. 父亲之妻张氏	赠清河郡太夫人

---

[1] 《旧五代史新辑会证》卷 123，3794—3795 页。

妻室	名号
本人一代	
3. 宋彦筠首妻张氏	不见
4. 彦筠次妻戴氏	不见
5. 彦筠三妻刘氏	不见
6. 彦筠现妻李氏	不见
7. 弟彦勋之妻李氏	陇西县君
下一代	
8. 长子崇仪之妻张氏	不见

诸妻有无带来各种利益如家庭背景和人际网络？郡夫人和县君等均是封号，故琅琊、清河和陇西都不必然反映三位妻子的家庭背景。墓志说彦筠寡妻李氏"河洲播美，令俶有闻"，应是引用"关关雎鸠，在河之洲"的典故，并非真正地名。假如根据门当户对的通婚原则，祖父妻和父妻应属平民，彦筠兄弟的妻子亦非名门望族，或反映在彦筠的仕历。

宋彦筠去世时（958）78 岁，三代同堂，但墓志只记一长子一长孙，似乎不记早亡者，无疑是利用墓志统计家庭人口的漏洞。就仅有信息来看，时年 9 岁的长孙约生于 948 年，其父位至东头供奉官并随驾南征。假设生于 923 年或更早，当时宋彦筠约 43 岁，尚是军校一名，不大可能与名门闺秀通婚。长子及冠，彦筠已向上流动成为节度使，长媳的家庭应是受惠者或两家互相受惠了。弟妻得封陇西县君，荣及父家，应是受惠者多于施惠者。由是言之，当我们论及婚姻的作用时，有时是先有向上流动，然后有好的婚姻，而非婚姻带来流动；有时则如鸡与蛋之难分因果，最好作个案研究，不要泛泛而论。

有一点尚可注意，四代八妻却只有五姓。李氏两见，分别是彦筠寡妻及弟妻；张氏三见，分别是父妻、彦筠首妻及子妻，未知是否世婚？如是，则高层官员的婚姻形态可以是"点"（如地方性）与"面"（如全国性）同时并存，既有"深度上"的固桩，亦有"广度上"的扩张。如不能兼顾两者，也许是"不能也"大于"不为也"。

宋家一桩非常显赫的婚姻发生在第四代。宋彦筠一位曾孙女嫁入大宋皇室，让宋家成为国戚，是罕见的阶层流动。详情难知，只能推论其条件：一是皇室与武家联姻的传统。二是宋家不但是武家，且是已传承至少三代的世家：彦筠节度使、子崇仪东头供奉官、孙可言初授殿直、曾孙不详。三是除了品德之外，宋氏应有文才；她的丈夫是仁宗侄儿，位至右屯卫大将军，虽是武官，但"娴于辞令应对，涉猎多所通，而尤邃音律"，[1] 宋氏有资格作为配偶，大抵也有一定的文化水平。他们的婚姻网络和荫补特权，有望成为新一波流动的重要条件。

（二）忠节观念

《旧五代史》本传无一"忠"字，而墓志提到六次之多，或可探究其含意。

第一次是后唐灭梁之际。当时后梁大军悉数在外，首都空虚，唐军突袭成功，汴梁禁军几乎不战而降，在外大军随即亦降。彦筠时为后梁的宣武军内衙都指挥使，后唐庄宗李存勖"记以姓名，嘉其'忠赤'，遂'超授'神捷都指挥使"，《旧五代史》本传亦说"庄宗有天下，'擢领'禁军"，可见的确是殊荣。[2] 可想而知，跟彦筠一起放下武器投降的中级军官为数众多，只有少数得到提拔。一个重要的原因，或是彦筠在后梁时表现出色。墓志说他在梁晋夹河对垒时，"闻敌必喜，驭众惟严，远近知名，行藏有异，遂擢授杨刘口战棹都指挥使；拒鲸鲵于碧浪，教楼橹于洪河，虽宗悫之长风、王濬之巨舫，未可加也"，虽占后梁时期武功最多的篇幅，读来却像虚词。不过《旧五代史》本传更为直接地说：

---

[1] 刘敞：《皇侄故金紫光禄大夫检校国子祭酒右屯卫大将军兼御史大夫轻车都尉天水县开国伯食邑九百户赠洺州防御使广平侯墓志铭》，载刘敞《公是集》卷52，台北：新文丰出版公司影印本，1985年，628—629页。

[2] 《旧五代史新辑会证》卷123，3793页。

"梁氏与庄宗夹河之战，彦筠时为战棹都指挥使，以劳迁开封府牙校。"应确有功劳才能成为帝都储贰之地的将领。作为后梁的死敌，李存勖曾亲攻杨刘口（917），灭梁时亦从此地渡河（923）。他可能目睹或听闻彦筠治军甚严，既能陆战，也能水战，于是以"超授"加以笼络，使其全心全意地移忠，也在新职位上尽忠。明明是移忠，却谓"嘉其忠赤"，应指彦筠在后梁时的军事表现，尽忠的对象主要是职守。

第二次是后唐旧君与新君交替之际。新君明宗"特念'忠勤'，诏归畿甸，寻授虢州刺史"。当时（926）庄宗因各种窳政大失人心，明宗半推半就地起义，最后庄宗死于非命，明宗继位，其实是自立，需要旧臣的移忠。彦筠先为庄宗赏识提拔，复在政变一年之前（925）被差派为伐蜀先锋，因功首次上升为地方首长，担任维、渝刺史。席未暇暖，未见政绩，事实上连墓志都无一语提及，便被新皇帝召返京都，其故为何？不久再授虢州刺史，其故又为何？由是观之，所谓"忠勤"，应不是指维、渝政绩，大抵指新君召见而彦筠应命朝见，新君确定彦筠愿意移忠输诚，尽忠的对象应以人物为主，优先于过去的功绩，勤字或指勤王。

第三次是契丹灭晋之际。辽太宗入主中原（947），念及彦筠的"忠节"，把他从邓州调授邠州节度使。彦筠作为后晋的节度使、特进和检校太尉，位极人臣，奉命跟从杜重威抵抗契丹，结果成为契丹的节度使，有何"忠节"可言？综合所有重要史料，杜重威麾下共有十多位节度使，但在最后关头决一死战的，只有刺史王清和节度使宋彦筠。墓志说彦筠为"北面行营诸道步军都指挥使，从元帅杜公拒戎王于滹川。时戎马控弦者数十万，滹水泛溢，王师不得渡，粮运俱绝，元帅已降，公犹力战。戎王慕其忠节，寻换麾幢，移授静难军节度使"。所谓"忠节"，是指敌众我寡，粮草食尽，主帅已降，彦筠犹不肯降，奋战到底，最后力竭而降。此时彦筠"个人"的职守与"国家"的命运高度合一，但国家毕竟重于个人，故尽忠的对象主要是国家或朝廷（今日谓之政权）。

这观点与宋代前期史臣编撰《册府元龟》(1005—1018)"将帅部·死事"之时，对死事的"前提"的认定大致相同，也无大异于前代：[1]

　　古之谓死有重于泰山，有轻于鸿毛者，盖虑乎不得其所也。

　　（1）若乃委质以事君，陈力而就列，有死无贰，乃其分焉。

　　（2）矧夫处分阃之任，总贞师之寄，所以式遏寇虐，作固垣翰，夹辅宗社，保障黎元，诚安危之注意，而委赖之尤重者也。

　　（3）乃有遘难虞之会，当讨击之际，纯心内激，拳勇外发，执金鼓而作气，冒矢石而无惮，奋不顾身，沦于锋刃。

　　（4）其或失先声后寔之效，当彼众我寡之势，战则奔溃，守则沦覆，而能执心不挠，握节自誓，捐躯死难，没而益荣，此所谓执戈卫社，陨首无悔者矣。

彦筠符合第 2 点之"夹辅宗社，保障黎元，诚安危之注意"和第 4 点之"执戈卫社"，主要是为国家百姓之安危而战；也符合第 3 点之"冒矢石而无惮，奋不顾身，沦于锋刃"，因为他曾经作为先锋，以寡击众，差点丧命；也符合第 4 点之"当彼众我寡之势，战则奔溃，守则沦覆"。他所欠缺的，只是一死而已。

第四次是说彦筠的长子"监护南征，没于王事。朝廷嘉其忠勇，追赠左卫将军"，明白指出尽忠的对象主要是职守。平心而论，长子作为基层的三班小使臣，其死事的确与上引《册府元龟》所列各点有些距离。

第五次是盖棺论定，说墓主"忠孝既全于当代"，自是指前面三次的忠，没有更多的含意。

第六次是铭文说宋氏自得姓以来，"传子传孙，惟忠惟孝"，应是泛论，别无深意。

由此可知，根据墓志撰者的看法，尽忠的对象可以是职守、人物、

---

[1] 《册府元龟》卷 425，4802 页。

国家。何者优先，应结合个人因素和客观环境。第一次移忠虽发生于国家倾覆之时，但彦筠位轻权微，下令投降的不是彦筠而是上司，不足以责怪他不忠于职守、君王或国家。第二次移忠发生于君王而非国家之更易，彦筠仅为地方大吏，亦无参与政变，也不足以责怪他不忠于职守、君王或国家。第三次移忠发生于国家沦亡于外族之时，彦筠不但位极人臣，且直接肩负国家存亡之责任，如确有负隅顽抗，力尽而降，不可谓之没有尽忠于职守、君王和国家，或即墓志谓其"忠节"之由来。然而，考诸其他史料，墓志似有隐瞒，而所隐之事，也许正好透露撰者对不忠的看法。

墓志撰写于后晋灭亡后十二年（947—958），一些往事应逐渐公诸于世，如王清与彦筠共同出击，最后一死一降，死者得荣于后汉（追赠太傅）而降者保荣于契丹却致仕于后汉与后周（见墓志之"悬车"与"挂冠"），应为撰者所知或所疑。其他史料大都记载，彦筠的确曾经奋战，但不是在主帅投降之后，而是之前。面对契丹的重重包围，得以进入《册府元龟》"将帅部·死事"的王清，"请以步军二千为其前锋，夺桥开路。……（杜）重威可之，遣宋彦筠俱行。清一击，获其桥，虏为之小却，重威犹豫不进，密已贰于国矣。彦筠寻退走，清列阵北岸，严戒部曲，日暮酣战不息，虏以生军继至，我无寸刃益之，清与其下俱没焉"。[1] 王清亦立传于《新五代史》之"死事"，所记与《册府元龟》雷同，谓王清"请以步兵二千为先锋，夺桥开路。……重威许之，遣与宋彦筠俱前。清与虏战，败之，夺其桥。是时，重威已有二志，犹豫不肯进，彦筠亦退走，清曰：'吾独死于此矣！'因力战而死"。[2] 所谓彦筠"退走"，其实是战败而走，载于《新五代史》杜重威传，谓"契丹寇镇、定，重威西趋中渡桥，与虏夹滹沱河而军。偏将宋彦筠、王清渡

---

[1] 《册府元龟》卷425，4822 页。

[2] 《新五代史》卷33，363 页。欧阳修并说："其初无卓然之节，而终以死人之事者，得十有五人焉，战没者不得与也。然吾取（战没者）王清、史彦超者，其有旨哉！其有旨哉！作死事传。"见《新五代史》卷33，355 页。

水力战，而重威按军不动，彦筠遂败，清战死。转运使李谷教重威以三脚木为桥，募敢死士过河击贼，诸将皆以为然，独重威不许"。[1]《辽史·太宗本纪》也说"杜重威、张彦泽引兵据中渡桥，（辽将）赵延寿以步卒前击，高彦温以骑兵乘之，追奔逐北，僵尸数万，斩其将王清，宋彦筠堕水死"。[2]《资治通鉴》所记较得全貌：[3]

> （王清）请以步卒二千为前锋，夺桥开道。……威许诺，遣清与宋彦筠俱进。清战甚锐，契丹不能支，势小却；诸将请以大军继之，威不许。彦筠为契丹所败，浮水抵岸得免。清独帅麾下陈于水北力战，互有杀伤，屡请救于威，威竟不遣一骑助之。清谓其众曰："上将握兵，坐观吾辈困急而不救，此必有异志。吾辈当以死报国耳。"众感其言，莫有退者。至暮，战不息。契丹以新兵继之，清及士众尽死。

简单说，王清和彦筠曾一起讨伐安重进，现在一起越过滹沱河攻击辽军，后援不至，彦筠败退，于渡河返回晋营时坠水，但未溺死，而王清一军死守滩头不愿退，最后全军尽没，以身殉国。

王清推论杜重威"必有异志"，后来杜氏果然投降契丹，并进一步谋取帝位，而彦筠竟成为两名主要共犯之一。承接上文，《资治通鉴》记下五代历史至为奇诡动人的一幕：

> 甲子，契丹遥以兵环晋营，内外断绝，军中食且尽。杜威与李守贞、宋彦筠谋降契丹。威潜遣腹心诣契丹牙帐，邀求重赏。契丹主绐之曰："赵延寿威望素浅，恐不能帝中国。汝果降者，当以汝为

[1]《新五代史》卷52，591页。
[2]《辽史》卷4，368页。
[3]《资治通鉴》卷285，9318页。

之。"威喜，遂定降计。

丙寅，伏甲召诸将，出降表示之，使署名。诸将骇愕，莫敢言者，但唯唯听命。威遣閤门使高勋赍诣契丹，契丹主赐诏慰纳之。是日，威悉命军士出陈于外。军士皆踊跃，以为且战，威亲谕之曰："今食尽涂穷，当与汝曹共求生计。"因命释甲。军士皆恸哭，声振原野。

一段文字，前后三天，出现三种降人。杜重威、李守贞和宋彦筠甘为主犯而降，诸将因生命被威胁而降，军士因主帅下令而降。若论不忠之罪，应否只算杜、李、宋三人？

同时受命出征的后晋节度使皇甫遇，对杜重威及彦筠等人的降敌"初不预谋"，而"契丹主欲遣遇先将兵入大梁，遇辞，退谓所亲曰：吾位为将相，败不能死，忍复图其主乎"；绝食数日之后，扼吭而死。[1] 叛军兵临城下，晋帝众叛亲离，府尹桑维翰拒绝逃亡，以为"'吾大臣，逃将安之！'坐而俟命"，[2] 结果死于叛将张彦泽之手。文武两人，都是因身为大臣，不愿弃主或背主。

最严厉的对比和批评，除了王清"以死报国"之外，还有《资治通鉴》胡三省注文对杜重威的评论："（转运使）李谷为杜威画计而不行，犹可曰言之易而行之难。至于王清力战而不救，则其欲卖国以图己利，心迹呈露，人皆知之矣。"[3] 作为首谋之一，宋彦筠是否也卖国求荣？

要之，虽然墓志不无隐情，但从其对彦筠所谓"忠节"行为之描述，可知五代时期的忠义观念继承前代，认为一位肩负国家安危的大将，纵使敌众我寡、粮食将尽、主帅已降，仍应奋战到底。同一战役中的王清，已知主帅有意投降犹力战而死，的确符合甚至超过这个标准，同时

---

[1]《资治通鉴》卷285，9320页。
[2]《资治通鉴》卷285，9321—9323页。
[3]《资治通鉴》卷285，9318页。

列于《册府元龟》的"将帅部·死事"和《新五代史》的"死事"，皇甫遇和桑维翰亦算符合。彦筠与主帅合谋，下令投降，导致晋室覆亡，之后也没有选择退隐思过，真可谓勇战在前，失节在后。

（三）佛教信仰

战争多杀戮，武人亦多信佛，宋彦筠在晚年甚至上奏请求致仕为僧，不过他信佛的理由有些特殊，其行为亦偶与信仰相悖，可看到武人奉佛之多面。比较原始的记载有四种：主要作为家传的墓志、作为正史的《旧五代史》、作为类书的《册府元龟》，以及作为笔记小说的《洛阳搢绅旧闻记》（序于1005）（以下简称《搢绅旧闻》）——作者张齐贤（943—1014）是太宗和真宗的宰辅。对比这四种史料记载，可看到不同性质的史料对同一事件的书写和态度。

对彦筠信佛之因，墓志只言"仍多崇信"，没有说明，而《旧五代史》本传和《册府元龟》"佞佛"都记载，他占据成都一所甲第和财货后（约925），"一旦与其主母微忿，遽击杀之，自后常有所睹，彦筠心不自安，乃修浮屠法以禳之，因而溺志于释氏"。[1] 然占宅与杀妇之间有点难以连贯，《搢绅旧闻·宋太师彦筠奉佛》针对两处大加补充。其一，所谓"主母微忿，遽击杀之"，原来是彦筠所占甲第的主人，是一位已故蜀将，其妻尚存，并知道故夫藏匿很多财物的地点。彦筠于是欺骗主妻，谓自己尚未娶妻，要纳之为正室，并逐步取得所有财物。彦筠侍妾已众，日渐厌薄主妻，"乃醉而杀之，埋于渝（州刺史）之衙"。综合两说，可能是主妻先有妒忿，彦筠乘醉杀之。其二，所谓"自后常有所睹"，是彦筠从渝州乘船返京（约926），某夜遇一小舟逼近，上有数妇，其中一位便是主妻，鲜衣浓妆，戟手骂说："尔虏我全家，夺我金帛，既纳我为妻，发掘我家地中所有，一毫不遗。我与尔无负，何冤而杀我！我已上诉，终还我命。"《搢绅旧闻》还强调，"声甚厉，船上人俱闻"。

---

[1] 《旧五代史新辑会证》卷123，3795页;《册府元龟》卷927，10749页。

大抵因为惧怕索命，彦筠应允斋僧造功德，"自是每晚见之如初"，直到进入荆渚地界，才不再出现。登陆之后，彦筠立即施财设斋，写下罪状，答应岁岁造功德，言词恳切，又对佛忏悔，僧人为之礼念焚状。此后主妻一月或半年才出现一次，彦筠必定顶礼首罪。十余年后，彦筠出任汝州防御使（约937），于州西建一佛寺，专门侍奉主妻，后得额号"等慈"，[1] 似乎始终难脱主妻的阴影。

对彦筠崇佛的行为，墓志只说"斋僧数百万，造寺七十余"，而《旧五代史》本传和《册府元龟》"佞佛"都指出，他"每岁至金仙（即释迦佛）入涅（即涅槃）之日，常衣斩缞，号恸于其像前，其佞佛也如是"。《册府元龟》"佞佛"更详言其奉佛之主要行为：一是造寺，自谓九十余所；二是供养僧尼，日给数十缗；三是请僧人诵经不绝。所需费用，多取自四民，自谓前后超过一千万缗。[2]《搢绅旧闻》只记以主妻为主要对象的法事，不及其他。

对彦筠信佛之果，墓志只说"真空亦悟于将来"，似乎修成正果，而《旧五代史》本传和《册府元龟》"佞佛"都指出，他"家有侍婢数十人，皆令削发披缁，以侍左右，大为当时所诮"。[3]《搢绅旧闻》更不客气地指出，"彦筠历邓、晋、陕、河中等州节使，上将军，以太子太师致仕，然性安忍，所幸婢妾有小过，鞭捶备至，多黥面者，尚存焉。宅中多讽经礼念，专心奉佛"。[4] 他"所幸"的婢妾，应有削发披缁者，难怪被诮；她们犯小过而被鞭捶黥面，彦筠实欠慈悲之心。

《搢绅旧闻》特别提到相信因果报应的功效，指出"或谓之佞佛，非宋之素志也"，因为彦筠原不信佛，他"专心奉佛，盖目睹所杀主妻，自此知因果报应之验尔"。他"久历藩镇，……向非早睹冤鬼，常怀忧畏，不尔，即所莅之地，得无酷刑专杀之枉乎？"最后他"既富且寿，

---

[1]《洛阳搢绅旧闻记校注》卷4，106—109页。

[2]《旧五代史新辑会证》卷123，3795页；《册府元龟》卷927，10749页。

[3]《旧五代史新辑会证》卷123，3795页；《册府元龟》卷927，10749页。

[4]《洛阳搢绅旧闻记校注》卷4，106—109页。

启手足于正寝，岂不以收心改过之效欤？"[1] 简言之，相信报应，既有利于武人治郡，也替自己种下善果。

毫无疑问，没有一种史料尽善尽美，可列表比较如下：

表三：比对四种史料对宋彦筠信佛之记事

比较项目	墓志	《旧五代史》	《册府元龟》	《搢绅旧闻》
1. 彦筠信佛之因	未见，应隐其恶因	简述其恶	简述其恶	详述其恶，可充分看到彦筠始乱终弃，谋财害命，但亦记其有意悔改
2. 奉佛之行为	大量斋僧造寺	为佛带孝	1. 为佛带孝 2. 大量斋僧造寺 3. 请僧不断诵经	限于为主妻造功德
3. 信佛之果				
3.1 善	无直接指出	无直接指出	无直接指出	直接指出，因信报应，在地方任上似无酷刑专杀，本人亦得善终
3.2 未善	可间接见其靡费	强逼侍婢削发披缁	1. 强逼侍婢削发披缁 2. 明言其靡费是多取于四民 3. 司法之擅杀军将	欠缺不忍人之心，多方虐待婢妾，甚至黥面
4. 主妻之灵异故事	未见，应为之隐，不表示撰者不信	相信，浓缩为"自后常有所睹"	相信，浓缩为"自后常有所睹"	相信，详述

墓志明显隐恶，却无《搢绅旧闻》之故意扬善，反似有深意于"数百万"和"七十余"两个数目字。今本《旧五代史》是从《册府元龟》复原而来，未可深文周纳。《册府元龟》记下所有重点，最有价值，但

---

[1] 《洛阳搢绅旧闻记校注》卷4，106—109页。

对恶因的描述较为简单。《搢绅旧闻》之描述最详，但是否可信？它名列《宋史·艺文志》传记类，但被《崇文总目》《直斋书录解题》《文献通考·经籍考》和《四库全书总目》等归类为子书（小说家），[1] 然不少研究者指出，宋代小说的重要特点，是文学或艺术性减弱，而写实或历史性增强。张齐贤于自序明言，他"摭旧老之所说，必稽事实；约前史之类例，动求劝诫。乡曲小辩，略而不书；与正史差异者，并存而录之，则别传、外传比也"，[2] 可见有意作为补史和信史。

《宋太师彦筠奉佛》开首便说，"宋彦筠，正史有传"，结尾又说"史传略之，故备书其事"，明显是为了补充《旧五代史》而作，故我们不能批评其所略，只应探讨其所详。[3] 此类共有三处：一是详述主妇被杀之前因后果，似可相信。二是详述主妇之灵异事件，当然是不信者恒不信，信者恒信的。三是传统史学之劝惩功能，最值得我们注意。张齐贤没有为了扬善而隐恶，反记下彦筠原不信佛，只因主妻索命，才相信因果报应，故其信佛有强烈的功利主义，未能胜过阶级或性别意识，仍会虐待婢妾。最后虽然标榜"主妻见形，足为商鉴"，[4] 颇有神道设教之意，但毕竟相当符合正史善恶俱陈的大原则。此外，齐贤本人对信佛的态度亦可注意。他以为彦筠"富且寿，启手足于正寝"是由于"收心改过之效"，却无视其虐婢无人道之矛盾，难道齐贤作为文人，也跟武人一样，认为虐婢之恶不大，不足以影响善终吗？

结论

所谓结论，不过是响应前言所提出的议题，并根据八分证据说出十分的话，有学人谓之伸论或余论，共计四点：社会流动、文武交流、忠

---

[1] 《洛阳搢绅旧闻记校注》前言，1 页。
[2] 《洛阳搢绅旧闻记校注》序，1—2 页；又见卷 3，82 页："冀有补于太史氏"。
[3] 《洛阳搢绅旧闻记校注》卷 3，82 页："传之详者去之，传之略者存之。"
[4] 《洛阳搢绅旧闻记校注》卷 4，106—109 页。

义观念和墓志之优点缺点。所论限于五代中后期、高层武官和以地方治理为主。

1. 社会流动

社会流动之条件众多，或有优先次序，代有不同。

在五代分裂争战之世，宋彦筠白手兴家，由被统治阶级进入统治阶级，并在阶级之内层层高升，主要凭借武功，其次是"惟务贡输"，两者足以掩盖他在吏治、司法和品德上的瑕疵，尤其是他的谋取财富。弟弟仕进之路不详，可能同时凭借个人能力和兄长荫庇，似乎知晓礼仪等文事。彦筠的长子应有继承武功，但高层武人的后代不是人人都能从武，他们有优厚的资源可以习文，亦可凭恩荫维持统治阶级的地位，例如彦筠的长孙，九岁便荫授殿直。婚姻之作用难以深究，对男方与女方之作用也非一样。缔婚时男方与女方都属庶民阶级，婚姻对双方的社会流动都帮助不大，后来男方凭军功发迹，不但带动本家往上流，也带动妻家往上流。所以，对社会流动的作用，军功是直接的，婚姻只是间接而已。由此可知，婚姻作用的有无和多寡，多视乎缔婚之时间点而定，不可泛泛而论。

踏入北宋，虽外患未息，但文事和吏治受到高度重视，后者似已反映在墓志对彦筠的三次称赞。彦筠的曾孙女与皇室缔婚，达到罕见的阶层流动，条件之一或是家庭教育与文才。此时宋家亦从地方移居中央了，或见高层官员的婚姻形态，可以是"点"（如地方性）与"面"（如全国性）同时并存，既有"深度上"的固桩，亦有"广度上"的扩张。如不能兼顾两者，也许是"不能也"大于"不为也"。

要言之，宋氏以武起家，进入统治阶级，之后凭着武功、输贡、财富、文事和恩荫等条件保持地位，又靠着武人世家的身份和皇室与武家联姻的传统，成为国戚，所产生的婚姻网络和恩荫特权，将大有利于后人的流动，可能更胜过事功。

2. 文武交流

有谓五代武人轻文，但有些因素，如文人文化、中央/皇权、宗教信仰和日常或职务上的文武交往等，有时仍能促进文武双方的了解和尊重，规范武人不致作过，甚至促使他们注意文事。对宋彦筠一家，这些因素既有成功也有失败，有时是受制于客观条件，有时是受限于个人条件，后者亦见于文人，文武的差别并非很大。

文人文化的力量可分观念和制度。在观念上，从基层文人到高层文官，从私的领域如撰写墓志到公的领域如编纂官方史传，皆期待武人注意吏治和忠节。在制度上，武人需遵守由文人制定的礼仪和法度。彦筠位极人臣，仍因坠笏失仪和擅杀下属，遭到御史弹劾。这两事皆由文官发动，但背后都有皇帝撑腰。皇帝若有意彰显皇权和中央权威，有时会与文人合作牵制藩镇。除非是强悍的藩镇，多数地方大吏或都服从中央，如彦筠的"惟务贡输"和上贡田庄十数区等。

与之颉颃的便是武人文化。客观因素如当代夯市之风，为朝廷所允许，一则笼络武人，二则让其筹措军饷以至上供（参本册《英雄难过美魂关》）。即便是批评五代武人致乱的宋太祖，自己也曾打算私用公财。后周世宗攻下滁州，下令窦仪将府库之物充公，"太祖复令亲吏取藏中绢给麾下，仪曰：'太尉初下城，虽倾藏以给军士，谁敢言者。今既著籍，乃公帑物也，非诏不可取。'后太祖屡对大臣称仪有执守"。[1] 所以，彦筠入成都后大掠私财等作为，除非有勇敢的文臣和强力的中央加以阻拦，否则难以遏止。个人因素如"彦筠出身军旅，不知事体"，又无文妻可以协助。至于其御下无恩，既贪且鄙，以致部下阴谋叛乱，则属文武皆然，不能独责武人。又如无意之中违反司法的程序正义，造成实质的不正义，亦见于不熟法律之文人。

宗教信仰有时亦能约束武人，如张齐贤《搢绅旧闻》提到，若非彦筠相信佛教的因果报应，"所莅之地，得无酷刑专杀之枉乎"，似乎认为信佛有利于武人治郡。现代学人亦常以修造佛事作为地方乡绅和官员的重要功业，既可建立个人或家族的地方声望，又可拉拢民众。然而，假

---

[1] 《宋史》卷263，9094 页。

如这是出自浓厚的个人功利主义，根本缺乏慈悲济世之心，则可能民受其害了。

墓志谓彦筠"真空亦悟于将来"和"斋僧数百万，造寺七十余"，明显是崇佛，读者多会想到跟战争流血有关。彦筠信佛时四十五岁，为武将杀人多矣，但并未因此相信。无论是真的见鬼还是心理作用，彦筠信佛是因为对一位寡妇始乱终弃，谋财害命。诸多法事如斋僧、造寺和雇请僧人日夜诵经，主要是为了防止死者索命，有强烈的功利主义。对那些他认为是该杀或该罚的人，彦筠大抵不怕报应，所以他可以擅杀逃亡的下属，并不手软，也可以因小事虐待姜婢，并不心软，实欠慈悲。他来自平民，但缺乏感恩回馈之心，反因为个人要造功德，劳动四民营造佛事。也许是阶级观念作祟，高层文人如张齐贤似乎跟武人一样，认为虐婢之恶不大，不足以影响善终。这实在启人疑窦，信佛的效用何在？

信佛后的彦筠与之前有何重大差异？宋初大将石守信是杯酒释兵权的一位主要对象，得到太祖"约婚"和"各守外藩，勿议除替，赋租之入，足以自奉"的承诺。他的次子保吉娶太祖之女，自己则"镇郓州，凡十七年不徙，专事聚敛，积财巨万计。尤奉释教，在西京造寺，募民辇致瓦木，驱督峻急，而所给不充其佣直，民甚苦之"。《册府元龟》亦明言彦筠大办佛事"多取于四民"，也应甚苦。两位武人是否特例，文人如张齐贤是否也如此，有待探究。总之，提到"好佛"时，理应厘清好在何处，不是所有好佛的人都一个模样。

武人要学习文事，至少有四个途径：（1）向能文之家人请益；（2）与文人之家通婚；（3）与中高层文官交往；（4）与基层文吏幕僚合作。彦筠一家有一定的文武交流。宋家虽三代布衣，彦筠亦以武艺向上流动，但发迹之后，有足够的资源可让子弟习文。弟弟彦勋曾担任客省副使，似懂礼法；曾孙女有条件嫁予颇负文才的皇侄，亦应尚文。从彦筠与中层文官李知损的交手，互道"李罗隐"与"宋忙儿"，可知双方都曾探听对方的底蕴。他以为知损誉己，"闻之喜甚，与之笑而退"，似乎乐于得到文人的认同。宋代的张齐贤不吝于赞美彦筠"既富且寿，启手足于正寝，岂不以收心改过之效欤"，也许五代也有高层文人有意鼓励武人向善。彦筠的墓志由基层文官撰写和军将书丹，或见文武交往之不浅，并且基层武人亦有习文。

其实，彦筠担任地方大吏二十三年（925—947），既要兼顾民政，也得与文人交往。从"驭（军）众惟严""吏不敢欺"和"惟务贡输"，可知彦筠不无吏治之能力，只是用错地方，为己谋利远多于为民谋福，这当然也数见于文人。另一方面，文人之集体和个人因素有时亦不利文武交流。集体如无可否认之文人轻视武人，个人如李知损之戏弄武人、贪财好货、损人利己、奔走宦官之门和品德不佳等，均不足为武人训。武人轻视文人，有时也许是文人确有可轻之处。

3. 忠义观念

有谓五代的忠义观念比较淡薄，到宋代因《新五代史》等书之高唱，始得提升，但本墓志之忠节观似与前代和宋代并无多大差异，是否五代之实践者较少而前代和宋代较多，则可待商榷。

墓志撰者是基层文官，其忠义观念应具普遍性多于特殊性，或可反映五代的一般看法。忠的对象包括职守、上司和国家，应以何者优先，因个人因素和客观条件而定，并非一成不变。国未沦亡，旧君因失政丧命，新君自立，需要曾被旧君提拔之勇将兼地方大吏移忠，此时称输诚者"忠勤"，忠的对象是人。国亡之时彦筠人微言轻，新君因其在旧朝之优异表现加以提拔，称其"忠赤"，应指其曾经尽心尽力于旧职，并期待尽忠于新职。此或是宋初史臣所谓："夫才之良者，在秦亦良也，在虞亦良也。"[1] 国亡之时位高权重，尤其是足以直接影响国家安危者，则应"粮运俱绝，元帅已降，公犹力战"，才谓之忠。此时"个人"之职守与"国家"之命运高度合一，但国家应高于个人，故忠的对象应以国家优先。力竭之后如何自处，是否殉国、流亡、退隐，或入仕新朝，

――――――――――

[1] 《旧五代史新辑会证》卷64，2017页。

则见仁见智。彦筠最后接受辽主新职，墓志直言不讳，究竟是不以为非，还是仅记其事不加褒贬，实在耐人寻味。

假如墓志有意隐恶，则所隐之事足以反映何谓不忠，主要是力竭之后，有计划地投降，目的是为了一己私利，以致威胁同侪不得不降，可谓卖国求荣，不忠之甚。至于王清，知悉主帅已有降意之后，拒不认同，依然力战，已称忠节，最后故意"以死报国"，更属忠烈。以"死人之事"为标准，欧阳修于五代只得十八人，即"死节传"三人和"死事传"十五人，乃"呜呼甚哉"，[1] 但不知前代有几人，宋代又有几人？

4. 墓志之优点缺点

墓志"扬善"之处有时可补其他史料，"隐恶"之处曲直互见，有时只说了部分而非全部的真相，其悬疑之处也许隐含撰者的用意。

将墓志分段分行和计算字数之后，发现其篇幅之多寡分布，与彦筠事业之阶段性发展符呈现正比，亦与《旧五代史》本传相符，多少反映传统的文史学者有时有一定的共识。彦筠事业之重点，亦即墓志篇幅最多之处，在于武功、吏治和移忠。对武功，墓志如实道来，证之以官职之迁转和向上流动之结果，并无夸饰，可补其他史料之不足，而其他史料难补墓志，也反映墓志与其他史料之可信性有时不相伯仲。对吏治，志文三次称赞，但欠缺实例，铭文作为盖棺论定，亦无一字提及，可谓悬疑。志文但云忠于输贡，不提《贷邓州节度宋彦筠擅杀敕》等事；又谓其"没无长物"，其实甚为贪财，与民争利，帝王本纪甚至记下其贪鄙以致引发部下作乱，何等严重，这些都是只有部分真相。对其佞佛劳民，墓志但言"斋僧数百万，造寺七十余"，似尽在不言之中。对移忠，墓志说"元帅已降，公犹力战"，令人怀疑撰者是否故意颠倒时序，以掩饰彦筠之谋降？彦筠虽曾力战在前，但在得知元帅有意投降之后，不再力拒，且进一步为虎作伥以求荣。不过，墓志虽隐其作伥，却显其得荣，即"戎王……移授静难军节度使"，并不讳言其降敌，实在耐人寻

---

[1] 《新五代史》卷33，355 页。

味，似乎曲笔与直笔并存，隐含部分真相。所以，若能配合其他史料，从墓志之曲笔倒过来推敲，因此看出五代之忠义观与标准，则墓志隐恶之缺点也能转化成为优点。今人研究社会史，如家庭人口、结构、婚姻网络、男女比例、上下流动和文武交流等所需要的信息，墓志远胜其他史料，但利用时仍需留意墓志之传统笔法，如有时不记早死之儿女人数等。

（执笔者：陈昱宗、张庭瑀）

（指导者：柳立言）

参考资料

一、墓志碑文

1. 高弼：《后周武官左卫上将军宋彦筠及其妻张氏戴氏刘氏墓志铭并序》，傅斯年图书馆藏拓片（12847、12844）。

2. 高弼撰，周阿根点校：《宋彦筠墓志》，周阿根《五代墓志汇考》，611—614 页。

3. 高弼撰，章红梅点校：《宋彦筠墓志》，章红梅《五代石刻校注》，703—705 页。

4. 高弼撰，陈尚君点校：《大周故开府仪同三司太子太师致仕蔡国公赠侍中宋公墓志铭并序》，陈尚君《全唐文补编》，卷 106，45—48 页。

5. 高弼撰，陈尚君点校：《大周故开府仪同三司太子太师致仕蔡国公赠侍中宋公墓志铭并序》，陈尚君《旧五代史新辑会证》，3796—3799 页。

6. 刘敞：《皇侄故金紫光禄大夫检校国子祭酒右屯卫大将军兼御史大夫轻车都尉天水县开国伯食邑九百户赠洺州防御使广平侯墓志铭》，载刘敞《公是集》（台北：新文丰影印商务民国二十四年十二月聚珍版丛书本排印版，1985 年）卷 52，628—629 页。

二、其他资料

7. 王钦若等撰，周勋初等校订:《册府元龟》。

8. 司马光等撰，标点资治通鉴小组点校:《资治通鉴》。

9. 晋少帝:《贷邓州节度宋彦筠擅杀敕》，载董诰等编《全唐文》卷118，1200—1201页。

10. 陈尚君:《旧五代史新辑会证》。

11. 脱脱等撰，中华书局点校:《宋史》。

12. 脱脱等撰，中华书局点校:《辽史》。

13. 张齐贤撰，丁喜霞校注:《洛阳搢绅旧闻记校注》，北京:中国社会科学出版社，2013年。

14. 欧阳修撰，徐无党注，华东师范大学等点校:《新五代史》。

不远鬼神文武皆然

（刘拯、刘再思、刘永）

林思吟、张庭瑀

北宋平民刘再思及妻郑氏合葬墓志

一、基本资料

1. 性质	墓志
2. 题名	新题：北宋平民刘再思及妻郑氏合葬墓志 首题：宋中山刘君墓志 盖篆书题：宋故中山刘公之墓铭
3. 时间	死亡、下葬或立石时间 死亡：北宋至道三年（997）五月十一日 下葬：? 迁葬：北宋庆历八年（1048）十月八日
4. 地点	死亡、下葬或立石地点 死亡：京师（河南开封） 下葬：? 迁葬：北邙之原（河南洛阳）
5. 人物	
墓主	刘再思（972 前—997）
撰者	北宋文人王复
书丹者	侄（北宋文官都官员外郎刘齐）
6. 关键词	社会流动、文武交流、业绩、品德、家庭或家族、丧与葬、墓志笔法与史学方法

（责任者：林思吟、杨景尧）

二、释文

宋中山刘君墓志

侄都官员外郎齐书

    刘君讳再思，性聪晤。

少时家居，昼寝室中，家人见一物出入其鼻口，骇而亟呼其名。

（以上是致狂之由，24字。）

    既寤，了不自知，恍惚若狂人，自尔不常；其起居语默，无喜怒之节。

（以上是发狂或不常情状之一，25字。）

然时或先事言失得，验若符契。尝语于家曰："我即死，兄当继殁。"阖门恶其言。

至道三年五月十一日卒于京师，时兄领卫，典兵戍边，后一月而逝。吁，可异也。

（以上是不常情状之二，59字。）

    娶郑氏，生一男二女，早亡。

（以上是婚姻及子女，10字。）

    以庆历八年十月八日从葬于北邙之原，其世系文于考墓。

（以上是迁葬，23字。）

河南王复志

（责任者：林思吟、杨景尧）

（指导者：柳立言）

三、个案研究

不算墓志的首题、书者和撰者，墓主刘再思（972 前—997）一生之要事只有短短 149 字，但引发的问题不少，最有趣的莫过于灵异事件，毫不忌讳地大书特书，并谓墓主成为"狂人"和"不常"。这就产生两方面的疑问：一是就墓志之学来说，应隐"狂"而不隐，那何谓墓志笔法之"隐恶扬善"？墓志的笔法有无史法可言？二是就历史研究来说，可看到一些已不算太新的新史学话题：灵异事件如何产生与流传？为何得人相信？信者是谁？如有士大夫，便违反了孔门"子不语怪力乱神"的训诲，对仕进和婚宦有何影响？

（一）墓志引发的问题：以史学六问取供和求证

只论深浅，史学问题可粗分两种。一属专业，很多教授都不一定问得出来的，同学不必因为百思不得而心情低落。二属一般，亦即史学六问（又见本册《六问孤证》），我们先看 what 和 which。

墓志提到哪些事物和引发哪些问题？至少有五件可言：

1. 墓主发狂或不常之由来：从少时家居，"一物出入其鼻口"，到家人呼其名，共 24 字。

引发的问题：不论虚实，反映家人不讳言灵异，或可供研究宗教史之民间信仰，如巫术之蛊毒等。可惜墓志没有提到墓主家人如何医治他的狂病，可能是巫觋、僧人、道士、医生和术士等人，无所不请，游走于怪、力、乱、神的边缘。[1]

2. 不常情状之一：从墓主醒来，"恍惚若狂人，自尔不常"，到言语失常、喜怒无节，共 25 字。

---

[1] 柳立言：《社会篇：谁在制造"巫"风——僧、道、巫、士大夫、其他?》，柳立言《人鬼之间：宋代对巫术的审判》，上海：中西书局，2020 年，1—66 页。

引发的问题：

2.1 何者为善何者为恶？墓志应隐恶扬善，根本不需要提到墓主的精神异常，本志却花了很多的篇幅来描述，且直称之为"狂人"和"不常"，真可谓扬人之"恶"不遗余力。这也许是特例，亦告诉我们，宋人视之为恶和善的，与我们不一定相同。

2.2 既明言发狂的一个情状，或可供研究疾病史之疯狂。[1]

3. 不常情状之二：从预测吉凶得失，"验若符契"，到预测家兄死亡和应验之"可异也"，共 59 字。

引发的问题：同 1 及 2.2。

4. 婚姻及子女：共 10 字。

引发的问题：

4.1 志文谓在"少时"发狂，若婚姻和生育发生在发狂之后，可研究宋人对发狂之态度。一男二女均早死，未知有无关系？

4.2 志文虽未记载墓主岁数，但从宋初男性平均婚龄约为 20 岁，之后五年生三子，可推测墓主可能生在 972 年以前。

5. 从葬：共 23 字。

引发的问题：由墓主死亡至移葬，间隔约 52 年（997—1048），初由"从葬"两字，推测墓主祔葬于族墓或是寡妻从葬于亡夫，后由《宋故中山刘府君墓》推知，应为刘氏族人于庆历八年（1048）集体迁葬，志文只有短短 39 字：[2]

曾祖府君讳拯，同祖母，

曾孙都官员外郎齐，举葬于洛阳北原贤相乡杜泽里。

---

［1］杨宇勋：《从政治、异能与世人态度谈宋代精神异常者》，《成大宗教与文化学报》2006 年第 7 期，19—47 页。

［2］刘齐：《宋故中山刘府君墓》，载北京图书馆金石组编《北京图书馆藏中国历代石刻拓本汇编》38，郑州：中州古籍出版社，1989 年，119 页；刘齐：《北宋刘中山墓志盖》，傅斯年图书馆藏拓片（19212）。

庆历八年十月八日志。

大意是说刘拯连同妻子（"祖母"省"曾"字），由曾孙刘齐合葬于洛阳新坟。较重要的信息有三：一是刘齐的重要性，他即再思之侄及其墓志书丹者；二是墓群至少可上溯三代至曾祖，下亦应可容纳数世，属于族墓；三是新墓位于洛阳，反映家族之富盛。

上述五个 what 之中，何者较为重要，亦即 which。诉诸数馒头法，字数最多的是第 3 事，与 2 和 1 实为一体。针对这个重点，首先尝试回答 how、why 和 whether，其实就是分析墓志论述之结构、脉络及目的。

从"少时家居"到"吁，可异也"不过 108 字，但逻辑分明，可分两大部分。首先叙述发狂之由来，是墓主（who）少时（when），有一天中午（when）在家里（where）睡觉（what），"一物出入其鼻口"（how），有家人（whom）目睹，可作人证以取信他人（whether）。如上所述，墓志应隐"狂"而不隐，也没有用较好的理由解释发狂，均表示家人应该看到该物，即使它不是发狂的真正原因。

其次叙述发狂或不常之情状凡二：一为"起居语默，无喜怒之节"，理应可信，因毕竟不是好事。二是"然时或先事言失得，验若符契"，能预知吉凶得失，并举一家中实例，谓墓主准确预测本人及兄长之死亡是相继发生。研究者当然可以针对"验若符契"，怀疑亦有不中者，但除非有意造假，且在兄长生前以其生死造假，否则墓主应曾说过"我即死，兄当继殁"的话，且有"阖门"作为人证以取信他人。这当然也可能是一种巧合，亦可能有其他预测生死不准的情况。

无论如何，这种详备细节，包含史学六问只差 why（为何发生在墓主身上），且有人证的描写，目的应是使人相信，墓主有预测未来之奇异功能，此功能并非来自天赋或修炼，而是被异物侵入体内，可能是巫术，可能是鬼怪不等。这当然是信者恒信，视之为真实的"奇异"（wonder），而不信者恒不信，斥之为虚妄的"怪异"（weird）。不过，纵使研究者本人不信灵异和风水，也得尊重古人的选择，视之为影响他们生活和心态的重要因素，例如认为它们足以影响仕进和家运，因而产生各种趋吉避凶的行为，并相信它们的效用，从而产生进一步的行为，如到洛阳寻找福地、为神明建庙和求赐庙额，甚至影响士大夫的审判等。[1]

接着的问题，便是谁（who）会相信。我们抽出墓志全部有姓的人，列表如下（详见后文）：

When（时间）	Who（人物）	What（事件）	Where（地点）
五代或更早	1. 祖父刘拯	不详	河北中山，迁葬河南洛阳
五代	2. 父	"世系文于考墓"	中山，应迁葬洛阳
972 前—997	3.1 刘再思	不详	中山/河南开封，迁葬洛阳
？—997 后	3.2 再思妻郑氏	不详	不详/开封，迁葬洛阳
974 前—997	3.3 兄刘某	武官	中山/开封？应迁葬洛阳
？—1048 后	4. 侄刘齐	文官，尚书省刑部都官司员外郎；举葬，书丹	中山/开封
？—1048 后	王复	文人，外姓，撰志	河南

从左至右逐栏来看，共得四个论点：

第一，灵异故事在刘家已流传五十多年（997 年死至 1048 年迁葬），反映它不断地得到部分家人的相信，他们不讳言灵异，或将怪异视为值得大书特书之奇异，现在光明正大地刻在新的墓志上。参加迁葬的族人，已知其事者便重温一手或二手（间接）记忆，不知者便产生二手记忆，并继续将这集体记忆借着口耳和文字相传下去。

第二，刘家的世系写于父亲墓志，或可从父亲上溯三代，那么至刘齐已有六代可记。即使只根据《宋故中山刘府君墓》这现存的迁葬记录，只从祖父刘拯算起，也跨越五代（907—960），直至北宋（960—

---

[1] 最详者莫如刘祥光《宋代日常生活中的卜算与鬼怪》（台北：政大出版社，2013 年）。

1127）中叶，至少超过 110 年（938—1048），可称世家。

第三，世系写于父亲墓志，这个世家可能崛起于父亲一代，至迟在北宋初年已踏入统治阶级，所依靠的一个条件是武功，即在太宗至道三年（997），有一"兄领卫，典兵戍边"，但不能排除亦依靠文事。负责迁葬的侄儿便是一位从六品的文官，应该相信上一代的灵异故事，才会让它经过外人之手写成墓志，自己亲手书丹，再让外人刻在志石。

第四，这个世家起自中山，有能力大举迁葬洛阳——是重要的文化中心，也曾居住和任职于开封——是最重要的政治和文化中心，刘家能够插足两地，应有一定的财富与势力。

综合而言，在一个墓群可追溯至上三代的家族里，已起码有两代连续处身于统治阶级，既贵且富。有些家人练武，有些学习儒术，理应知道孔子对鬼神敬而远之的立场。然而，家中世代相传一个灵异故事，有些家人有所目睹，也并不讳言，且告诉外姓，让他们写下并刻在墓志碑铭，并因为迁徙或迁葬而流布各地，让海峡此岸在几近千年之后得以目睹。跟一些研究者的说法不同，这灵异故事的传播不是为了宗教、社会、道德或教化等目的，而是单纯记录一位家人而非他人的历史。不信者恒不信，但无可否认的是，类似的故事其实充满《夷坚志》，主角遍及文武百官及他们的家人，相信的人也不分文武或士庶。[1] 在信仰的场域里，文人和武将同样述说灵异故事，也受到听众的同等待遇，不会只信文不信武，不会重文轻武。在这条船上，文人武人交换经验和互诉心曲，彼此平等，有助于文武交流和同舟共济，齐心合力对付共同的敌人，找出抵抗邪魔外道的方法。

（二）刘氏婚宦：文武并进

家中曾发生灵异事件，有没有影响家人的仕进、交游或婚姻？十分

---

[1] 柳立言：《司法篇：文学、法学、审判》，柳立言《人鬼之间：宋代对巫术的审判》，119—212 页。

幸运，刘氏还传下刘齐之兄刘永的墓志[1]，让我们稍可推测刘家的过去、现在和将来。

刘家上三代均赠武官（见下），似乎反映刘家以武功崛起。父亲刘罕很可能就是狂人刘再思墓志所说的"兄领卫，典兵戍边"，属中层武官，有能力让儿子刘永得到遗荫，但似无余力替妻子争取封赠，因为从"河东县太君"而非"县君"可知，是母凭子贵而非妻凭夫贵。

刘永的元配是秦国大长公主（约950—1008）的外孙陆氏，跟皇室已有些距离了，但仍是刘家最为耀目的婚姻，其作用如何？而刘家与这位远姻之家有无共同的特点？

宋代有好几位秦国大长公主，这位应是太祖第四女，因三姊早逝，故有时称为长女。她在开宝三年（970）六月封昭庆公主并下嫁节帅王审琦的长子承衍，于太宗淳化元年（990）从郑国改封秦国公主，再于至道三年（997）晋封长公主，也正是再思兄弟去世的同一年。真宗大中祥符元年（1008），公主去世，赐谥"贤肃"，后于仁宗明道元年（1032）追封为大长公主。[2] 刘永墓志写于十六年之后，故得以称她为秦国大长公主。

夫家王氏的一个特点，是以武功起家，进而兼习和兼仕文武。这也是一些从五代入宋的武人家族的共同点。[3] 王家先世是辽西人，可能是边区部落，后徙家洛阳。公公王审琦擅于骑射和方略，在后周世宗时已因军功位至刺史和防御使，于宋初升任忠正军节度使，治所在寿春。"在镇八年，为政宽简"，有两事尤足称道：一是没有聚敛百姓，而是"岁得租课，量入为出，未尝有所诛求"；二是拨乱反正，愿意回归官制的常轨。县衙一位录事吏员犯法，县令没有上请藩府便径令停职，审琦的幕僚不平，请按治县令。审琦回答说："五代以来，诸侯强横，令宰不得专

---

[1] 见本篇末《附件一：北宋武官环州管界都巡检使刘永墓志》。
[2] 《宋会要辑稿》帝系8，7页；《续资治通鉴长编》卷111，2596页。
[3] 柳立言：《宋初一个武将家族的兴起——真定曹氏》，74页，又见曹家及其他。

县事。今天下治平，我忝守藩维，而部内宰能斥去黠吏，诚可嘉尔，何按之有？"据说闻者叹服。[1] 细读之后，可以大胆推论，幕僚之中应有文人，故按治之议有部分是出自文文相争，即使也有文武相争，所争的也是权力多于治乱。《宋史》"论曰"称赞审琦"政成下蔡，……卓乎可称"，[2] 太祖自称与审琦是"布衣交"，[3] 应是联婚的一些原因。

王审琦共有九子，单看他们在《宋史》的官名可知都是武人，[4] 其中两位资料较多，竟能文能武。长子承衍（947—998）[5] 便是公主夫婿，"善骑射，晓音律，颇涉学艺，好吟咏"，堪称儒将。太宗雍熙（984—987）年间，他出知天雄军府兼都部署，是宋辽前线的重镇。有一次辽骑距治所魏州不过二百余里，邻境戒严，城中大恐。刚巧是上元节，承衍下令街市及佛寺都燃灯设乐，自己"与宾佐宴游达旦，人赖以安"。过了几年，再次出知天雄军，据说"吏民千余诣监军，请为本道节帅，诏褒之"。[6] 不过，他生活奢侈，"以功臣子尚主，贵显拥富赀，自奉甚厚"。[7] 传说太宗弑兄杀弟屠侄，但颇为厚待这对侄女夫妻，单在太平兴国二年（977）的一次探访，就赐银器万两和锦彩五千匹，又赐其子世隆银百两、帛百匹。[8] 承衍还不够花用，三年之后（980），"坐市竹木秦、陇，矫制免税算，罚一季［年］奉"。[9] 次弟承衎（961—1009）也是一位儒将，"颇涉学，喜为诗，所至为一集。晓音律，多与士大夫游"。他在太平兴国年间曾任监军和巡检使，然后"表求治郡自效"，应

---

[1]《宋史》卷250，8816 页。

[2]《宋史》卷250，8829 页。

[3]《宋史》卷250，8816 页。

[4]《宋史》卷250，8817 页。

[5]《宋史》传记谓卒于咸平六年，见《宋史》卷250，881 页；今从《续资治通鉴长编》，卒于咸平元年，见卷57，1544 页，因公主请置守冢户在三年，见《续资治通鉴长编》卷57，1022 页。

[6]《宋史》卷250，8817 页。

[7]《宋史》卷250，8818 页。

[8]《续资治通鉴长编》卷19，422 页。

[9]《宋史》卷250，8817 页。《续资治通鉴长编》卷21，478 页；卷78，1769 页。

对吏治有一定的信心。太宗也让他先后出知潭州和澶州，但治绩不详。咸平年间，真宗令他两次到川陕"慰抚官吏，经略蛮洞"，之后"连知延、代、并三州，皆兼兵马钤辖"，[1] 都是兼顾军民两政。景德年间，"真宗以天水近边，蕃汉杂处，择守臣抚治，擢承衍知秦州"，并留下佳绩。[2] 之后步上兄长后尘，出知天雄军，可惜"病足，在大名不能骑，政多废弛"。[3] 兄弟二人的妻子不知来自文人或武人之家，一位妹妹则是文臣追求的对象。[4]

王承衍共四子，上述特别受到太宗恩赐的世隆（970 后—1004）是次子，乃公主所生，似乎出身不久便达从七品的如京副使，再经洛苑、六宅二使，就遥领平州刺史。他"性骄恣，每坐诸叔之上，人皆嗤之"，[5] 当然是凭着公主亲子的身份。王家似乎一直兼训文武，亦有人两者兼得，如师约，已是承衍的曾孙辈，父亲克臣是仁宗朝的进士，本人少习举业，既是儒生，也颇善射，尝陪辽使宴射，"一发中鹄，发必破的，屡受金带及鞍勒马之赐"。[6]

当陆氏嫁给刘永（976—1030）之时，她的外祖父承衍（死于998年）可能已经去世，但亲舅世隆（死于1004年）和外祖母公主（死于1008年）应尚在人世，还有诸多显赫的五服亲。如无意外，婚礼应盛大铺张和冠盖云集，大抵有人知道但无人计较刘永叔父的灵异传奇。

这次婚姻也许影响刘永上三代的封赠，如曾祖追赠至从七品的太子率府率，祖父和父亲均赠至从四品的环卫将军，但对刘永本人的仕进并无明显的作用。首先看公主的能力。现存史料只有两则故事，多少反映她的处境。咸平四年（1001）闰十二月，真宗下诏增加她的月俸厨料米麦各三十斛，因为"自王承衍卒，主家供亿稍阙，故令增给"，[7] 应无

---

[1] 《宋史》卷 250，8818—8819 页。
[2] 《续资治通鉴长编》卷 88，2026 页。
[3] 《宋史》卷 250，8818—8819 页。
[4] 《续资治通鉴长编》卷 53，1157 页。
[5] 《宋史》卷 250，8818 页。
[6] 《宋史》卷 250，8819—8820 页。
[7] 《宋会要辑稿》帝系 8，7 页。

余财惠及刘家。过了两年（1003），"秦国大长公主为子六宅使（王）世隆求（正除）近州刺史，帝曰：'牧守之任（乃亲民之官），系朝廷公议。'不许"，[1] 恐怕更轮不到外孙女婿。

其次，根据墓志所记的刘永仕历，很难看到异常的恩宠。他去世时54岁，"历官三十余年"，大抵从二十余岁开始。下表将墓志的关键词句悉数摘录（五鬼搬运法），以便分析：

When（时间）	Where（地点）	What（官职）[2]	Why/How/Whom（经过）
太宗至道三年（997），约21岁	开封	殿侍，位于六十阶次之五十五，无品	以父荫补
真宗景德元年至四年（1004—1007），约28—31岁	环州	三班差使，阶次五十三，无品	任环州指使，与羌人作战，常一马当先，知州"上杀获功状"数得赏赐，改三班差使
	开封	三班借职，阶次五十二，从九品	从环州代还，转借职，"畴[酬]其劳也"
大中祥符元年至七年（1008—1014），约32—38岁	开封、苏州、湖州、池阳	三班奉职，阶次五十一，从九品	1008年，东封泰山，"勤而干集"。礼毕，转奉职。充苏、湖等六州军巡，因缉私盐生扰，换池阳市征
七年，约38岁	黔州	右班殿直，阶次五十，正九品	真宗幸谯（亳州），覃恩，转右直。差黔州相阳寨主
约九年，40岁	黔州	左侍禁，阶次四十七，正九品	在黔州，夷獠侵患，改抚为剿，"俘馘其[甚]众"。秩满，就迁左侍禁

[1] 《宋会要辑稿》帝系8，7页；《续资治通鉴长编》卷55，1218页。
[2] 武官阶一概采用龚延明《宋代官制辞典》，689、694—695页，及张希清《宋朝典章制度》，（长春：吉林文史出版社，2001年）86—89页。官品仅供参考以大致明白其地位。

When（时间）	Where（地点）	What（官职）	Why/How/Whom（经过）
约天禧三年至五年（1019—1021），约43—45岁	施州、黔州	同上	京西转运使臧奎"藉其威名"，举充施、黔州巡检 归朝，充冀、贝十州都巡检
仁宗乾兴元年（1022），约46岁	冀、贝等十州	西头供奉官，阶次四十六，从八品	仁宗登极沛恩，转西奉 "洎至河朔，力边画，保塞遂城（易州）"
天圣二年（1024）约48岁			选充本路（河北路）走马承受公事，被认为是殊荣
	环州	阁门祗候（武使阁职）	代还，授阁门 差充环州管界都巡检使。"君昔事军庵，习惯疆事，展体吏局，志在功业"
五年，约51岁	环州		弟刘齐中举，[1] 出任邠州掾，七月丧母，刘永请求返家营葬不得
七年	开封	同上	母丧服满，得风恙，返京治病
八年（1030），约54岁	开封		去世

从左至右逐栏来看，一则从四方面而非单方面找出论据，用来支持"婚姻的作用有限"这个论点；二则再次观察墓志论述之结构、脉络及目的。

第一，从时间来看，历官三十余年，不过位至从八品的西头供奉官选充从七品的武臣合职阁门祗候，很难看出曾因外戚姻亲的关系得到特别的恩惠。

第二，从地点来看，可分三类。一是首都开封，提供各种最大和最多的机会，尤其是刘家定居于此。然而，刘永在开封的时间甚短，几如

---

[1] 有谓刘齐中举在天圣二年（1024），同年释褐为掾，七月母死，天圣七年服阕，那持服五年未免太长，故似在四年或五年中举。见龚延明《宋登科记考》，120页。

传舍。二是财务较重之地，如苏州和湖州，任期也很短。三是边区，从北至西南，是刘永主要任职之地，墓志也三次提到"边"字："环实被边""力边画"和"授任边漠"。其中以出任永兴军路的环州和夔州路的黔州最多和最长，那当然不是好地方，墓志所记大都是作战，如杀获和俘馘，危险颇大。

第三，从晋升来看，大致上都是循序渐进，只有两次稍异。第一次是从五十五阶次上升为五十三，看似无功而躐等，但两者相隔七年以上（约997—1004），即便是拜婚姻所赐，作用也相当有限。第二次是五十升四十七，据《续资治通鉴长编》，中间其实还有一次转升，是真宗大中祥符九年（1016）五月壬戌，"以黔州厢阳寨主、右班殿直刘永为右侍禁"。[1] 右侍禁的阶次是四十八，故是从五十先转四十八再转四十七，只跳过了四十九的左班殿直。跳一级的原因，应如墓志所言，"夷獠侵患，绥过不能制，乃以兵御之，俘馘其［甚］众"，有其危难之处；退一步言，即便是拜婚姻所赐，作用也相当有限。

第四，从晋升的原因来看，墓志几乎都有交代，可分五类：第一类是众恩，如因真宗临幸泰山、亳州和仁宗即位而获得升迁等，除非墓志另有说明，大抵属于人人有分。

第二类是年劳，墓志多间接表示，有时一语双关，如"畴［酬］其劳"；有时只记其职而不记其功，如天禧三年左右担任施、黔州巡检，便是一语带过。

第三类是或有功而平平，墓志多点到即止，耐人寻味，如"保塞遂城，素为重地"，仅以"重地"点出其重要和不易为；又如"君昔事军麾，习惯疆事，展体吏局，志在功业"，仅以"疆事"和"吏局"点出尚待开展之功业。

第四类属紧要之事，墓志大多具体，如任环州指使时"上杀获功状"和任黔州寨主时"夷獠……绥过不能制，乃以兵御之，俘馘其

---

[1]《续资治通鉴长编》卷87，1991页。

［甚］众。逮君满秩，蛮落肃清，朝廷嘉之"，两者均应有俘杀之数目，常以某种器官（如左耳）和请功之奏状可据；后者并记下由抚变剿，并从"肃清"两字可以看到杀戮之惨烈。

最后第五类是借职位本身或大臣的举荐以呈现刘永的事功。职位本身如被选派担任走马承受公事，分属帝王耳目，志文特别指出"陛辞之日，赐装钱、对衣、束带、鞍辔、马等。君所至风迹，为人称慕"，以此衬托刘永在被选任之前已立下重要事功。"代还，授阁门祗候"，也是借着得授这个作为武臣清要之选的合职，反映刘永走马之称职。大臣举荐如"转运使臧公奎藉其威名，举充施、黔州巡检"，也借此表示刘永在此之前已有威名。臧奎是陕州人，颇能理财，约自大中祥符八年（1015）至天禧元年（1017）前后担任夔州路转运使，[1] 一度成为刘永作为黔州寨主的长官，但难以查究两家有无姻属关系。不久，又于天禧三年（1019）前后担任京西转运使，曾奏称施州弓箭的筋胶不耐雨湿，请改制木弩及风雨箭。[2] 刘永约在此时被他荐用，大抵是因为黔州时建立的职务关系。臧奎旋即调任凤翔知府，并在明年（1020）卷入朱能伪造天书及谋反之事，以"与能交结"的罪名，降为宁州通判。[3] 刘永应该没有受到牵连，但在短期之内应是失去一位举主了。

在这五类之中，以最后一类较可能受到第一或第二次婚姻的影响，但作用毕竟有限，最多不过是创造就职的机会，能否借机表现，还得看其他条件的配合，而墓志没有记述刘永有何具体表现。

本志有无记功不记过？我们只看大事不看小事。一如今天之论文，墓志章节之长短亦可反映撰者之重点。以事功来说，刘永自以真宗一朝最为得意，凡18年（1004—1022），正值28至46盛壮之岁，篇幅长达

---

［1］《续资治通鉴长编》卷84，1932页；卷89，2039页。前一事详见文彦博《潞公文集》卷30，2—3页；《武臣七条》又见宋绶、宋敏求《宋大诏令集》卷191，701页。

［2］《宋会要辑稿》兵26，36页。

［3］《宋会要辑稿》职官17，6页；职官64，25页。《续资治通鉴长编》卷96，2217页。《宋史》卷466，13614—13617页。

224 字，是仁宗朝凡 8 年（1022—1030），约 46 至 54 岁，共 101 字的两倍不止。真宗朝中，又以缉捕私盐一事最长，从 "充苏湖等六州军巡" 至 "不懈其职" 凡 45 字；其次是 "上杀获功状"，从 "时环实被边" 至 "改三班差使" 凡 44 字；再次是 "俘馘其 ［甚］ 众"，从 "夷獠侵患" 至 "就迁左侍禁" 约 35 字。这三件应属最重要之事。如前文所述，后两事应确有功绩，是否杀戮过度则难以查证。余下缉盐之事，志文说刘永 "充苏、湖等六州军巡，捉私茶盐，绝盗贩之弊。然州郡安于因循，反以为扰，阴中以他事，奏换池阳市征，君亦不懈其职"。读者清楚看到两事：一是民扰，二是他事。前者无从追究谁是谁非，而且不是调走刘永的主要原因；后者明显是刘永有过，才构成调走的主因，墓志并无隐讳，只是不记其事。刘永在大中祥符元年（1008）转五十一阶次的三班奉职去缉私盐，要到七年（1014）才因覃恩转五十阶次的右班殿直，中间长达六年，或跟这 "他事" 不无关系，该事可能记在告身里。

综合来说，墓志一般都隐恶扬善，但本志似无隐恶，仅是点到即止，没有详录其事。如本志大致可信，则从其提供之时间、地点、人物、晋升次第、过程和原因等各方面来看，刘永之仕进应靠本身之能力多于婚姻或其他人际关系。事实上，墓志所记之事功并非如何了得，一方面反映撰者避免夸大失实，近于史家笔法；另一方面解释了刘永之成就有限，三十余年在武臣六十阶次仅居四十六，约等于后来的从八品。

公主外孙之家当初为何看上刘永，实难猜测。墓志对其赞词有 "勇果" "勤而干集" "志在功业" "纯孝" "刚毅有断" "明哲保身"，也许是品德不错，尤其是孝。他能担任阁门祗候，参与朝会、宴幸、供奉和襄赞礼仪之事，周旋于宰臣、亲王和外国使节之间，[1] 应知书识礼。他与弟弟刘齐 "友爱至厚，风美并驰，巴峡方渠，相依从宦"，也应相濡以沫。弟弟是进士和文官，可见刘家文武并习和并进，与公主的夫家如出一辙。

刘家的未来，正好从文武并进的角度进行观察。首先遇到的疑问，

---

［1］《宋史》卷 166，3936 页。

应是根据旧史学界的二手记忆，宋代重文轻武，那刘家何会选择文武并进？较新的研究认为，"我们既要探讨金字塔上层和中央的重文轻武，也要兼顾中下层和边陲"。[1] 对绝大多数武人包括刘永来说，朝廷和上层遥不可及，在那里即使有重文轻武，亦未必影响他们在地方和中下层的仕进。巧合的是，真宗于大中祥符二年（1009）十一月颁下《文臣七条》和《武臣七条》，主要对象恰好是地方和中基层的文武官员，可对比如下：[2]

项目	文臣七条	武臣七条 （调整次序以作对比）
对象	诸道牧守及知州、知军、通判、知监、知县。	诸部署、钤辖、都监、监押、驻泊、巡检等。
对己	一曰清心，谓平心待物，不为喜怒爱憎之所迁，则庶事自。	三曰公平，谓均抚士卒，无有偏党。
	二曰奉公，谓公直洁己，则民自畏服。	一曰修身，谓修饬其身，使士卒有所法则。
对人或事	三曰修德，谓以德化人，不必专尚威猛。	七曰威严，谓制驭士卒，无使犯禁。
	四曰责实，谓专求实效，勿竞虚誉。	
	五曰明察，谓勤察民情，勿使赋役不均、刑罚不中。	六曰存恤，谓安抚士卒，甘苦皆同；常使齐心，无令失所。
	六曰劝课，谓劝谕下民，勤于孝弟之行、农桑之务。	四曰训习，谓教训士卒，勤习武艺。
	七曰革弊，谓求民疾苦而厘革之。	五曰简阅，谓阅视士卒，识其勤惰勇怯。
		二曰守职，谓不越其职，侵挠州县民政。

---

　　[1] 柳立言:《北宋评价武人标准再认识——重文轻武之另一面》，《历史研究》2018年第2期，58页。

　　[2] 《宋史》卷168，4008页；《宋大诏令集》卷191，701页；又见《潞公文集》卷30，文渊阁四库全书本，2—3页。

首先，两者都是七条，没有重文轻武。第二，对个人的道德要求共有两处，两者完全一致：文一条之平心待物与武三条之公平无偏，文二之公直洁己使人畏服与武一之修饬己身为人法则。第三，在对人或对事上，虽有治民与治军之别，在原则上完全一致的有一处：文五之勤察民情与武六之安抚士卒，文六之使人勤于孝悌农桑与武四之使人勤习武艺；几乎完全一致的有一处：文七之求民疾苦与武五之阅视士卒；不一致的有一处：文三之以德化人与武七之威严制驭，这当是因治理的对象不同。第四，难以对比的各有两处：文四之勿竞虚誉与武二之勿侵民政。

这一对文武须知不但以诏令的形式颁布四海，且准许"所在刊石或书厅壁，奉以为法"。[1]《武臣七条》又声明，七条摘自《周礼》大司马"掌建邦国之九法"和《左传》楚庄王之"武有七德"，[2] 应最符合当时的需要。毫无疑问，从数目、措辞到内容，十四条是精心锻炼而成，目的之一应是保持文武的平等，任何一方都难以找到胜过对方的地方。假如这是朝廷的政策或立场，我们可以大胆推论，在刘永的年代，并无明显的重文轻武，乃使文武并进仍是一个不错的选择。纵使出现偏文，也多因个人因素，例如在刘永身上，便可看到五个：任职之地多在边漠，各种生活条件都较差，如在环州病倒，要返京求医；缉捕私盐等职务与民政交错，容易触犯武二条；中年以后，战场愈发危险；不能如文官弟弟之迎养老母甚至妻小；必须坚守岗位，不能如文官之返家营葬。

无论如何，刘永的长子荫补武官，如向武途发展，有利的条件有四，既有自力也靠他力：

第一，家教不乏，共三方面：（1）武艺。刘永出战西夏时，"常当先锋，军中以勇果称，上杀获功状"，此乃一般文士难以兼得的条件。（2）

---

[1]《宋史》卷168，4008 页。

[2] 九法指《周礼·夏官》之"大司马之职，掌建邦国之九法"，计为制畿封国、设仪辨位、进贤兴功、建牧立监、制军诘禁、施贡分职、简稽乡民、均守平则、比小事大。七德指《左传·宣公十二年》楚庄王之"武有七德"，计为禁暴、戢兵、保大、定功、安民、和众、丰财。

为政之道。从刘永的经历，一方面可研究中下级武臣的各种职责，另一方面可见刘永历练的丰富和接近全国性，足可增长见闻。军事有二：其一，战争，如于环州抵御外患、于黔州平定内乱、于遂城建造军事设施；其二，军情军务，如担任河北西路的走马承受。吏治亦有二：其一，治安，如担任冀、贝等十州都巡检和苏、湖等六州捉私茶盐；其二，财务，如于池阳征收商税等。墓志言其"习惯疆事，展体吏局"，这些实际的战争和行政经验皆可传予后人。（3）官场之道。刘永曾因严格查缉私盐得罪当地官员，似能汲取教训，得以"明哲保身"。其实情待考，但不失可作经验传承。

第二，财富，刘永之族墓于庆历八年迁至河南洛阳，显示有一定的经济基础。不过经济来源可能不单从刘永，还有刘永先人和弟弟刘齐等。

第三，恩荫，刘永及其长子刘约皆荫补出身。

第四，人脉，来源有四：（1）世家。九十年间出入官场所累积的人际关系。（2）个人能力。刘永因其才干，受中高级文官转运使臧奎赏识，举充施、黔州巡检，后来更得到仁宗信任，跃升走马承受公事。（3）宦迹。刘永宦途遍及六路，即永兴军路、夔州路、河北西路、河北东路、两浙路、江南东路，有利于拓展人脉。（4）姻亲。初娶秦国大长公主之外孙陆氏，其女亦嫁右班殿直李元，两者皆为武臣家庭，在武途上互相扶持。

然而，不利之条件亦有二：其一，澶渊之盟后，真、仁两朝追求和平，武人不易出人头地，如刘永奋斗三十余年，去世时不过是从八品的西头供奉官；而弟弟刘齐约在天圣五年（1027）释褐为掾，至庆历八年（1048）年，不过二十余年，已位至从六品的都官外郎，亦即墓志所说的"弟升朝荣"，或促使刘永家族另辟蹊径，向文发展。其二，荫额因刘永之官不高和早逝而不多，长子所补殿侍乃第五十五阶无品之官，次子更未补官。

向文发展之有利条件亦有四：

第一，读书之风。刘永一代已然，如弟刘齐之举业，刘永次子亦进入庠序读书。

第二，品德。朝廷规定大部分武人不需守丧，但刘永于母丧时仍"表乞营葬，制夺不允"，显示个人要求超越朝廷，应可赢得文人群体之认同。

第三，举业成功。刘齐以科举出仕，打开从文之路，其文治经验亦可家传。

第四，人脉。来源有二：（1）亲人。刘齐官至尚书省刑部都官司员外郎（约第二十一阶正七品或从六品），已列朝官（选人从三十七升至三十一阶→京官从三十升至二十六阶→朝官从二十五升至一阶），通过读书、应举、同年、同僚等关系，皆可拓展文人之人脉，如许州通判茹孝标为刘永撰写墓志铭，河南府通判臧师锡为之书丹。（2）姻亲。继室李氏所生三、四女均嫁与文人（附件二），一方面可建立与文人或文人家庭的互助关系，另一方面反映家族转文的成果。在某些情况下，研究社会流动包括姻家不无道理。

然而，不利之条件亦有二：一为刘永本人无文臣荫额，二为举业不易。于此或可进一步探讨家族如何因应举业之种种困难，挤进文官窄门。

结论

三个墓志合计只有一千余字，要较为深入探讨，不能只靠福至心灵，也极需研究方法。任何研究都是为了回答或大或小的问题，所以我们必须提高问题意识。不论人文或自然科学，回答问题的一个基本方法是分门别类，如欠缺这能力，便会乱成一团，治丝益棼。

就历史研究来说，史学六问既能引发问题，也有助于分门别类，与之配合的有四个较为重要的方法。一是找出史料的结构和脉络，加以分段和分行。如列传和墓志大都是编年体，依时间来分便可；志书往往在编年之中采用纪事本末，就应依事来分；大臣的奏议，就好像当年为了应举而一再模写的策论，大都依照史学三论来铺陈，就应以"论据""推论"和"论点"来分，有时自可明白圣上为何动怒，因为论据严重不足以支撑论点，可叹今人动辄引用，以非为是。二是数算篇幅之多寡以抓出史料的重点。若有人说他三言两语便能交代重点，那么我们有理由相信，他的论点缺乏足够的论据，也难以看到推论，说不定仅是信口开河。《宋史》本纪和列传的"论曰"（论点）也多是寥寥数语，但之前有着众多的个案充当论据。片言决狱更短，但之前有着详细的案情分析作为判决的基础。三是勤于制作表格，其实就是呈现各门各类的相互关系，让读者一目了然，有时胜于千言万语。四是掏空史料，可戏称"五鬼搬运"，把史料的重要内容，统统纳入表格之内，涓滴不漏。之后，盯着表格写文章，每段都应有一个"主旨"（topic sentence）以笼罩全段，防止出轨，通常放在句首或句尾。个人较喜放在句首，亦即开门见山，坦白告诉读者我接下来要做些什么事情，起着路标的作用，其行文可谓之推演。如较喜含蓄浪漫，就放在句尾吧，可谓之归纳，但切忌啰唆，否则话未说完，读者就睡着了。这些方法，不但可用于研究国家大事，也可用来探究灵异案件。

高明之家，鬼瞰其室。怪异或灵异事件不是庶民专利，也发生在士大夫身上。有些不但自己相信，也希望别人也相信，例如《夷坚志》的编撰者洪迈在《乙志》的自序说："若予是书，远不过一甲子，耳目相接，皆表表有据依者"，[1] 希望以"有据依"来取信于人，且看他如何记录自己遇鬼：[2]

> 绍兴十七年（1147）夏，先公（洪皓）南迁，予与季弟（景徐）从行。八月二日，至虔州，泊舟浮桥下，登城楼少休。郡守曾

---

[1] 洪迈编撰，何卓点校：《夷坚志》乙序，北京：中华书局，1981年，185页。
[2] 《夷坚志》乙卷八，253页。

卿端伯恺来见，曰："此非馆处，独郁孤台可尔，而周康州先居之，明当去矣，姑为一夕留可也。"是夜，奉先公正中设榻，予兄弟席于旁。

丁夜，予起更衣，从北偏门出，一人正理发，发垂至地。

时两仆宿门内，曰汪三、程七，予谓是此两人，呼之不应，复还视门内，（二仆）盖寝如初，固疑之矣。

又出（门）焉，运柹尚未止，面对女墙，足太半垂在外，风吹其发蓬蓬然，（予）心始动，乃还榻。

明日而先公言："汝夜何所往，吾闻抱关老卒云楼故多怪，每夕必出。"予因道昨所见者。是日徙于郁孤，竟夜不成寐。

又闻周康州在馆时，有人从房中开二重门走出，意以为盗，呼其子尾逐之，门盖自若也。

为证明真是遇鬼（whether），他一共提出五种证据：明确的时间（when）——绍兴十七年八月二日丁夜；明确的地点（where）——虔州城楼；真实和众多的人物（who/whom）——父亲、季弟、曾恺、老卒等人；两项佐证（what/whom）——就闹鬼之事，除了告诉父亲之外，还提出"老卒云楼故多怪"及"又闻周康州在馆时"；更重要的，是他遇鬼的情节或经过（what/how）非常清晰，不是一时眼花或疑心生暗鬼，而是两次看到，并当场作出思考，确定不是两位仆人而是鬼怪。这些就是斑斑之据，毫无疑问相当符合史学六问中的五问，只缺 why（为何有鬼或为何遇鬼），无怪乎洪迈能够七度担任史官，凡五次进入国史院兼任编修及两次进入实录院兼任修撰。[1]

论名声当然相去甚远，但作为灵异事件，刘再思与洪迈二事几无两

---

[1] 凌郁之：《洪迈年谱》，上海：上海古籍出版社，2006 年，104、116、211、215、229、341、353 页。洪迈史部著作超过二十二种，见王年双《洪迈生平及其〈夷坚志〉之研究》，新北：花木兰文化出版社，2010 年，55—63 页。

样，可从六方面来谈。论来源，两者都出自士大夫之口和手，洪是现身说法，刘是家人代言。希望研究者明白，孔子的不语怪力乱神，只是一个期待，千万莫要不分青红皂白地套用在宋代士大夫身上。论性质，两者都是个人历史的一部分，于刘再思尤其重要，是最直接的一手史料。论流传，两者都靠口传和笔录，但洪之笔是笔记，刘是墓志。希望研究者不要再过于注重故事之载体，以貌取人，而应就故事本身展开各种讨论。论目的，两者毫无道德、信仰或社会之教化可言，只是单纯记下一次事件。希望研究者不要再心存定见，满怀"动机论"。论信众，两者都可吸引被统治和统治阶级，后者应不分文人武人和低层高层。论可信性，两者都希望取信于人。为达此目的，它们的记事都讲究具体周详，相当符合史学六问，也都缺乏 why（为何发生在我身上）。对平民来说，因故事的来源是士大夫，应增加可信性；对士大夫来说，可能较注重其斑斑有据。故洪迈自夸，"善学太史公，宜未有如吾者"，[1] 那岂非比美正史？

刘再思和刘永墓志都有接近正史之处。有谓正史列传的一个特色是美恶俱陈，而墓志是隐恶扬善，事实上后者是前者的重要史源，而两种史料的作者往往是同一批士大夫，对撰写传记有一定的原则，只是因不同的场合而下笔有轻重之别。刘再思墓志所扬之善，自是能够预测凶吉，但其来源却是一件恶事，让墓主成为"不常"之"狂人"。对该恶事，撰者有周详的描述，今世史家以六问质之，亦不得不承认其五脏俱全，不下于正史之求实。刘永墓志出自通判之手，主要职责本在摘奸发伏，且根据自身之经验，应颇能了解官员升迁之奇正和官场之虚实，对求志者交来的资料，应更具鉴识之能力，简单说就是内行写同行。对刘永的升迁，撰者大都交代原因，非因大功者一笔带过，看似无事可记，实则不作矫饰；因大功者每多具体，如谓"上杀获功状，赐诏褒美，前后屡赏缣帛"，今人看似平常，古人自当明白该功状需以实物为据，明列杀获

---

[1] 《夷坚志》丁志序，537 页。

之数，该诏旨不能凭空生出，必留下实物为凭，而该缣帛一如官员之锦服，可当作传家之宝。又如职位之走马承受和阁门祗候，人物之转运使臧奎，古人自当清楚其重要性。

刘永墓志亦少隐讳。对其失意，志文说："充苏、湖等六州军巡，捉私茶盐，绝盗贩之弊。然州郡安于因循，反以为扰，阴中以他事，奏换池阳市征，君亦不懈其职。"如要为刘永打抱不平，改作"反以为扰，奏换池阳市征"是否更佳？撰者非要加入"阴中以他事"，一方面反映他对"实事实说"的执着，另一方面也透露了刘永因某事失足，落人口实，加以中伤。"君亦不懈其职"，大抵是默默承受，努力工作，但最后不是以功绩而是以覃恩得到晋升，墓志可谓意在言外。刘永起身于环州，已逝的元配是公主外孙，三十余年后旧地重临，从无品只变为从八品，仍要在此"边漠"之地"志在功业"，此景此情交错相生，读来历历在目，倍觉凄凉悲壮，或可从中寻觅墓志之笔法。要之，墓志兼具史学和文学的特性，既要注意其挑选之事，也不可忽略其寄托之情。

刘永一支以武功崛起，靠恩荫、功业，兼习和兼仕文武来维持统治阶级的地位，它们的作用似乎大于婚姻等人际关系。从三件墓志可知，刘再思的灵异经历被记录在新的墓志之时，刘氏族墓可能已超过五世。若从宋代起算，九十年间（960—1048）已连续三代为官，且有一件令人称羡的婚事，可见没有受到灵异事件多大的影响。刘永娶了太祖之女秦国公主的外孙，公主的公公是开国名将王审琦，以武功起家，同时亦留下"政成下蔡，……卓乎可称"的吏治。公主的夫婿是第二代，既习武也学文，晓音律，好吟咏，其弟亦晓音律，其诗文足以结集，两人都堪称儒将。刘家不遑多让，刘永的父亲是武将，本人荫补武官，亦终身为武员，但弟弟刘齐可能因为没有父荫，乃从科举起身，举行迁葬时已是从六品的朝官。刘永两子，一武一文，长子荫补武官，次子入庠读书，应走科举之路。五位女婿，可知者一位是武官，一位文官，一位乡贡进士。刘齐请来两位文人通判替武人兄长的墓志执笔，一位撰写墓志，一位不过是书丹而已，也愿应命，似乎没有多大的轻武。赏识刘永的转运使臧奎如跟书丹的臧师锡有血缘关系，那刘臧两家有世代交情，这也应是当时文武交流的情况，两者绵密不断。一家之中，父祖有武人，子侄亦有文有武，或主动或被动地采用文武双轨发展的策略来维持家业，如谓重文轻武，未免有点数典忘祖和不孝不悌。

研究历史必须分清"论据""推论"和"论点"是不同的三回事。所谓"重文轻武"或"崇文抑武"等说法，跟儒者"不语神怪"一样，都只是论点，不是论据，不能拿来反驳不同的或新的论点。史学界的论争应如法庭上的攻防，甲方拿出"五代武人不能文治"的证据，乙方拿出"五代武人能够文治"的证据，才能展开讨论，如计算多寡和衡量轻重。五代高、中、低层武人的资料，绝大多数在两《五代史》《册府元龟》《资治通鉴》《续资治通鉴长编》《宋史》和墓志里，假如从它们找不出多少重武轻文或武人是五代主要乱源的证据，反而找出不少文武并重和武人致治的证据，我们就得承认，有些论点，即使出自帝王之口，如太祖所说的"五代方镇残虐，民受其祸，朕令选儒臣干事者百余，分治大藩，纵皆贪浊，亦未及武臣一人也"，[1] 也是论据不足和对不起姻家的。说这些话，有时是别有居心，例如为了把对手削灭，乃夸大其缺点而少谈其优点，所牵涉的是权力而非治乱；有时却是古人只说出了部分而非全部的真相，而今人以偏概全，自我作古。我们应多作个案研究，因为"个案"是"通论"的基础。

（执笔者：林思吟、张庭瑀）

（指导者：柳立言）

---

[1] 《续资治通鉴长编》卷 13，293 页。

附件一：北宋武官环州管界都巡检使刘永墓志铭并序

一、基本资料

1. **性质**	墓志	
2. **题名**	新题：北宋武官环州管界都巡检使刘永墓志铭并序 首题：故西头供奉官阁门祗候刘君墓志铭并序	
3. **时间**	死亡、下葬或立石时间 死亡：北宋天圣八年（1030）四月十五日 下葬：? 迁葬：北宋庆历八年（1048）十月八日	
4. **地点**	死亡、下葬或立石地点 死亡：开封（河南开封） 下葬：? 迁葬：河南府洛阳县（河南洛阳）贤相乡上店里	
5. **人物**	墓主：刘永（976—1030） 求文者：弟（北宋文官都官员外郎刘齐） 撰者：弟之同榜（北宋文官许州通判茹孝标） 书丹者：北宋文官河南府通判臧师锡 立石者：弟（北宋文官都官员外郎刘齐） 刻者：王达	
6. **关键词**	社会流动、文武交流、业绩、品德、家庭或家族、墓志笔法与史学方法	

（责任者：林思吟、张庭瑀）

二、释文

宋故西头供奉官阁门祗候刘君墓志铭并序
朝奉郎守殿中丞通判河南府兼畿内劝农事上骑都尉借绯臧师锡书
朝奉郎守太常博士新差通判许州军州兼管内堤堰桥道劝农事管勾沟洫河
道上骑都尉赐绯鱼袋茹孝标撰

刘氏出中山，其族蕃衍，世多闻人，而谍之缃素，蝉联弗绝，此不悉数。

（以上是原籍等，约 26 字。）

君讳永，字子脩，即中山之裔也。

曾王父讳拯，赠率府率。

王父讳朗，赠卫将军。

考讳罕，累赠左领军卫将军，君即其冢嗣也。

（以上是曾祖父三代，均不记妻，约 46 字。）

少以父任补殿侍。

景德中为环州指使。时环实被边，羌戎寇境，每州将出战，常当先锋，军中以勇果称。上杀获功状，赐诏褒美，前后屡赏缣帛，改三班差使。

代还，转借职，皆畴［酬］其劳也。

祥符初，章圣东封，严先置之职，营陟方之馆。君莅其役，勤而干集。

礼毕，转奉职，充苏湖等六州军巡，捉私茶盐，绝盗贩之弊。然州郡安于因循，反以为扰，阴中以他事，奏换池阳市征，君亦不懈其职。

车驾幸谯，覃庆，转右班殿直，差黔州相阳寨主。

夷獠侵患，绥遏不能制，乃以兵御之，俘馘其［甚］众。逮君满秩，蛮落肃清，朝廷嘉之，就迁左侍禁。

转运使臧公奎藉其威名，举充施黔州巡检。

归朝，充冀贝十州都巡检。

（以上真宗朝功业，以武功为主，亦涉财务商事，约 229 字。）

乾兴中，上登极，沛恩转西头供奉官；洎至河朔，力边画，保塞遂城，素为重地。天圣二年，选充本路走马承受公事。陛辞之日，赐装钱、对衣、束带、鞍辔、马等。君所至风迹，为人称慕。

代还，授阁门祇候，差充环州管界都巡检使；君昔事军麾，习惯疆事，展体吏局，志在功业。

（以上是仁宗朝功业，以武功为主，约101字。）

　　是时，君之弟释褐为掾，迎河东县太君在邠州。

其年七月，哀讣至。君闻之，号恸殆绝，扶而后起，表乞营葬，制夺不允，而纯孝之性，追慕无已。

七年，服阕，得风恙，访医京师。明年四月十五日，遂不起。

（以上是尽孝和死亡，约74字。）

　　君为人刚毅有断，明哲保身，历官三十余年，无纤芥之累。授任边漠，将报国宠，尽瘁感疢，中年倾谢，终于三百二十四甲子。

（以上总评，先述品德，次及边防武功，约48字。）

　　初娶陆氏，即秦国大长公主之外孙。

一女，适右班殿直李元，早亡。

后夫人李氏，生二男：

长曰约，以赏延恩追录其嗣，补殿侍；

次曰绚，肄业庠序。

四女：长适赵师服，次适夏侯嘉祐，皆当世美彦，不逮夫贵，今也则亡。次适郊社斋郎尹林，次适乡贡进士阎枢。

（以上两妻及子女等，只记婿不记媳，有文有武，约96字。）

　　君之弟，今都官外郎齐，友爱至厚，风美并驰，巴峡方渠，相依从宦。陟冈怀戚，卜兆有期，以庆历八年十月八日，葬于河南府洛阳县贤相乡上店里，附先正之墓次，求志于同年友生茹孝标。谨用直笔以铭云：

　　穷通修短，会之以命。雄才不偶，冥数前定。

　　吁嗟刘君，誉望晖映。美绩有闻，流年不竞。

弟升朝荣，子绍门庆。陪葬先茔，风徽比盛。

（以上是撰志由来及铭文，约 128 字。）

王达刊。

（责任者：林思吟、张庭瑀）

（指导者：柳立言）

附件二：刘氏婚宦一览

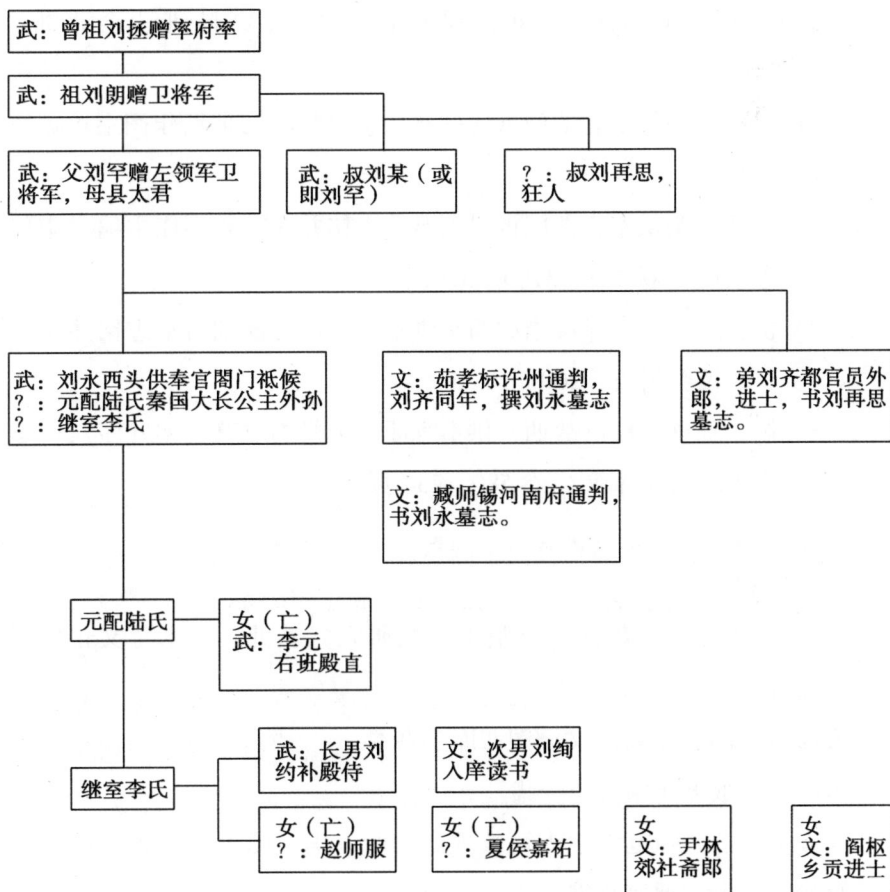

武：曾祖刘拯赠率府率

武：祖刘朗赠卫将军

武：父刘罕赠左领军卫将军，母县太君 ── 武：叔刘某（或即刘罕） ── ？：叔刘再思，狂人

武：刘永西头供奉官阁门祗候
？：元配陆氏秦国大长公主外孙
？：继室李氏

文：茹孝标许州通判，刘齐同年，撰刘永墓志

文：臧师锡河南府通判，书刘永墓志。

文：弟刘齐都官员外郎，进士，书刘再思墓志。

元配陆氏 ── 女（亡）
武：李元右班殿直

继室李氏 ──
武：长男刘约补殿侍
文：次男刘绚入庠读书
女（亡）？：赵师服
女（亡）？：夏侯嘉祐
女文：尹林郊社斋郎
女文：阎枢乡贡进士

参考资料

一、墓志碑文

1. 王复:《宋中山刘君墓志》,傅斯年图书馆藏拓片（13188）。

2. 王复:《宋中山刘君墓志》,曾枣庄主编《宋代传状碑志集成》卷 221,
   3355 页。

3. 王复撰,李文泽点校:《宋中山刘君墓志》,曾枣庄、刘琳主编《全宋
   文》卷 891, 317 页。

4. 王复撰,黄靖玫注释:《刘再思墓铭》,宋代史料研读会报告,
   2006.03.11。

5. 茹孝标:《故西头供奉官阁门祇候刘君墓志铭并序》,傅斯年图书馆藏拓
   片（13161）。

6. 茹孝标:《故西头供奉官阁门祇候刘君墓志铭并序》,曾枣庄主编《宋代
   传状碑志集成》卷 204, 3100—3101 页。

7. 茹孝标撰,陈芬芳注释:《宋故西头供奉官阁门祇候刘君墓志铭并序》,
   宋代史料研读会报告, 2001.10.06。

8. 茹孝标撰,刘琳点校:《故西头供奉官阁门祇候刘君墓志铭并序》,曾枣
   庄、刘琳主编《全宋文》卷 580, 234 页。

二、其他资料

9. 王年双:《洪迈生平及其〈夷坚志〉之研究》,新北：花木兰文化出版
   社, 2010 年。

10. 文彦博:《潞公文集》,文渊阁四库全书本。

11. 宋绶、宋敏求:《宋大诏令集》。

12. 李焘撰,上海师范大学古籍整理研究所、华东师范大学古籍研究所
    点校:《续资治通鉴长编》。

13. 洪迈编撰，何卓点校:《夷坚志》，北京：中华书局，1981 年。

14. 凌郁之:《洪迈年谱》，上海：上海古籍出版社，2006 年。

15. 徐松:《宋会要辑稿》。

16. 柳立言:《北宋评价武人标准再认识——重文轻武之另一面》，《历史研究》2018 年第 2 期，35—58 页。

17. 柳立言:《宋初一个武将家族的兴起——真定曹氏》，"中研院"史语所出版品编委会编《中国近世社会文化史论文集》，39—88 页。

18. 柳立言:《司法篇：文学、法学、审判》，柳立言《人鬼之间：宋代对巫术的审判》，上海：中西书局，2019 年，119—212 页。

19. 柳立言:《社会篇：谁在制造"巫"风?——僧、道、巫、士大夫、其他》，柳立言《人鬼之间：宋代对巫术的审判》，1—66 页；原名《谁是宋代"巫"风的制造者》，载《宋学研究》2017 年第 1 期，80—122 页。

20. 脱脱等撰，中华书局点校:《宋史》。

21. 张希清:《宋朝典章制度》，长春：吉林文史出版社，2001 年。

22. 杨宇勋:《从政治、异能与世人态度谈宋代精神异常者》，《成大宗教与文化学报》2006 年第 7 期，19—47 页。

23. 刘祥光:《宋代日常生活中的卜算与鬼怪》，台北：政大出版社，2013 年。

24. 刘齐:《宋故中山刘府君墓》，北京图书馆金石组编《北京图书馆藏中国历代石刻拓本汇编》38，119 页。

25. 刘齐:《北宋刘中山墓志盖》，傅斯年图书馆藏拓片（19212）。

26. 龚延明:《宋代官制辞典》。

27. 龚延明、祖慧编撰，傅璇琮主编:《宋登科记考》。

第三编

武人的后代和转型

唐末五代战乱，产生一批以武晋身的统治阶级，这群人的后代并可能得以持续维持统治阶级之地位，成为武二代乃至武三代。他们曾试图利用哪些途径以寻求维持其统治阶级之地位？若谓五代重武轻文，他们是否会期待后代子孙继续以武入仕？一般而言，墓志所载之墓主后代亲属信息不会造假，正是用来研究家庭与家族史的良好材料。我们利用墓志所载史料，分别从以下三个角度观察武人如何为其后代安排出路：1. 学习：五代武人安排后代学习，主要是习文、习武，抑或文武兼习？2. 仕宦：五代武人为其子弟寻求官职，主要是文职、武职，抑或文武兼仕？3. 婚姻：五代武人为其后代安排婚姻对象，主要是文官、武官，抑或文武兼婚？上述三点都是用来观察前辈如何为后辈安排出路的重要指标，同时也都属客观行为，不会因不同研究者而有不同的认定，可谓较为客观的判断标准。虽然墓志所载之后代信息通常都相对有限（例如通常只记载一任官职），但应该仍足以让我们对文武二途在五代时期之相对重要性有更清楚的认识。与此同时，若我们还能找到这群后代的更多相关史料（例如后代自身的墓志），我们也可进一步判断上述三因素在延续统治阶级地位上的相对重要性。而将史料按时序排列，当能观察自唐末至宋初之统治阶级在寻求维持自身地位时，所采取的策略是否经历重要变化及其历史意义。以此为基础，我们或能对"五代重武轻文"之论述进行反思，同时也可重新检讨所谓"宋代重文轻武"的真实意涵。

数世聚居兼仕文武

（国礥）

林明、林思吟

后梁武官佑国军节度押衙国礥墓志

一、基本资料

1. 性质	墓志
2. 题名	新题：后梁武官佑国军节度押衙国礥墓志 首题：大梁故佑国军节度押衙银青光禄大夫检校国子祭酒兼御史大夫上柱国徐州下邳郡国礥志铭
3. 时间	死亡、下葬或立石时间 死亡：不详（915 前） 初葬：不详 迁葬：后梁乾化五年（915）七月二十五日
4. 地点	死亡、下葬或立石地点 死亡：河南府（河南洛阳） 初葬：不详 迁葬：河南县（河南洛阳）宣武店东北
5. 人物	
墓主	国礥（889 前—915 前）
撰者	可能是后梁文人（地主）杨某
6. 关键词	社会流动、文武交流、家庭或家族、丧与葬、墓志笔法与史学方法

（责任者：萧妤函）

二、释文

大梁故佑国军节度押衙银青光禄大夫检校国子祭酒兼御史大夫上柱国徐州下邳郡国礦志铭

窃以礦贯居孟州温县殖货坊敦化里。

（以上是原籍，15 字。）

祖文通。

父莒，有弟二人：长弟瑭，次弟积。

先茔并在县北三里东郭村南。

（以上是父、二叔及在温县之先坟，27 字。）

礦遭逢罹乱，□□〔系累〕京都。时河南府创建佑国军节，礦因兹縻职，后以寝疾身亡。

（以上是生平，全无具体功绩，29 字。）

有弟三人：长弟破，职守河南府押衙；次弟磷，官授福州长史；次弟磻。

侄男四人：长侄仁裕，次侄仁显，次丑多，小侄秃哥。

礦有男三人：长男膳，次男岳，小男留住。

孙四人：长孙六女、卢十、郑奴、甜儿。

（以上是诸弟与子侄孙，子辈无女性而孙辈有，73 字。）

礦夫人始平郡冯氏，乾化五年岁次乙亥七月庚申朔廿五日甲申，迁葬于河南县宣武店东北。因遭兵革，移住洛都，尚缘乡里未宁，遂此创修茔所。

（以上是寡妻及迁葬，57 字。）

刊石留记，将传不朽之名；镌录缘由，播在子孙之口。自兹松柏，永保千秋；积善传芳，长存后祀。

（以上是撰志立石之目的，36 字。）

河南县紫泽乡宣武村地主杨札
兼造尊胜陀罗尼幢一所，建立茔内。

（责任者：林思吟、施天宇、萧妤函）

（指导者：山口智哉）

三、个案研究

墓主国礥，于唐末五代位至节度押衙，属统治阶级之中至中下层，理论上不难找到有才能的士人撰写符合传统要求之墓志铭，但其文甚奇。一是撰者不能完全确定；二是名为"志铭"，却没有替墓主盖棺论定之铭文；三是出现一位似跟墓地相关之地主；四是不记墓主任何功业，难以看到他为何达至可以服绯的从三品银青光禄大夫（散官第五阶）和转至视同正二品的上柱国（最高的勋官）；五是从祖至孙，共记五代之多；六是父亲、本人和儿子三代均记旁系亲属；七是一再提到迁徙和迁葬。把这七个奇点分门别类，可得两个研究重点：乱世下的家族、志文的特点与目的，前者或深切影响后者。

（一）乱世下的家族

墓志不过 261 字左右，却两次提到战乱和迁徙。

第一次提到是唐代末年，国礥（889 前—915 前）"遭逢雁乱，系累京都"，指他从贯居的孟州温县（河南焦作），因避乱迁往京都长安（陕西西安），是第一次迁徙。不久，"时河南府创建佑国军节，礶因兹縻职"，指昭宗于 889 年前后在河南府（河南洛阳）创建佑国军，以张全义为节度使，国礶前往投靠，是第二次迁徙，并在该地任官直到病逝。

第二次是说"因遭兵革，移住洛都"，似乎是复述第二次迁徙。昭宗于 904 年被逼迁都洛阳，朱温于 907 年篡唐，于 909 年迁都洛阳，都可指"洛都"。无论何者，"移住洛都"于国氏都不算大迁徙，反是更近故乡孟州。

虽是流移之民，反因战乱而达到社会流动。国氏家族之官位和地望（附表），凡有迹可寻的，都被墓志记上一笔，而祖父、父亲和两叔不记，应是布衣。国礶位至节度押衙，属中下层官员，可说同时达到阶级（class）和阶层（rank）的流动。押衙在兵马使和虞候之间，是藩镇属下最重要的武职之一，可掌牙内之事，若属亲信，便有随使或亲从之称。有学人把洛阳出土墓志之所属家庭大多视为旧日之统治阶级，[1] 恐是忽略了张全义治洛时期提拔了不少被统治阶级，其中自有不乏资产可在洛阳购置墓地的。

国礶凭何条件得以向上流动？墓志只间接透露两种信息。第一种属于资财，间接证据有三，必须综合而非孤立来看。就贯居"殖货坊"推测，不但是城居，而且可能是商人聚居之地，或有商人背景。又有先茔，至少包含祖父、父亲和两叔两代三房，或有一定的规模，所费不赀。又有能力两次迁徙，第一次也许是避难，第二次明显是谋求仕进，或具一定的物质条件。

第二种属于家庭教育或个人能力。国氏一家似乎兼习文武，间接证据有二。首先是名字，有些并不常见也不好写，如"礶"和"碬"，或反映家里有一定的文化水平。有些如"秃哥""留住"甚至"郑奴"，乍

---

[1] Tackett, Nicolas, *The Destruction of the Medieval Chinese Aristocracy*，尤其第二章 The Geography of Power.

看似属下层社会之取名，但应是乳名，如"留住"或因不好抚养而取名"留下他来"。其次是得官，国礦兄弟四人，竟有三人获得官职，比例甚高。墓志说国礦的押衙是"因兹廖职"，长弟破是"职守河南府押衙"，次弟磷是"官授福州长史"，两武一文。若硬要计较"职"和"官"之别，两个押衙应是实职，尤其是国礦带有散官、检校官和宪官等中央官衔，虚实分明。剩下的福州长史，难知虚实。若是实职，长史略低于别驾，为府、州之上佐，属紧要职位；若是闲员，则坐领高薪，大抵其人在成为闲员之前已拥有一定的身份和地位。国磷出身布衣，应经历诸多实职之后才达至长史之实位或虚名。当时闽地在王潮和王审知统治下尚算安定，北方士人投靠者不少。王氏尤重海外商业，[1] 也许国氏的商人背景可以派上用场。一家之中，不但兼资文武，且并仕南北，两种对立也许都不如想象中的严重。

国氏在流移之前和之后似乎都是聚族而居，可从世代、字辈和家庭形态等多方面综合考虑。家庭形态主要观察究竟是直系还是旁系：直系指父子孙同居，旁系指兄弟叔侄聚居。国氏流移之前，先茔至少葬有祖父和父亲两代，父亲一代含两叔父共三房，于国礦来说是直系与旁系并存，是家族而非家庭。流移之后，从国礦算起共三代，本人和儿子两代均记旁系亲属，侄男有四位之多，可能是国礦兄弟四个家庭全部或部分聚族而居。单是国礦一人之墓志，便记录上下五代，直系十人，旁系九人，可能有族谱记录人口。单是国礦一家便有一夫一妻三子四孙（不含媳妇），应属中型而非小型家庭，或所谓"唐型家庭"。达到这个层级的家庭，其规模有时能够避过战乱的影响。

不过，必须注意的是，父及叔之取名似无一定规则（或是草、玉、禾），国礦四兄弟一律取石（礦、破、磷、磻），但下一代似再分歧，如国礦之侄儿，以仁字排辈和以二字为名（仁裕、仁显），但其成年之两子均不是（膳、岳），至少目前不是。有一弟于福州任官，亦可看到家

---

[1]　杜文玉：《五代十国经济史》，294 页。

族因仕宦而暂时或永久分散。

虽或分散，祖墓兼族墓有时发挥一定的向心力量，反映在墓志上一再提到墓葬及其地点。首先是先茔，墓志以墓主的旧贯"孟州温县殖货坊敦化里"开场，不但指出州、县、坊，还下及于里；接着记述一祖一父二叔，四人同葬一地，应为家族祖坟；随即说出坟地所在，指明距离和方向，目的应是告诉后人"根源"之所在。其次是墓主之葬，志文谓"迁葬于河南县宣武店东北。因遭兵革，移住洛都，尚缘乡里未宁，遂此创修茔所"，似是国礩死后暂时停柩于某地，现在迁移和下葬于宣武店东北，相传是北魏宣武帝皇陵所在，风水甚佳。所谓"乡里未宁"，似指此次下葬仅是一时权宜，待时局安宁，便要迁回故乡，祔葬于祖茔。由此可知，国氏重视故乡、先茔与归葬，也是文人与武人共享的价值观念。

（二）墓志之特点与目的

国礩之墓在河南县宣武店东北（河南洛阳），[1] 墓志以"窃以礩"开场，撰者似是末尾之"河南县紫泽乡宣武村地主杨札"，亦即墓地卖主，"札"字可能不是名字而是书札之意。由最后一句"兼造尊胜陀罗尼幢一所，建立茔内"来看，从买卖茔地、营造坟墓，以至刊石留记，杨氏都有参与，应跟国氏相识。他堪称基层文人，多少看到文武交往以至交流，至少知道押衙作为武官的一些行事与为人，但为何没有写下来？如前所述，也许这次下葬真的只是权葬，故墓志写得简单，待归葬时另撰新志。无论如何，把本志分段分行计算字数之后，仍可发现其特色或重点。

国礩作为墓主、长子和家族向上流动之推手，只有 29 字，且不见任何具体功业，宛若无事可记。寡妻一段却有 57 字，主要功绩是替亡夫迁葬。国礩有孙，可见嫡长子已经成年，但可能由于不是归葬先茔而是择地权葬，故由寡母而非儿子出面决定和主持，多少反映法律赋予女性作

---

[1]　周阿根：《五代墓志汇考》，54—55 页。

为母亲和家长的权利和责任。

较寡妻占有更多篇幅的，是诸弟与子侄辈，凡73字，宛若简单的族谱，加上一开始就提到的贯居、祖父叔两代三房、先茔和后来的战乱迁徙、墓主迁葬，以及特别指出"尚缘乡里未宁，遂此创修茔所"，视为权葬等，可看到墓志将家族的重要性置于墓主个人之上，或是以家族的发达作为墓主之主要成就，占去最多的篇幅。墓志的目的是"刊石留记，将传不朽之名；镌录缘由，播在子孙之口"，应是让子孙知道家族史中的重要事项，除了墓主造就家族的社会流动及各种职官之外，就是先茔和迁徙，希望在太平之日能够归葬，更不要忘了有一房子孙南迁福州。

此外，墓志提到的地望凡三。国礀有二：孟州和徐州下邳郡；妻子冯氏有一：雍州始平郡。明显可见，孟州是居地，下邳是国姓上溯东汉的郡望，可能是唯一的郡望；始平是冯姓上溯东晋的郡望，但不如颖川、上党、弘农之著名，或见墓志不一定是攀龙附凤，而仅是附庸风雅，符合某些传统格套。

结论

孟州国氏原是布衣，因唐末战乱移居洛阳，可能凭着资财和兼习文武等条件，上升至统治阶级的中下层，且购得福地作为新坟，留下墓志。由此推想两点：第一，虽在乱世，习文仍是晋身之阶，为藩镇治理地方之所需，可能促使有力之家兼顾文武教育。第二，若凭武力晋身，可能不大需要很好的家庭背景，所引起的社会流动相对较大，耕夫可变将帅，对统治阶级的性质也影响较大，五代诚一变局。若凭文事晋身，则一般需要中产以上，才具备习文之条件，所引起的社会流动相对较小，可能只是基层精英的往上爬升，对统治阶级的性质也影响较小，五代不一定是变局。

洛阳国氏之家族由四位兄弟四个家庭所组成，有两个重要特点。首先，文武双轨发展。长兄担任武职，二弟武职，三弟文职，所受之训练和阅历，不但在家族之内便可增加子弟对文事和武功之认识，对外亦有利于文武交流，如长兄墓地之卖主和墓志撰者似是相识之文人。担任武职之人若有习文之背景，亦可在军中进行交流。军队中的若干工作，如军粮的管理等，仍需文人。对担任中下层武职的文人来说，跟武人打交道是日常业务，能够产生什么关系或相互影响，则因人而异。无论如何，上层与中下层的文武关系应分开探讨，前者的重点或是政治关系，后者是社会关系，应占多数。五代基层文人和武人的交流可能远超过想象之广与深，事实上彼此本有一些共同的价值观念，如归葬祖茔以尽孝和扶掖族人以全义等。

其次，继承传统的家族观念或主义，主要表现在两方面。第一，聚居。依照法律，父母在世，子女不能分家，必须同居共财；父母死后，兄弟姊妹既可继续同居共财，亦可分居异财。国氏四兄弟作何选择，难以深究，不过兄长墓志之重点非在个人功业而在家族构成，尽列诸弟及侄儿，应是关系紧密，可大胆推论是聚族而居。此亦移民家族常有的选择，结合众力以谋发展。第二，重视故乡、祖茔和迁葬。引申的问题，是由何人完成归葬？亡夫之迁葬或归葬若由寡妻完成，有无提高了女性的地位？有无成为她们的使命或被视为重要的妇德，反过来成为她们的负担？

其实，在家族主义之下，不分男女，个人利益常被置于家族利益之下，而男女地位之相对重要性，亦因其对家族贡献之大小而定。墓主看似无事可记，实质推动了家族的往上流动，故谓之"不朽"，而寡妻至少在名义上替他选择了权葬之地，日后如不得归葬，便将成为洛阳国氏之新祖茔了，亦应"播在子孙之口"。唐末五代的家族观念到了后代有无改变，或为何和如何改变，有待研究。

志文明确提到墓志的用途，一是替墓主留名，二是作为子孙之楷模。前者也许可让无缘进入国史之人得以名垂地方史志，增加家族的地方声望，跻身地方士绅之列。后者或是希望墓志所标示的道德和功业等价值观念，如重视家族伦理等，可让子孙起而效法，亦可作为家族之传统。

（执笔者：林明、林思吟）

（指导者：刘祥光）

附表:

国氏姓名、官位和拟似地望表

家族	姓名	官位	拟似地望
祖父	文通	不见	不见
父亲及两叔	莒、瑭、積	不见	不见
墓主国礥及三弟	礥	佑国军节度押衙	徐州下邳郡（江苏邳县）
	磝	河南府押衙	不见
	磷	福州长史	不见
	礐	不见	不见
礥之妻	冯氏	只称夫人	雍州始平郡（陕西咸阳）
礥之三子	膳、岳、留住	不见	不见
礥之四侄	仁裕、仁显、丑多、秃哥	不见	不见
礥之四孙	六女、卢十、郑奴、甜儿	不见	不见

参考资料

一、墓志碑文

1. 不著人:《大梁故佑国军节度押衙银青光禄大夫检校国子祭酒兼御史大夫上柱国徐州下邳郡国礥志铭》,吴钢主编《全唐文补遗》第五辑,444 页。

2. 不著人:《大梁故佑国军节度押衙银青光禄大夫检校国子祭酒兼御史大夫上柱国徐州下邳郡国礥志铭》,周绍良主编《全唐文新编》卷 997,15534—15535 页。

3. 不著人:《大梁故佑国军节度押衙银青光禄大夫检校国子祭酒兼御史大夫上柱国徐州下邳郡国礥志铭》,傅斯年图书馆藏拓片（18891-2）。

4. 不著人撰，周阿根点校:《国礥墓志》,周阿根《五代墓志汇考》,54—55 页。

5. 不著人撰，章红梅点校:《国礥志铭》,章红梅《五代石刻校注》,43—44 页。

二、其他资料

1. 杜文玉:《五代十国经济史》。

2. 周阿根:《五代墓志汇考》。

3. Tackett, Nicolas, *The Destruction of the Medieval Chinese Aristocracy*. Cambridge, Mass.: Harvard University Asia Center, 2014. 谭凯（Tackett, Nicolas）撰，胡耀飞、谢宇荣译:《中古中国门阀大族的消亡》,北京:社会科学文献出版社，2017 年。

沙陀王朝武人刺史卖剑买牛

（周令武）

林亚璇、施天宇、张庭瑀、廖品谊、聂雯

后晋武官前蔡州刺史周令武墓志铭并序

一、基本资料

1. 性质	墓志
2. 题名	新题：后晋武官蔡州刺史周令武墓志铭并序 首题：晋故竭忠建策兴复功臣光禄大夫检校太傅使持节前蔡州诸军事蔡州刺史兼御史大夫上柱国汝南郡开国伯食邑七百户周公墓志铭并序
3. 时间	死亡、下葬或立石时间 死亡：后晋天福七年（942）五月十四日 下葬：后晋天福七年（942）八月九日
4. 地点	死亡、下葬或立石地点 死亡：东都（河南开封）私第 初葬：西京河南县（河南洛阳）平洛乡朱杨村
5. 人物	
墓主	周令武（873—942）
撰者	后晋文官前摄河南府巡官张廷胤
6. 关键词	社会流动、文武交流、业绩、品德、婚姻、家庭或家族、墓志笔法与史学方法

（责任者：林怡玟、张庭瑀）

二、释文

□〔晋〕故竭忠建策兴复功臣光禄大夫检校太傅使持节前蔡州诸军事蔡州
刺史兼御史大夫上柱国汝南郡开国伯食邑七百户周公墓志铭并序
前义成军节度馆驿巡官将仕郎前摄河南府巡官试秘书省校书郎张廷胤撰

　　叙曰：庖羲没而神农举，耒耜爰兴；炎帝殂而轩辕生，金木由作。
则冬穴夏巢之代，一变于古风；圆首方足之徒，再明于书契。暨唐虞已
降，周汉隆兴，文物毕备于寰中，礼乐乃覃于域外，或有功王室，积庆
私门。上则遗美简编，用光秘阁；下则勒名贞石，俾焕玄扃。伸自家刑
国之功，叶资父事君之道，冀存不朽，其在此乎？
（以上是序，说明勒石用意，主要是伸张"自家刑国"和"资父事君"，
121字。）

　　公讳令武，字允和，涿州范阳人也。本姓姬，周之裔。
曾祖讳□，高尚不仕。
祖讳询，高尚不仕。
考讳佺，职至幽州节度押衙卢台军使，赠检校尚书左仆射；
母清河张氏，追封清河郡太夫人。
公家世北居燕甸，烈考历职蓟门，古先以开国承荣，后胤乃因封命氏，
皆祖枝傍茂，姓派远流。
袭庆鲁公，代济匡扶之业；分荣汉相，□□符缔之勋。
此则略而书之，不可备而载也。
（以上记得姓、三代父祖及仕历等，137字。）

　　公早抱雄图，壮明奇策，勇概悉由于天受，威□〔仪〕不假于神

传。然有志四方，罢归一□〔室〕，遂策名戎府，建职藩维。

前唐天祐初，刘氏之王燕邦也，公雅尚韬钤，素明术略，书剑克光于祖德，弓箕不坠于家声，竟署职卢龙，分管士件。

昭王替国，乐君终别于燕台；项羽失图，韩信□〔顷〕归于汉主。

（以上是在卢龙节度使刘仁恭、守光父子麾下之事迹，以武功为主，但职位不详，107字。）

时唐庄帝居三晋也，将谋复宇，整切用军，睹公有孙吴之才，委公领爪牙□□〔之任〕，讵劳阶级，唯务得人。

寻署河东押衙、右铁林厢指挥使，超授金紫光禄大夫检校尚书右仆射兼御史大夫上柱国。

公即竭力为臣，奋心事主，当创业开基之际，著南征北讨之功。

战伐既多，位匪虚受，俄又转右铁林都指挥使检校尚书左仆射。攀龙鳞而附凤翼，许仲康剑气凌空；训虎旅以练熊师，曹景宗弓声彻汉。夷袄戡难，动合机钤。

（以上是在晋王李存勖麾下之事迹，以武功为主，159字。）

同光元年冬，梁运才终，唐祚初启，扫欃枪而寰宇无事，混车书而华夏毕同，玉律资和于舜朝，金镜重明于汉道。

庄帝以公勤劳王室，左右皇家，经纶□□〔八极〕以□心，济活兆人而合德。

顾南阳之耿、邓，锡号旌功；酬西汉之韩、彭，进官表绩。

授协谋定乱匡佐功臣、检校司空，余如故。仍领禁军，未离扈跸。

黄石公素书在目，每作箴规；田穰苴兵法居心，常为模楷。

（以上是在后唐庄宗时期之事迹，仍以武功为主，135字。）

迄后庄皇晏驾，明帝承祧，念沛中之□〔故〕人，罢分七萃；捧尧庭之新命，出拥一麾。

天成元年，除蔚州刺史，地控边陲，境联蕃籍，妙得和戎之策，深明抚士之方。下车日新，布政斯远。

天成二年，改赐竭忠建策兴复功臣检校司徒，除复州刺史，仍封汝南郡开国男，食邑三百户。

改号疏封，岁月频加于茂绩；列官任土，夙宵思报于皇恩。

公化俗诚坚，治民志切，教去华而务实，劝卖剑以买牛，刑政交施，风声愈振。

长兴元年中，有诏指公罢朝象阙，就缩鱼符，转检校太保、宿州刺史兼本州团练使。泗水连封，临淮接境，是人物殷繁之处，乃舟车毕会之乡。

公上副□〔六〕条，下苏凋瘵，民即歌于襦裤，吏绝犯于丝毫，舒惨数年，风俗一变。

解印赴阙，止未逾时，又捧明恩，别分□寄，应顺元祀，除绛州刺史。

清泰元年，进封开国子，加食邑二百户。

郡处六雄，位光五马，盗贼去而十县丰泰，暴虎渡而千里乂□〔安〕。

□〔召〕伯棠阴，又继当时之善政；孟尝珠浦，复传今日之清名。

（以上是在后唐明宗、闵帝应顺和末帝清泰时期之事迹，以吏治为主，323字。）

　　天福元年，主上之登极也，寰海息肩，方隅绝警，是崇德报功□□，乃颁纶出绋之秋，念公久有勋庸，又除博州刺史。（44字）

公将辞辇毂，即邸襜帷，旋降制书，俾统禁卫，改除右神武统军。秉象笏于金殿，密迩龙颜；树牙旗于御营，不离凤阙。当岁转左神武统军。

天福二年，有敕于新澶州，截牵牛之渚，建杜预之桥，不日而成，自公之力也。主上嘉兹勤效，特示奖酬，转检校太傅，进封开国伯，加食邑二百户。（107字）

天福三年，自统军出除蔡州刺史。桑中可咏，所历俱同；陌上成阴

［荫］，与往无异。

在□〔蔡〕日，属衅生安陆，事起帅戎，唯此汝阳，实当冲要，黑矟与彤弓并进，战车兼驲骑□驰。

送去迎来，不失勤劬之节；输忠纳款，弥坚爱戴之情。

仍充彼军储，给兹赋廪，部下不劳于挠督，军前已覆于逆城，赖公悉力倾心，多方设法，凡资国计，尽出家财。寻罢郡朝天，献功就列，主上知其忠尽，谕而久之。(143 字)

天福六年秋，九有来王，八表通赉，銮舆省方邺下，委公巡警梁园；常辍寝以废食，但忘家而忧国。未经周岁，诏至阙庭。马伏波之功庸，宁稽拜将；班仲宣之志操，秩待封侯。(65 字)

(以上是在后晋高祖时期的事迹，文武交替，共 359 字。)

无何，梦遘两楹，衅生二竖，忽违耄岁，奄谢□时，即以天福七年壬寅岁五月十四日薨于东都私第，享年六十九。

今龟筮协从，良日有卜，便取其年八月九日，迁神衬葬于西京河南县平洛乡朱杨村，从吉兆也。

(以上是丧与葬，80 字。)

渤海郡夫人高氏，闺仪有则，母道克彰。

桓少君之重夫，良可比也；顾子通之敬妇，实亦宜然。

罔违前哲之谋猷，雅契古人之糟粕。

(以上是妻，49 字。)

公有男五人：长曰霸崇，故充殿直，先公而殒，绵历年祀；

霸明，见充殿直；

霸钦，前蔡州衙内都指挥使；

霸能，前山南东道观察支使；

霸饶，前蔡州别驾。

皆禀义方，尽明诗礼。仿陈寔之子，例号三君；同邓禹之男，各习一艺。

有女六人：

长适武都符氏；

次适庄帝皇子，亦先公而亡。

在室女妹、不弱儿、不羡儿、蔡娘子等，言行谐和，举止贞顺，洁白禀闺房之秀，清明资林下之风，并著和柔，能遵家法。

（以上是子嗣。五子之中，三武二文，一女嫁皇子，却无位号，147字。）

呜呼！公五转兵权，六提郡印，事累朝而险夷备历，挺一心而终始不渝。名位益崇，阶爵尤峻，被宠渥数代，非温暖一身。长男顷列于朝行，次女早通于戚里。殊勋茂绩，实显赫于□□〔邦闾〕；遗事故风，更辉华于耆旧。标仪虽泯，刊勒具存。

（以上总结：能武能文、赤胆忠心、子女俱荣，87字。）

廷胤文墨小儒，簪裾后进。师涓坐上，徒矜濮上之音；夫子门前，难问□□〔斐然〕之作。盖以讴吟肆业，敢将纪颂为辞，聊述芳馨，谨为铭曰：

伟矣明公，周王之裔。英贤代生，祖宗翊世。志在韬钤，心通书计。有则有仪，多才多艺。其一。

早领貔貅，夙攀鳞翼。忠勤素称，夷险备□〔历〕。功振天庭，名宣砂碛。岁寒自凋，终始无易。其二。

继捧皇恩，叠分符竹。贵而且德，满而不覆。裤暖疲民，暄生寒谷。美哉史书，其善可录。其三。

八觐龙楼，常司虎旅。训齐军门，纲纪戎府。秀拔神情，汪洋气宇。事留旂裳，绩著卫羽。其四。

官列星辰，位尊保傅。方当盛时，俄殒泉路。令问长存，姿容渐故。圣皇闻之，噫□〔与〕赗赙。其五。

□□□□〔嗣子哀号〕，□□□□。□□□□〔□光已销〕，草木微落。□□〔宾雁〕□□，□□□□〔秋风索索〕。□□□□〔葬□伊何〕，□〔郊〕□□〔是〕□。其六。

(以上铭文六则，总结墓主一生业绩，254字。)

（责任者：林怡玟、施天宇、张仲元、张庭瑀）

（指导者：李宗翰）

三、个案研究

墓志首题长达57字，尽列墓主周令武（873—942）的官衔，备极尊荣。除了职事官蔡州刺史（约三至四品）及相应之散官（二品光禄大夫）、检校官（一品太傅）与宪官（三品御使大夫）之外，还有勋官（二品上柱国）、封爵（四品开国伯）和功臣号。再看亡父亡母的头衔，父亲的检校官尚书左仆射是"赠"，母亲的封号清河郡太夫人是"追封"，且不是因丈夫而获得的"夫人"而是来自儿子的"太夫人"。凡此皆可看到，从唐末至五代中期，墓主是周家的一大功臣，让家庭从统治阶级的中层上升至高层，泽渥父母，光宗耀祖。动荡的政局并无阻碍墓主之升迁，他是如何做到的？

答案就在墓志本身，只要将内容善加分门别类，竭泽而渔，不难通过时光隧道，回到五代的现场。志文总结说："公五转兵权，六提郡印，事累朝而险夷备历，挺一心而终始不渝。名位益崇，阶爵尤峻，被宠渥数代，非温暖一身。长男顷列于朝行，次女早通于戚里。"作为盖棺论定的铭文共有六则，几乎就是复述一遍，如第一则的重点是习武之"志在韬钤，心通书计，……多才多艺"，第二则是事主之"忠勤素称，……终始无易"，第三则是外任刺史之"迭分符竹，……裤暖疲民，暄生寒谷"，第四则是内治禁军之"常司虎旅，训齐军门，纲纪戎府"，第五则是功成名遂与皇恩浩荡，第六则是死后哀荣和子女尽孝。用今天的分类，就是武功、民事、品德、婚姻及恩荫与传家等五个议题。由于其他史料极少，只能利用史学六问对墓志文本提问取供，或可一探撰志之手法。

（一）武功

周令武的曾祖和祖父不仕，可能由于战乱，父亲已从原籍涿州迁徙幽州，并担任幽州节度押衙和卢龙兵马使。至令武时，已至少两代习武，可能属于职业或世袭军人。令武的仕宦生涯，亦始自投入幽州节度使刘仁恭和守光父子麾下担任武职，中间穿插十多年的文职，去世时又回归武职。为一目了然，列表如下：

表一：周令武之武事

时间与地点	作为、篇幅	类别	职位、赏或罚
第一期			
幽州节度使刘仁恭及守光父子时期（？—909，守光于907年囚父并接节度使）	约36岁前 "壮明奇策，勇概悉由于天受"（11字）	兵法、勇武	"策名戎府，建职藩维"
刘守光于909封燕王，913年父子被杀，幽州	约36—40岁 "公雅尚韬钤，素明术略，书剑克光于祖德，弓箕不坠于家声"（23字）	兵法、武艺	"署职卢龙，分管士仵"

时间与地点	作为、篇幅	类别	职位、赏或罚
第二期			
晋王李存勖时期（913—923），以太原为主，与后梁争战	约40—50岁 "睹公有孙吴之才"（7字）。	应指孙吴兵法	"署河东押衙、右铁林厢指挥使，超授金紫光禄大夫检校尚书右仆射兼御史大夫上柱国"
	"公即竭力为臣，奋心事主，当创业开基之际，著南征北讨之功。战伐既多，位匪虚受"（32字）	作战	"转右铁林都指挥使、检校尚书左仆射"
	"攀龙鳞而附凤翼，许仲康剑气凌空；训虎旅以练熊师，曹景宗弓声彻汉。夷狄戡难，动合机钤"（36字）	勇武、练兵、谋略	
后唐庄宗李存勖时期（923—926），洛京	约50—53岁 "以公勤劳王室"		"授协谋定乱匡佐功臣、检校司空"，"仍领禁军，未离跸跸"
	"黄石公素书在目，每作箴规；田穰苴兵法居心，常为模楷"（22字）	兵书兵法	
后唐明宗李嗣源时期至唐亡（926—936），算入高层文官	约53—63岁 转任各地刺史，政绩以民政为主（下文"民事"）		竭忠建策兴复功臣光禄大夫、汝南郡开国子食邑五百户和检校太保
第三期			
后晋高祖石敬瑭时期至死亡（936—942），汴京	约63—68岁		"俾统禁卫，改除右神武统军"
936，汴京	约63岁 "秉象笏于金殿，密迩龙颜；树牙旗于御营，不离凤阙"（20字）	仪卫君主	"当岁转左神武统军"

时间与地点	作为、篇幅	类别	职位、赏或罚
937，澶州	约64岁 "截牵牛之渚，建杜预之桥，不日而成，自公之力也"（19字）	修筑渡桥	"转检校太傅，进封开国伯，加食邑二百户"
938，蔡州，算入高层文官。	约65岁，自统军外除蔡州刺史，遇安州王晖之乱，"仍充彼军储，给兹赋廪，部下不劳于挑督，军前已覆于逆城，赖公悉力倾心，多方设法，凡资国计，尽出家财"（41字）	后勤供应粮饷等，非作战	"寻罢郡朝天，献功就列，主上知其忠尽，谕而久之"
941，汴京	约68岁 "委公巡警梁园；常辍寝以废食，但忘家而忧国"（18字）	留守	

试用史学六问加以分析，但因史料不足，无法回答"人际关系"（whom）、"如何"（how）和"为何"（why）。

1. 时间（when）

可分三期：第一期是从周令武进入幽州刘仁恭和守光父子麾下开始，但时间和职位均不详。随后进入"前唐天祐初，刘氏之王燕邦也"，如是指刘守光于天祐六年被封燕王（909，沿用大唐天祐年号，共有二十年，故谓前唐，于后梁则是开平三年），令武时年三十六岁，职位仍然不详，可以大胆推断属于基层，前后约四年（909—913）。第二期是李存勖作为晋王和庄宗时期，约十三年（913—926），约四十至五十三岁。第三期是石敬瑭作为后晋高祖直至令武去世，约三年（936—938、941—942），约六十三至六十五和六十八至六十九岁。

简言之，周令武在壮年经历了燕、梁、晋三雄的争霸，在晚年看到后晋灭唐和身处连年内战。毫无疑问，战乱是这位代北武人往上爬升的一大机会，虽非唯一的机会（见下文"民事"）。如从三十六岁"署职卢龙，分管士件"起计，令武担任武职约二十年，多于文职约七至十年，其记事亦占了墓志最多的篇幅，约573字，多于文职约107字。这样的篇幅分配，反映墓志撰者对令武的仕历和业绩有着充分的了解，就像研究者撰写论文一样，看似不着痕迹，其实满是精心的安排，读者切勿视若无睹，反要仔细数算志文的关键词句，不要轻重不分。

2. 地点（where）

周令武经历今日之地域凡三，停留的时间不一：

地点（依时间顺序）	时间
1. 河北（幽州）	包括成长，约40年，刘仁恭父子时期
2. 山西（以太原为基地）	10年，李存勖为晋王时期
3. 河南（洛京）	3年，李存勖为庄宗时期
4. 河南（汴京、澶州）	3年，石敬瑭为高祖时期

战争引发迁徙流动。令武的军旅生涯，尤其是作为天子之禁军，把他从幽州之一隅带至大河之南北，其中两处还是帝京，如洛阳乃人文荟萃之地，可以一开眼界、增广见闻和培养文武人际关系（见第一册《冤家聚头文武合》）。

令武在幽州生活四十年，最后在东都开封之私第逝世，于西都洛阳之福地下葬，其地其业，实与战争息息相关。墓志所反映的，是新兴移民武人贵胄的历史，切勿因其在洛阳出土，便视为旧日门第。

高层武人立足于帝都，其人脉和见识或足以傲视一般文人。可惜史料不足，无法进行具体之研究，更不必捕风捉影强拉关系（whom）。

3. 有何表现（what/which）

根据上表之"类别"，志文提到兵法（含谋略）五次、勇武和武艺三次、作战一次、练兵一次、后勤一次、修桥一次、仪卫君主一次、留守一次。

若以篇幅而论，居首亦是兵法，尤以"黄石公《素书》在目，每作箴规；田穰苴《兵法》居心，常为模楷"最为独立和醒目，一句就占了22字之多。其次是勇武（含武艺）、管军和作战，旗鼓相当，各占30余字。再次是仪卫、修桥和留守，也是不相伯仲，各占20字上下。还有后勤，竟占41字，但非在武职而是在蔡州刺史任上。其实周令武欠缺独当一面之军功，几乎都是随伴晋王李存勖作战，墓志亦坦言"攀龙鳞而附凤翼"。

无论如何，周令武并非一名不通文墨之武夫，而是花了不少功夫阅读兵书和探索兵法。志文很早就用23字指出："公雅尚韬钤，素明术略，书剑克光于祖德，弓箕不坠于家声。"似求智与力的结合；铭文第一则亦说"志在韬钤，心通书计"。他被"超授"金紫光禄大夫检校尚书右仆射兼御史大夫上柱国，其中一个原因是晋王"睹公有孙吴之才"。无论有多少虚实，都表示撰者有意凸显周令武擅长兵法，这是否五代武人的一项重要追求，有待更多的个案研究。

4. 表现是好是坏（whether）

墓志说周令武"五转兵权"，依次应是晋王李存勖时期的署河东押衙、右铁林厢指挥使、右铁林都指挥使，以及高祖石敬瑭时期的右神武统军和左神武统军，似不包括幽州之时。

假设令武在幽州二十岁从军，到四十岁（913）投靠晋王为止，长达二十年，若连墓志都无法记下职位，应可说默默无闻，乏善可陈了。他的黄金时期，是跟随晋王与后梁抗争的十年，从四十至五十岁（913—923），获得了右铁林厢指挥使和都指挥使的中高层职位，"著南征北讨之功"，[1] 事实上也是他唯一被记下的作战。他在高祖时所担任的左右神武统军，跟左右龙武军和左右羽林统军合称"六统"，其实较属环卫的荣誉性质，墓志也明言"秉象笏于金殿，密迹龙颜；树牙旗于御营，不离凤阙"，令武此时也六十三四岁了。如此职位和年纪，建功已属不易，他也只获得一次赏赐，"转检校太傅，进封开国伯，加食邑二百户"。

此后最有希望建立大功的机会，是六十五岁（938）外任蔡州刺史

---

[1] 铁林军不是仪仗队，出征的例子见《资治通鉴》卷266，8683页："晋王（李克用）以蕃汉都指挥使周德威为行营都指挥使，帅马军都指挥使李嗣本、马步都虞候李存璋、先锋指挥使史建瑭、铁林都指挥使安元信、横冲指挥使李嗣源、骑将安金全救潞州。"

之时，遇到安州之乱（见下文"品德"），但其主要表现仅属后勤供应军饷，虽说"尽出家财"，但只获得高祖"谕而久之"，并无具体回馈，似乎亦非大功。这也许是令武做了十七年刺史和兼任一次团练使，却始终升不了节度使的一个原因。

以封赏作为观察点，可见令武虽无大功，亦应无大过，列表如下，并与因文职所获者作一对比：

表二：周令武之封赏

封赏	武职	文职
功臣	协谋定乱匡佐（庄宗时期）	
		竭忠建策兴复（明宗）
散官（最重要）	金紫光禄大夫（晋王）	
		光禄大夫？
检校官	尚书右仆射（晋王）	
	尚书左仆射（晋王）	
	司空（庄宗）	
		司徒（明宗）
		太保（明宗）
	太傅（高祖）	
宪官	御史大夫（晋王）	
勋官	上柱国（晋王）	
封爵		汝南郡开国男，食邑三百户（明宗）
		开国子，加食邑二百户（末帝）
	开国伯，加食邑二百户（高祖）	

所以，令武的检校官、宪官、勋官和封爵等，在约三十年间（913—942）步步高升，新的继续来，旧的没有因犯错被褫夺，而最高者均在军职任上获得，又集中在黄金十年和李氏政权期间。除个人表现之外，前期是

否跟姻属有关（见下文"婚姻"），难以考证。

（二）民事

墓主名为令武，但跟所有能够外任地方首长的高级军官一样，必须兼管民政，并严重影响五代的治乱。墓志既是隐恶扬善，自难见其恶迹，但不知其善事是否可信？铭文第三则专论墓主之吏治，谓"美哉史书，其善可录"，似乎有些见录于史籍，不是空言。

墓主之民事可分两期：一是后唐明宗继位，令武被罢禁军之职，开始外任刺史，前后四州四任，约八至十年。二是后晋石敬瑭即位后，令武出入于中央禁军与地方刺史之间；在禁军时曾至澶州修桥，算入民事，任刺史仅一次一州约二至三年。为清眉目，表列如下：

表三：周令武之民事

时间与地点 （俱为刺史）	作为、篇幅	类别	赏或罚
第一期：后唐（926—约936）			
明宗天成元年始，蔚州（926—927）	约53至54岁 "地控边陲，境联蕃籍，妙得和戎之策，深明抚士之方。下车日新，布政斯远"（28字）	军事（边防）、抚民	"改赐竭忠建策兴复功臣检校司徒"
天成二年始，复州（928—930）	约55至57岁 "公化俗诚坚，治民志切，教去华而务实，劝卖剑以买牛，刑政交施，风声愈振"（29字）。	风俗教化、盗贼、经济（化盗为民为农）、法律	封汝南郡开国男，食邑三百户；转检校太保
长兴元年始，宿州刺史兼团练使（930—933？）	约57至60岁 "泗水连封，临淮接境，是人物殷繁之处，乃舟车毕会之乡。公上副六条，下苏凋瘵，民即歌于襦袴，吏绝犯于丝毫，舒惨数年，风俗一变"（51字）	军事（边防）、经济、治吏之贪侵等、风俗教化	

时间与地点 （俱为刺史）	作为、篇幅	类别	赏或罚
闵帝应顺元年始至末帝清泰期间，绛州（934—约936）	约61至63岁 "郡处六雄，位光五马，盗贼去而十县丰泰，暴虎渡而千里义安。召伯棠阴，又继当时之善政；孟尝珠浦，复传今日之清名"（46字）	军事（防御）、盗贼、法律（听讼）、不与民争利	"进封开国子，加食邑二百户"
第二期：后晋（938—约940）			
高祖天福元年，博州	未赴任，改除禁军统军		
天福二年（937），以禁军统军至澶州	约64岁 "截牵牛之渚，建杜预之桥，不日而成，自公之力也"（18字）	民生（交通）	"转检校太傅，进封开国伯，加食邑二百户"
天福三年，蔡州（938—约940）	约65至67岁 "桑中可咏，所历俱同；陌上成阴［荫］，与往无异"（16字）	民生	"主上知其忠尽，谕而久之"

施之以史学六问，除了"如何表现（how）"并无半点史料可供作答之外，其余尚可勉加分析：

1. 时间（when）

周令武约从53至67岁，已入晚境。两期合计，凡五任约十至十三年，少于武功六至七年，篇幅也的确居次，约466字，少于武职约107字。如上所述，应是墓志撰者有意的安排，民事之中各事之篇幅多寡也应反映各事之轻重。

2. 地点（where）

墓志说"六提郡印"，可能是将博州算入，实际上"公将辞辇毂，即邸襜帷，旋降制书，俾统禁卫"，是已授职而未赴任，故实际上只有五州，可言数点：

对本人的阅历来说，从地方一隅走向四面各方。令武自今天的河北

（涿州、幽州）和河南（洛阳、开封），走到湖北（复州）、安徽（宿州）、山西（绛州），又回到河南（蔡州），可以增广见闻、充实历练和扩展人脉。这样的际遇，媲美同一层级的文臣，胜于大多数的文人。

对本人作为"武人"来说，虽说要兼顾民事，也未尝不算适才适所或因地适才。首任蔚州（刺史州），可能有点借重他的地缘关系，因为蔚州与其家乡涿州和初仕之地幽州同属燕云十六州，为契丹所虎视，正如墓志所说，"地控边陲，境联蕃籍，妙得和戎之策，深明抚士之方"，要兼顾军事和民事，前者自是令武所长。再看其他各州，不是与十国接壤便是本身属于军事或交通重镇，如复州（防御州），与吴、楚交界，在他刺史任上（928），部属曾与淮南军争战；[1] 宿州（防御州）扼汴（通济渠）控淮，当南北冲要，乃苏、鲁、豫、皖交汇之地，墓志明言"泗水连封，临淮接境"；绛州（防御州）即宋代雄州，乃兵家必争之地，墓志也明言"郡处六雄，位光五马"；蔡州（节度州）接近洛阳，乃淮西重镇，墓志谓其"实当冲要"，前有唐朝之雪夜平淮西（817），后有宋蒙之联手灭金（1234）。

要言之，某地在某时较需要武装力量，便较有利于武人担任首长，因为他们胜于不擅长军事的文人。以武人出任边陲和较需武力的地方大吏，为宋代所继续，未尝不能继续允文允武之传统。

3. 有何表现（what/which）

就周令武本人来说，得以仕兼文武，一方面是崭新的经验，另一方面或得继续允文允武出将入相的传统。

就吏治本身来说，以何事为主？可分三方面来看。如以实例为准，不易回答，因墓志多用典故，有时除非找到其他史料加以比对，否则难以分辨究竟是泛论还是专有所指。如"教去华而务实，劝卖剑以买牛"，典出汉代龚遂，他以七十高龄为渤海太守，以抚代剿，化盗为民，又鼓

---

[1] 周令武上飞状奏告湖南大军于道人矶战败淮南军队，不过他应没有参与作战，见《册府元龟》卷435，4916页。

励百姓舍弃末技（商）和奢侈（"去华"），戮力农桑（"务实"），结果吏民皆富，狱讼皆息。令武为复州刺史时约 54 至 57 岁，亦不年轻，但究竟是泛称和美称其为一代循吏，还是专指其去盗、劝农或偃武修文等事？类似的情况是志文高度概括，如"妙得和戎之策，深明抚士之方"，乍看似是泛论，赞美其偃武修文，其实确有其事，仅是"抚士"应作"抚养士民"（见下）。有时则是无意漏露，如"截牵牛之渚，建杜预之桥"，应指民事多于武功，乃在不经意之中告诉读者，令武时为禁军统军，率士卒修桥——可见武人于民事亦大有用武之地，且可能赢得百姓的掌声。以军人从事修桥筑路和治水救火等民政，为宋代所继续，百姓不见得轻视军兵。

如以字数多寡为准，则以宿州和绛州为主。墓志强调宿州是"泗水连封，临淮接境，是人物殷繁之处，乃舟车毕会之乡"，又特别指出"吏绝犯于丝毫"和"风俗一变"，或可推论此时的政绩以军事（边防）、经济、交通和管治胥吏为主。绛州是"郡处六雄，位光五马"，又特别指出"盗贼""棠阴……善政""珠浦……清名"，或可说此时以军事、盗贼、治狱和还利于民为主。两地相较，小同而大异，除军事防御之外，余事皆不同，故研究者未可将各种善政一概视为墓志题中应有之义，仍须注意其有无；当然，不排除是撰者针对其地之特点如多盗而概泛称美。

如以志文所述历任之吏治重点为准，令武所要面对的问题或表现，主要是军事（边防为主）、经济（民生为主）、法律、胥吏和盗贼。如是幸运，或得其他史料作为旁证（见下）；如是疑而不信，最好说明怀疑的根据，免受无理和无根（groundless）之讥。

4. 表现是好是坏（whether）

周令武之表现虽见录于三部地方志，但均沿袭《旧五代史·明宗本纪》，[1]属重复证据，不拟采用。不像任汉权和郭进，令武亦无纪德碑可作武人吏治之证据（见本册《武人在地之光》和《一所悬命》）。不过，从三方面来看，或可大胆推论其表现不俗。

首先看任期长短。如有严重缺失，应出现停任等情况，而令武在后唐连续四次出任刺史，前后约八至十年，似乎从未间断，在后晋一任，亦似乎做满。其次看州郡的等级或重要性。如前所述，所历州郡无论是节度州或刺史州，均有一定的重要性，理论上应由有能者当之。再次看晋升，其原因固然众多，亦不能一概否认跟治绩有关。令武是步步高升，似无受罚。更应注意的是，在令武最后的头衔里，实职蔡州刺史并非武职而是高层文官，而各种虚衔的晋级亦大多来自后唐刺史任上，如竭忠建策兴复功臣光禄大夫、汝南郡开国子食邑五百户和检校太保（见表二或上表之"赏或罚"）。对其最高的荣誉汝南郡开国伯食邑七百户和检校太傅，墓志说："天福二年，有敕于新潬州，截牵牛之渚，建杜预之桥，不日而成，自公之力也。主上嘉兹勤效，特示奖酬，转检校太傅，进封开国伯，加食邑二百户"，似乎大部分因为修桥之故。

5. 为何有此表现（why）

周令武留心民事，部分应来自个人或内在因素，例如曾祖和祖父均白身，或因战乱从涿州迁至幽州，经历基层之苦等；部分则来自他人或外在因素，例如皇帝的好尚和朝廷的政策等。

后唐、后晋和后汉均属所谓"沙陀王朝"，但不表示它们采取沙陀优先的政策。有学人很早（1985年）就指出，它们"与十六国、北魏不同。……首先，他们没有对汉族采取民族压逼和民族歧视的政策；……其次，后唐冒称唐室后裔，施行唐制，晋、汉踵行不改，虽然也保存了扑马、祭天神等习俗，但它毕竟不是政策法令。尤其重要的是，三朝都

---

[1] 韩志超《西宁县新志》（台北：成文出版社，1968年据清同治十二年刊本影印）卷1，17页注明"旧五代史本纪"；庆之金《蔚州志》（台北：成文出版社，1968年据清光绪三年刻本影印）卷18，13页注明"旧史明宗本纪"；刘志鸿《阳原县志》（台北：台湾学生书局，1967年据民国廿四年铅印本影印）卷16，4页注明"旧五代史本纪"。

不曾形成一个以沙陀封建贵族集团作为王朝统治的核心力量，而是不分蕃汉，一体使用，实际上起决策作用的人物如郭崇韬、任圜、桑维翰之类，都是汉人。可见，它们与汉族地主所建的王朝并无区别"。[1] 这当然包括吏治。后来（2000）专门研究代北集团的学人也得到相同的看法，并强调"沙陀的汉化"，如明宗的访书、修史和兴学。[2]《新五代史》甚至说："五代干戈之乱，不暇于礼久矣！明宗武君，出于夷狄，而不通文字，乃能有意使民知礼。而（刘）岳等皆当时儒者，卒无所发明。"是欧阳修反将五代礼制之"事出鄙俚"和"讹谬可笑"归罪于汉人儒者和公卿大夫。[3]

周令武并非强藩，必须听命于中央，而明宗和高祖恰好是重视民事的皇帝。明宗在位期间，被誉为五代最好的时期，如《旧五代史》史臣说："及应运以君临，能力行于王化，政皆中道，时亦小康，近代已来，亦可宗也。"[4]宋代号称标举春秋大义夷夏之防，但《新五代史》说："予（欧阳修）闻长老为予言：'明宗虽出夷狄，而为人纯质，宽仁爱人。于五代之君，有足称也。'……其爱人恤物，盖亦有意于治矣。其即位时，春秋已高，不迩声色，不乐游畋。在位七年，于五代之君，最为长世，兵革粗息，年屡丰登，生民实赖以休息。"[5]

今存唯一可以对证墓志所记周令武治绩之证据，即在《旧五代史·明宗本纪》。墓志概括地说，令武首任蔚州刺史，"妙得和戎之策，深明抚士之方"，而《本纪》对其来龙去脉记之甚详，值得全录：

　　（天成二年十二月二日）蔚州刺史周令武得代归阙，帝问北州事。令武奏曰："山北甚安，诸蕃不相侵扰。雁门已北，东西数千里，

---

[1] 陶懋炳：《五代史略》，北京：人民出版社，1985年，5页。

[2] 樊文礼：《唐末五代的代北集团》，北京：中国文联出版社，2000年，208—222页。

[3]《新五代史》卷55，633页。

[4]《旧五代史新辑会证》卷44，1486页。

[5]《新五代史》卷6，66页。

斗粟不过十钱。"帝悦，顾谓左右曰："须行善事，以副天道。"

居数日，帝延宰臣于元德殿，言及民事。冯道奏曰："庄宗末年，不抚军民，惑于声乐，遂致人怨国乱。陛下自膺人望，岁时丰稔，亦淳化所致也，更愿居安思危。"帝然之。

令武所对不会只有五句，可惜失录，不过应不敢欺瞒明主。《资治通鉴》信之不疑，但只记"是岁，蔚、代缘边粟斗不过十钱"，[1] 殊失脉络本末，而《新五代史》却不吝墨，谓明宗"数问宰相冯道等民间疾苦，闻道等言谷帛贱，民无疾疫，则欣然曰：'吾何以堪之，当与公等作好事，以报上天。'吏有犯赃，辄置之死，曰：'此民之蠹也'"。[2] 由此可知，明宗非常重民事和吏事，并将丰收归功于多做好事和符合天意，而宰臣突出"亦淳化所致也"，强调敦厚的教化。朝廷如此，也许就是令武重视经济和对付赃吏的一大原因。

高祖亦重视民生。《旧五代史》史臣评论说："其为君也，盱食宵衣，礼贤从谏，……以绨为衣，以麻为履，……傥使非由外援之力，自副皇天之命，以兹睿德，惠彼蒸民，虽未足以方驾前王，亦可谓仁慈恭俭之主也。"[3] 言下之意，石敬瑭能够"惠彼蒸民"，虽然无法弥补割地称臣的绝大瑕疵，但仍算大瑜。《新五代史》亦谓石氏为帝之前，"在陕为政以廉闻"，被明宗推举为廉吏第一人。[4] 即位之后，又屡次蠲减民税、免除百姓公私债务和阅视田稼，[5] 也许对令武有一定影响。

（三）品德

与武人品德相关的问题有二：有无和深浅。第一，品德常被认为是

[1] 《资治通鉴》卷276，9012页。
[2] 《新五代史》卷6，66页。
[3] 《旧五代史新辑会证》卷80，2503页。
[4] 《新五代史》卷8，78页。
[5] 《新五代史》卷8，83、84、85页。

墓志"理所当然"的项目，不论有无，都得写上一笔，故有些研究者不大在意，甚至不以为然。第二，有些品德，如忠和孝，是所谓普世价值，不分古今与中外，当然也不分文德武德，但是，同是尽孝，武人夺情起复为何易于文人？同是尽忠，文臣在庙堂殉国是否比武将在沙场殉国更易受到赞扬？同属吏治之德化，对武人的要求是否较文人宽松？文德与武德在"项目"上也许相同，但在"达标程度"上有无差异？若用史学六问对墓志条分缕析，尤其注意哪一种品德为重（which）和如何实践（how），或许更能了解它们在五代的特色。

十分奇怪的是，除了铭文第六则缺漏难辨之外，共约2060多字的墓志竟无一个"孝"字，可见并非题中应有之义。"忠"字凡四，首见于墓主的功臣号"竭忠建策兴复"（出现两次，只算一次），得自后唐明宗李嗣源；其次是"输忠纳款，弥坚爱戴之情"和"主上知其忠尽"，指的是后晋高祖石敬瑭，次数最多；再次是"忠勤素称，夷险备历。功振天庭，名宣砂碛。岁寒自凋，终始无易"，对象应泛指明宗和高祖。也就是说，重点非在私德而在公德之忠。

忠的对象为何？墓志共有四处提到：其一，序言说，"伸自家刑国之功，协资父事君之道，冀存不朽"，对象是国家和君王。其二，后梁晋王李存勖之时，令武"竭力为臣，奋心事主"，对象不是后梁君王，而是直属上司晋王。其三，后唐庄宗李存勖之时，令武"勤劳王室，左右皇家"，对象自是君王和王朝（朝廷或国家）。其四，后晋高祖石敬瑭之时，令武有一次"凡资国计，尽出家财"和"送去迎来，不失勤劬之节；输忠纳款，弥坚爱戴之情"，另一次"忘家而忧国"，对象是国事和君王。综合来说，比较没有明显看到今日之所谓"更高原则"（higher principles）或理念，如宋代理学之天理，而较清楚看到人和事。人可以是君王，也可以是直属上司，事可以是君王之私事，也可以是国家之公事。四者有时不能合一，如忠于晋王而不忠于梁帝，以及忠于君王之私事而不忠于国家之公事。那么，周令武尽忠的对象为何？遇到四者相冲时又根据什么标准作出抉择？

周令武初事燕王刘守光，于其败亡于晋王李存勖之后（913），改仕存勖，墓志的解释是"昭王替国，乐君终别于燕台；项羽失图，韩信顷归于汉主"，颇有弃暗投明之意。的确，以史考志，刘守光有种种劣行，如囚禁父亲刘仁恭以夺位（907）、反复无常于梁晋之间及僭号称帝（911）等，而令武不过是一位"分管士件"不知是何等职位的军官，微不足道，实难以不忠责之。反观李存勖，"居三晋也，将谋复宇"，以恢复大唐为志业，结果"梁运才终，唐祚初启，扫槛枪而寰宇无事，混车书而华夏毕同，玉律资和于舜朝，金镜重明于汉道"，确是一代雄王，值得令武折节跟随。石敬瑭篡夺后唐，墓志写于其死后两月之时而如此恭维后唐开国之君，不但是实录，而且可能反映当代仍是以善事明主为忠义之举，不管是燕王还是晋王。

第二次移忠是从庄宗被弑到明宗自立。众所周知，李存勖为帝之三四年间（923—926），倒行逆施，覆亡是咎由自取，何况明宗可以改朝易代而不为，故一般文臣继续报效，颇能心安理得，当时谓之"自安"，[1]亦难谓其不忠。令武是禁军一都指挥使，不算位高权重，理论上亦大可自安，但他的情况有点不同。

令武降归存勖时已41岁，已非壮年，却默默无名，后在存勖麾下，得"领爪牙之任"，署河东押衙，出任禁军之右铁林厢指挥使，"超授"金紫光禄大夫检校尚书右仆射兼御史大夫上柱国，寻转右铁林都指挥使、检校尚书左仆射。存勖即位后，又得授"协谋定乱匡佐功臣"之号，升检校司空，"仍领禁军，未离扈跸"。在这十三年间（913—926），令武从41转入54岁，不一定出生入死，但肯定荣华富贵，无乃得自庄宗。更特别的，是他的次女"早通于戚里"，号称"适庄帝皇子"，与皇室有某种姻亲关系，而这位皇子现在被明宗夺去继承权（见下文"婚姻"）。所以，令武面对的难题不是愿不愿意输诚，而是明宗要不要接受他的

[1]　《资治通鉴》卷275，8982—8983页；《旧五代史新辑会证》卷35，1020—1022页。

移忠。

明宗"念沛中之故人，罢分七萃；捧尧庭之新命，出拥一麾"，罢免令武禁军之职，外派为地方首长。所谓沛中故人，在此非专指地缘结合，而是泛称以君主（领袖）为中心所形成的关系，指令武和明宗均"攀龙鳞而附凤翼"，都是辅助庄宗取得天下的从龙之臣，甚至因戚里之故，早已认识。"故人"若出自明宗之口，当然是客气语，如发自令武，却是拉拢关系。无论何者，如前所述，令武"夙宵思报于皇恩"，对新君尽忠的方法，自是投其所好，勠力于民事，结果在第二年（927）便获赐新的功臣封号，从"协谋定乱匡佐"变为"竭忠建策兴复"，又升检校司徒，肯定了他的尽忠，且是同时尽忠于其人与其事，是最好的结合。

第三次移忠是从后唐末帝移至后晋高祖，实在有点难以下笔。明宗死后，闵帝和末帝只继位一年和三年，未闻失政，故石敬瑭起兵主要是为了一己之私，争夺大位。他将燕云十六州割让契丹，其中正有令武的故乡涿州和幽州，又上表称臣，可谓奇耻大辱。墓志说"主上之登极也，寰海息肩，方隅绝警"，似乎是替石氏掩过并将令武之移忠合理化。但才过一年，天雄节度使范延光唆使洛阳巡检使张从宾作乱（937—938），杀皇子河阳节度使石重信和东都留守重义（见第一册《冤家聚头文武合》）；"时魏（延光）、孟（从宾）、滑（节度使符彦饶）三镇继叛，人情大震"，又"羽檄纵横，从官在大梁（首都）者无不恟惧"，石敬瑭自己也打算出奔晋阳，[1] 何来"方隅绝警"可言（参本册《六代为官亦文亦武》）。未几，安州威和指挥使王晖得知范延光和张延宾反叛，杀安州节度使周环以呼应，"自总州事，以为延光胜则附之，败则渡江而遁，斯其计也"。[2] 石敬瑭派兵往剿，周令武时为蔡州刺史，如前所述，主要贡献不在作战而在后勤，尤其以"凡资国计，尽出家财"来"输忠纳

----

[1]《资治通鉴》卷 281，9175—9177、9178 页。
[2]《旧五代史新辑会证》卷 76，2332、2931 页；《资治通鉴》卷 281，9180—9180 页。

款，弥坚爱戴之情"。这番用心似无回报，"寻罢郡朝天，献功就列，主上知其忠尽，谕而久之"，但似乎只有口惠而无实惠，因为墓志首题所列实职和虚衔都是旧的，并无新的。此后令武留在中央，职位不详，可能只是环卫将军之类，时年大约66岁，大可致仕。

范张乱后三年（941），墓志说"九有来王，八表通赍，銮舆省方邺下，委公巡警梁园"。撰者再次为主上讳，所谓"銮舆省方邺下"，其实是石敬瑭"幸邺讨安重荣"。[1] 成德军节度使安重荣之乱，部分出自个人野心，曾说："天子，兵强马壮者当为之，宁有种耶？"[2] 部分亦因"耻（于）臣（事）契丹"。[3] 他曾残杀路过辖境的辽使数十人，又上表数千言，"大抵指斥高祖称臣奉表，罄中国珍异，贡献契丹，凌虐汉人，竟无厌足。又以此意为书，遗诸朝贵及藩镇诸侯"。[4] 被留在东京巡警的周令武，"常辍寝以废食，但忘家而忧国"，再次表现忠荩。后来"未经周岁，诏至阙庭"，可能是石敬瑭下令东京留守郑王石重贵来到邺都，[5] 令武随行。墓志谓其"马伏波之功庸，宁稽拜将；班仲宣升之志操，秩待封侯"，应指其老当益壮，时年68岁，尚待更上一层楼。可惜事与愿违，明年五月，令武去世，六月，石敬瑭亦死，结束了君臣之分。

我们以忠于人君为"小忠"，忠于国事为"大忠"，来比较三次移忠。第一次周令武人微位卑，又属弃暗投明，未可责以不忠。李存勖以恢复大唐为己任，令武从之，可谓兼得小忠与大忠。第二次并未改朝换代，旧君非新君所弑，新君既族诛弑者，又是一代明主，墓主以吏治回报，亦可谓兼得小忠与大忠。第三次最为严重，新君因一己私利而兵连祸结，又割地称臣于契丹，那如何教人尽忠？墓志写于石晋之世，将敬

---

[1] 《旧五代史新辑会证》卷98，3012页，又见卷98，3007页。

[2] 《旧五代史新辑会证》卷98，3005页。

[3] 《资治通鉴》卷282，9222页。其他臣耻契丹的例子，见卷281，9169、9191页。众所周知，后晋出帝得罪契丹以至亡国，亦由于意图改善此屈辱情况。

[4] 《旧五代史新辑会证》卷98，3005—3008页。

[5] 《资治通鉴》卷281，9230页。

瑭开国描写为"寰海息肩，方隅绝警，是崇德报功□□，乃颁纶出綍之秋"，竟成了一位致太平和共富贵之君王，墓主从之，自是兼有小忠与大忠。于今日言之，则其情理均可商榷：于其事，墓主时年63岁，已尽享荣华富贵，可退而不退，有失大节。于其人，石敬瑭回答安重荣之责难时说："吾因契丹而兴基业，尔因吾而致富贵，吾不敢忘，尔可忘耶?"[1]竟以"致富贵"作为安重荣尽忠之条件，现有更高之富贵，即天子大位，宜其变节矣。石氏之价值观念亦可适用于墓主：令武因敬瑭能保其富贵而尽忠。由是言之，令武于第一和第二次移忠之后，尚能兼顾小忠与大忠，于第三次则是得小忠与富贵，而失大忠与大义，可谓晚节不保。因私利而忘公义，可退而不退者，可不戒哉。

（四）婚姻

仕宦之家几乎都有各种婚姻关系，但其作用如何，要视个案而定，有时不但有正面，也可能有负面作用。

墓志共提到四桩婚姻，但极其简单，计为墓主母亲"清河张氏，追封清河郡太夫人"、妻子"渤海郡夫人高氏"、长女婿"武都符氏"和次女婿"庄帝皇子"。母亲张氏的籍贯清河，应取自张姓的郡望，不一定是她的出生地或祖籍。妻子高氏不记籍贯，封号渤海也应取自高姓的郡望，不一定表示她是渤海异族。长女婿符氏的籍贯武都大抵真实，因为符姓的郡望是琅琊；武都符氏（甘肃）大抵跟陈州符氏（河南）并无多大关系，后者是五代至北宋的名族。这三桩婚姻有何作用，很难探讨，大抵皆非名门望族，否则墓志应会张扬。

次女婿被称为"庄帝皇子"，又说"次女早通于戚里"，应是真的进入皇家，理论上也不至于大胆杜撰，以免招来罪罚。乍看应是周家最为显赫的婚姻，无论正面或负面，对周令武个人和家庭的发展都应有相当的影响。然而，作为皇子之妻，志文只说一句"亦先公（周令武）而

---

[1]《旧五代史新辑会证》卷98，3007—3008页。

亡"，竟不记任何名号（who）和事迹（what/which），有些费解，进一步追究婚姻的对象（whom）、时间（when）、目的（why）和经过（how）等，更令人纳闷。

根据现存所有史料，庄宗李存勖（885—926，923年即位）[1] 共有六子，长子是刘皇后（约890—926，924年封后）[2] 亲生的继岌（900后—926）[3]，于同光三年（925）九月封魏王，在赫赫有名的枢密使郭崇韬的辅导下，七十多天便征服四川，但政变随即迭起，崇韬被枉杀，庄宗义兄李嗣源因他事起兵，庄宗死于禁军将领郭从谦之乱，嗣源即位为明宗。继岌"驰趣京师，以救内难"，企图对抗明宗，但军队溃散，死于非命。[4] 其余五子，依次是继潼、继嵩、继蟾、继嶢和似乎尚在襁褓的满喜，生母均不详。[5] 根据《五代会要》（"诸王"）、《旧五代史》（"庄宗本纪"和"宗室"）、《资治通鉴》，前四子于同光三年二月"拜光禄大夫并检校司徒，皆冲幼，未出阁"，也未得封，"庄宗败，并不知所终"。[6] 即使明宗无杀心，部下亦不会对诸王留情，如心腹重臣安重海就对同党说，"今殿下（李嗣源）既监国典丧，诸王宜早为之所，以壹

---

[1]《新五代史》卷5，41页谓"克用破孟方立于邢州，还军上党，……时存勖在侧，方五岁"，查《旧五代史·武皇本纪》，李克用破孟方立于邢州是在唐僖宗光启二年（886）九至十月（《旧五代史新辑会证》卷25，660—661页），如是反推五年，庄宗生于881年，非是。孟立方死于昭宗龙纪元年（889）六月，其位由侄孟迁继承，于次年昭宗大顺元年（890）初，被克用所败，并迁于太原（《旧五代史新辑会证》卷25，662—663页）。以此反推五年，庄宗生于885，符合本纪所记之唐僖宗光启元年（《旧五代史新辑会证》卷27，717页）。《旧五代史考异》所考有误，《旧五代史新辑会证》亦未改正（卷27，725页）。

[2]《新五代史》卷14，143页谓"后生五六岁，晋王（李克用）攻魏，掠成安，裨将袁建丰得后，纳之晋宫"；攻魏之事，见卷4，37页："（唐昭宗乾宁三年[896]），克用自将击魏，……六月，破魏成安、洹水、临漳等十余邑。"反推六年，刘后约生于大顺元年（890）。

[3] 继岌生年不详。若其母刘后生于890年（见上注），"既笄，甚有色，庄宗见而悦之"，则最早约在903年便可生下继岌，见《新五代史》卷14，143页。以此推之，继岌征蜀时才二十来岁，故庄宗称之为"乳臭儿"，见卷64，797—798页；继岌竟带着乳母，可能是照料起居，见卷14，154页。

[4]《新五代史》卷14，152—155页。

[5]《新五代史》卷14，145、152页。

[6] 王溥：《五代会要》卷2，上海：上海古籍出版社，1978年，19页。《旧五代史新辑会证》卷32，922页；卷51，1689页。《资治通鉴》卷275，8979页。

人心。殿下性慈，不可以闻"，乃擅自诛杀藏匿民间的庄宗诸弟。[1]《新五代史》明白说："当庄宗遇弑时，太祖子、孙在者十有一人，明宗入立，其四人见杀，其余皆不知所终，太祖之后遂绝"，[2] 可见到了欧阳修撰史之时，诸王仍下落不明，遑论其婚姻情况。

　　既然"继"字辈五位皇子在不知所终之前，皆冲幼未出阁，便不可能娶周令武之女，较有可能的是魏王继岌，但其唯一史有明文的妻子，是王都之女。王都是义武军节度使王处直的义子，允文允武却心狠手辣，诛杀手足，软禁义父，夺权窃位（见第三册《同源异路：中山王家两支后代的不同命运（王廷胤）》）。他于后梁末帝龙德二年（922）向庄宗（时为晋王）提亲，是明显的政治婚，如《资治通鉴》注文说："王都新篡义武以附于晋，申之以婚姻，自固也。"[3] 两年之后（后唐同光二年，924），继岌生母刘氏于二月成为皇后，继岌于七月成婚。王女既是皇子之正室，自得封号，还是婆婆刘氏封后前的"魏国夫人"。[4] 也就是说，周令武之女不可能是继岌之妻（妃），而可能是大婚之前已收纳的妾侍，故无名号，并非墓志漏记。学人指出，后唐、后晋和后汉这三个所谓"沙陀王朝"的皇室婚姻的一个特点，是"出身于历代'衣冠'或后起新贵家庭者绝占大多数"，[5] 刘后正是"以门望相高"，[6] 恐怕不会让长子兼储君迎娶区区一位右铁林都指挥使之女为妻，而墓志在庄宗一段也没有提到婚娶的半点信息。《新五代史》说继岌"少病阉，无子"，[7] 似乎不能人道，令武嫁女是否被逼还是一如王都之出于计算，实未可知。

　　这桩婚姻有无从福变祸？对明宗之"入立"和"自立"，《新五代史》

---

　　[1]　《新五代史》卷14，150—152页；《资治通鉴》卷275，8979页。

　　[2]　《新五代史》卷14，155页。

　　[3]　《资治通鉴》卷271，8872页。又见河北文物研究所、保定市文物管理处编《五代王处直墓》，北京：文物出版社，1998年，56—60、67—69页。

　　[4]　《五代会要》卷2，23页；《旧五代史新辑会证》卷32，892页。

　　[5]　樊文礼：《唐末五代的代北集团》，220页。

　　[6]　《新五代史》卷14，143页。

　　[7]　《新五代史》卷14，154页。

明白称之为"李嗣源反",[1]《辽史》亦谓"唐养子李嗣源反",都表示是僭位。[2] 明宗于庄宗柩前即位后第六天,欧阳修以其春秋之笔大书"魏王继岌薨",徐无党解释说:"诸王薨不书,此书者,见明宗举兵实反,会(郭)从谦弑逆,遂托赴难为名。及即位时,庄宗元子犹在,则其辞屈矣。"[3] 其时序也许有误,但明白指出明宗夺去了继岌的继承权。[4] 继岌意图反抗,引兵返洛,不知明宗有何感想。他没有追究周令武,也许是出于"性慈",也许是周女的地位并不重要,也许是对这种婚姻司空见惯,责不胜责。

要言之,目前难以确定周家的四桩婚姻有何作用,但至少可以知道,研究婚姻关系不能泛泛而论,必须具体探讨其对象、时间和目的等;此外,在注意其正面作用之余,亦应留意其负面作用。

(五)恩荫与传家

志文直接提到"家"字凡七次,三次仅指本家,依次为"公家世北居燕甸"、"弓箕不坠于家声"、"能遵家法",后两句自属传家。其除四次均连接到国,依次为"伸自家刑国之功,协资父事君之道,冀存不朽"、"左右皇家"、"尽出家财"、"忘家而忧国",而国对家的回馈,可

---

[1]《新五代史》卷5,51页;卷47,523页。

[2]《辽史》卷2,22页。

[3]《新五代史》卷6,56页。欧阳自己的评论是:"呜呼,五代反者多矣,吾于明宗独难其辞!至于魏王继岌薨,然后终其事也。庄宗遇弑,继岌以元子握重兵,死于外而不得立,此大事也,而前史不书其所以然。……使(权西都留守张)筹不断浮桥,而继岌得以兵东,明宗未必能自立。"(卷47,523页)

[4] 明宗于四月己丑(三日)尚谓"以待魏王(继岌)",甲午(八日)正式监国,实同新君,旋于丙午(二十日)即位。其间继岌正率兵返回洛阳"以救内难",约在戊戌(十二日)至渭水之南,士伍及心腹俱散,本人见缢,参赞军事任圜葬之并率余军回洛。由此视之,从十二日至二十日之间长达八天,明宗应从任圜或他处得知继岌之死然后即位,非如徐无党所论。今本《旧五代史》将"有司议即位仪注"置于甲午(八日),宛若明宗甫监国便谋即位,也许是春秋笔法,而《资治通鉴》将"有司议即位礼"置于壬寅(十六日),似较合情合理和合法,见《新五代史》卷14,154—155页;《旧五代史新辑会证》卷35(1020—1022页)、卷36(1029、1030页);《资治通鉴》卷275,8977、8981、8982—8983页。

见于恩荫。

先说传家，可清楚看到武人家庭在发迹之后的多元发展。墓主父亲甚至两祖主要传下习武之风，也许就是替墓主取名"令武"之意。令武不负所望，"雅尚韬钤，素明术略，书剑克光于'祖德'，弓箕不坠于'家声'"，又说"志在韬钤，心通书计"，不但学习武艺，还阅读兵书讲求兵法，可谓兼顾"智与力"或"书与剑"。如同另一位代北武人（见第一册《成功儿子的背后》），令武以吏治胜过父亲，而他的儿子一方面继承，另一方面似乎更胜一筹。诸子"仿陈寔之子，例号三君；同邓禹之男，各习一艺"。陈寔是循吏，与儿子陈纪和陈谌合称三君，重点自在吏治与道德之相承；邓禹是汉光武云台二十八将之首，重点自在诸子传袭令武之武功与"多才多艺"。青出于蓝之处，是诸子又能"尽明《诗》《礼》"，诸女则"洁白禀闺房之秀，清明资林下之风，并著和柔，能遵家法"，似乎反映家中不但传习书剑，更进一步读诗学礼，未知他们能否读懂典故满纸的亡父墓志？撰者自称"小儒"，曾摄河南府巡官，与墓主末任蔡州（河南）刺史有地缘关系，不知曾否担任幕吏，与周家发生一定程度的文武交流？

周家后代能够兼资文武，除靠家庭教育，也可凭借恩荫。曾祖及祖父不仕，自无恩荫，父亲不过是押衙及军使，如上文所述，应无力荫补，故周家之恩荫始自令武。从五子之职位来看，似乎有意文武并进，如三子霸钦和五子霸饶，分别是前蔡州衙内都指挥使和别驾，一武职一文职，明显是墓主担任蔡州刺史时的有意安排。其余三子两武一文：长子霸崇（已故）和次子霸明均任殿直，在中央任职；四子霸能是前山南东道观察支使，较接近民事之职（见本册《英雄难过美魂关》）。前三子俱任武职，不知是否反映武人之家仍喜以长子继承武职？无论如何，荫补不但有助高层武人家庭延续其统治阶级之地位，减少向下流动的速度，而且方便下一代兼仕文武，或能继承过去允文允武出将入相的仕宦传统。就此来说，五代还真是隋唐至宋代的过渡。

结论

五代既有战争亦有和平，前者靠武功，是武人向上流动的良机；后者靠文治，似非武人之所长。然而，周令武左右逢源，"五转兵权，六提郡印"，武事与民事平分秋色，或可看到五代武人出任文职的各种好处和有利于他们习文的各种条件。

武人若有能力担任文职，可获得的利益不在少数。就任官之时间来说，周令武的辉煌岁月，不少是靠文职赚来。他从 40 至 69 岁担任较重要的官职约二十九年，文职约占十三年，其中十年在 53 至 63 岁之间，且贵为一州首长。就游宦各地增广阅历和人脉而言，在数量上，文职所及之地凡五，武职凡三；在重要性上，武职之地以帝都胜出，但文职之地亦相当重要，如蔚、复、宿、绛和蔡州，都属国防、经济或交通要地。这样的际遇，媲美同一层级的文臣，胜于大多数的文人。就封赏和任官来说，最重要的文散官光禄大夫或在文职上获得，而最高的检校官、宪官、勋官和封爵俱在军职任上获得，但不少晋升均在文职任上，且最重要的实职是文官刺史而非武官。此外，对步入晚年寻求平安的武人，以及对他们喜文多于尚武的子弟来说，从文应是不错的选择（见本册《代北武二代为良二千石》）。毫无疑问，令武让周家维持统治阶级的地位并在其中层层上升的条件，是兼仕文武而非独沽武功，接下来的问题是如何让武门子弟继续文武双轨发展，既为个人也为家庭家族。

对武人习文的有利条件，内在与外在均有。中高层武官的俸禄优厚，有充足的资源让子女学文，包括兵法、诗书和礼仪等，其多元的程度可以超越上代，全力追求书与剑或智与力的结合。他们享有恩荫特权，让子弟可以取得文官资格；周令武五子，三武二文，兼仕中央与地方，或是有意安排。他们有不少机会与文士交流，甚至替他们撰写墓志，例如任官既多，又处中高层，幕下就有不少文人可以结交。事实上习文的武人也会遵守传统道德如忠义等价值观念，有利于文武沟通。五代有不少君主和藩镇重视民生，如后唐明宗和后晋高祖，虽是沙陀武人兼皇帝，但重视治吏，容易垂青兼资文武的官员，甚至有意安排武人接触民事（见本册《代北武二代为良二千石》）。分裂之世有其特殊环境，如在统一之前，南北两边均需要既能治民也懂军事的地方首长，文武并不殊途。周令武或因缺乏独当一面的军功，无法晋升为节度使，但因修桥造路获得一生最高的荣誉，也因边防和抚民等治绩名垂青史。若因时因地以制宜，武人担任边陲或军事、交通要地的地方首长，可能胜于不擅武事的文人。

要之，从文既可促进阶层流动，又非高不可攀，武人不见得一味重武轻文。五代武人（甚或文人）允文允武，可能远远超过目前史学界的了解，必须重估高中层武人文武并仕的比例，以及文武交流如文武兼学和文武通婚的情况。宋代继续让武人担任边陲和较需武力的地方大吏，让他们马上作战，马下治民，未尝不能延续允文允武之传统。由是言之，五代不只是唐宋之间的过渡期，也是一个承先启后的时代，直到宋代中后期逐渐鲜见出将入相，枢密院落入文人之手，才出现所谓"唐宋变革"。

在法律人眼中，任何史料都只是"供词"，只有部分而没有全部的真相，既要进行内部考校，如检查有无前后矛盾，又要进行外部验证，如以私的墓志比对公的国史。如不能由外部验证，便要特别留意内部的"破绽"。

墓志常见的漏洞不外乎隐恶与扬善。隐恶主要有三种：略去不提；弱化，把大事变小事；美化，甚至硬拗，以曲为直。扬善亦有三：含混，似有若无，最差的当然是捏造；夸大，把小事变大事；格套化，或所谓题中应有之义，如凡子必孝，凡女必顺。以此检视本志四个重点，当可发现志文优点与缺点并存，偶有隐恶，但并非没有破解的方法，而从其欲隐之处，反可窥见困惑当代知识分子的若干问题，如移忠。

一、**武功**。周令武是否十项全能，或以何事立功？外部资料无以比对，只能进行内部考校，可看三处：提到各事的"次数"（频率）、"字数"（篇幅）和作为盖棺论定的"铭文"。如其一再强调"志在韬钤，心通书计"，便知令武以兵法见长。这长处有无带来很大的好处？可同时看志文提了什么和不提什么：提到的是澶州时治水修桥，没有提到的是幽州时有何官职，更明显的是全篇没有任何一场以令武作为主将的战争，仅说他"攀龙鳞而附凤翼"，"著南征北讨之功"和"忠勤素称，夷险备历"等等，并无多言。墓志于令武有善而不扬，也许是因为他"勤劳"或苦劳多于功劳，这是墓志诚实没有夸大的地方。

二、**吏治**。墓志大量用典，令武似乎颇有善政。以内部资料究之，可看四处：首先看总的篇幅，前期之武功（913—926）约294字，中期之民事（926—936）约323字，后期（936—942）之文约143字和武约172字，可见撰者以为令武在民事上的成就不下于武功。其次往下一层，看每个任职地方之字数，可知令武在宿州和绛州的政绩最佳。再次看叙述之重点，如"地控边陲，境联蕃籍"，"是人物殷繁之处，乃舟车毕会之乡"等，可知他在不同地方有不同的表现，有时是防御，有时是经济，不见得是一成不变的格套。再次看封赏之先后、任职之长短或连续与断裂等，似乎足以证明其无大过。以外部资料考之，"妙得和戎之策，深明抚士之方"看似文字游戏，空泛不具体，但其事的确记载于国史《旧五代史》之皇帝"本纪"，且《资治通鉴》和《新五代史》皆信之不疑。所以，志文有时确是把史事高度浓缩，化为文学意象，似虚而实，读者未可无理（groundless）取闹。

三、**婚姻**。志文先称"次适庄帝皇子"，后谓"次女早通于戚里"，宛若作为妻室，周家便是国戚，对其仕宦应有影响。以内部资料质之，次女竟无任何名号（who）和事迹（what/which）。以外部资料考之，在追究婚姻的对象（whom）、时间（when）、目的（why）和经过（how）之后，更令人怀疑次女是嫁给不能人道的皇子为妾。对这件婚姻，墓志虽无过多渲染，但仍有含混浮报之嫌。如无外部资料可考，个人以为，姻亲是实，关系难知。这桩婚姻有无从福变祸，恐亦难考，但提醒研究者不能只看婚姻之表面，要追究其实质。

四、品德之孝与忠。先看孝顺，序言虽云"自家刑国"和"资父事君"，但全篇约2060余字，竟无一个"孝"字，可见只是一笔带过，并非题中应有之义。正如男无内事，是墓志之重点不在内事，不是男性没有修身和齐家，女无外事亦应作如是观。

次说忠节，令武移忠三次，第一次自燕归晋，志文体现弃暗投明之意，以史考志，志文并无讳饰。第二次自后唐庄宗归于明宗，以史考志，明宗并无杀害庄宗，且族诛弑君将领，又重视民事，令武以吏治回报，既忠于国事，难谓不忠，志文亦无讳饰。第三次自唐入晋，志文无视石敬瑭之叛唐、割地与称臣于契丹（936），反将其美化为致太平和共富贵之君主，值得墓主效忠。以内部资料诘之，不过两年（938）便"衅生安陆"，再过三年（941）又"銮舆省方邺下"，明显是前后矛盾。以外部资料考之，不过一年（937）便生大乱，两位皇子被杀，何来"方隅绝警"？墓主入晋时已63岁，可退而不退，是否为了保富贵而无视于天下不太平？墓志究竟是为了尊主讳（石氏）因而泽及墓主，还是为了墓主讳因而美化尊主，使移忠变得合情合理，还是两者兼而有之？

要之，这四个重点反映撰者或当代知识分子较为重视的事情，其中自有一套价值观念和标准去衡量武人之表现，并把较符合者记录下来，不一定无中生有，但会隐恶扬善，有待辨明。对周令武的武功和民事，墓志都从实招来，前者普通，后者不俗。对次女之婚姻，墓志似有隐去部分真相，但亦无夸大已言之真相。对令武之"事累朝"，墓志并无讳言，但对其"挺一心"之对象和目的，在三次之中有一次，也许是最严重的一次，未免过度美化以致失真，产生了志文内部的前后矛盾。然而，从其矛盾和隐讳之处，不也正好看到撰者对石敬瑭割地辱国的尽在不言中吗？

无论如何，阅读墓志，应结合形式与内容。在形式上，要注意分段和分行，掌握撰者之思路逻辑。从其章节之篇幅多寡与论事之频率高低，或可知其重点之所在。所谓前呼后应，志文和铭文应合起来读，后者往往重申重点。在内容上，应小心观察墓志格套之特点，如应提官职而不提，便可能是不大入流的吏员，又如应提出身而不提，便可能是白身。更应注重有无前后矛盾还是自在圆满。幸运的话，可进行外部比对，以史证志，需要充分利用史学六问。最后将所有重点一点不漏地分门别类，化为文章，辅以一目了然的表格，才算功德完满，没有辜负撰者的苦心经营。

（执笔者：林亚璇、施天宇、张庭瑀、廖品谊、聂雯）

（指导者：山口智哉）

参考资料

一、墓志碑文

1. 张廷胤:《故竭忠建策兴复功臣光禄大夫检校太傅使持节前蔡州诸军事蔡州刺史兼御史大夫上柱国汝南郡开国伯食邑七百户周公（令武）墓志铭并序》，吴钢主编《全唐文补遗》第五辑，75—78 页。

2. 张廷胤:《故竭忠建策兴复功臣光禄大夫检校太傅使持节前蔡州诸军事蔡州刺史兼御史大夫上柱国汝南郡开国伯食邑七百户周公墓志铭并序》，周绍良主编《全唐文新编》，10740—10742 页。

3. 张廷胤:《晋故竭忠建策兴复功臣光禄大夫检校太傅使持节行蔡州诸军事蔡州刺史兼御史大夫上柱国汝南郡开国伯食邑七百户周公墓志铭并序》，傅斯年图书馆藏拓片（18872）。

4. 张廷胤撰，周阿根点校:《周令武墓志》，周阿根《五代墓志汇考》，341—346 页。

5. 张廷胤撰，章红梅点校:《周令武墓志》，章红梅《五代石刻校注》，

407—411 页。

7. 王溥撰，上海古籍出版社点校:《五代会要》，上海：上海古籍出版社，
1978 年。

8. 司马光等撰，标点资治通鉴小组点校:《资治通鉴》。

9. 李焘撰，上海师范大学古籍整理研究所、华东师范大学古籍研究所点
校:《续资治通鉴长编》。

10. 河北文物研究所、保定市文物管理处编:《五代王处直墓》,北京：文
物出版社，1998。

13. 陶懋炳:《五代史略》，北京：人民出版社，1985 年。

14. 刘志鸿修，李泰棻纂:《阳原县志》，台北：台湾学生书局，1967 年
据民国廿四年铅印本影印。

15. 庆之金等修，杨笃等纂辑:《蔚州志》,台北：成文出版社，1968 年据
清光绪三年刻本影印。

16. 樊文礼:《唐末五代的代北集团》,北京：中国文联出版社，2000 年。

17. 欧阳修撰，徐无党注，华东师范大学等点校:《新五代史》。

18. 韩志超等修，杨笃等纂辑:《西宁县新志》,台北：成文出版社，1968
年据清同治十二年刊本影印。

代北武二代为良二千石

（孙汉筠、李存进）

柳立言

北宋武官和州团练使孙汉筠及其妻陇西郡君李氏合葬墓志铭并序

一、基本资料

1. 性质	墓志 相关墓志：父亲节度使李存进（见本册《数目字会说话》）
2. 题名	新题：北宋武官和州团练使孙汉筠及其妻陇西郡君李氏合葬墓志铭并序 首题：大宋故推忠翊戴功臣光禄大夫检校太保使持节和州诸军事行和州刺史充本州团练使兼御史大夫上柱国乐安郡开国侯食邑一千户孙公墓志铭并序
3. 时间	死亡、下葬或立石时间 死亡：北宋乾德五年（967）七月二日 初葬：北宋乾德五年（967） 改葬：北宋开宝八年（975）五月一日
4. 地点	死亡、下葬或立石地点 死亡：项县（河南周口） 初葬：西洛（河南洛阳） 改葬或立石：西京洛阳县（河南洛阳）贤相乡陶村原

5. 人物	
墓主	孙汉筠（901—967）
合葬或祔葬	妻（陇西李氏，? —973）
撰者	北宋文人乡贡进士张贺
6. 关键词	文武交流、业绩、品德、墓志笔法与史学方法

（责任者：林思吟）

二、释文

大宋故推忠翊戴功臣光禄大夫检校太保使持节和州诸军事行和州刺史充本州团练使兼御史大夫上柱国乐安郡开国侯食邑一千户孙公墓志铭并序
前乡贡进士张贺撰

　　汉宣帝尝云："庶人安田里而无叹息，与我共理者，其惟良二千石乎。"故和州团练使乐安孙公，秩二千石，较其共理，则惟良矣。
（以上是序，强调安田里之吏治，48字。）

　　公讳汉筠，其先出自周文王之子康叔，封于卫。至武公子惠孙，为卫上卿，因以氏焉。
乐安即汉安定太守会宗之裔矣，近世徙家太原，今为太原人也。
皇考讳存进，后唐振武军节度使、麟胜朔等州管内观察处置营田押蕃落等使、行营蕃汉马步使兼天雄军马步军都指挥使、北营行营都招讨使、单于安北都护、使持节朔州诸军事、守朔州刺史，特进检校太傅，追赠侍中，追封鲁国公。
皇妣京兆郡太夫人金氏。
（以上是得姓、迁居与落籍太原、先世，但只有父母一代，极贵盛，

158 字。)

公即侍中鲁国公之第五子也。

生而耿介，性不和俗。少为文士，经史子集，无不毕览，思若泉涌，笔无停缀。

仕唐、晋朝，多在内职；晋末授氾水关令使。

汉授永兴军节度副使。

周初授控鹤左第一军都指挥使、嘉州刺史。

显德元年，出授磁州刺史，罢秩，监戎于巩县。周世宗既授纶旨，而复传宣曰："卿牧民有余，管军屈才。"其嘉之如是。显德五年，授冀州刺史。六年，自冀州迁授绛州团练使。

皇朝乾德二年，转授和州团练使。

公仕唐、晋、汉、周、宋五朝，颇著勤绩，益振能名，虽杜、邵、龚、黄，莫之能尚。

(以上是出身及五朝仕历，无实例，但有皇帝及撰者之评论，均重其吏治，185 字。)

乾德五年，在和寝疾，乞假就医，诏允赴阙。七月二日届项县而薨，享年六十七。是时丧发，而权殡于西洛。

(以上是死亡与初葬，40 字。)

公娶陇西郡李氏，封陇西郡君，于开宝六年三月三日薨于蒲津之私第。

有子晏明，今充前班殿直，见监渡于西蜀新津。有侄晏宣，西头供奉官。

(以上是家族，记下一位侄儿，55 字。)

以岁月所利，宅兆是卜，即以开宝八年五月一日，迁公与郡君合葬于西京洛阳县贤相乡陶村原，礼也。

（以上是改葬，40 字。）

公存扬善政，殁称令名，在家则孝道彰，于国则忠节显，备传信史，不复更书。今以坟陇既营，松楸是植，千载之后，虑迁陵谷，故以志之。铭曰：

作彼良臣，弼于大君。

逾龚、黄之善政，超寇、邓之洪勋。

其荣兮人之共睹，其哀兮世之共闻。

卜泉石兮叶兆，树松楸兮拂云。

虑迁陵谷，用志斯坟。

（以上是葬与铭，107 字。）

（责任者：张庭瑀）

（指导者：柳立言）

三、个案研究

墓志只有区区 703 字，与墓主孙汉筠（901—967）长达 55 字的官衔不成比例。又有一处，也是唯一的一处，稍与格套不合：大多数墓志，尤其是统治阶级的，都会历数墓主三代祖先，如汉筠长兄汉韶的墓志就说"公即唐云州别驾讳□之曾孙，岚州使君司徒讳昉之孙，后唐振武军节度使赠太尉讳存进之长子"，[1] 而本志竟无曾祖和祖父，却花了 91 字或占去墓志八分之一强的篇幅，历数父亲李存进（原名孙重进，被晋王李克用收为养子）的重要官位，比兄长墓志提到父亲时只说"后唐振武军节度使赠太尉讳存进"足足多了 77 字。

捧读之后，发现父亲的职务可粗分为两种：一以军事为主，如马步

---

[1] 《旧五代史新辑会证》卷 53，1745 页。

使、马步军都指挥使、都招讨使、节度使；二是以民事为主，如刺史、观察处置使。两相比对，父亲的功绩以武为主，以民为副，汉筠能否业绍箕裘，证成学人喜谈的军人职业化或世袭化，或辨证在职业化和世袭化之中，其实有些武人世家兼顾文武，不但重武不轻文，有时甚至偏文？

答案应在汉筠的仕历之中。如将墓志的信息竭泽而渔，分门别类，列表比对，辅以史学六问，便能不假外求，自然产生问题意识：

表一：孙汉筠仕宦一览

When（时间）	What（职务）与 Where（地点）	How（表现）	Whether（赏或罚）
唐、晋（923—944）	约 22—43 岁，多在内职		
晋末（约 944—946）	约 43—45 岁，授汜水关（虎牢关，今河南洛阳东）令使		
汉（948—950）	约 47—49 岁，永兴军（陕西西安）节度副使		
周初（太祖郭威，951—954）	约 50—53 岁，授控鹤左第一军都指挥使，遥领嘉州（四川乐山）刺史		
周世宗显德元年（954）	约 53 岁，出授磁州（河北磁县）刺史		罢秩
显德三年？（956）	约 55 岁，罢秩，监戍于巩县（河南郑州、开封、巩义）。世宗谓"卿牧民有余，管军屈才"		州将变县将
显德五年（958）	约 57 岁，授冀州（河北山西冀县）刺史		
显德六年（959）	约 58 岁，自冀州迁授绛州（山西新绛）团练使		
宋太祖乾德二年（964—967 疾）	约 63—66 岁，转授和州（河北南和）团练使，任上得病，返阙途中去世		

若干疑问油然而生：

第一，仕途似有两个异状。首先，43 甚至 45 岁（均是大约年龄，下文不赘）以前的仕历显得迟缓；其次，45 至 49 岁之间突飞猛进，从令使（基层吏职）一跃而为节度副使。为何如此？

第二，墓主的职务夹杂民事与武事，其比例为何？墓主作为武二代，本人之偏好（which）又为何？能否改变学界认为五代武人甚至武人世家"重武轻文"的刻板印象？

第三，墓主的表现或政绩一片空白，究竟这位来自代北的武二代能否治军和治民，或以何者较优（which）？能否改变学界认为五代武人鲜能善政的刻板印象？

第四，墓主历仕五朝，其品德尤其是忠义应如何看待？武人是否有异于文人？

试分析如下。

（一）仕途的两个异状

汉筠"少为文士，经史子集，无不毕览"，不无才华，加上父亲之显赫，理应扶摇直上，墓志却以"仕唐、晋朝，多在内职"一语带过。直到晋末，汉筠已四十多岁，才出任洛阳附近的汜水关令使，属基层吏职，并非长贰之位。这是因为汉筠的才能不佳，还是因为当代重视武人轻看文士？

其实两者都不是，而是因为他的长兄汉韶背国降敌。故事大要是后唐明宗去世，闵帝继位，潞王李从珂反于凤翔（934），汉韶和张虔钊等数路节度使讨伐无功，潞王即位为末帝并杀闵帝一家，汉韶和虔钊各以领地降蜀，"由是汉英（三兄，原名汉殷，避宋太祖父赵弘殷之讳）与弟汉筠久之不调"。[1] 末帝在位不到三年便亡于后晋。石敬瑭借契丹之力灭后唐而为后晋高祖（936—942），天雄节度使范延光对抗年余始降（937—938），大赦诏书中排名第一的当然是延光；排第三的是检校司徒贝州刺史孙汉威，改授检校太保，调任陇州防御使，《资治通鉴》称之

---

[1]《旧五代史新辑会证》卷45，1512页；卷129，3961页。

为"延光腹心将佐"。[1] 假如他就是汉筠的二兄（见下），也部分解释了后晋亦一时不会重用汉筠，造成了仕途的第一个异状。

讽刺的是，造成第二个异状的契机竟也来自叛变，汉英与汉筠得以先后复出。后汉隐帝乾祐元年（948），赵思绾反于永兴军，李守贞于河中，王景崇于凤翔，是谓"三镇之乱"。汉英"少事戎伍，稍至都将，（于后唐）迁东面马步军都指挥使"，应长于军事，"太祖（郭威，时为枢密使）西征蒲、雍，以汉英戚里之分，奏于军中指使"。[2] 次年乱平（949），汉英一跃而为绛州刺史、检校司徒。不久，汉筠亦一跃而为永兴军节度副使，不但位居长贰，而且可以大增历练。隐帝于乾祐三年（950）正月分命使臣赴永兴、凤翔、河中收葬骸骨，"时已有僧聚髑髅二十万矣"，[3] 但不知汉筠有何表现。戚里之事亦难考，可能是孙家与后来成为皇族的郭家是姻亲。

郭威代汉成为后周太祖（951—954），他有意提拔的汉英却英年早逝。也许爱兄及弟，郭威让汉筠从节度副使内调，出任控鹤左第一军都指挥使，[4] 可能有意让他多识军事，做个文武全才。如是，研究者应进一步探讨朝廷如何栽培武家子弟，是否有意延续允文允武出将入相之传统。如是，五代与宋代是否不大相同。

（二）武人兼仕文武与武二代的选择

孙汉筠以内职武臣起家，首任汜水关令使，后来又担任控鹤军一都指挥使，必须弄剑挥刀，自不能否认其武人之身份。他兼仕文武，两者之比例如何？

---

[1] 《资治通鉴》卷281，9190 页；诏书见《旧五代史新辑会证》卷77，2380—2381 页。
[2] 《旧五代史新辑会证》卷129，3961 页。
[3] 《旧五代史新辑会证》卷103，3164 页。
[4] 后梁末帝即被控鹤都指挥使（都将）皇甫麟所弑，见王溥《五代会要》卷1，2 页；《旧五代史新辑会证》卷10，314 页；《资治通鉴》卷272，8897 页；《新五代史》卷13，131 页。征引诸书之目的，是揭示同一官职之诸多称谓。

先看地点之特性和范围（表一）。汉筠 43 岁以前的内职自在京都。43 岁以后的七地之中，军事性质较浓的是汜水关、永兴军、巩县、冀州和绛州；民事和经济性质较高的是磁州及和州；两者是 5∶2。覆盖的范围颇广，有河北三地，河南两地，陕西和山西各一地，无论是从事军务或民政，都足让他增广见闻。他在河南洛阳有坟地，在山西浦津有私第。

再看任官的性质。44 岁以前的内职应指供奉和殿直等三班使职，大抵来自荫补（参见其子与侄），属武职。44 岁以后的八任之中，较重军事的是汜水关令使（就任约二年）、控鹤左第一军都指挥使（约二年），和"监戍""管军"于巩县（约二年），合计三任约六年。较重民事或"牧民"的是永兴军节度副使（约一至两年）、磁州刺史（约两年）和冀州刺史（约一年），合计三任四至五年。较难确定的是绛州团练使（约四至五年）及和州团练使（约三年）。团练使本以军务为主，但亦会因地制宜，有时亦因为升迁而授。事实上刺史之任亦会如此，但不妨假定，朝廷在授官之时，考虑到受官者之经历和所长是否较为适合任官之地点。

结合地点和官职，结果如下，当然只是一个大概：

地点	官职
汜水关（以军事较重）	令使，假设其职责以军务为主，约两年
永兴军（军）	节度副使，民事为主，约两年
开封（首都）	控鹤左第一军都指挥使，军事，约两年
磁州（民）	刺史，民事，约两年
巩县（军）	监军之类，军事，约两年
冀州（军）	刺史，民事，约一年
绛州（军）	团练使，假设以军务为主，约四至五年
和州（民）	团练使，假设以民事为主，约三年

尽管以军事为重之地方远多于民，但职务之比例可能是军 4 民 4，任职时间是军 10 至 11 年而民 8 年，相差不大。对一位武二代来说，这样的比例不知是否出自在上者的个人安排（如郭威）或朝廷的用人政策，让武

人的精英分子能够兼习武功与吏治。那么，孙汉筠本人有无偏好？

墓志以汉筠之能文开场，说他"少为文士，经史子集，无不毕览，思若泉涌，笔无停缀"。聪明的读者大抵不会追究汉筠是否真的读了那么多的书，或才思是否真的那么敏捷，而是留意到，志文没有半句提到他的武事。难道是一时漏落？刁钻的读者甚至怀疑，难道是为了掩饰或解释他的事功里缺乏武功？一个简单的求证法，就是比对不必掩饰的描述，例如父亲的墓志是这样介绍五位成年儿子的才能的（见本册《数目字会说话》）：[1]

五子排行	主要职务	才能
1. 汉韶	河东节度押衙都牢城使兼右厢五院指挥使	久读兵书，颇精师律……战胜而口不言功
2. 汉威	河东节度押衙安国军马步军副指挥使兼都牢城使	玉堂演术，金榧传符，亟扬破敌之功，深得将兵之妙
3. 汉殷（汉英）	前振武节度押衙沿河五镇都知兵马使	早抱雄节，节身以文武之道
4. 汉郇	河东节度随使兵马使	
5. 汉筠	前振武节度单于安北都护府司马	器度纵横，识略孤远，耽书味道，乐胜廊庙

一目了然，五子之中，汉筠有两个特点：职务之中唯一的文职（司马），才能之中唯一不见"兵"或"武"。那"孤远"二字，可能是指他"生而耿介，性不和俗"，在兄弟之中花了最多的时间和精神来学文和习乐。可以肯定，汉筠作为将门之子，偏重文事多于武功。

汉筠的墓志又如何塑造他从"少为文士，……笔无停缀"之偏重文事，到成长后变为注重民事之高层文官？首先看墓志的一头一尾，即序言和铭文的重点。序言说："汉宣帝尝云：'庶人安田里而无叹息，与我共理者，其惟良二千石乎。'故和州团练使乐安孙公（汉筠），秩二千

---

[1] 吕梦奇撰，陈尚君校点：《后唐招讨使李存进墓碑》，《旧五代史新辑会证》卷53，1738—1743页。

石，较其共理，则惟良矣。"明白指出汉筠的贡献在人安田里。较详细的说法在《汉书》循吏传："庶民所以安其田里而亡叹息愁恨之心者，政平讼理也，与我共此者，其唯良二千石乎。"[1] 所谓前呼后应，作为盖棺论定的铭文，首句是"作彼良臣，弼于大君"，接着承接"良"与"弼"，说"逾龚、黄之善政，超寇、邓之洪勋"，是唯一提到的政绩，明显以民事为多。毫无疑问，序言和结语专挑汉筠的郡守仕历，不及或少及他的武事，足见他的志趣和成就不在武功而在吏治，要成为一个政平讼理的循吏或良吏。

其次计算志文和铭文的字数比例来抓出重点。志文从出生至死亡共225字，主要是官职和评论，后者共80字，占三分之一强，除了"生而耿介，性不和俗"八字是说品性之外，全部都是文事和吏治，即"少为文士，经史子集，无不毕览，思若泉涌，笔无停缀"，"周世宗既授纶旨，而复传宣曰：'卿牧民有余，管军屈才'。其嘉之如是"，"公仕唐、晋、汉、周、宋五朝，颇著勤绩，益振能名，虽杜、邵、龚、黄，莫之能尚"。铭文共54字，评论凡20字，即"作彼良臣，弼于大君；逾龚、黄之善政，超寇、邓之洪勋"，后面12字全是吏治，尤其以"龚、黄之'善政'"，对上"公存扬'善政'"，前后辉映。这样一数算，便知墓志的重点何在。

再看用典或历史故事。首先出现的，是真假难知的"乐安（孙汉筠），即汉安定太守会宗之裔矣"。第一，最醒目的当然是"太守"二字，切合汉筠之事功。第二，孙会宗受杨恽之累而失官，是否暗指汉筠受汉诏之累，似乎不必过于周文深纳了。[2] 其次出现的，便是上文提到的召（邵）信臣、杜诗、龚遂、寇恂、黄霸、邓禹六人，最大的共同点是以政平讼理见称于世，当然如寇恂和邓禹也不乏军功，但墓主全不见

---

[1] 班固：《汉书》卷89，北京：中华书局，1969年，3624页。

[2] 司马光以为杨恽之死"不厌众心"，那孙会宗就是无辜了，见《资治通鉴》卷27，876—878页。

征战，重点应在民事。召父杜母的典故，还用于父亲的墓志以称赞其吏治（亦见《数目字会说话》）。

重视吏治的不止汉筠，长兄汉韶亦然。后唐之时，汉韶一面以军功上升至节度使，一面赢得惠民之口碑。如墓志说他出任蔡州刺史时，"临民布惠，土丰襦袴，境绝凶荒，千里无虞，一郡大理"，[1] 惜无实例。降蜀以后，不改本色，一面建立军功，一面有意致治，论者谓其平凤州，"入城宣慰，号令严肃，秋毫无犯"；又与父亲比较，说他"忠勇有父风，而重厚过之，居藩阃皆有治迹"；又称赞他的品德，说其"始以去危即安，委质于我（蜀），颇竭股肱之力。终保富贵，识者多其淳悫"，[2] 也许诸事可作为共证。

要之，在高层武人家中，父子兄弟可能兼仕文武，两者有时平分秋色。若谓他们重武轻文，岂非以本人之武事轻视自己之民事，或父子兄弟相轻吗？

（三）武人治民之表现

孙汉筠以武家子弟治理民事，对其表现，墓志说："公存扬善政，殁称令名，……备传信史，不复更书。"真的没有写下半个实例。遍搜今日之各大全文数据库，也无半点消息。

然而，墓志似乎是用另一种方法证明汉筠治民之成效，即借用皇帝之金口。序言以宣帝之话引起话题，那答案何在？应在汉筠到巩县担任军职时，"周世宗既授纶旨，而复传宣曰：'卿牧民有余，管军屈才。'"第一个吸睛点在"既授……而复"，白话即是"不但……而且"。"既授"指纶旨，是任命敕书，以骈骊之文辞，说明汉筠之适任，属于官撰文书，有时流于空泛。"而复"指口谕，通常由近臣传达，属于皇帝个人对官员的鼓励，并非人人有份。第二，这两句王言"卿牧民有余，管军屈

---

[1]《旧五代史新辑会证》卷53，1745页。

[2]《旧五代史新辑会证》卷53，1744页引《旧五代史考异》，对照无异，不另引。

才"若非杜撰，便是借世宗之口回应宣帝，由皇帝来肯定汉筠是一位良二千石。既有皇帝的肯定，是否就不必列举实例了？

我们从汉筠之仕历着眼，亦稍可看出端倪。第一，汉筠之仕途虽然连贯，但53至55岁之间有一波折，从守郡磁州变为监戎巩县，墓志用"罢秩"连接两者，有些模棱两可，不知是罢官、任满，还真是削阶。无论何者，从郡将降为县将乃不争之事实，似是因过惩处。第二，自此以后，官运亨通，虽无法从其封赏判断（比较本册《沙陀王朝武人刺史卖剑买牛》），惟其实职是从恢复刺史再升团练使，部分应基于功劳。第三，入宋之后，不但保有旧职，而且七年继续为团练使。众所周知，后周世宗和北宋太祖重视吏治，汉筠能够久任，应是治绩不差。

（四）品德

墓志提到品德只有一处："在家则孝道彰，于国则忠节显。"前者毫无实例，可见并非墓志题中应有之义。由此推之，男之内事与女之外事，如是墓志之重点则多写，不然则少写，不是真的男无内事女无外事。其实，家和万事兴，若是一家之主，男性岂能不管内事，亦即修身之后的齐家，但既非重点，墓志乃略而不提，并非无事可记，我们不要博浪飞椎。

于国之忠节，则有"公仕唐、晋、汉、周、宋五朝，颇著勤绩"，似以勤劳职守为忠。现代的读者看到连仕五朝，未免疑惑。如上所述，汉筠的长兄不愿臣服于后唐末帝而投蜀，汉筠如何自处？他自己先从后汉移忠于后周，又从后周移忠于大宋，又是如何自解？这要看忠的对象是否真的值得效忠。

后唐潞王起兵取代闵帝，汉筠的长兄汉韶于讨伐失败之后，献地降蜀。相关的史料有四种，可先从三兄汉英在《旧五代史》《周书》的本传读起，比对国史公传和墓志私传的春秋笔法。

三兄汉英（汉殷）《旧五代史》《周书》本传[1]	长兄汉韶墓志[2]	长兄汉韶《旧五代史》《唐书》李存进附传[3]	长兄汉韶《新五代史》李存进附传[4]
清泰初（末帝，934—936）	会明宗遗剑，嗣主（闵帝）承乾，公方竭孝忠，欲匡运祚，而岐帅（潞王）肆无君之志，坚篡立之心	末帝（潞王）之起于凤翔也	潞王从珂以凤翔反
	公乃请行营都部署山南节度使故温穆张公（虔钊），劲领锐师，欲平惠难	汉韶与兴元张虔钊各帅部兵，会王师于岐山下	汉韶与张虔钊会唐军讨之
兴元节度使张虔钊失律于岐下，遂以其地西臣于蜀。汉英兄汉韶，时为洋州节度使，因兹阻隔，亦送款于蜀	及军情翻变，神器迁移，遂与故温穆张公远贡表章，同归明圣	洎及西师俱叛，汉韶逃归本镇，闻末帝即位，心不自安，乃与张虔钊各举其城送款于蜀	唐军皆降于从珂，独汉韶与虔钊军不降，俱奔于蜀
	高祖文皇帝以公有太原之旧，礼遇加崇	至成都，孟知祥以汉韶（太原）旧人，尤善待之	
由是汉英与弟汉筠久之不调			

共有三处可以比较：

---

[1]《旧五代史新辑会证》卷129，3961页。

[2] 王义撰，陈尚君校点：《大蜀故匡时翊圣推忠保大功臣武信军节度遂合渝泸昌等州管内观风营田处置使开府仪同三司守太傅兼中书令使持节遂州诸军事守遂州刺史上柱国乐安郡王食邑三千户食实封二佰户赠太尉梁州牧赐谥忠简孙公内志》，《旧五代史新辑会证》卷53，1744—1747页。

[3]《旧五代史新辑会证》卷53，1743页附传。

[4]《新五代史》卷36，394页。

1. 汉韬降敌，不忠于末帝

四种史料都不隐讳，但对汉韬降敌的前奏，即讨伐潞王失败，有不同的描述，反映出撰者对汉韬降敌的态度。弟弟汉英的《旧五代史》本传将兄长的失败归究于"张虔钊失律于岐下"，但无详情。汉韬自己的墓志只说"军情翻变，神器迁移"。汉韬《旧五代史》传记只说"西师俱叛，汉韬逃归本镇"，也是没有详情。《资治通鉴》较为清楚交代战情，则说"朝廷前后所发诸军，遇西军皆迎降，无一人战者"。[1] 反是《新五代史》汉韬传记对其最为有利，欧阳修以"唐军皆降"来对照汉韬和虔钊的"独……不降"，以彰显二人不愿移忠于造"反"之末帝（见下）。

2. 汉韬献地资敌，不忠于国家

汉英《旧五代史》本传为兄长隐讳，前面明言张虔钊"以其地西臣于蜀"，清楚指出献地，后面只说汉韬"亦送款于蜀"，隐约掩去送地，而"因兹阻隔"四字更是开脱之辞，目的自是以汉韬之无奈指出汉英受累之无辜。汉韬墓志不提二人献地，只说"远贡表章"，确是隐恶。同在《旧五代史》，汉韬传记所述与弟弟传记截然不同，明白指出"汉韬逃归本镇，闻末帝即位，心不自安，乃与张虔钊各举其城送款于蜀"，确是符合传统国史本传之善恶俱陈。《新五代史》汉韬传记只说二人"俱奔

---

[1] 《资治通鉴》卷279，9110页，又见9111页保义节度使康思立之终降。据司马光，共有五位节度使奏请合兵讨凤翔，失律是指"张虔钊性褊急，主攻城西南，以白刃驱士卒登城，士卒怒，大诟，反攻之"，是联军由胜转败之重要关键。对孙汉韬之角色，司马前面说"（护国节度使）安彦威与山南西道张虔钊、武定孙汉韬、彰义张从宾、静难康福等五节度使奏合兵讨凤翔"，但后面说"山南西道节度使张虔钊之讨凤翔也，留武定节度使孙汉韬守兴元。虔钊既败，奔归兴元，与汉韬举两镇之地降于蜀"，似乎汉韬没有参与凤翔城战，不同于其他史料。不过，司马又说兵败时，"（主帅王）思同等六节度使皆遁去"，有谓第六位是指药彦稠，但当时药不过是"前任"静难（邠州）节度使；见《资治通鉴》卷279，9106，9107—9108，9115页。据《旧五代史·闵帝本纪》，诸节度使之中只提到张虔钊，谓三月甲辰，"兴元节度使张虔钊奏，会合讨凤翔"，角色至为明显；其次便是孙汉韬，谓丁未，"洋州孙汉韬奏，至兴元与张虔钊同议进军"；到乙卯，"兴元张虔钊奏，自镇将兵赴凤翔，收夫散关"，没有提到汉韬，到庚申便大败。这或是《资治通鉴》以为汉韬留守兴元的一个原因。见《旧五代史新辑会证》卷45，1504—1505页。

于蜀",不提献地,但在《后蜀世家》孟知祥本传则明言"唐潞王举兵于凤翔,愍帝遣王思同等讨之。思同兵溃,山南西道节度使张虔钊、武定军节度使孙汉韶皆以其地附于蜀",[1] 用了"互见"的传统笔法,在此可称为间接隐讳。要之,《旧五代史》汉韶传记最为坦白诚实;《新五代史》传记既谓其"独……不降",又间接隐去献地,似乎同情汉韶,如是有意,未知何故?

3. 末帝(潞王)起兵的性质为何?(引申的问题)他是否值得尽忠?

四种史料之中,明言潞王不臣的当属汉韶墓志之"无君""篡立"及其《新五代史》传记之"以凤翔反",而《旧五代史》传记则作"起于凤翔"。大抵墓志主要立足于汉韶作为蜀臣的身份,但亦不能否认其为五代十国时期部分士大夫的忠义观。拜电子全文数据库所赐,在《新五代史》仅以"潞王"一词检索,共有18次与"反"字相连,不但见于孙汉韶等相关人物的传记,且于《潞王本纪》(末帝、废帝)亦称其"遂据城反"及"弑鄂王(闵帝)",[2] 当然代表欧阳等人之忠义观,与墓志的看法相去不远。同样,在《旧五代史》以"从珂""潞王"和"末帝"全文检索,却无一次与"反"字相连,唯在《潞王本纪》称其"由寻戈而践阼,惭德应深",似乎默认他得位不正于道德有愧,不过同时亦说他"负神武之才,有人君之量,……及当宁以居尊,政经未失",[3] 似是偏向成王败寇及明主出世之传统忠义观。

也就是说,对潞王取代闵帝之性质,五代以至宋代的认定大同小异。如以潞王为反,则不对其移忠不可谓之不忠;如以成者为王视之,则孙汉韶可谓不识时务。闵帝尚未退位,"冯道率百官迎(潞)王于蒋桥,王辞不见。入哭于西宫,遂见群臣";闵帝一家随即为杀,大臣殉主者只有慈州刺史宋令询而已。[4]

---

[1]《新五代史》卷64,803 页。
[2]《新五代史》卷7,72 页;又见卷7,75 页之评论。
[3]《旧五代史新辑会证》卷48,1644 页。
[4]《新五代史》卷7,72 页。

郭威取代后汉建立后周，汉英和汉筠兄弟为其提拔，移忠不但是忠于其人，亦属忠于其事。众所周知，当时郭威领兵在外，后汉隐帝与心腹大臣发动政变，在京都大杀先帝之顾命重臣及其家族，郭家最后亦无幸免，为之绝后。郭威率兵入清君侧，隐帝死于乱兵。几经转折，郭威被将士拥立，是为五代第一次黄袍加身。当代之评价如何？《旧五代史》每将国家兴亡归诸于天，但于隐帝之亡，却谓"盖人谋之弗臧，非天命之遽夺也"，[1] 可见其失德失政，死有余辜。于郭威之兴，则谓"天命有归"，[2] 并举出事证，且似有寓意地记载于隐帝本纪而非郭氏本纪。隐帝曾对郭威说："我夜来梦尔为驴，负我升天，既舍尔乘，俄变为龙，舍我南去，是何祥也？"[3] 自然是郭威取代隐帝之兆，《册府元龟》亦纳入《帝王部》之"征应"。[4] 对郭威之帝业，《旧五代史》说他"纵虎旅以荡神京，不无惭德，揽龙图而登帝位，遂阐皇风。期月而弊政皆除，逾岁而群情大服，何迁善之如是，盖应变以无穷者也"，[5] 再次肯定他的"龙"和"皇"，并盛赞其名副其实。如是，不管是小忠于人或大忠于国，孙汉筠一举两得。

　　宋太祖乃后周世宗之爱将，窃人之国于尸骨未寒，可谓枭雄。汉筠亦受世宗提拔，六年之间由刺史而团练使，达到仕宦的高峰，入宋时已63岁，可退而不退，毋宁有愧于世宗；但太祖即位后萧规曹随，继续推行世宗的各种善政，汉筠算不算忠于世宗之事，则如欧公曾谓，"诚非史氏之所及也"。[6]

　　[1]　《旧五代史新辑会证》卷103，3193页。
　　[2]　《旧五代史新辑会证》卷113，3501页。
　　[3]　《旧五代史新辑会证》卷103，3192页。
　　[4]　《册府元龟》卷21，231-2页。
　　[5]　《旧五代史新辑会证》卷113，3501页。
　　[6]　《新五代史》卷12，126页，是说后周世宗之统一策略没有一成不变地先南后北，而是随机应变，乘辽帝殂荒，北伐收复三关，但有些史家讥其过于冒险，不顾国家安危，欧阳修不能同意，故发此语。引用于此，自是见仁见智之意。

结论

北宋名臣文彦博曾说"为与士大夫治天下，非与百姓治天下也"，提醒神宗不要过于减损士大夫的既得利益，[1] 却有研究者断章取义，认为这是知识分子要求跟君主共治天下的伟大宣言。汉筠的墓志序言说："孙公，秩二千石，较其共理，则惟良矣。"非常清楚指出，五代有志与君主共理天下的，包括武人武臣。

武人世家，尤其是中高层以上，享有的优势远胜于多数文人，有时更能兼顾武功和文事。孙家两代横跨唐末黄巢之乱至宋祖黄袍加身（874前—960后），前后几近百年。父亲以武功起身，位极节度使，也留意民瘼，至少以除弊名留青史。长子在后唐已位至节度使，也在民政享有口碑，入蜀后依然故我，武功和民事俱获称赞。三子兼治文武，惜未见遗绩。五子以政平狱理为志趣，赢得后周世宗的肯定，也反映这位武人君主重视吏治。

也许第一代的武人有不少是老粗一个，但亦因他们来自田间，较书斋里的文人更能了解民间疾苦。制度让武人可凭军功位至地方大吏，必须治民，有时造就了武人与文人的合作与了解，有助于文武交流。武人的子侄因恩荫等因素继续武臣的身份，如前班殿直和西头供奉官等，但并不表示他们没有学习"文"事和注意"民"事。一家之中，兼习文武和兼仕文武，代有相传，纵有重武轻文，想亦不太严重。武人真正轻视的，应是只晓文艺不懂民事的文人。

武人在忠义上的表现亦不下于文人，应分为忠于人之小忠和忠于国之大忠。忠于人要视乎其人是否真的值得效忠，如后唐潞王之反，不一

---

[1] 文彦博此话的原委是神宗与王安石等人讨论新法，"上曰：'更张法制，于士大夫诚多不悦，然于百姓何所不便？'彦博曰：'为与士大夫治天下，非与百姓治天下也'"。见《续资治通鉴长编》卷221，5370页。

定值得移忠，但如后周太祖之代汉，也许值得移忠。对国之不忠，莫如献地资敌，武人之中固有此等大不忠之人，但文人之中，亦不乏支持割让燕云十六州的。五代十国的忠义观有时跟《新五代史》大同小异，有时则更严，如对献地资敌坦白直书，没有因人而讳言，但欧阳修反是间接隐讳。

跟孙汉筠有关的其他史料几近于零，故必须充分利用墓志。在态度上，我们必须把墓志当作一篇文章（essay）或今天的论文（thesis）来读，留意它的笔法，考究它如何起承转合，如何呈现重点，甚至如何安排三论（论据＋推论＝论点），不能东斩一块，西切一段，却谓之文本（text）分析。在方法上，应充分利用史学六问之 who/whom（如作者及读者是谁）、what/which/whether（所写为何/较重要之处为何/是否真有其事）、where、when、how、why，不能随便抽取几个墓志，又不管上下文逻辑，只剽摘部分内容硬凑成文，把墓志根本没有的问题，硬塞到古人嘴里，十足的自我作古。

（执笔者：柳立言）

参考资料

一、墓志碑文

1. 成都市博物馆考古队：《五代后蜀孙汉韶墓》，《文物》1991 年第 5 期，11—26、98—99 页。

2. 张贺：《大宋故推忠翊戴功臣光禄大夫检校太保使持节和州诸军事行和州刺史充本州团练使兼御史大夫上柱国乐安郡开国侯食邑一千户孙公墓志铭并序》，傅斯年图书馆藏拓片（16853）。

3. 吕梦奇撰，陈尚君点校：《李存进》，陈尚君《旧五代史新辑会证》，1733—1746 页。

4. 张贺撰，吴雅婷注释：《孙汉筠墓志》，宋代史料研读会报告，2000 年。

5. 王义撰，陈尚君校点：《大蜀故匡时翊圣推忠保大功臣武信军节度遂合渝泸昌等州管内观风营田处置等使开府仪同三司守太傅兼中书令使持节遂州诸军事守遂州刺史上柱国乐安郡王食邑三千户食实封二佰户赠太尉梁州牧赐谥忠简孙公内志》，陈尚君《旧五代史新辑会证》卷 53，1744—1747 页。

6. 吕梦奇撰，陈尚君校点：《后唐招讨使李存进墓碑》，陈尚君《旧五代史新辑会证》卷 53，1738—1746 页。

二、其他资料

7. 王钦若等撰，周勋初等校订：《册府元龟》。

8. 王溥撰，上海古籍出版社点校：《五代会要》。

9. 司马光等撰，标点资治通鉴小组点校：《资治通鉴》。

10. 李焘撰，上海师范大学古籍整理研究所、华东师范大学古籍研究所点校：《续资治通鉴长编》。

11. 班固撰，颜师古注，中华书局点校：《汉书》，北京：中华书局，1962 年。

12. 陈尚君：《旧五代史新辑会证》。

13. 欧阳修撰，徐无党注，华东师范大学等点校：《新五代史》。

别了沙场

（张秉、张昭允、张正中）

吴荞安、林亚璇、林思吟、杨景尧

北宋文官前知峡州分司南京张正中及妻胡氏陆氏合葬墓表

一、基本资料

1. **性质**	墓表
2. **题名**	新题：北宋文官前知峡州分司南京张正中及妻胡氏陆氏合葬墓表 首题：宋故朝奉郎尚书虞部员外郎上骑都尉赐□〔绯〕鱼袋赠司封□〔员〕外郎张公墓表
3. **时间**	死亡、下葬或立石时间 死亡：北宋庆历四年（1044）五月十七日 下葬：北宋庆历五年（1045）七月二十五日 立石时间：北宋治平元年（1064）六月二十七日
4. **地点**	死亡、下葬或立石地点 死亡：南京（河南商丘）官舍 下葬：洛阳县（河南洛阳）金谷乡尹村管
5. **人物**	
墓主	张正中（973—1044）
合葬或祔葬者	妻（北宋昭德县太君胡氏；北宋福昌县太君陆氏[989—1063]）
求文者	子（北宋文人举进士张宗瓘或北宋文人举进士张宗琳）

撰者	外孙（北宋文人李俣）
书丹者	外曾孙（北宋文人乡贡进士王邺）
篆额者	外孙（北宋文官大理寺详断官郑方平）
书讳者	外孙（北宋文人李侚）
立石及举葬者	子（北宋文人举进士张宗瓓、北宋文人举进士张宗琳）、女婿（北宋文官利州路转运判官李凤）、孙女婿（北宋文官江淮都大制置发运使杨佐）
刻者	北宋平民张士景
6. 关键词	社会流动、文武交流、业绩、品德、婚姻、家庭或家族

（责任者：林明）

二、释文

宋故朝奉郎尚书虞部员外郎上骑都尉赐□〔绯〕鱼袋赠司封□〔员〕外郎张公墓表

外孙大理寺详□〔断〕官通直郎□□□士郑方平篆额

河南府乡□□□〔贡进士〕王邺书

  公讳正中，字元规，其先澶州卫南人，后徙家河□〔南〕，□〔今〕为河南人。曾祖讳乾裕，任率府率；

祖讳秉，任内酒坊使，赠右千牛卫将军；

父讳□□〔昭允〕，任閤门使，赠左千牛卫上将军。

（以上是上三代，均不见妻子，64字。）

  公即閤使之长子也。

聪敏过人，奋志力学，善属文，长□〔于〕诗书，为乡里所称，□〔以〕荫补校书郎。

公志笃孝养，不忍远去庭闱，日夕以承颜为乐，凡二□〔十〕年。二亲寿终，□□□□，哀毁过礼。服除，公曰："禄仕者，养于亲也，亲既不逮，虽仕奚为？"欲营云水逍遥之趣，以自高洁。

识者惜公之才，以为有经济之业，勉公以"居家孝，于国忠，移孝为忠"之□〔说〕激□。公不得已，遂起而仕。

（以上是入仕之前及入仕之理由，137字。）

始调亳州城父主簿。秩满，以真庙车驾幸亳，上供羡给，□〔朝〕廷优其劳，□转奉礼郎，就知城父，改卫尉丞。

知康州及寿、许二郡倅，改大理丞。

河阳侍中张公稽以公端直，才干可任，辟授通倅。

未几，召为开封府推官，改太子中舍殿中丞，赐五品服。

出为夔州路转运使。

还阙，授知太平州，徙泰州、通州，改国子博士虞部员外郎知兴元府。□〔避〕亲之请，遂徙峡州。

告老，分司南京。朝廷优其宿德，以其子宗瑗守南京倅，便于侍□〔养〕也。

（以上是仕宦，160字。）

庆历四年五月十七日，以疾终于南京官舍，享年七十二。

从宗瑗赠典，加司封员外郎。

五年七月二十五日，葬于洛阳县金谷乡尹村管，从昭德县太君合祔焉，礼也。

（以上是卒与葬，63字。）

公先娶胡氏，□〔封〕昭德太君也。继室以陆氏，封福昌县太君，柔慈淑惠，自于天性。事夫以和顺，治家以清肃，抚育诸幼，过于己出。

后公十九年□〔正〕月二日，亡于扬州私第，享年七十五。

（以上是妻，68 字。）

　　男六人：

长宗瑗，国子博士知南康军；次宗瑾，同学究出身。皆亡。

次宗瓘、宗琳，皆举进士。

次宗瑀、宗玘，并夭。

（以上是子，40 字。）

　　女三人：长适屯田员外郎郑修，次适江淮都大提举运盐司度支郎中

高访，次适利州路转运判官比部员外郎李凤。

（以上是女及女婿，45 字。）

　　孙十人：倚、令卿、偶、传、绛、杲卿，皆举进士；绩，太庙斋郎；

余并幼。孙女九人：长适江淮都大制置发运使太常少卿杨佐，次适

□〔比〕部员外郎知忠州王景华，余皆待年。

曾孙男二人，尚幼。

（以上是孙、外孙、曾孙，68 字。）

　　治平元年甲辰岁六月二十七日，子婿凤、孙婿佐，同宗瓘、宗琳举

葬福昌太君陆氏，合祔于公。其公之事迹，志记存焉，兹不备录。俣承

舅氏之命，□纪其实，以志陵谷而已。

　　外孙李俣记

外孙李偶书讳

河南张士景刊

子婿利州路转运判官朝奉郎尚书比部员外郎上骑都尉赐绯□〔鱼〕袋李

凤立石

（以上是参与营葬之后人，113字。）

（责任者：王子涵、林明、杨景尧）

（指导者：刘祥光）

三、个案研究

表文以仕宦和婚姻最为突出，是打通政治史、家族史以至社会史的重要门径，但在利用之前，必须分辨它是墓表而不是墓志，故连铭文都没有。墓主张正中（973—1044）于仁宗庆历四年（1044）去世，下葬时（1045）已有墓志。十九年后，第二任妻子陆氏（990—1064）去世，祔葬于夫坟，营葬者为正中另立墓表，明言"其公之事迹，志记存焉，兹不备录"，故墓表仅是墓志的摘要，一方面应记述最重要的事情，另一方面应有不少省略，研究者推论时必须小心。

（一）仕宦：从兼仕文武到弃武从文

仕宦的重要性因对象不同而有差异。对家庭来说，在于广义的社会流动：一是阶级流动，主要是从被统治阶级上升至统治阶级，或逆向而降；二是阶层流动，在统治阶级里层层上升或下降。从上升所需要的条件，多少可以看到社会和政治圈的开放程度，例如有名的贵族门第（aristocracy）vs选贤任能（meritocracy）。

先看阶级流动，对武人来说多凭借武功和恩荫。将墓表所列曾祖父、祖父和父亲的职官在心中列表对比，明显看到曾祖父只有"任率府率"而无赠官。其实，曾祖父是"没赠左清道率府率"，是死后赠官不是生前任官，墓表不列任官，正可看到他只是一位不入流没有品阶的武员（见本册《才兼文武是否墓志应有之义》，下同）。祖父张秉没有恩荫，在五代末年凭武功起身，使张家正式从被统治踏入统治阶级。进入北宋，父亲张昭允"以父秉荫,试(秘书省校书郎,迁)大理评事",[1] 张正中"以荫补校书郎",他的儿子和孙子也至少有两位靠恩荫起身,前者去世前是国子博士知南康军,不记科名,后者目前是太庙斋郎,尚待注官。至是,张家靠恩荫四代为官,成为仕宦世家,清楚反映恩荫对维持统治阶级地位的重要。

再看阶层流动,张家之上升是靠兼仕文武,下降是因为武功失手,复兴则全凭文职。墓表列出了祖父和父亲的最高使职:祖父于北宋太祖时位至内酒坊使,在诸司使东班名列约第二至三位,约正七品,父亲于太宗时位至西上阁门使,在横班名列第六位,约正六品;[2] 两者均属中高级的武阶。那么,他们是否单凭武功向上流动?

假如墓表列出祖父张秉(913—972)的差遣或他的墓志首题的职事,便可知道他曾知利州军州事和知扬州军府事,都属高层文官,必须兼管军民两政,事实上他的墓志大肆表扬他的民政。作为盖棺论定,铭文说他"作皇王之羽翼,俾家国以俱肥。入则侍从禁闱,出则安辑黎庶。两郡咸留于惠爱,四民共歌于春暮;生有德化,殁存政声",谈吏治多于武功。他读到"负文武之兼才,得政理之要道"和孔子"君子之德风"的赞美,应含笑于九泉。

假如墓表列出父亲张昭允(949前—1008)的差遣,便可知道他也是才兼文武。文的方面,他从小并习文武,"喜笔札,习射,晓音律",对书法颇为得意,替父亲的墓志书丹。他原荫文官大理寺评事,约正九

---

[1]《宋史》卷 279,9474—9475 页;宋玄庆:《北宋武官内酒坊使权知扬州军府事张秉及其妻琅邪县君王氏合葬墓志铭并序》,见《才兼文武是否墓志应有之义》。秘书省校书郎是京官起步,在大理寺评事之下,见张希清等《宋朝典章制度》,83 页,又参考龚延明《宋代官制辞典》,682、688 页。

[2] 赵雨乐:《唐宋变革期军政制度史研究(一)——三班官制之演变》,80—81、83、84、88—89 页;赵雨乐:《唐宋变革期之军政制度——官僚机构与第级之编成》,172、175 页。又见龚延明《宋代官制辞典》,689 页。

品，因娶大将潘美之女，换了武官右班殿直（约972前），也大约正九品，[1] 并无超授。殿直是三班的中级使职，而三班的上面是诸司的正使、副使和横班的正使、副使，然后便有机会遥领或实任刺史等地方长官。他逐渐升至横班阁职的阁门通事舍人（约988），约从七品，负责宣赞引谒，似应熟习礼仪。他担任横班约从七品的西上阁门副使时（约990），曾管理专属内廷不属外朝的左右内藏库，或许也懂理财。他和一位宦官同僚看到上供的布料超过常度达数尺之多，便把多余的部分切割下来，交染所加工杂染，移作他用，"每岁获羡数甚众。既而士卒受冬服，度之不及程，昭允等悉坐免"，[2] 似乎是为了羡余而切割过多。究竟是其利归于公家，还是有些进了私囊，不得而知。不久复起为诸司约从七品的崇仪副使，逐渐回到横班约正六品的西上阁门使，达到他一生最高的使职。武的方面，太宗谋复燕云失败后，辽人连年南牧。端拱年间（988—989），昭允以阁门通事舍人到雄州监军，与知州选派锐卒出击辽人军帐，"败走之"，[3] 似乎因此晋升西上阁门副使。羡余事件复出之后，以西上阁门使外派为河西马步军钤辖，屯戍石州，预防西夏。至道年间（995—997），太宗大举伐夏，以大将王超由夏、绥州路进击，以昭允押领后阵。王超深入数百里，道阻粮绝，"昭允以所部援之，戎人大败"，[4] 可能因此获得遥领富州刺史。[5] 无论如何，昭允被太宗派至辽夏两边作战，似是有意栽培。

墓表没有列出叔父张昭易（949—978），应以恩荫起身，曾摄郓州通判，是文官之路。他可能与昭允同时（约972前）由文转武，之后步步高升。太宗即位（976），他二十八岁，因"攀附鳞翼，累授军器库副

---

［1］《宋史》卷279，9474—9475页。又见龚延明《宋代官制辞典》，689页；张希清等《宋朝典章制度》，86—89页。

［2］《宋会要辑稿》食货64，17—18页。

［3］《宋史》卷279，9474页。

［4］《宋史》卷279，9475页。

［5］《续资治通鉴长编》卷45，955页。

使"，可能是太宗担任开封府尹时，他曾任幕员，现在累升诸司东班二十位的第五位，约从七品。太宗应非常欣赏昭易，在他英年去世后，"俄降天恩，署官锡葬"，使张氏父子得以从开封移葬洛阳，是北宋皇陵所在。[1] 要之，昭易应跟哥哥一样，从小兼学文武，也兼仕文武，在武职似有一定的表现。

真宗继位，"以昭允（乃亡妻）章怀皇后姊婿，颇被亲信"，[2] 但爱之适足以害之，竟断送了他的武人仕途。初生之犊不畏虎，真宗不愿与契丹谋和，反有意完成太宗原志，收复燕云。他偏离了所谓祖宗之法，不再分散兵力（见本册《一所悬命》），而让大将傅潜手握八万大军，希望与辽人一决生死，一劳永逸，而副帅就是张昭允。咸平二年（999），辽人大举入侵，包括监军在内的宋军将领纷纷要求傅潜出兵迎战，傅潜先是拒绝，"将校请战者辄丑言骂之"，后来又不依约提供后援，以致高阳关都部署康保裔陷敌。真宗率领京师禁卫亲征，先派前军与傅潜会合，而傅潜逗留不发，以至辽骑四出纵横，诚属玩兵养寇。真宗抵达大名，"边捷未至，且闻骁将杨延朗、杨嗣（即小说之杨家将）、石普辈屡请益兵，潜不之与，有战胜者潜又抑而不闻，繇是大怒"，夺去傅潜兵柄，与张昭允一并下狱受审。"一夕而狱具，（坐逗挠不出师），罪当斩。百官议请如律，上封者皆请正刑典，诏特贷其死，中外公议无不愤惋"。[3] 咸平三年正月的"削夺傅潜张昭允官爵诏"说：[4]

> 昨以引兵之党，入寇边封；爰择武臣，授之兵柄。而镇定高阳关三路行营都部署侍卫马步军都虞候忠武军节度使傅潜、都钤辖西上阁门使富州刺史张昭允，迁延不战，畏懦偷安，纵蛇豕之猖狂，

---

[1]　《北宋武官内酒坊使权知扬州军府事张秉及其妻琅琊县君王氏合葬墓志铭并序》，见《才兼文武是否墓志应有之义》。

[2]　《宋史》卷279，9475页。

[3]　《宋会要辑稿》职官64，13—14；蕃夷一，24页。

[4]　宋绶、宋敏求：《宋大诏令集》卷94，346页。

抑貔貅之武怒，致其侵轶，毒我生灵。责帅之文，旧章斯在；访于群议，合置严诛。念其逮事先朝，屡经驱策，特从宽典，俾贷微生。宜并削除在身官爵，潜长流房州，昭允长流通州。

一如墓志，诏令也是高度浓缩，但如"授之兵柄""迁延不战""抑貔貅之武怒"和"合置严诛"等，均非泛泛之语而是字字有据，知情者应拍案叫绝。

究竟昭允之角色为何？根据《续资治通鉴长编》，定州行营都部署范廷召请兵被拒，"诟潜曰：'公性怯，乃不如一妪耳。'潜不能答。都钤辖张昭允又劝潜，潜笑曰：'贼势若此，使吾与之角，适挫吾锐气耳。'闻者莫不扼腕"。[1] 《宋史》傅潜本传和张昭允附传沿袭此说，只是将昭允"又劝潜"改为"又屡劝潜"。[2] 假如真有这么一段对话，昭允似是共犯而非主犯。从刑罚来看，昭允亦轻于傅潜甚多；傅潜不但长流房州，家产被籍没，两子内殿崇班从政、从范亦被除名，随父至流所。[3] 作为唯一生存的儿子，二十八岁的张正中亦随父至通州，这就是他荫补之后，不见仕进，但谓"志笃孝养，不忍远去庭闱，日夕以承颜为乐，凡二〔十〕年"的由来，墓表只说了部分的真相。

向下流动之后，昭允似乎一蹶不振，张家的复兴落在正中身上，但已弃武从文。昭允于景德二年（1005）起复为楚州团练副使，改右神武将军，可能回到京师，三年后去世，正中时年三十六岁，已不年轻。[4]未几，母亲也去世，正中以"二亲寿终，□□□□，哀毁过礼，服除"之时，已接近四十岁。此时墓表花了最长的篇幅来描述他的挣扎：本来不愿出仕，理由是"禄仕者，养于亲也，亲既不逮，虽仕奚为"，重点是他的孝；最后仍愿出仕，原因是"识者惜公之才，以为有经济之业，

---

[1] 《续资治通鉴长编》卷45，972页。
[2] 《宋史》卷279，9473—9474页。
[3] 《续资治通鉴长编》卷46，986页。
[4] 《宋史》卷279，9474—9475页。

勉公以'居家孝，于国忠，移孝为忠'之说"，重点是他的忠和有经济之才。事实上，作为长子嫡孙和家业继承人，正中有不得不出仕的压力，否则何来恩荫给众多的子孙。

正中从四十岁复出担任亳州城父县主簿，到七十二岁死亡，共 32 年约 12 个职位，都是文职。众所周知，武官亦可担任文职，如祖父张秉就是，幸好墓表同时列出寄禄阶，便可分辨是文是武。为清眉目，列表如下，阶次及官品均是大约之数，会微有差异（下同）。[1] 将表内所列各项，与墓表首题"宋故朝奉郎（散官正六品上）、尚书虞部员外郎（阶官二十二阶正七品）、上骑都尉（勋官正五品）、赐绯鱼袋（赐）、赠司封员外郎（阶官二十阶正七品）"的各项相较，没有散官和勋官，便知宋人所重为何。

表一：正中仕宦一览（只根据墓表，考证见下文"婚姻"）

职事官	元丰改制前之文臣寄禄官（阶次及官品）
1. 始调淮南东路亳州城父县主簿	京官：秘书省校书郎（三十阶从九品）
2. 城父县知县	太常寺奉礼郎（二十九阶正九品）
3. 广南东路康州知州（约 1015—1018）[2]	卫尉寺丞（二十七阶从八品）
4. 淮南西路寿州通判	
5. 京西北路许州通判	
6. 淮南东路通州通判	大理寺丞（二十六阶从八品）

---

[1] 张希清：《宋朝典章制度》，79—83 页《宋代文官京朝官寄禄官阶沿革表》。又参龚延明《宋代官制辞典》，30 页《北宋前期文散官表》、688 页《元丰前后两宋文官寄禄官阶对照表》；又据 681—682 页《北宋前期文臣京朝官迁转官阶表》，无出身者之迁转官阶共四十二阶，秘书省校书郎是第四十二阶、太常寺奉礼郎四十一阶、卫尉寺丞三十九阶、大理寺丞三十八阶、太子中舍三十七阶、殿中省丞三十六阶、国子博士三十五阶和虞部员外郎三十四阶；惜无列出官品。如据正文之官品，宋代前期之秘书省校书郎是正九品（241 页）、太常寺奉礼郎从九品上（275 页）、卫尉寺丞从六品上（304 页）、大理寺丞从六品上（389—390 页）、太子中舍正五品上（30 页）、殿中省丞从五品上（263 页）、国子博士正五品上（346 页）和虞部司员外郎从六品上（235 页）。如是，从城父县知县升康州知州，是自从九品上擢升为从六品上。

[2] 李之亮：《宋两广大郡守臣易替考》，成都：巴蜀书社，2001 年，241 页。

职事官	元丰改制前之文臣寄禄官（阶次及官品）
7. 京畿路开封府推官	朝官：太子中舍（二十五阶正八品）
8. 夔州路转运使（1031—1033）[1]	殿中省丞（二十四阶正八品），著绿服二十年或为提高其位著，赐五品绯服佩银鱼袋
9. 江东南路太平州知州（1033—1035）[2]	
10. 淮南东路泰州知州	
11. 淮南东路通州知州	国子博士（二十三阶从七品）
避亲嫌不就利州路知兴元府	后行（虞部）员外郎（二十二阶正七品）
12. 荆湖北路峡州知州	后行（虞部）员外郎
告老，分司东京西路南京应天府	
合计：十二任官职遍及九路，淮南东路四次	

正中的寄禄官全属文官。再看子孙：长子是国子博士（二十三阶从七品），与父亲已不相上下，可惜早逝；次子同学究出身，应是科举出身，也是早逝；三子和四子均举进士，似乎都要走文官之路。孙儿张绩荫补太庙斋郎，其余稍长的"皆举进士"，也都是走文官之路，可见张家已相当彻底地由武转文。

转变的原因可分个人和外在。个人原因有四：其一，正中本人"奋志力学，善属文，长于诗书"，似乎悉力学文，甚至擅文多于擅武。其二，家中本就兼仕文武和开始偏向文途。祖父张兼仕文武，一方面让父亲和叔父兼习文武，另一方面让他们荫补文官，父亲又让正中荫文。其三，家中有吏治经验。数代为官，自能累积为政与为官之道。祖父张秉颇有治绩，叔父曾摄理地方官佐，均应有一定的文治经验可以传承。其四，靠军功复起有两大困难，一是面对军中父老需要很大的勇气。父亲于沙场失足，削夺官爵诏公告天下，对其"迁延不战，畏懦偷安"的指

---

[1] 李之亮：《宋代路分长官通考》，成都：巴蜀书社，2003年，1288—1289页。

[2] 李之亮：《宋两江郡守易替考》，成都：巴蜀书社，2001年，209页。

责深人人心，连布衣都说"前日不斩傅潜、张昭允，使（败军之将杨）琼辈畏死不畏法"。[1] 二是本人年届四十，必需具备过人的武功始易于出人头地。外在原因有三：一是父亲之下场显示从武的政治风险亦不少，理宜文武双轨发展，分散风险，而自己选择从文，或让子孙伺机从武。二是澶渊之盟（1005）订立后，君臣偃武修文，武人出头之机会大减。三是真宗等人伪造天书，改元大中祥符，又封禅泰山，营造和平盛世，文人贪缘之势骤增。其实张家的婚姻也有同样的趋势。

（二）婚姻

对传统中国的统治阶级来说，婚姻是合两姓之好，不必研究都知道有一定的期待或作用，但究竟是正面或负面，有多大或多小，需作个案研究，不能泛论。如资料不足，更要慎于推论。以下先看墓表告诉读者的婚姻，再看没有告诉的。

墓表共透露六桩婚姻，将所有相关信息五鬼搬运至下表以利分析：

表二：张家婚姻一览 (只根据墓表)

张家	配偶及子女	配偶之身份	营葬角色
张正中	胡氏	未明	
	陆氏	未明，于扬州私第去世	
长女	郑修	屯田员外郎（二十二阶正七品）	
	外孙郑方平	□□□士（无论是太常博士或国子博士，均为二十三阶从七品），大理寺详断官	篆额
次女	高访	度支郎中（十八阶从六品），江淮都大提举运盐司	

---

[1] 《续资治通鉴长编》卷 59，1322 页。

张家	配偶及子女	配偶之身份	营葬角色
三女	李凤	比部员外郎（二十一阶正七品），利州路转运判官	立石、举葬
	外孙李俣	应习文	承舅氏之命撰写墓表
	外孙李偶	应习文	书死者名讳
长孙女	杨佐	太常少卿（十五阶正六品），江淮都大制置发运使	举葬
次孙女	王景华	比部员外郎（二十一阶正七品），知忠州	
	外曾孙王邺	河南府乡贡进士	书丹

先看没有的，首先入目的是诸子的配偶，虽然她们替张家一共生了十九位孙子女；其次是男孙的配偶，虽然她们已生了至少两位男孙。从女婿的名位推论，这些媳妇之中必有来自仕宦之家，为何不记？也许记在墓志里。

次看五位女婿，共有三点可言：第一，合共五姓，没有重复，即没有所谓亲上加亲。第二，全是文官。第三，除了长女婿之外，其余四婿的品阶都已超过正中的二十二阶正七品。长女婿暂无差遣，应是待阙当中，将来也可能超过岳父，我们不能不佩服正中的眼光。与正中诸子比较，诸婿全部胜出，张家尚存之二子还未跨越荆闱。简言之，姻亲将是张家的重要依靠。

再看三位外孙和一位外曾孙：其一，长外孙郑方平已是二十三阶从七品，将来有望超过外公。其二，全部习文，外曾孙已参加科举，可能一度通过了地方解试；他们将与正中十位内孙中的六位成为科场竞争的对手。

再看官职，按性质可粗分三类：一般吏治一人（王景华），是大多数文官必经之路；不过，法律一人（郑方平）让我们想起张正中曾任开封府推官；财政三人（高访、李凤、杨佐），更不能不联想到祖父张秉发展商务、交通和漕运，父亲昭允曾管理内藏财库和正中曾任转运使。究竟是恰合还是张氏选择姻家之偏好或双方互相影响，难以确定。按层级，中央一人（郑方平）、路级三人（高访、李凤、杨佐）、州级一人（王景华），可谓耀目。再次看到姻亲将是张家的重要依靠。

再看地域：正中继室陆氏卒于扬州私第，而祖父张秉曾知扬州，不无恰合。与姻家相关的地方有四：

姻家	张家
利州路一次（李凤）	祖父张秉曾知利州，正中曾避嫌不就利州路知兴元府
忠州一次（王景华）	正中曾任广南东路知康州
河南两次（郑方平、王邺）	张家落籍河南，正中曾任开封府推官，长子曾任应天府通判
江淮两次（高访、杨佐）	正中曾任淮南东路知城父县、知通州、知泰州及淮南西路的寿州通判

婿家子弟重游岳家出仕之地，如岳家为贤宦，也许地方人士会有移情作用。比较可以大胆推论的是孙婿王景华可能也是河南人，故外曾孙王邺参加当地的考试，两家有地缘关系。无论如何，婚姻圈应随仕宦圈的扩大而扩大。

张家有意拉拢姻家，反映在姻家之营葬角色。墓表明言"子婿凤、孙婿佐，同宗瓃、宗琳举葬福昌太君陆氏，合祔于公"，竟是女婿排在二子之前，大抵是因为杨佐和李凤的名位高踞第一和第三位，俱为路级官员。再看墓表各项，除了刻石非文士所能为，要交给一位河南张士景之外，其余各项均由姻家包办，张家宛如袖手旁观。最重要的本文，以"承舅氏之命"为由，出自外孙；书丹出自外曾孙；书讳和篆额均出自外孙。综合来看，以三女一家的角色最重和最多，假如正中不出任知兴元府是为了避李凤之嫌，就真可谓宠爱有加视如己子了。然而，研究者亦不可过于高估婚姻的作用，墓表其实没有列出张家最显赫的一件婚事。

墓表没有列出曾祖母、祖母王氏（？—965）或母亲潘氏，只提到妻子胡氏和陆氏，并说陆氏"治家以清肃"，似乎能够驭下，又说她"抚育诸幼，过于己出"，故她嫁入张家作继室之时，便知道要照顾胡氏留下的子女。不知她的父母为谁，愿意这样嫁女，应以高攀居多。

目前只知道潘氏来自武人家庭。祖父潘璘是默默无名的军校，父亲潘美（921—987）在高平一役立下大功，从三班供奉官直升横班西上阁门副使，后来参与陈桥兵变和平定不愿臣服的强藩李重进，算是开国功臣。他是降服南汉（970）的主帅，颇为好杀，不过一次征伐，《宋史》本传就记下两次杀戮：先是"贼众十余万聚焉，……（美）斩获数万计"，几乎斩半；后来敌"兵十五万，……（美）斩数万计"，因功拜山南东道节度使。[1] 潘家的地位远胜张家，缔婚可能是看上昭允能文能武。如前所述，对昭允的仕宦，这桩婚姻的作用并不如想象中的重要。羡余事发时，潘美已去世约三年。

根据《宋史》张昭允本传，让张家获利较多的是一件间接的婚姻，但恐怕有点言过其词。潘氏（955前—1008后）嫁给昭允之后约十二年，十八岁的幼妹（968—989）于太宗雍熙二年（985）闰九月嫁给真宗，使张家和皇室成为姻亲，昭允与真宗分属连襟。潘妹于四年后去世，羡余事件亦随之发生，太宗似乎没有优遇昭允。再过十二年（997），真宗即位，潘妹被追封为皇后，陪葬于太祖永昌陵（河南巩县）。史称真宗"以昭允章怀皇后姊婿，颇被亲信"（见上文），但从年龄差距便可判断，潘氏姊妹出嫁前能够共处的时间只有短短几年，妹妹作为真宗妻子更只有四年，之后便出现了真宗的新宠，后来成为宋代第一位垂帘听政的刘太后。所以，真宗亲信昭允，固然因为昭允是潘后的姊夫，但同样甚至更为重要的，应是昭允本人的条件，如曾经理财和在辽夏两边作战等，都是对抗契丹所必需和急需的才能，我们不宜过于强调婚姻的优先作用。昭允失足时，连襟的庇护作用也相当有限，例如从"削夺傅潜张昭允官

---

[1] 《宋史》卷258，8990—8993页；8993页谓其子"惟熙女，即章怀皇后也"，应删去"惟熙"二字，或将"女"改作姊或妹。

爵诏"就全然看不到对他们的公开指责甚至羞辱如"畏懦偷安"有何差异。

到了下一代，张正中与真宗的姻属关系是外甥与姨丈，对复兴张家发挥了多少作用？正中初任亳州城父县主簿，约从九品，任满之后，适逢真宗南下亳州（1014），[1] 正中以"上供羡给，朝廷优其劳，□转奉礼郎，就知城父，改卫尉丞"。由寄禄官阶来看，正中似无因为姻亲关系得到过分的超授，因为他原来的秘书监校书郎是三十阶从九品，新的太常寺奉礼郎是二十九阶正九品，而卫尉寺丞是二十七阶从八品（见表一，下同）。再由宋人最引以为贵的差遣来看，从擢升城父县知县至真宗去世的八年间（1014—1022），正中到两广东路担任康州知州凡三年（1015—1018），之后可能只任满淮南西路的寿州通判和刚开始担任京西北路的许州通判，便踏入仁宗之世，并没有超过二十六阶和从八品的大理寺丞，而偏远的康州和寿州亦非美地，很难说得到真宗的特别眷顾。事实上，皇权已逐渐从真宗落到刘后手里。大中祥符五年（1012），真宗不顾一切册立平民刘氏为后，"退朝，阅天下封奏，多至中夜，后皆预闻。宫闱事有问，辄傅引故实以对"。到了天禧四年（1020），"帝久疾居宫中，事多决于后"。澶渊之盟的功臣寇准图谋驱逐后党，失败被逐，真宗也病入膏肓，"诏皇太子开资善堂，引大臣决天下事，后裁制于内"。[2] 掌权的刘后跟张家的姻亲关系不但间接，而且是来自丈夫的前妻，不一定得到后妻的欢心。

值得一提的是，道德作为政治资本逐渐吃香，例如正中后来告老退居南京应天府，朝廷"以其子宗瑗守南京倅，便于侍公也"，亦即让其子尽孝。正中从二十八岁起陪伴失意的父亲长达八年之久，在精壮之年没有出仕，无论如何都称得上孝。墓表正文不到八百字，却三次直接提到孝：正中"志笃孝养"，"居家孝，于国忠，移孝为忠"，也许是他复出

---

[1] 《续资治通鉴长编》卷82，1865页。
[2] 《宋史》卷242，8612—8613页。

的一个有利条件。

仁宗十三岁即位（1022），与五十岁的张正中是表兄弟，但作用不大。当时刘太后以女主临朝称制，正要建立威信，"虽政出宫闱，而号令严明，恩威加天下。左右近习亦少所假借，宫掖间未尝妄改作。内外赐与有节"，[1] 连自己的姻亲如枢密使钱惟演都要避嫌外放，更遑论张家。刘太后于明道二年（1033）三月去世，仁宗亲政，在前此十一年间，正中先后担任许州通判、通州通判、开封府推官和夔州路转运使，可说达到事业的巅峰，开封府推官更直接在刘后眼下。墓表没有述说任何具体业绩，但可能有意从两方面展示他的才能：一是指出重臣张稽"以公端直，才干可任，辟授通倅"，响应"识者惜公之才，以为有经济之业"。如此指名道姓（疑为张耆），[2] 自是作为可以查验之证据。二是利用阶官和职官来呈现晋升。正中在经历一任知州和三任通判之后，调回中央担任开封府推官，反映有一定的法律才能。在此任上连升两阶，从二十六阶约从八品的大理寺丞，经二十五阶约正八品的太子中舍，成为二十四阶约正八品的殿中丞，得赐五品服出任转运使，可谓得意，部分原因应是表现不俗，不一定靠婚姻关系。

接着则令人起疑，正中卸任转运使后，授太平州知州，从此不再担任路级长官，阶官也似乎出现断裂。以史证志，发现明道二年（1033）正月有诏，"降夔州路转运使、国子博士张正中为殿中丞，知太平州。初，以国子博士萧律代正中，而劾奏正中在部苛察不公，故降之"。[3] 对曾任开封府推官的张正中来说，"苛察不公"无疑是一大打击，但无法找到

---

　　[1]　《宋史》卷242，8614页。

　　[2]　检索无张稽，而张耆颇为吻合，见《宋史》卷290，9709—9711页。如是，他与张正中之父张昭允都曾在真宗咸平年间御辽，应是旧识。他对微时的章献太后有恩，在太后摄政时甚得宠遇，部分解释了张正中的晋升。他以武功发身，见知于真宗，努力读书，终于出将入相，先后担任枢密使副。天书封禅时，举国痴迷，他"奏疏谓殚国财力，非所以承天意"，也算直言，胜于大部分文臣多矣。不过，"所历藩镇，人颇以为扰（如好财）。然御诸子严，日一见之，即出就外舍，论者亦以此多之"。

　　[3]　《续资治通鉴长编》卷112，2604页。

更多的史料。早在两年前（1031），朝廷颁布恩恤配隶罪犯的新法，萧律时为三司盐铁判官，犹以为宽恕不足，上奏为众多罪犯请命，成功让皇上收回一道成命，[1] 确是一位有着浓厚人道精神的官员，他的道德要求可能高于一般官吏。无论如何，正中在他的仕历里留下"政苛察，不称职"的不良记录，[2] 垂死的刘太后和待发的仁宗都无袒护。反观墓表，应有隐恶（见表一）。大抵正中在转运使任满后，从殿中丞得升国子博士，却因萧律的弹劾，降回殿中丞出知太平州，经过太平之任，回升国子博士。墓表并无说谎，但略去先降后升，只说了部分真相。研究者可进一步推究康州至通州之间有无隐情。

结论

张氏家族引人入胜之处有二：一是张正中出身武官家庭，然终身从事文职，家族亦自此由武转文；二是正中以父荫得官，非科举出身，于文官之路较处劣势，但转文之后仍能扶摇直上，均应一探原因。

张氏弃武从文，可从本人、家庭和国家三方面观察。正中似乎擅文多于善武，曾被称赞有经济之才，出仕后亦以财政和法律见长。祖父张兼以武功发家，但亦能治民，墓志甚至赞扬其吏治多于武事；父亲昭允曾任通事舍人和管理内库，似懂礼仪和财政；二人均有一定之经验可以传承，事实上二人有意让后代兼习和兼仕文武，如昭允和正中都是荫补文官出身。反之，昭允于沙场严重失足，其羞辱与余悸或令后人望牙旗而怯步。加上澶渊缔盟之后，朝廷偃武修文，以祥符粉饰太平，减少了武人但增加了文人往上流动之机会。张氏姻亲几乎全为文官，既反映张氏偏文之发展，也看到可以互相拉拢，不易脱身了。

---

[1]　徐松辑，马泓波点校：《宋会要辑稿·刑法》，郑州：河南大学出版社，2011 年，513—514 页。

[2]　徐松辑，马泓波点校：《宋会要辑稿》职官 64，32 页。

转文之后仍能成功维持家业，可从五方面解释。一是张正中的个人能力。他从基层的主簿做起，经一任知县而至偏远军州开始他的郡守生涯，应有不错的磨练。他能够出任首都的推官和路级转运使，反映他有不错的法律和经济之才。既可多元发展，其任官的机会自然胜于仅有一般吏才的多数文人。二是品德。在"移孝为忠"或忠臣出自孝子的时代观念下（见本册《六代婚宦书与剑》），正中的孝行或有加分作用。三是婚姻。父亲是真宗连襟，本人是仁宗表兄，也许部分解释了正中的顺遂和得以缔结其他相当不错的姻缘。不过，婚姻的作用不可高估，例如对父亲的失足、受辱与长流和对本人因苛察而降官等，似乎帮助不大。四是人脉，来源有三：（1）职位之高低。正中八任通判和知州，一任首都推官，一任一路转运使，有机会结识不少中高级官员。（2）地理之分布。正中十二任官职遍及九路，可谓相识半天下，亦有利于扩大婚姻圈。（3）个人能力，也许是最重要的。如他以"才干可任"见知于高级官员张氏，应能得其推介，跻身于更多的人际网络。五是财富。张家食指浩繁而正中有"欲营云水之趣"，家族在扬州、京畿皆有房产，在洛阳有族墓，反映家族有一定之资财，一方面有利于家族之发展，另一方面亦可能造成子弟不求上进。

不过，墓表也透露维持家业的危机。一是恩荫不足。张正中有四子成年，而三子需应考科举以求出仕；长子曾任应天府通判和南康军知军，而第三代只有一人得荫，且太庙斋郎未达注官资格，均反映荫额不足。二是中举不易。长子及次子早逝，传家大任落在三子和四子，均未中举，内孙六人亦尚无一人考中。三是家长权威不再。正中去世后十九年，家长是继室陆氏，"治家以清肃""抚育诸幼，过于己出"，如今去世，家长之身份由父母辈变为兄弟叔侄辈，前者之关系是上下（直系），后者是左右（旁系）。第三子不但没有父母辈的权威，而且未仕，又要面临是否和如何分家之抉择，而人口愈多就愈易产生纠纷。

在此情况下，或可寻求姻亲的协助，"承舅氏之命"可能就是张家发出的请求。负责葬礼与制作墓表共九人，扣去刻工，其余八位就有六位是姻亲。他们已有一定的能力，如出仕者之中，三女婿李凤是转运判官、长孙女婿杨佐是都大制置发运使、长外孙郑方平是大理寺详断官，其他如长女婿郑修已位至二十二阶正七品，次女婿高访是都大提举运盐司，次孙女婿王景华是忠州知州，皆为中高层文官，任职遍及中央与地方，足可为张家之奥援。

有谓唐宋变革的一个重要特色是科举取代门第，但由张家之个案，也可看到家族势力因婚姻关系而盘根错节，如团结一致，势力恐不下于隋唐之高门望族。它们也靠恩荫延续统治阶级的地位，今日谓之既得利益集团（established interest group），有相当程度的封闭，一如在他们的婚姻圈。我们未可高估选贤任能主义（meritocracy）取代门第主义的效力，后者其实有部分变身为宋元明清有组织性的家族。

有其事而墓表不提，有几种情况。一是众所周知的隐恶，如不提张正中之不仕，主要是为了陪伴因死罪而被流放的父亲，亦不提正中本人也曾贬官。不过，墓表并无扯谎掩恶，仅是没有说出全部的真相，有时也并非十分严重。二是表达方法虽为古人所心知肚明，但今人不能一目了然，如以某位重臣的推荐、阶官和职官的快速升迁，以及从地方调入中央要职等，呈现墓主之才能。三是重点在此不在彼，如全不提祖父和父亲的差遣，也不提诸妻之家庭背景，但明显有出身不俗的，甚至没有提到张家最显赫的一件婚事。四是高度浓缩，似虚而实，一如流放父亲的诏令，外行看热闹，内行看门道。要克服这些"隐"，外在考证自是到其他史料寻寻觅觅，内在考证是把墓表的信息分门别类、计算篇幅多寡，最后五鬼搬运和仔细列表，于是看到曾祖父的官是赠不是任，也看到张家由武转文、墓主曾被贬官，也可能看到择婿的条件和姻家的影响等一连串事件。

（执笔者：吴莃安、林亚璇、林思吟、杨景尧）

（指导者：山口智哉、李宗翰、柳立言、刘祥光）

参考资料

一、墓志碑文

1. 李俣:《故朝奉郎尚书虞部员外郎上骑都尉赐绯鱼袋赠司封员外郎张公墓表》,傅斯年图书馆藏拓片（09875）。

2. 李俣:《宋故赠司封员外郎王〔张〕公墓表》,端方《陶斋藏石记》(续修四库全书) 卷39, 12—15 页。

3. 李俣撰,郑铭德注释:《北宋司封员外郎张正中墓表》,宋代史料研读会报告, 2003.4.19。

4. 宋玄庆:《大宋故内酒坊使银青光禄大夫检校吏部尚书兼御史大夫上柱国权知扬州□〔军〕府事张府君墓志铭□□〔并序〕》,傅斯年图书馆藏拓片（16855-1、16855-2）。

二、其他资料

5. 李之亮:《宋代路分长官通考》,成都:巴蜀书社, 2003 年。

6. 李之亮:《宋两江郡守易替考》,成都:巴蜀书社, 2001 年。

7. 李之亮:《宋两广大郡守臣易替考》,成都:巴蜀书社, 2001 年。

8. 宋绶、宋敏求编撰,司义祖等点校:《宋大诏令集》。

9. 李焘撰,上海师范大学古籍整理研究所、华东师范大学古籍研究所点校:《续资治通鉴长编》。

10. 徐松:《宋会要辑稿》。

11. 徐松辑,马泓波点校:《宋会要辑稿·刑法》,郑州:河南大学出版社, 2011 年。

12. 张希清等:《宋朝典章制度》,长春:吉林文史出版社, 2001 年。

13. 脱脱等撰,中华书局点校:《宋史》。

14. 赵雨乐：《唐宋变革期军政制度史研究（一）——三班官制之演变》。

15. 赵雨乐：《唐宋变革期之军政制度——官僚机构与第级之编成》。

16. 龚延明：《宋代官制辞典》。

总

论

过去对五代武人的理解并不充分，例如并无探讨武人是何等人，是老粗一个，还是允文允武？研究新的权力结构时，重点只在武功，没有探讨武人作为地方首长的吏治，而那毫无疑问也是重要的权力基础。现有研究亦很少探讨武人的价值观念或宗教行为，却大胆推论"儒士之道"与"武士之道"鲜有交集，后者既难以符合儒家的要求，也不构成独自的价值系统。在学人笔下，即使是中高层的武臣，也普遍没有文识，欠缺道德，不守法制，鲜能吏治，祸国殃民。武人是"致乱"之源，根本谈不到"致治"，故宋太祖要把他们的治权移交文臣，造成了重文轻武。

从五代墓志中，我们可以看到五代武人更多元的面貌，足以挑战学界的现有论述。许多五代武人除了驰骋沙场外，由于职任需要，往往也需兼任文职，并能对当时的吏治做出贡献。易言之，他们不但文武兼习，同时也文武兼仕，乃至文武兼治。他们对文事有相当兴趣，不但与文人抱有许多共通的价值观，也不排斥与文人交往；他们所瞧不起的，主要是那些徒有文名而对实际政事没有贡献的文人。他们的家人与后代，往往也都采取文武兼习、文武兼仕的策略，并同时与文武官员联姻，我们看不到文武截然二途的现象。这种现象，似乎直到宋初才出现明显变化。

众所周知的是，墓志具有隐恶扬善的特色，那五代墓志中所呈现的这幅五代武人图像是否可信？以下我们将先说明，墓志其实常比一般人的想象还要可信，只要透过适当的分析方法，研究者可以从墓志中撷取许多有用的历史信息。然后我们将进一步申论上述的五代武人图像，以及其对中国史研究可能具有的意义。

一、墓志描述的武人是否可信？

近来已有不少学者注意到墓志的重要史料价值，并据以对中国史作出重要研究。[1] 墓志固常有隐恶扬善之笔，然这并不足以抹煞其重要性。其实任何史料都只有部分而没有全部的真相，都要进行内部考校与外部验证，当阅读墓志并发现可疑处时，研究者自需使用适当分析方法，筛选出可信处而删去浮夸处，如同我们使用任何其他史料一样。

故读志需要讲求方法。尤其墓志文字简练，更需一套方法才能有效抽出重要信息。例如《不远鬼神文武皆然》中的三个墓志合计只有一千余字，要较为深入探讨，不能只靠福至心灵，也极需研究方法。任何研究都是为了回答或大或小的问题，所以我们必须提高问题意识。不论人文或自然科学，产生问题与回答问题的一个基本方法是分门别类，如欠缺这能力，便会乱成一团，治丝益棼。

就历史研究来说，史学六问既能引发问题，也有助于分门别类，与之配合的有四个较为重要的方法。一是找出史料的结构和逻辑，加以分段和分行。如列传和墓志大都是编年体，依时间来分便可。二是数算篇幅之多寡以抓出史料的重点。三是勤于制作表格，让读者一目了然。四是掏空史料，把史料的重要内容，统统纳入表格之内，涓滴不漏。之后，盯着表格写文章，每段都应有一个"主旨"（topic sentence）以笼罩全段，防止出轨，通常放在句首或句尾。

那么如何判断墓志所载文字是否可信？原则有三：1. 若墓志所叙之事有具体事例，则应大致可信，如"于是校覆整理，约贰拾余万，既著

---

[1] 如 Nicholas Tackett, *The Destruction of the Medieval Chinese Aristocracy* (Cambridge, Mass.: Harvard Asia Center, 2014).

厥效，奏加兵部尚书"，有数字为凭，虽不一定百分之百准确，但应非凭空捏造。2. 对墓志进行外部验证，即以其他史料考证墓志之内容，如以私的墓志比对公的国史。若研究者能在其他来自不同史源的可信史料中，找到可支持墓志内容的证据，当可判断墓志所述内容应为可信。3. 若无法找到适当史料进行外部验证，则应特别注意墓志的内部"破绽"。墓志隐恶扬善笔法，常造成墓志叙事的内部"破绽"。隐恶主要有三种：（1）略去不提；（2）大事变小事；（3）美化。扬善亦有三：（1）含混；（2）小事变大事；（3）格套化。细心的读者有时则可根据墓志内在结构与信息，破解这些笔法，还原部分历史真相；不仅如此，善读者还可从墓志欲隐之处，窥见困惑当代知识分子的若干问题。

（一）外证：以史证志、以志证志

顾名思义，外证指与其他史料对读，对五代史而言，《旧五代史》《新五代史》《册府元龟》等三部官修史书特别重要。然而这些史书本身是否可靠？整体而言，我们认为这些史书本身大体是可信的。以郭进吏治事迹为例，他从初任刺史至遥领山西云州观察使判河北邢州，共八任以上，而在官修史书如《宋史》中至少有三任政绩留白，可见史臣不会以无为有，扬善时纵有夸大，亦不至了无根据。（见本册《一所悬命》）

故将诸史与碑文对读，常可据以判断墓志或碑文所言是否可靠。同样以郭进《屏盗碑》为例，若只读碑文，读者可能会怀疑碑中所述郭进屏盗与吏治之政绩是否可信。然而我们将《宋史》《隆平集》《东都事略》等相关史书对读后发现，他在精壮之年八任地方首长，五任都有吏治，兼顾理政、治盗和司法，最早见于五代后周之世，最晚见于北宋太宗之时，前后约三十年（951—979），可谓长久如一。他的治绩遍及山东两州、河南一州和河北两州，后来至少进入三地的名宦祠。士庶曾合资树立经幢，赞美他的治绩，皇帝也应吏民之请，下令言官撰写屏盗碑。他共以屏盗获建二碑，以善政获一碑和一举留。由此可以判断，屏盗碑所述郭进政绩当有一定可信度。而郭进以一介武人却能文武兼治，也可促使细心的读者反思五代武人形象与文武交流等相关议题。

使用外证时，史料数量自是愈多愈好，但研究者也需留意外证的史源问题。有时虽有两部以上的史书均记载同一事，然分析后却会发现它们其实来自相同史源。例如赵凤"夺人之妻女"一事，同时见于《旧五代史》与《册府元龟》，虽似众证，然两书记载此事之关键词句高度重复，因此两书若非承袭就是史源大致相同，只能视为孤证。（见本册《六问孤证》）有时甚至外证的史源即为原碑志，此时若以以外证证碑志，不啻以原史料证原史料，显然不能成立。如任汉权的事迹除其《屏盗碑》外，传世史料极少见；虽在道光《济宁直隶州志》有传，然稍经比对即可发现完全抄自《屏盗碑》，故不能以方志证《屏盗碑》。需要留意的是，这并不意味方志中的任汉权传全无史学研究价值；相反的，它可提醒我们，没有达到国家级地位的武人，仍可能在地方留下大名和治绩，故研究重文轻武之学者，还要考虑国家与地方层级之区别。史料是否有用，常视研究者所提之问题而定。（见本册《武人在地之光》）

官修史书的可信性亦可用来旁证墓志的可信性：两者的作者常是同一批人。正史列传的一个特色是美恶俱陈，而墓志是隐恶扬善。其实后者是前者的重要史源，两种史料的作者往往是同一批士大夫，对撰写传记有一定的原则，只是因不同的场合而下笔有轻重之别。例如刘再思和刘永墓志都有接近正史之处。刘再思墓志所扬之善为预测凶吉，而对使墓主成为异常之恶事，撰者亦有周详的描述，不下于正史之求实。刘永墓志出自通判之手，对求志者交来的资料，应更具鉴识之能力，简单说就是内行写同行。（见本册《不远鬼神文武皆然》）

墓志对墓主生平功业的描述，也常与其他史料相呼应，反映墓志与其他史料之可信性有时不相伯仲。例如宋彦筠墓志描写其主要战功共六事，其中有四事集中在后晋。一方面此期确是彦筠事业攀上高峰之时，另一方面这些战事也最多出现在其他史料中，反映史家对彦筠战功之评价，实与墓志撰者相同。（见本册《布衣将相杀妇佞佛》）凡此等处都提醒我们，墓志记载常有相当高的可靠性，不可仅用隐恶扬善一句话即一笔抹煞。

除此之外，将不同的墓志对读，亦可检验墓志之内容。如孙汉筠为武二代，又以武职起身，一生兼仕文武，然墓志却以其能文开场，且通篇不提其武事，不禁令读者怀疑汉筠是否真的能文？然若与其父李存进墓志合读便可发现，李存进墓志中对其五子均有所描述，其中汉筠有两个特点：他是诸子中唯一担任文职（司马）者，且是诸子才能之中唯一不见"兵"或"武"者。由此可以肯定，汉筠作为将门之子，偏重文事多于武功。（见本册《代北武二代为良二千石》）

但读者自需留意墓志之隐恶扬善处，否则以虚为实，难免受人批评。隐恶即将墓主之恶行（1）隐去不提或（2）大事化小，甚至（3）美化。如孙汉韶在正史中明载其叛后唐降蜀，而墓志不提其献地（隐去不提），只说他"远贡表章"，确是隐恶。（见本册《代北武二代为良二千石》）又如赵凤墓志大力称赞其吏治，而不提其枉法虐民与非法敛财之事，赵凤虽因此被后周太祖赐死，墓志却有为他脱罪或减罪之叙述（大事化小），甚至记载异象以暗示其死之冤（美化），显然都在为赵凤隐恶。赵凤之恶行，在《旧五代史》与《册府元龟》均有记载，透过对读，便可让我们看到其人有善有恶的更多元面向。（见本册《六问孤证》）然墓志与其他史料之差异也不一定表示墓志有误，有时只是记事之角度不同，亦即墓志只说出正面真相而非全部真相。记与不记，内容实无冲突，上述孙汉韶、赵凤之例都属此类。

墓志为墓主隐恶未写之事，有时反可凸显撰者下笔之谨慎不苟。如宋彦筠起于行伍，靠军功向上流动，历任刺史、节度使等职，除武事外亦任不少民事之责，然作为盖棺论定之铭文，竟无一字提及吏治，实在令人怀疑有无隐笔。考诸《旧五代史》，史臣明白表示彦筠吏治不如汉代四位循吏，《册府元龟》亦在"贪黩""富"和"专杀"等类别，揭露其吏治与司法之缺失，可见彦筠之吏治确有可议之处。由此亦可推知，称赞墓主之吏治并非墓志题中应有之义，撰者若写下墓主之吏治，读者不宜理所当然地视之为墓志格套而轻易放过。

墓志不乏夸大墓主事功之例，亦即扬善。常用的手法有三：（1）含混，用模糊的笔法将事功归于墓主，例如前述的抽象性称美。（2）夸大，把小事变大事。例如在萧处仁晚年参与956年后周征伐南唐，占处仁墓志描述其武功之最长篇幅，却在叙事中隐没了赵匡胤的头功。这种将主角与副角混为一谈以夸大副角事功的笔法，也常见于国史之传记。（见本册《六代婚宦书与剑》）（3）格套，例如为将必勇之类。透过与其他史料对读，我们常可发现墓志中夸饰之处，而还原较真实的历史面貌。

但墓志之扬善也未必均不实。墓志中常见对墓主事迹进行抽象性称美而无提供具体事例之处，固然不免令人怀疑其真实性，然读者也应注意，墓志中许多抽象性称美只是对墓主事迹的高度概括，似虚而实，不宜毫无根据质疑其真实性；只是若要充分利用，则需以其他史料补充。（见本册《沙陀王朝武人刺史卖剑买牛》）例如马文操神道碑中，对其子马全节之事迹即有不少抽象概括，武功方面有金州之役、安陆大战，吏治方面有尊重文人和文治等，而对照《旧五代史》《册府元龟》《新五代史》等史书，便可找到对应之具体事迹了。（见本册《英雄难过美魂关》）

（二）内证：墓志本身

在无外证可以比对时，利用墓志本身的内在结构与信息，也常可对其可信度作出一定判断，方法则是把墓志的信息分门别类，计算提到各事的"次数"（频率）与"字数"（篇幅），最后五鬼搬运和仔细列表。

以周令武为例，由于相关史料极少，我们只能依赖墓志本身对其生平进行分析。令武出身武人家庭，而志文同时述及并称美他在文武两方面之表现，但墓主是否真的文武兼备？分析墓志结构与内容可以发现，撰者下笔极有分寸：墓志固然同时述及令武的文武表现，然重视武事表现远过文事。志文出现频率最高的几个关键词均与武事相关，其中以兵法居首，勇武与武艺居次；篇幅长短也反映相同的重点——志文叙述武事的字数为文事的五倍。而将志文所述分门别类后，可发现令武在武事上缺乏独当一面之军功，故志文对他的武功并未过度虚美；而在文事上，则从其（1）任期长短，（2）任职州郡之等级或重要性，（3）晋升与否等三点，可判断他应有一定表现，志文之称美似虚而实，令武确可称是文武兼备之武人。可见撰者对志文之精心安排。（见本册《沙陀王朝武人刺史卖剑买牛》）又如利用同样方法将张正中墓表进行分析后，便可发现其曾祖的官是赠不是任，也看到张家由武转文、墓主曾被贬官，以及择婿的条件和姻家的影响等连串事件。（见本册《别了沙场》）

上述用来判断周令武文事表现好坏之三点，亦可施诸其他人。如萧符墓志历载其仕宦经历，但对其表现却未提供任何实例，亦查无其他史料可资判断。而从墓志所载仕历可知，他仕宦生涯约四十年，扣除可能丧期，任官几无间断，任官地点又多为朱温出征、新得或有意控制之地，并负责军务与粮备，掌财政近三十年，可见其能力应该备受肯定。（见本册《六代婚宦书与剑》）同样的，从孙汉筠墓志所述仕历可以看出，他的仕途虽然连贯，但53至55岁之间曾有波折，其后官运亨通，并能久任，应是治绩不差。（见本册《代北武二代为良二千石》）

有时墓志本身所提供的信息其实相当明确，只是后代读者因所处时代脉络不同而不了解或看不懂，导致横生疑问。由于墓志撰者多与墓主同属政治精英，由他们来为墓主撰志可谓内行写同行，然也正因此而常有一些细节（常识），作者认为不需交代而在墓志中一笔带过，却使后世不明其脉络的读者徒生疑惑。刘永墓志撰者对他的升迁大都交代原因，所述似虚而实，如述其大功谓"上杀获功状，赐诏褒美，前后屡赏缣帛"，古人当明白该功状需以实物为据，明列杀获之数，该诏旨也不能凭空生出，必留下实物为凭，而该缣帛一如官员之锦服，可当作传家之宝，可谓都属实事。（见本册《不远鬼神文武皆然》）读者于此等处当特别留心，不应轻议古人。

读者尤应留意古代官僚体制及其运作，认识愈深，就愈能掌握撰者许多未明言的言外之意。例如皇帝位尊权重，古人通常不敢随意捏造皇帝之言，故墓志中若出现皇帝之言，可信度应该不低。在孙汉筠墓志即可看到这样的例子：志文称颂汉筠之吏治，虽未提供任何实例，在其他史料亦查无相关事迹，然而其实墓志即是借用皇帝之金口证明其治绩——志文记载周世宗派遣近臣口谕宣慰汉筠，这种口谕属皇帝个人对官员之奖励，并非人人有份，既有皇帝之肯定，或许就不需再列举实例了。（见本册《代北武二代为良二千石》）

墓志也会利用墓主职任或大臣举荐以肯定墓主的事功。如上述刘永墓志即分别利用获任走马承受此一重要官职与获得名臣臧逵之推荐，两次肯定刘永之吏治表现。墓志撰者采取这种表述方式并非故弄玄虚，而是因为他们本身也是官员，由他们来写墓志本来就是内行写同行，加上读者主要也是都同行，很多地方不需多做解释，大家自然都能心领神会。

简言之，不少墓志撰者下笔颇为谨慎，扬善的程度并不如一般所想象的夸大。若能利用适当方法进行分析，当可从墓志中汲取不少有用信息，发现新研究议题。

二、武人或武家之文

五代是否真的重武轻文？五代武人是否真的不文？为回答此二问题，需观察五代武人或武家之文的整体发展趋势，因此我们将本册提要中论及的人物汇整为表。由于每位人物在提要的信息详略不同，不易混合统计，因此我们将人物区分为四类：1. 提要论及的主要人物（亦即提要中收有墓志的二十二位墓主）；2. 主要人物之先辈；3. 主要人物之平辈；

4. 主要人物之后辈。然后分别制作表格,见附表一至四。其中第一类人物信息最详尽,其他三类信息都不甚完整。表中每栏的统计数字都只计入可确认者,因史料限制而无法确认者则不计入,因此每一项目之下的分类,本都应加列一栏"不明",然限于版面空间而未列入。如"学习"分为"文+武""文""武"三类,表中所列百分比数分别为 45.5%、13.6%、27.3%,三者相加为 86.4%,并不到 100%。这是因为还有13.6%属于"不明"。其他项目与表格均依此类推。我们在解读这些表格时尤需注意其两大局限:第一,这些表格所列人物出自第二册的十五篇提要,但这些提要所用的墓志,不论是在数量上或选择方法上,都称不上符合统计学上的随机取样标准;第二,由于后三类人物多是附随第一类人物而在墓志中被提及,因此信息往往不够完整,例如即使是最基本的生存年代,都很难清楚标出。故使用此四表时,只能略观大意,而不可凿之过深。未来若有人能在人物数量与信息深度上扩充此表,当可大幅深化我们对五代人物所具属性的认识。

此四表当以表一为基准,因其所录人物的信息最完整。此表将人物之卒年按朝代区分为七期(1. 唐—2. 后梁—3. 后唐—4. 后晋—5. 后汉—6. 后周—7. 北宋),借以观察这群历史人物所具属性之演变大趋。表中第一栏位括号中的数字,表示落于此期的人数。其中后汉由于时间太短,刚好没人落在此期。其余三表,由于所录人物之生卒年多不明,不易勉强为之分期,故只能将这群人物按照与他们有关的表一主要人物之时代系年。如国礥卒于后梁,故国礥在表一列于后梁时期,而他的祖、父、叔在表二同样列入后梁时期,子、侄、孙在表四也都列入后梁时期,请读者自行将表二与表四所列人物之卒年分别向上或向下推一至二代。表三所列人物之卒年则大致应与表一相同。此外,由于四表所录人数有限,若以绝对数字作为讨论基础必有偏差,故以下讨论将以相对数字(百分比)来进行讨论。例如表一"学习"一栏,后梁"文+武"者共二人,后唐则仅有一人,若仅看绝对数字,后唐学习"文+武"的人数似乎下降；但若以相对数字来看，则后梁"文+武"者占 40%（2/5），后唐则占 50%（1/2），亦即此期学习"文+武"的实际人数比例甚至可能有上升的趋势。故这些表格当以相对数字来观察，或许更能趋近历史的实况。当然，由于采样太少，根据这些表格所做出的推论仍有待未来更完整的实证研究来加以证实或推翻。

首先看第一类：提要论及的墓主（附表一）共 22 人。由于这类人物信息最全，因此对我们的统计最具指标性，可惜收录人数有限。这群人出身自官、庶的人数分别为 15 人与 7 人，比例约为 7：3，其中出自庶民者多以武功晋身，可见五代之际从武确比从文更易促进阶级流动。这群人纯粹学文的最少，仅占 13.6%，刚好为纯粹学武者（27.3%）的一半，似乎可印证传统五代重武轻文的印象，但实则不然：兼习文武者（45.5%）比两者总和还多，可见五代实不如一般印象中的轻文。他们出仕后，亦多兼仕文武（77.3%），比例远高于仅走文途者（4.6%）与仅走武途者（18.2%）。他们在仕途表现上也多能兼治文武（63.6%），亦即同时在文治与武功均能有所贡献。另外，值得注意的是，就通婚而言，这群人虽有不少是武人出身，但似乎多偏爱与文人通婚（18.2%），至少也是与文武兼仕的家庭通婚（4.6%），似乎并不特别重武轻文。

在这 22 人之中，共有 16 方墓志称颂这些人的道德（72.7%），由于墓志具有隐恶扬善的特点，这一点似乎并不令人特别意外。但其实仍有两点值得注意：第一，仍有 27.3% 的墓志未提及这些人的道德，超过四分之一，比例其实不低；第二，这些墓志提及道德之类别统计请见下表，最常见者为忠与孝：忠共 13 次，孝 11 次，其中同时提及忠与孝者 8 次，分别占提及道德之 16 方墓志的 81.3%、68.8%、50%；若从墓志总数（22 方）来算，则比率更低，分别为 59.1%、50%、36.4%。可见称颂墓主虽是墓志应有之义，但不一定会称扬墓主之道德，而称忠称孝亦非墓志理当具备的基本内容，且称忠者未必称孝，称孝者亦未必称忠。这个发现提醒我们，墓志中提及道德处，可能不仅是浮夸的虚词，读者需谨慎以对。墓志一般较少提及墓主的宗教信仰，在这群主要人物的墓志中仅占13.6%，不易做观察与推论。若从附表一观察历代各种属性变化，则可看到文武并举似乎始终是五代的主流，直到宋初才开始出现新变化，亦即文途之重要性开始逐渐增加，但尚未正式取代文武并举。

道德	忠	孝	忠+孝	义	节	勤	廉	诚
次数	13	11	8	5	3	2	1	1
百分比 （占提及道德之墓志比例）	81.3%	68.8%	50%	31.3%	18.8%	12.5%	6.3%	6.3%
百分比 （占所有墓志比例）	59.1%	50%	36.4%	22.7%	13.6%	9.1%	4.5%	4.5%

这群主要人物的平辈所具属性见附表三。此表之数字虽因信息有限而可能出现较大偏差（例如可能本为兼仕文武者，因信息限制，而在此表中仅被记录为仕文或仕武），但大体而言，其呈现的大趋势与附表一相同。

若我们将目光移到这群人的先辈（附表二），则可看到较大的变化。首先是出身官、庶的比例转为约2:5，亦即父祖辈中多数乃庶民出身而第一次进入统治阶级。在学习方面，这些父祖辈文武兼习者仍居多数（12.1%），其次是习武（6.1%），最后才是习文（3.0%）。然而出仕则以武职居多（30.3%），其次是文职（18.2%），最后才是文武兼仕（3.0%）。这些数字固有因信息限制所造成的偏差，但很可能也反映一个现象：五代时期以武进入统治阶级为较易的途径。其他项目（治绩、通婚道德、信仰）则因信息缺乏而无法分析。

最后看后辈（附表四）。毫不意外的，后辈主要均出身于官家（66.3%），而无人出身庶民。这群后辈在学习上亦是以兼习文武为主流（42.2%），然后是习文（18.1%），似乎并无专门习武者。他们出仕则以武职居多（18.1%），其次是文职（13.3%），但也有7.2%文武兼仕。这些数字固然受到数据限制影响（墓志对后代多仅记一次官职），但可看出五代并不轻文，至少可说是文武并进。而进入宋代以后，这群后辈出仕文职的比重则有明显的增加，与附表一、附表三的趋势均相符。

上述四表的数字显示出，在五代时期，虽然对庶民而言，以武较易产生阶级流动而进入统治阶级，但身居统治阶级者，不但多数兼习文武并兼仕文武，同时多也确能兼治文武，五代并不如想象中的重武轻文。虽然这些数据所赖史料仍然有限，不足成为定论，但当已足以促使我们反思传统对五代的认识。

（一）五代重武，但似无轻文

若谓五代重武轻文，于阶级流动较为可信，于阶层流动则有待商榷。文应泛指文史和民事财政等，武指武艺和军务军政等。五代祸患相寻，战乱频仍，固然提供武人许多沙场立功之机会，使不少布衣得靠军功晋身统治阶级，但并不表示五代政权不需文治，统治阶级中的文官也不可能一体受到轻视。相信很少人会轻看作为天子心腹的翰林学士等文学侍从，但多会轻看只有文学没有吏学的文人（见本册《才兼文武是否墓志题中应有之义》）

细读墓志，我们发现志文中所呈现的五代固然重武，但似乎并不轻文，可从理念与现实两个面向来分析。从理念上说，皇帝和文人（墓志撰者）都提倡允文允武。例如郭进《屏盗碑》中可见，身为武人的郭进与帝王共理天下，不但能以武止盗，同时也能施行善政，后者主要包括对付官府内四种文贼、司法和民生等三方面，可谓能武能文。此碑由后周世宗下诏颁立，并由朝廷文官撰文，从碑文中可见当时朝廷皇帝与文官对武人允文允武之期许，并不见重武轻文之现象。由此可再进一步推论：若计公不计私，把个人才华转化为公共财，则文的表现应以公德和吏治为重，武应以军政和武功为重，而宋代渴求的理想将才，早就见于五代。宋太祖谓武人应多读书以明"治道"，毋宁说是五代在宋代的延续而非变革。（见本册《一所悬命》）文人对武人文武兼备的期待还可见于其他墓志，如宋彦筠身为五代高级武官，墓志撰者为后周文官县令，志文不仅称述其武功，同时也及于吏治：墓志中直接或间接提到吏治的共有三处，合计两事：一是管理属下严格，二是治理经济有术。宋彦筠这些允文允武的事迹，也同样呈现在正史中，墓志并非虚美。由此亦可推见，在观念上，从基层文人到高层文官，从私的领域如撰写墓志到公的领域如编纂官方史传，皆期待武人注意吏治。（见本册《布衣将相杀妇佞佛》）

　　这种帝王与文官所怀的文武并重理想，至少一直延续到宋初。宋真宗大中祥符二年（1009）十一月所颁下之《文臣七条》和《武臣七条》，主要对象恰好是地方和中基层的文武官员，可见朝廷对文武官员的要求条目数量（各七条）、道德原则、治事原则等都无重文轻武的倾向。假如这是朝廷的政策或立场，我们可以大胆推论，直到宋真宗时期，朝廷并无明显的重文轻武，乃使文武并进仍是一个不错的选择。即使有人仕宦选择出现偏文，也多因个人因素，如刘永多任职边地，各种生活条件都较差，缉捕私盐等职务易致触犯武二条，中年后战场愈加危险，无法迎养老母甚至妻小或返家营葬等，并不能轻易归结为当时重文轻武。（见本册《不远鬼神文武皆然》）

　　不少五代武人本身亦不轻文，还有自幼即兼习文武，甚至曾参与科考者。如赵凤很可能出身自文武兼习之家庭，他自己从小便能读书，中童子试后，再修《春秋》三传，同时又修习武艺，以善射闻名；他数次科考不中后，乃全力向武功发展。（见本册《六问孤证》）有些武人亦乐于与文人交往，不见其轻文。以武人宋彦筠为例，有记载说他主动与文人李知损接触，遭其戏弄却误以为受李知损称赞而"喜甚"。虽是美丽的误会，但也反映有些位至顶层的武人并不轻文，乃至可能以得到文人赞许为喜。（见本册《布衣将相杀妇佞佛》）

　　而在现实上，五代真要重武轻文也颇有滞碍难行之处。从国家统治的角度而言，五代固为乱世，然国家与军队中的若干工作，如军粮管理等，仍须文人，故文途应该仍为不错的晋身之阶。例如锺公出身军人世家，祖、父两代均为职业军人，他自身则主要靠刀笔吏才，懂得商帐和理财，长期在朱温手下担任博易之类的财务工作，任官可能长达三十多年。（见本册《四世武官以刀笔久任》）

从地方统治的角度而论，藩镇治理地方亦需文人，由此可能促使有力之家兼顾文武教育。这类文武兼学的家庭，在五代墓志中随处可见。例如五代初因战乱辗转迁徙至洛阳的国礥家族，一家之中，不但兼资文武，甚至并仕南北：其家庭成员同时在北方张全义与南方王审知手下文武兼仕。由此或可推见，这两种对立也许在五代都不如想象中的严重。（见本册《数世聚居兼仕文武》）

其实有若干武人为了长久盘踞地方与中央对抗，在地方上采用"家族式"统治，让一些弟子和姻亲习武，一些习文，一些兼习文武，根本是一个文武混合体。例如张全义武人出身，本人已文武通婚，妻家储氏亦文武兼学。张家第二代中，长子继业作为张家的继承人，却把发展重心放在吏治而非武功；次子继祚似乎也能武能文；而假子继孙则纯走武途，但未继承全义的吏治，反替武人招来恶名。其侄张衍则纯走文途：他凭科举进入统治阶级，并攀升至翰林学士。若再以张继业之六子看张家第三代，六人文四武二，且武者亦好文，可见张家同时向文武两途发展，但至第三代似已偏文。（见第一册《冤家聚头文武合》）又如冯继业之父冯晖曾任朔方节度使，一地军政大权、司法、刑狱、祭奠等重要部门和权力，均由其家族成员掌管。三子文武兼资，更可见武人之后已经习文。（见第一册《杀兄代父枕边人》）

乱世盗贼频仍，治理某些难治之地确需文武兼资，因为对付盗贼，剿要用武，抚之归农，则要用化。如任汉权治理济州，当地盗贼亡命萃聚，若非兼具一定文武之才，不易达成治理济州之任务。（见本册《武人在地之光》）即使到了宋初，文武兼备的需求仍然存在，如刘永虽以文官出身，然任职之地多在边漠，要处理异族侵患与贩盐盗贩，都需要一定的武事能力。(见本册《不远鬼神文武皆然》)故自五代至宋初，理想的地方首长人选，均应具备文武兼资之才。

从阶层流动的角度而言，身处用武之世，布衣固较易以武起家进入统治阶级，但若要继续在统治阶级中进行向上阶层流动以至上层，可能真的需要文武全才，故有志的武人应不致轻文。如武人任汉权历任丹州、赵州、济州刺史，在前二地均有武功表现，但吏民没有请碑纪功，直到出守山东济州，才得到当地人的推举。功赏为何来迟？关键似是汉权直到出长济州才兼有武功与民治。碑文两次以贤人称誉汉权，乃值得树碑以示不朽。由此当可推见，武人轻文对自身仕途并无好处。(见本册《武人在地之光》)又如萧、牛、张三家子弟中，能晋身高层官僚者，均能文武兼仕；若仅能文或能武，其仕途多止于中层，易于向下流动。(见本册《六代婚宦书与剑》)朝廷还有不少需具备出众文才方能胜任的高层文职，既为帝王心腹，位高权重，若能阶层上流至此，可谓光宗耀祖，应该不会有人轻视。(见本册《六代婚宦书与剑》)

从基层社会的角度而言，碑志的史料也提醒我们，若有志研究重文轻武之议题，需注意分别国家层级与地方层级，因为没有达到国家级地位的武人，仍可能在地方留下大名和治绩。如武人任汉权在国史无传，却在地方留碑和地方志留名，使其名声长久流传于地方。易言之，在中央政府不得志的武人，可能在地方受到重视，为武人发光，吸引好男来当兵。(见本册《武人在地之光》)

故武人不一定轻文，研究者应进一步探讨朝廷如何栽培武家子弟，是否有意延续允文允武出将入相之传统。以孙汉筠为例，他少为文士，其兄汉英受郭威赏识，却英年早逝，也许爱兄及弟，郭威让汉筠从文职节度副使内调为武职控鹤左第一军都指挥使，可能有意让他多识军事，做个文武全才。他一生职务之比例可能是军4民4，任职时间是军10至11年而民8年，相差不大。对一位武二代来说，这样的比例不知是否出自在上者的个人安排（如郭威）或朝廷的用人政策。(见本册《代北武二代为良二千石》）同样的，研究者也应探讨武人家庭如何栽培自家子弟，是否有意造成允文允武之家风。故累世出仕的武人家族既会产生文官，文人家族也会产生武官，两者应对五代的治和乱负上共同的责任。讨论宋代文治之根基，不能漏了五代有着文武材的武人；讨论宋代儒将的历史，也不能漏了五代允文允武的武人。

（二）文武交流

由前述可知，五代武人并不轻文，文人亦不见得轻武，从墓志更可发现，两者之间的交流可能远超想象之广与深。以下分由价值理念与宗教信仰等面向论述之。

1. 文武有共同价值观

在面对许多人事时，文人与武人本有不少共同价值观，可能反映两者之间交流之密切。例如对家庭价值的肯定与追求，两者共同处甚多。武人国礛在唐末五代位至节度押衙，属统治阶级之中至中下层，从墓志中可看到国氏对家庭乃至家族之认同意识，诸如在乱世中仍致力于追求一族聚居、重视故乡、先茔与归葬等，与多数文人并无不同。（见本册《数世聚居兼仕文武》）又如出身职业军人世家的锺公，亦长怀慎终追远之意，故虽已远离家乡滁州逾三十年，墓志首题仍作"会稽郡锺公"，似有归根之意；铭文亦提醒子孙三十多年前的家族流离史，希望他们团结一致。（见本册《四世武官以刀笔久任》）这种对家庭价值的认同，在武人之间似乎颇为普遍，即使是那些素行不佳的武人也不例外，例如赵凤虽对百姓颇为残虐，最后甚至因此丧命，但他对家庭似乎甚为照顾，不但赵氏因他而兴，其与旁系家人之关系似亦颇为亲密，又以恩荫使其后代维持统治阶级之地位，其行为颇符儒家的家庭伦理。由此而论，对传统家族主义之服膺，致力家族成员团结，武人与文人何异？（见本册《六问孤证》）再如武人锺公在母亲过世后可能有解官持服（反映在墓志首题之没有官职），符合儒家之伦理和礼制，实不输文人。（见本册《四世武官以刀笔久任》) 故孝道等家庭伦理价值观，亦常见于五代武人身上，与文人并无太大差别。

关于治国与治民，武人与文人亦分享不少相同的理念。首先，以严刑治国是当时文武官员都认同的方法。后汉隐帝的四位顾命大臣，二文二武，却在治国上都喜以严刑峻法作为手段，虽然目的各自不同。其次，有些文武官员也都不喜欢某些类型如"文礼型"的文人，但同时也都不反对子弟学文，故学人讨论重文轻武或重武轻文时，应明确指出所轻与所重的内容，不可模糊。(见本册《才兼文武是否墓志应有之义》) 而在治民方面，身处五代乱世，对严刑的偏好也是多数文武官员的共同特色。有人认为五代武人知州多乱政，宋祖乃以文易武。其实，至少在平盗事上，文人与武人可能有相同的想法和做法。如任汉权以武人治郡，在卫州刺史任上因治盗有功获立屏盗碑，其文由朝廷文官撰写，用"严"和"诛"字各三次，均带认同之意，似乎反映文人不以严刑殄杀为非。与此同时，碑文又用"化"字三次，反映文人认为知州既要以战除盗，也应以化服民。(见本册《武人在地之光》) 而五代宋初武人治民虽有较严者如郭进，然亦不乏宽厚长者如曹彬，后者出治地方，以仁厚见称，惟善是师。郭进与曹彬的治民方法虽不同，共同点似乎是以百姓为念。(见本册《一所悬命》) 简言之，在治民的理念上，五代文人武人大都无别。

2. 信仰

五代武人与文人在信仰上的差异亦不大，双方对鬼神多抱持相同的态度。刘再思墓志撰于再思死后五十年，讲述了墓主自身的灵异故事，此时刘家已至少连续两代晋身统治阶级，家族成员有文亦有武，然并不影响此一灵异故事在刘家流传。类似的故事其实也充斥于《夷坚志》中，主角遍及文武百官及他们的家人，相信的人也不分文武或士庶。在信仰的场域里，文人和武将同样述说灵异故事，也受到听众的同等待遇，不会只信文不信武，不会重文轻武。在面对鬼神的世界时，文人武人彼此平等，有助于文武交流和同舟共济、齐心找出抵抗邪魔外道的方法。

（见本册《不远鬼神文武皆然》）

除鬼神之外，五代武人与文人均多有信仰佛教者。如武人出身的王建立好杀，其身边的文人诤言难入，反倒是佛教见效。（见第三册《如此才兼文武：墓志之隐恶扬善》）然需留意的是，有些武人对文人文化、佛教文化以至各种文化，往往只择其于己有利者，不是全盘接受，甚至没有接受其核心价值，因此未必真能转化他们的实际行事为善行，故使用"儒家化""宗教化"和"民主化"等概念时须特别小心。例如宋彦筠原不信佛，只因主妻索命，才相信因果报应，故其信佛有强烈的个人功利主义，未能胜过阶级或性别意识，缺乏慈悲济世之心，而仍会虐待婢妾。其信仰不但未能转为爱民之动力，反使其治下的士农工商既要供应彦筠的输贡，又要满足他的佞佛，更劳民伤财，人民受害更深。（见本册《布衣将相杀妇佞佛》）

五代文武双方在价值观念与信仰方面实有不少共通处，以上所勾勒的只是一幅极粗略的轮廓，其具体内容、历史影响与意义，都值得进一步深入探讨。

（三）社会流动

学者早已指出，门第世家的消失是唐宋变革的其中一项重要变化。然从五代墓志中可以看到，五代人仍喜世家，墓志时常充满怀古之风，如萧氏好称兰陵和洛阳，张氏每称琅琊和清河；也确有士大夫互道宗派与宗盟，希望沾上一些名气，增加一些奥援，连田夫出身的张全义在贵盛之后，也有意招纳旧日的门阀子弟进入幕府或东床，他与萧氏的联姻，就是一证。这些都反映时人对自身家族长久延续的追求。世家大族意味着世官世禄，因此大多数人，包括以重建家族组织作为手段的宋元明清理学家，都不会甘愿放弃，反要努力维持，尤其要争取高官和厚禄。维持世家大族对保持统治阶级地位的好处显而易见，高层官员如萧、牛、张三家，萧家至少维持六代，牛家三代，张家三至四代，都是显例。（见本册《六代婚宦书与剑》）不仅高官如此，中下层官员亦是如此，如在战乱中成功向上流动成为统治阶级的国礵家族，在流移之前和之后似乎都是聚族而居，应属中型家庭，或所谓唐型家庭，他们能在乱世中兴起，与其家庭规模应有一定关系；而在统治阶级中达到这个层级的家庭，若同时具有一定规模，有时即能避过战乱的影响，有利长期维持其家庭地位。（见本册《数世聚居兼仕文武》）可见五代时期大家族的持久力与对时人的吸引力，都不应低估。

这些家族如何能维持统治阶级地位？社会流动可分阶级流动与阶层流动，前者是统治阶级与被统治阶级之间的流动，后者是在统治阶级内部的上下流动。五代乱世，武功在阶级流动中所发挥的影响相对较大。以平民出身的国礵为例，他就是以武功晋身统治阶级而达成向上流动。（见本册《数世聚居兼仕文武》）这种例子在五代颇为普遍，如张全义、牛存节皆是。武功为寻求上流的平民，带来相当吸引人的可能性，故即使是文人，亦不乏乐意以武功晋身者，如赵凤本出身文官家庭，是熟读儒家经典的文人，本欲以科举入仕，屡考不中后，才改以武功见用。（见本册《六问孤证》）故知五代若凭武力晋身，可能不大需要很好的家庭背景，所引起的社会流动相对较大，耕夫可变将帅，对统治阶级的性质也影响较大，五代诚一变局。相对于此，我们也可想见，若要凭文事晋身，则一般需要中产以上，才具备习文之条件，所引起的社会流动相对较小，可能只是基层精英的往上爬升，对统治阶级的性质也影响较小，五代不一定是变局。

然而我们也发现，在寻求社会流动的过程中，五代武人并不如一般所想象的重武轻文，其中的关键是，文武流动不能混为一谈，因为文途与武途所需条件以及对现有体制造成的影响都各有差异。为寻求个人与家庭的最大利益，最好的方式是文武并进。除此之外，五代墓志亦可见到其他对社会流动（包括阶级与阶层）有利之因素，主要还有恩荫、兼仕中央与地方、理财能力、姻亲、财富、品德等，以下分述之。

1. 文武并进。在统治阶级中，无论文臣或武将，也无论新族或旧族，若要继续向上攀升，单走文途或武途都非易事，最好是能兼习文武并兼仕文武，因为无论文人或武人，在仕途上若能多元发展，任官的机会自然胜于仅有一般吏才的多数文人。这也形成当代统治高层的一大特色，如萧、牛、张三家均是如此：萧处仁出身唐朝高层文官世家，其家下三代均兼仕文武，萧处仁甚至裹尸沙场；牛存节自布衣以武力出身，一家从唐末至北宋初已三世仕宦，靠的是恩荫与兼仕文武；张全义亦是武人出身，而其族人与姻属既有一人兼习文武并兼仕文武，亦有一家之人分习文武并分仕文武。（见本册《六代婚宦书与剑》）可见当时统治阶级成员对文武并进的重视。

也有家庭衰落后得以再兴，所赖亦为文武并进。如武官锺公出身地方职业军人世家，因战乱被迫举家迁徙，他得以重新晋身统治阶级而再兴其家的原因，首先是靠军人家庭的背景，其次是刀笔之才，主要是能够理财，故也是靠自身的文武兼仕。（见本册《四世武官以刀笔久任》）亦有不少家庭借文武并进而得以在统治阶级中继续向上流动，如武人周令武亦文武兼仕，固有不少武功，然也有不少辉煌岁月是靠文职赚来。（见本册《沙陀王朝武人刺史卖剑买牛》）故知文武并进是当时不少武人家庭的共同点，武人若有能力担任文职，可获得的利益恐怕不少。由此亦可推知，五代虽为战乱之世，习文仍是重要的晋身之阶，因为不论朝廷治理国家或藩镇治理地方，都需能文之士的协助，从而可能促使有力之家兼顾文武教育。简言之，五代文人没有理由轻武，武人亦没有理由轻文。事实上不少家庭一家成员往往兼习文武也兼仕文武，有时更是一人并习与并仕文武，当时文武之间的对立，也许并不如想象中的严重。

2. 恩荫。晋身统治阶级后，能避免向下流回被统治阶级的主要方法是恩荫，不论文武皆然。文官如萧氏，他们连续三代，每代至少有一至二位子弟以荫补入仕。武官如张氏，因属地方政权，恩荫予取予求，无需赘言；又如牛氏，连续两代多人以恩荫入仕。（见本册《六代婚宦书与剑》）又如张正中，其家靠恩荫四代为官，成为仕宦世家，清楚反映恩荫对维持统治阶级地位的重要。（见本册《别了沙场》）故父祖若能获足够的恩荫特权，即可确保延长其家族停留在统治阶级之时间——出仕率高，既能增加向上流动的机会，也能减慢向下流动的速度；反之，若父祖无法做到，则其后代向下流动的可能性就会大增。四世武官锺公，三子之中二子似无官职，很可能就是墓主恩荫能力不足之反映。恩荫对维持统治阶级地位之重要由此可见，但自然也妨碍了较弱势者的升迁。

3. 兼仕中央与地方。一家子弟若能兼仕中央与地方，往往可为家族打开更大的资源网络，例如人脉与历练等，对其成员之仕宦应有帮助。例如马文操一家，渐由地方入仕中央，又再安排子弟分布于中央与地方，广布家族资源，显是试图借此维持家族地位。（见本册《英雄难过美魂关》）

4. 理财能力。五代军兴之世，无论中央朝廷或地方藩镇均财用孔急，若能具备理财能力，自然较易受统治者重用。如锺公以押衙之武职而兼任财务，前后可能长达三十多年，从而得以再次兴家。（见本册《四世武官以刀笔久任》）又如宋彦筠担任刺史和节度使等地方首长凡二十三年，墓志所记其吏治事迹之一即为"惟务贡输"。藩镇能够"惟务贡输"在五代异常重要，一则提供军国最重要的财源；二则表示藩镇臣服中央，有利于久任；三则反映藩镇的个人能力，有利于向上流动。彦筠之得获重用，长期担任地方首长当与此有一定关系。（见本册《布衣将相杀妇佞佛》）

5. 姻亲。另一个时人常用以维持统治阶级地位的方法为姻亲。史料中不乏姻亲互助的例子，如萧、牛、张三家之联姻（见本册《六代婚宦书与剑》），余不详举。但研究者也要特别留意具体个案，因为并非所有婚姻关系都能实际发挥作用。例如刘永出身武人家庭，元配竟是秦国大长公主的外孙陆氏，虽与皇室已有些距离，但仍可谓是皇亲，成为刘家最为耀目的婚姻。然而不论从从任官时间、地点、晋升、晋升原因等四方面分析其仕历，却都看不出刘永有得到特别恩宠。（见本册《不远鬼神文武皆然》）这提醒我们，郝若贝－韩明士理论（Hartwellian-Hymesian models）强调多重人际关系，在某些场合不无道理，但不能一概而论。

6. 财富。若一家庭本有一定经济基础，自可提供其成员较多资源，创造较大优势。故即使是以布衣通过武功进入统治阶级者，亦常见出自本有一定经济基础之家庭。如因战乱迁徙他乡的国礥家族，从各种旁证可推知当有一定资财，他们身为流移之民却能进入统治阶级，应该与此不无关系。（见本册《数世聚居兼仕文武》）

7. 品德。学者多谓五代乱世，道德坏丧，最著名者莫如欧阳修《新五代史》之"鸣呼"。然从墓志中却可发现，五代时人仍重品德，有德者不但能获令名，也可增加仕宦机会；反之，无德者常会在仕途遇到阻碍，甚至招来杀身之祸。关于五代武人之忠节问题，将在下节讨论，此处先论属于私德之孝。五代人仍颇重孝，墓志常见称赞墓主孝行之文字，有时甚至可看到它也会为人带来实际好处。如身为中下阶层武官的刘永，却能与公主外孙之家联姻，公主外孙之家当初为何看上社会地位相差甚远之刘永，实难猜测，然从墓志看来，可能是特别看重他有孝的品德。（见本册《不远鬼神文武皆然》）时人也认为孝与忠关系密切，孝子也常能为忠臣。以萧处仁家为例，若将萧符和处仁父子两志合观，可发现其中论及萧氏之孝有三个特点：其一是次数甚多，其二是忠孝并提，其三是世代重视，一方面可见五代乱世不无促进私德的一面，另一方面值得注意的是，朱温亦以尽孝作为尽忠的大前提，并以此勉励牛知业。（见本册《六代婚宦书与剑》）再如张正中本有孝行，受识者"移孝为忠"之鼓励而出仕，似乎是他得以复出的一个有利条件。（见本册《别了沙场》）可知当时不少人不仅重视孝道，同时也认为孝与属于公德之忠关系密切，个人之孝行因此可能也会对仕途产生实际影响。当时这种私德与公德之间的关系，值得进一步深入探讨。

（四）武人不忠？

学者多认为五代武人忠义观念不彰，故叛变频仍，臣弑其君者有之，子弑其父者有之，可谓五代乱世之祸源。这固然是五代的一个面向，但我们也应注意，五代政治环境瞬息万变又错综复杂，时人处境之艰难，当有后世长于承平之世者不易体会处。而当时武人面对此一世局，似自有一套忠义观念，与前后代既有延续亦有不同，研究者固不宜简单以后世之忠义观责备他们；相反的，还应进一步利用个案具体分析其忠的对象，才能深入理解他们的忠节观，并与其他时代进行有意义的比较。以下所论，只是目前根据墓志所见而勾画出的基本轮廓，此一议题仍有很大的空间值得继续深入发挥。

从理论层面而言，五代多数君臣均支持忠义。君王如朱温鼓励牛知业尽孝以尽忠，武臣如牛存节临死前勉励诸子以忠孝而不及他言，加上许多由文人所撰写的墓志也有不少称颂忠节之文，都可看到时人对忠节之重视。而从实益面来说，五代武人亦有充足理由支持忠节：既得利益者的优势主要来自仕宦、荫补、财富和婚姻，能够一举打破四者的，主要是政变、政争和失去皇帝的信任，如被怀疑不忠等。所以，作为一家甚至一族之长的武人，在大多数情形下，选择尽忠应对自身与家族最有保障。与其他时代相较，五代武人是否真的更为不忠，实有待更进一步探讨。

而所谓忠的对象，至少可分为国家、职务、个人三种，身处乱世的个人该忠于什么、如何忠，都应具体讨论。从现实而言，当时许多人都连仕数朝，欧阳修甚至慨叹当时全节之士仅有三人，然而五代人是否真的都不忠呢？

1. 忠于国家。在讨论忠节时，忠于国家应是最主要的议题。而在政权递嬗频繁的五代，个人该如何忠于国家，显然比承平之世更为复杂。例如武人孙汉筠连仕五朝，墓志对此并不避讳，甚至还赞其忠节，现代读者对此未免疑惑。但若从汉筠的立场来作同情的理解（empathy），可能就会发现，乱世之臣面对忠于国家与否的抉择时，很可能还要看忠的对象是否真的值得效忠。如后唐潞王之反，不一定值得移忠，但如后周太祖之代汉，也许值得移忠。此外，研究者也应留意，五代武人之移忠固然常见，但文人表现不见得更好，如对国之不忠，莫如献地资敌，武人之中固有此等大不忠之人，但文人之中，亦不乏支持割让燕云十六州的。（见本册《代北武二代为良二千石》）又如牛存节在唐末叛唐从朱，而《新五代史》本传述及此事，称朱温为"英雄"，似乎反映五代和宋初对篡唐的朱温有不错的评价，且以为大唐之亡是咎由自取，不值得尽忠。（见本册《六代婚宦书与剑》）

2. 忠于职务。还有另一种移忠数朝，墓志却仍称其为忠者。撰者之所以称其为忠，似乎与政权合法性无关，而是表扬其对职务尽忠职守。如锺公前后移忠四次，历仕三朝，似乎难以称为忠。但考虑到锺公只属中下层官员，在政治上只有执行权而无决策权，可谓今日之事务官。今日认为政务官或应随政权之转移而进退，而事务官应保持中立，或可以此评论这些五代官员。（见本册《四世武官以刀笔久任》）墓志赞扬他们的，可谓事务官之忠。又如萧符，墓志两次称他为忠，然而他的上流全在朱温之世，后来却转事杀死朱温之新君，其后又似乎有意转仕另一争权夺位之人，从国家而言，实难以言忠；然就事而言，萧符倒是尽忠职守，也因此获上司重用，或许也因此得到墓志撰者之称扬。由此可知勤和廉仍是五代公职不可或缺的品德，遵行者是否远少于唐宋，还有待未来进一步研究。（见本册《六代婚宦书与剑》）

3. 忠于个人。亦有人选择忠于个别人物如朱温者，在墓志中亦被称为忠。如宋彦筠，墓志称后唐明宗念他"忠勤"，主要应是指新君召见而彦筠应命朝见，新君因此确定彦筠愿意移忠输诚，故他尽忠的对象应是以人物为主。（见本册《布衣将相杀妇佞佛》）又如周令武三次移忠，其中第二次为降归后唐明宗，亦得明宗肯定其忠，亦是尽忠于个人。（见本册《沙陀王朝武人刺史卖剑买牛》）这种忠节观在五代宋初似颇普遍，如张全义于九死一生之际得到朱温救援，从此尽忠，对象明显是朱温个人，然却因此在《册府元龟》得以列入"将帅部"的"忠"。其后他又移忠于后唐，虽然可归咎于他屡谏末帝不听，已尽臣节，但亦未尝不是为了保护张家全族，忠的对象则是家族。全义此举对国虽有移忠，然考诸全义当时处境，亦实难深责，我们毕竟不能要求人人皆为方孝孺。由此亦可想见尽忠之复杂性。（见本册《六代婚宦书与剑》）

三、武人之后代与转型

五代战乱之世，武功固然提供布衣一条晋身统治阶级较容易的路，然成功之后，他们是否会期待后代继续从武？有点出人意外的，根据墓志所见，答案并不如想象中的直接：会也不会，因为多数武人后代似乎多走兼仕文武，纯武或纯文的相对较少。一人或一家要能兼仕文武也就意味着兼学文武，此一条件则有赖家庭教育，故可推知不少武人并不轻文。如周令武出身武人家庭而晋身高层官员，本人已是允文允武，他教育子弟也同样是刀剑与诗礼并习——此一风气在周家至少历经两代。（见本册《沙陀王朝武人刺史卖剑买牛》）又如锺公父祖二代都是唐朝中高层武官，其后锺公及其子亦都任武职，可谓四世武官，然锺公实靠兼习武功与刀笔吏才得以在乱世流离中再兴家业，显然如锺公之流的中下层武人之家亦不如一般想象中的只武不文。（见本册《四世武官以刀笔久任》）

不仅武人家庭兼习文武，文人家庭似亦如此。如赵凤之家在他父亲一代即已成功通过文途进入统治阶级，赵凤本人也接受了不错的儒家教育，不但曾中童子试，也想继续以科举入仕，只是由于在考场一再失利，遂决定改走武途，最后以武功晋身高层官员，可见他在家中当是兼习文武。不仅赵凤一人如此，他的二弟、三弟也都如此：他们虽都任武职，但同样也是文武兼习；赵凤也以此教育其子，故文武兼学可说是赵家相传至少两代的家风，可见文人之家亦不如想象中的轻武。（见本册《六问孤证》）

　　武人家庭在为子弟安排仕途时，似乎也多故意让他们文武并进。再以周令武为例，他的五子三武二文：三子和五子均在地方一任武职一任文职，明显是墓主担任蔡州刺史时的有意安排；其余三子两武（长子、次子，均在中央）一文（四子，在地方）。而前三子俱任武职，或许反映武人之家仍喜以长子继承武职。（见本册《沙陀王朝武人刺史卖剑买牛》）

　　综上可知，在高层武人家中，父子兄弟可能兼仕文武，两者有时平分秋色。若谓他们重武轻文，岂非以本人之武事轻视自己之民事，或父子兄弟相轻吗？

　　另外，如前所述，晋身高层的武人，可以利用恩荫来维持自身家族统治阶级的身份，其实恩荫特权还可用来增加自身家族文武兼仕的机会，从而争取到更好的向上流动机会。如周令武后代之能够兼资文武，除靠家庭教育，也可凭借恩荫，为子弟分别寻求文职、武职之机会。（见本册《沙陀王朝武人刺史卖剑买牛》）再如张秉一家亦靠恩荫四代仕宦，清楚反映恩荫对维持统治阶级地位的重要，然他们能成功在统治阶级中向上流动，则同样是靠家族成员的兼仕文武。（见本册《别了沙场》）简言之，荫补不但有助高层武人家庭延续其统治阶级之地位，减少向下流动的速度，而且方便下一代兼仕文武，或能继承过去允文允武出将入相的仕宦传统。就此来说，五代真是隋唐至宋代的过渡。

　　当然也有武人子弟转文的例子，且五代后期以后似乎愈趋普遍。例如武二代孙汉筠作为将门之子，偏重文事多于武功。其父李存进之功绩以武为主，位至节度使，而五子中至少三人兼学文武；汉筠本人虽更偏重文，然早期亦靠荫补以内职武臣起家，其后仕历也是兼仕文武，可见所受家庭教育应也有兼学文武。然墓志称颂他之处，都在吏治而不在武功，显然已经偏向文途。（见本册《代北武二代为良二千石》）入宋之后这种情况更加明显，如张正中出身武人之家，祖父张秉以武功起身，其父执辈则多兼学文武，也兼仕文武。正中入仕时已值宋真宗时代，而他仕宦32年的寄禄官全属文官。再看正中之子孙辈：长子是国子博士，次子同学究出身，应是科举出身，三子和四子均举进士，四子似乎都要走文官之路。孙儿张绩荫补太庙斋郎，其余稍长的"皆举进士"，也都是走文官之路，可见张家已相当彻底地由武转文。（见本册《别了沙场》）

综上所论，从墓志可以看到，五代武人并不如想象中的不文。不论从理念上或现实上考虑，五代统治者都需要能文之士的协助，因此能文可增加晋身或维持统治阶级地位的机会，武人没有理由轻文。我们也看到当时文武交流似乎颇为密切，从家庭、治理，乃至鬼神与佛教信仰，文武双方都分享不少共同的价值观。后世常批评五代武人不忠，然而五代其实也颇推崇忠义，对此议题我们不能空泛而论，而需要具体分析他们究竟忠于何事、不忠于何事，才能与其他时代做比较。此外，跟文人一样，武人也力求自身家族能够长期维持统治阶级的地位，而其主要方法，除恩荫外，竟是文武并进，包括文武兼学、文武兼仕、文武兼治。有些是一人之身文武兼具，有些则是分散在一家数名成员中。无论如何，武人后代纯走武途或纯走文途的都不多。武人之中亦颇有能治民者，论五代善政，不应忽略武人的贡献；同样的，谈五代之乱政，亦不能忽略文人在其中扮演的角色。五代治乱之责，应由文武双方共同承担。我们过去对五代武人之文的一面注意不足，然其历史面貌与意义，都是值得深入探讨的议题，有待未来有志之士继续深入研究。

（执笔者：李宗翰）

（指导者：山口智哉、李宗翰、陈韵如、柳立言、刘祥光）

附表一　提要主要人物（墓主）统计表

主要人物 过世朝代	出身 官	出身 庶	学习 文+武	学习 文	学习 武	出仕 文+武	出仕 文	出仕 武	治绩 文+武	治绩 文	治绩 武	通婚 文+武	通婚 文	通婚 武	道德	信仰
总数（22）	15	7	10	3	6	17	1	4	14	3	2	1	4	0	16	3
比例	68.2%	31.8%	45.5%	13.6%	27.3%	77.3%	4.6%	18.2%	63.6%	13.6%	9.1%	4.6%	18.2%	0.0%	72.7%	13.6%
唐（1）	0	1	1	0	0	0	0	1	0	0	1	0	0	0	1	0
比例	0.0%	100.0%	100.0%	0.0%	0.0%	0.0%	0.0%	100.0%	0.0%	0.0%	100.0%	0.0%	0.0%	0.0%	100.0%	0.0%
后梁（5）	3	2	2	1	1	4	0	1	3	1	0	1	1	0	4	1
比例	60.0%	40.0%	40.0%	20.0%	20.0%	80.0%	0.0%	20.0%	60.0%	20.0%	0.0%	20.0%	20.0%	0.0%	80.0%	20.0%
后唐（2）	1	1	1	0	1	2	0	0	2	0	0	0	0	0	1	0
比例	50.0%	50.0%	50.0%	0.0%	50.0%	100.0%	0.0%	0.0%	100.0%	0.0%	0.0%	0.0%	0.0%	0.0%	50.0%	0.0%
后晋（2）	2	0	0	0	1	2	0	0	2	0	0	0	1	0	2	0
比例	100.0%	0.0%	0.0%	0.0%	50.0%	100.0%	0.0%	0.0%	100.0%	0.0%	0.0%	0.0%	50.0%	0.0%	100.0%	0.0%
后汉（0）	0	0	0	0	0	0	0	0	0	0	0	0	0	0	0	0
比例	0.0%	0.0%	0.0%	0.0%	0.0%	0.0%	0.0%	0.0%	0.0%	0.0%	0.0%	0.0%	0.0%	0.0%	0.0%	0.0%
后周（5）	3	1	2	0	3	5	0	0	5	0	0	0	2	0	3	0
比例	60.0%	20.0%	40.0%	0.0%	60.0%	100.0%	0.0%	0.0%	100.0%	0.0%	0.0%	0.0%	40.0%	0.0%	60.0%	0.0%

（注：学习、出仕、治绩、通婚四项合称"文与武"）

主要人物 过世朝代	出身		文与武												道德	信仰
			学习			出仕			治绩		通婚					
	官	庶	文+武	文	武	文+武	文	武	文	武	文+武	文	武			
北宋(7)	5	2	3	2	0	4	1	1	2	1	0	0	0		5	1
比例	71.4%	28.6%	42.9%	28.6%	0.0%	57.1%	14.3%	14.3%	28.6%	14.3%	0.0%	0.0%	0.0%		71.4%	14.3%

* 表中各项仅将可确认属性者列入统计,属性不明者因版面限制而未呈现于表中,故表中各项百分比相加可能不满 100%。

** 朝代后括号中的数字,表示被统计入此期之墓主数量。

附表二　提要主要人物（墓主）之先辈父祖统计表

主要人物过世朝代	出身		文与武														
			学习			出仕			治绩			通婚			道德	信仰
	官	庶	文+武	文	武	文+武	文	武	文+武	文	武	文+武	文	武		
总数（33）	8	21	4	1	2	1	6	10	0	0	0	0	0	0	1	0
比例	24.2%	63.6%	12.1%	3.0%	6.1%	3.0%	18.2%	30.3%	0.0%	0.0%	0.0%	0.0%	0.0%	0.0%	3.0%	0.0%
唐（3）	0	3	0	1	1	0	0	0	0	0	0	0	0	0	1	0
比例	0.0%	100.0%	0.0%	33.3%	33.3%	0.0%	0.0%	0.0%	0.0%	0.0%	0.0%	0.0%	0.0%	0.0%	33.3%	0.0%
后梁（6）	1	4	4	0	0	0	0	0	0	0	0	0	0	0	0	0
比例	16.7%	66.7%	66.7%	0.0%	0.0%	0.0%	0.0%	0.0%	0.0%	0.0%	0.0%	0.0%	0.0%	0.0%	0.0%	0.0%
后唐（3）	2	0	0	0	1	1	1	1	0	0	0	0	0	0	0	0
比例	66.7%	0.0%	0.0%	0.0%	33.3%	33.3%	33.3%	33.3%	0.0%	0.0%	0.0%	0.0%	0.0%	0.0%	0.0%	0.0%
后晋（3）	0	3	0	0	0	0	0	1	0	0	0	0	0	0	0	0
比例	0.0%	100.0%	0.0%	0.0%	0.0%	0.0%	0.0%	33.3%	0.0%	0.0%	0.0%	0.0%	0.0%	0.0%	0.0%	0.0%
后汉（0）	0	0	0	0	0	0	0	0	0	0	0	0	0	0	0	0
比例	0.0%	0.0%	0.0%	0.0%	0.0%	0.0%	0.0%	0.0%	0.0%	0.0%	0.0%	0.0%	0.0%	0.0%	0.0%	0.0%
后周（11）	5	5	0	0	0	0	5	2	0	0	0	0	0	0	0	0
比例	45.5%	45.5%	0.0%	0.0%	0.0%	0.0%	45.5%	18.2%	0.0%	0.0%	0.0%	0.0%	0.0%	0.0%	0.0%	0.0%

主要人物过世朝代	出身		文与武												道德	信仰
			学习			出仕			治绩			通婚				
	官	庶	文+武	文	武	文+武	文	武	文+武	文	武	文+武	文	武		
北宋(7)	0	6	0	0	0	0	0	4	0	0	0	0	0	0	0	0
比例	0.0%	85.7%	0.0%	0.0%	0.0%	0.0%	0.0%	57.1%	0.0%	0.0%	0.0%	0.0%	0.0%	0.0%	0.0%	0.0%

* 表中各项仅将可确认属性者列入统计，属性不明者因版面限制而未呈现于表中，故表中各项百分比相加可能不满100%。

* * 墓主之先辈父祖在表中以墓主所属朝代系年；朝代后括号中的数字，表示依此标准而被计入此期之先辈父祖数量。

附表三　提要主要人物（墓主）之平事统计表

主要人物过世朝代	出身		文与武														
			学习			出仕			治绩			通婚			道德	信仰
	官	庶	文+武	文	武	文+武	文	武	文+武	文	武	文+武	文	武		
总计(13)	7	4	6	4	0	3	4	3	1	1	1	0	0	0	1	1
比例	53.8%	30.8%	46.2%	30.8%	0.0%	23.1%	30.8%	23.1%	7.7%	7.7%	7.7%	0.0%	0.0%	0.0%	7.7%	7.7%
唐(0)	0	0	0	0	0	0	0	0	0	0	0	0	0	0	0	0
比例	0.0%	0.0%	0.0%	0.0%	0.0%	0.0%	0.0%	0.0%	0.0%	0.0%	0.0%	0.0%	0.0%	0.0%	0.0%	0.0%
后梁(6)	1	3	3	1	0	0	2	1	0	0	0	0	0	0	0	0
比例	16.7%	50.0%	50.0%	16.7%	0.0%	0.0%	33.3%	16.7%	0.0%	0.0%	0.0%	0.0%	0.0%	0.0%	0.0%	0.0%
后唐(0)	0	0	0	0	0	0	0	0	0	0	0	0	0	0	0	0
比例	0.0%	0.0%	0.0%	0.0%	0.0%	0.0%	0.0%	0.0%	0.0%	0.0%	0.0%	0.0%	0.0%	0.0%	0.0%	0.0%
后晋(0)	0	0	0	0	0	0	0	0	0	0	0	0	0	0	0	0
比例	0.0%	0.0%	0.0%	0.0%	0.0%	0.0%	0.0%	0.0%	0.0%	0.0%	0.0%	0.0%	0.0%	0.0%	0.0%	0.0%
后汉(0)	0	0	0	0	0	0	0	0	0	0	0	0	0	0	0	0
比例	0.0%	0.0%	0.0%	0.0%	0.0%	0.0%	0.0%	0.0%	0.0%	0.0%	0.0%	0.0%	0.0%	0.0%	0.0%	0.0%
后周(6)	4	1	2	2	0	2	2	1	0	1	1	0	0	0	1	0
比例	66.7%	16.7%	33.3%	33.3%	0.0%	33.3%	33.3%	16.7%	0.0%	16.7%	16.7%	0.0%	0.0%	0.0%	16.7%	0.0%

主要人物过世朝代	出身		文与武												道德	信仰
			学习			出仕			治绩			通婚				
	官	庶	文+武	文	武	文+武	文	武	文+武	文	武	文+武	文	武		
北宋(1)	0	1	0	1	0	0	1	0	0	0	0	0	0	0	0	0
比例	0.0%	100.0%	0.0%	100.0%	0.0%	0.0%	100.0%	0.0%	0.0%	0.0%	0.0%	0.0%	0.0%	0.0%	0.0%	0.0%

* 表中各项仅将可确认属性者列入统计，属性不明者因版面限制而未呈现于表中，故表中各项百分比相加可能不满 100%。

** 墓主之平辈在表中以墓主所属朝代系年；朝代后括号中的数字，表示依此标准而被计入此期之平辈数量。

附表四　提要主要人物（墓主）之后辈子孙统计表

主要人物过世朝代	出身		文与武												
			学习			出仕			文+武	治绩		通婚		道德	信仰
	官	庶	文+武	文	武	文+武	文	武		文	武	文	武		
总数（83）	55	0	35	15	0	6	11	15	1	3	5	0	0	5	0
比例	66.3%	0.0%	42.2%	18.1%	0.0%	7.2%	13.3%	18.1%	1.2%	3.6%	6.0%	0.0%	0.0%	6.0%	0.0%
唐（5）	5	0	3	0	0	1	0	3	1	0	0	0	0	0	0
比例	100.0%	0.0%	60.0%	0.0%	0.0%	20.0%	0.0%	60.0%	20.0%	0.0%	0.0%	0.0%	0.0%	0.0%	0.0%
后梁（30）	11	0	12	3	0	1	3	2	0	1	0	0	0	1	0
比例	36.7%	0.0%	40.0%	10.0%	0.0%	3.3%	10.0%	6.7%	0.0%	3.3%	0.0%	0.0%	0.0%	3.3%	0.0%
后唐（7）	7	0	4	1	0	2	1	2	1	1	2	0	0	3	0
比例	100.0%	0.0%	57.1%	14.3%	0.0%	28.6%	14.3%	28.6%	14.3%	14.3%	28.6%	0.0%	0.0%	42.9%	0.0%
后晋（5）	5	0	5	0	0	0	2	3	0	0	0	0	0	0	0
比例	100.0%	0.0%	100.0%	0.0%	0.0%	0.0%	40.0%	60.0%	0.0%	0.0%	0.0%	0.0%	0.0%	0.0%	0.0%
后汉（0）	0	0	0	0	0	0	0	0	0	0	0	0	0	0	0
比例	0.0%	0.0%	0.0%	0.0%	0.0%	0.0%	0.0%	0.0%	0.0%	0.0%	0.0%	0.0%	0.0%	0.0%	0.0%
后周（16）	13	0	7	1	0	0	1	5	0	1	1	0	0	0	0
比例	81.3%	0.0%	43.8%	6.3%	0.0%	0.0%	6.3%	31.3%	0.0%	6.3%	6.3%	0.0%	0.0%	0.0%	0.0%

主要人物 过世朝代	出身		文与武												道德	信仰
			学习			出仕			治绩			通婚				
	官	庶	文+武	文	武	文+武	文	武	文+武	文	武	文	武			
北宋(21)	17	0	3	10	0	1	4	3	0	0	1	0	0	0	0	0
比例	81.0%	0.0%	14.3%	47.6%	0.0%	4.8%	19.0%	14.3%	0.0%	0.0%	4.8%	0.0%	0.0%	0.0%	0.0%	0.0%

* 表中各项仅将可确认属性者列入统计，属性不明者因版制而未呈现于表中，故表中各项百分比相加可能不满 100%。

** 墓主之后辈子孙在表中以墓主所属朝代系年；朝代后括号中的数字，表示依此标准被计入此朝代之后辈子孙数量。